POLAND

A HISTORY

ADAM ZAMOYSKI

[英] 亚当·扎莫伊斯基 著

郭大成 译

波兰史

中国友谊出版公司

目　录

中文版序言　1

作者序　5

1　民族、土地和王国　1

2　东西之间　21

3　雅盖隆王朝　43

4　宗教与政治　65

5　王国和联邦　87

6　伊拉斯谟的统治　102

7　民主对垒王朝　117

8　上帝的卫士　138

9　传说中的大洪水　151

10　国家的“癫痫”　168

11 混乱的统治 187

12 振兴之路 209

13 温和的革命 226

14 武装斗争 242

15 起　义 258

16 波兰问题 275

17 困局之中 287

18 建国大业 307

19 波兰共和国 331

20 战　争 350

21 胜利的代价 374

22 试与错 390

23 教宗的力量 406

24 第三共和国 421

出版后记 447

中文版序言①

尊敬的读者们：

亚当·扎莫伊斯基的这本书是在一个对波兰历史极为特殊的时刻，呈现到中国读者的面前。两年前，我们隆重纪念了波兰接受基督教洗礼1050周年，该事件被看作波兰国家的开端。而今年，则是波兰在遭受亡国之痛123年后重获独立100周年。这是波兰当代历史上至关重要的一次事件。

卡罗尔·沃伊蒂瓦，即后来的教宗保罗二世，曾在长诗《斯坦尼斯瓦夫》中以高度概括的方式叙述了波兰人民奋斗拼搏的10个世纪，即在公元966至1918年间，为塑造和保卫自己的民族性而付出的不懈努力：

一片土地，历尽坎坷终获统一，
一片土地，那里的人们对自己的道路探索不息。
一片土地，被一个家族的众多王公长期割裂。
一片土地，既服从于个人自由，又虑及所有人的利益。
一片土地，在几乎六代人的时间里被彻底撕裂。
在世界地图上被撕裂！
子孙的命运也被撕裂！
一片土地，经历撕裂，

① 序言译者为北京外国语大学欧洲语言文化学院院长赵刚。

重新在波兰人心中获得统一，

一片绝无仅有的土地。

亚当·扎莫伊斯基以生动和充满激情的方式铺展开这部历史画卷，分析构成这部历史的诸多史实，并将其置于更广阔的国际背景之中。接下来，作者继续引领读者穿过最近这个“探索自身发展道路”的世纪，尝试去回答：“波兰人如何利用这份历尽艰辛而重获的自由和统一？”正如他自己承认的那样，他是从一个获胜民族的视角来书写的，这个民族最终从无数历史经验中浴火重生，并正在持续构建自己在世界上的地位。

对历史的热爱，对历史的尊重，以及对历史将在当代文明成就中“长期存在”的信念，是波中两国人民的共通之处。中国人能够以独特的方式肯定我们民族在无数历史风暴中勇敢而有效捍卫的精神和物质遗产。更重要的是，波中两国的当代史几乎开始于同一时刻——波兰重获独立的时间与1911年“中华民国”建立只相差约7年的时间。因此可以大胆地断言，我们两国的当代社会是同步成熟起来的，而且这也使我们对彼此的兴趣不断增长。

19世纪末20世纪初中国的改革家们，如：梁启超、胡适、鲁迅等，都很愿意援引波兰的历史，从中寻找相似之处，并得出一些结论，从而帮助他们找到适当的制度解决方案，并帮助他们在与旧秩序支持者的辩论中获得更加有力的论据。直至今日，在中国也不乏波兰历史和文化的爱好者。关于这一点，只要看看不同时期波兰文学在中国的受欢迎程度即可见一斑。特别是亨里克·显克维奇的“战争三部曲”，几十年来在中央之国始终畅销不衰，博莱斯瓦夫·普鲁斯和弗瓦迪斯瓦夫·莱蒙特的著作也同样如此。

遗憾的是，近年来在中国图书市场上纯粹的波兰历史著作还为数不多，特别是那些完整论述波兰历史的书籍更是有限。震撼人心的《奥斯威辛集中营的志愿者：一份来自波兰卧底的报告》《不折之鹰》以及《动物园长的夫人》，都激起了读者们的强烈反响。它们当然都是意义重大的出版成果，然而不了解波兰历史的全貌，就很难理解这些书中所讲述的那些历史时刻的复杂性与深远意义。波兰文化中心——波兰驻华使馆文化处，迄今为止一直在努力填补这一空白。他们定期在中国社会媒体上发表“波兰历史上的今天”系列图文。每一篇文章庞大的访问量都表明，这一举措有着巨大的需求。然而，这也无法替代丰富翔实的研究著作。我们今天就是将这样一本书呈现到读者面前。

我期望，《波兰史》将为所有人提供一个可靠的知识来源和愉悦的阅读体验，同时进一步激发学术界对于波兰历史的兴趣，特别是提升数量日益增多的中国波兰语专业学生的兴趣。他们当中的很多人正在为自己寻找有意思的研究领域。我相信，在不同地理、文化和社会背景下，重现被不断地共同发掘的过去，可以成为智慧和人本主义价值的不竭之源。在今天这个痴迷于经济和技术进步的世界里，我们尤其应该坚定地提醒人们注意这一点。

此致

敬礼！

亚采克·恰普托维奇

波兰共和国外交部部长

2018年10月

作者序

有些人认为，由于过去几十年中的变化，历史学家应该彻底改变自己对历史的看法，这种观点看起来是荒唐的。但是在我重读了我的波兰历史著作——1987年第一次出版的《波兰之路》的时候，我认为这种观点是有道理的。我本来是希望将这本书重新修订并写出新的一版。在这20年里，历史并非像某些人所说的那样，到达了终点，而只是观察历史的人们彻底换了一个角度。

当我坐下来着手写《波兰之路》的时候，除了主流之外的少数人，西方人中甚至连知道波兰在哪儿的人都并不算多，了解波兰历史中还有哪些值得发掘的遗产的人就更是少之又少了。历史诞生于土地、人民和文化三者之间错综复杂的互相作用之中，这样看来，波兰的问题格外独特。波兰国家的领土在历史上曾经多次剧烈地扩张、收缩、变迁乃至一度从地图上消失；波兰国家现在之所以能够存在，几乎是由于第二次世界大战后一次偶然的妥协，而且该国尚处在另一个强大政权的势力范围之内——西方的历史学家应该如何了解这样一个国家呢？波兰人无论在民族、文化和宗教上都极为多样，并且经历了大屠杀和大清洗，然而波兰国家的人民现在却是一个高度同质化的整体——应该如何对待这样的人民呢？波兰民族的文化曾经在很大程度上遭到破坏，仅有的一些记忆依靠地下活动和海外流亡者来保存——应该如何表现这种文化呢？

今日波兰所处的地缘政治，也是人为的而非自然的结果——“二战”后德国一分为二，俄国处在苏联的统治之下。而立陶宛人、白俄罗斯人和乌克兰人生活的地区成了苏联的边缘地区。这一切使得对波兰的认识更加困难。

尽管随着波兰人卡罗尔·沃伊蒂瓦当选罗马教宗（约翰·保罗二世）、团结工会戏剧性的兴起、一系列相关图书和文章在西方出版，以及越来越多人前往波兰旅游，波兰近来被更多的人熟知，但是总体来说，直到1989年东欧剧变之后，外界对波兰的认识情况才有了明显的变化。直到那时，波兰和中东欧地区的其他国家才重新成为真正独立的政治实体。而我们认识波兰和这些国家的方式也从此得到了彻底的改变。

当前全球化的进程，以及世界经济和军事实力上正在发生的巨大变化，让历史学家可以更加容易将外国的历史介绍给自己的读者。昔日被看作“发展中国家”（这个词语的使用本身就有一定程度上居高临下的傲慢色彩）的国家，慢慢将成为未来全球政治舞台上的主要角色。这样的事实，使得目前还在全球舞台上处在主导地位的西方国家的态度发生了巨大的变化。简单地说，历史学家需要做的解释工作变少了，也不需要破除那么多的偏见了。但是1989年的剧变所产生的真正的深远影响，并没有被立刻认识到。

我写上一本书的时候，欧洲还是被“铁幕”分成两部分。对于在战后西方长大的人来说，穿过铁幕是一件难以想象的事情——边界上遍布着铁丝网和警戒塔，机枪对准可能的逃亡者，牵着警犬的卫兵无处不在，让人很难不想起纳粹集中营或者苏联古拉格。这毫不意外，因为这种荒诞的限制也算得上历史悠久的极权政治的最后残余。

仅仅200年前，从莱茵河到第聂伯河之间的广大土地上居住着的人们，无论在文化、宗教还是政治倾向上都极为丰富多彩。在这些人群之中，划分出了同样成分复杂的政权——帝国、联邦、王国、公国、侯国、共和国、主教区、城邦、男爵领或者其他较小的政权。从18世纪开始，波兰遭到多次瓜分，这里的诸多政治实体也被分别征服，并且分别成为几个互相激烈竞争的国家的一部分。而生活在这里的诸多民族，也大多被认为是实际不存在的虚妄的共同体，他们不得不和社会达尔文主义思想斗争以保证自己的生存。他们发起了一场斗争，这场斗争在两次世界大战以及冷战的历史中达到了顶峰。

如果说铁幕是在现实世界中分割了欧洲，那么铁幕升起的过程，则更加深远地扭曲了欧洲的历史。而对波兰来说，情况尤其严重。波兰在这一历史进程中是第一个也是最大的受害者。在俄、普、奥三国瓜分波兰两年后，1797年1月26日，他们签署了一份公约，其中的秘密附件强调，绝对有必要对波兰王国这一政治实体的一切痕迹予以抹除，任何可能唤起对昔日波兰王国的记忆的东西都应该被破坏掉。根据这一思想，普鲁士人熔化了波兰的王冠，奥地利人将王室的宫殿变成了兵营，而俄国人夺走了一切他们可以找到的东西——特别是文件，然后将其运出波兰。这三个国家重新书写了历史，仿佛波兰从来就不是一个独立的主权国家，而只是需要文明之光照耀的一潭死水。

整个19世纪，许多波兰人都在抵抗这个文化灭绝的进程，并且努力恢复国家的独立。但是在西方人眼里，他们往往被看成麻烦制造者，只会阻拦历史的进程。

在我们回顾整个20世纪的历史，特别是20世纪中期这段历史的时候，所有人都会对这一时期的高度政治化留下深刻印象。这种政治化体现在，民族主义或者民族国家的正统观点会选择性地展现或者歪曲历史事实。

因此，不足为奇的是在波兰国家经历领土变迁，并在意识形态方面进行上述争论的时候，波兰的历史也被彻彻底底地“料理”了一遍。既然波兰已经成为强烈政治热情和民族主义激情的战场，让那些本来应该彻底中立的、在遥远的象牙塔里著书立说的历史学家们平心静气地论述完整的波兰历史，也变成了不可能的任务。这种情况直到东欧剧变前夕才得以改变——苏联式的社会实验即将失败，使得那些嗓门最大的叫嚣者们也难以再坚持下去。

苏联解体还有更深层次的意义：这一事件标志着以国家为基础的社会达尔文主义，自从18世纪在普鲁士兴起（有些人认为更早）之后，彻底寿终正寝。虽然这一点并不那么立竿见影。在第一次世界大战之后，这种思想就受到了质疑，1945年后，这种思想被欧洲大部分国家放弃。一个又一个国家相继开始放弃自己国家昔日的领土与权利主张，致力于建立一个团结的欧洲。但是苏联仍然偏执地拘泥于在旧式的民族主义/意识形态斗争中夺取主导权。苏联的解体使得中东欧各国摆脱了这方面的外来压力。虽然这些国家的国民中有很多人（由于可以理解的历史原因）仍然受到这种思维的影响，特别是在巴尔干地区各国尤为明显，但总的来说多数人已经能够——或者不得不从全新的角度来回顾自己的历史。

东欧的变化也折射出西欧社会中正在出现的相似变化。尽管现在英国的年轻人可能仍然会欣赏20世纪40年代讲述英国飞行员英勇事迹的战争电影，但社会上绝大多数的人们更乐意去看诸如亚瑟王的罗曼史或者科幻片，因为这些更容易引起他们感情的共鸣，而战争中勇士们为国捐躯这种概念，对他们来说已经过于遥远了。对法国人和德国人来说，情况更是如此，而在意大利年轻人眼里，甚至意大利统一运动（Risorgimento）——现代意大利国家诞生的信念基础——也变得可笑。欧盟国家多数人现在更多考虑的是自己的社会生活，而很少考虑国家和民族。

历史学家们几十年前所写的历史，总是会将论述的重点放在政治成就、领土划分、战争胜利等方面——一言以蔽之，重点围绕国家的成就来写。但这在现在看起来就有点奇怪。而且这些历史书在写到那些按照当时的观点失败了的事件的时候，显露出的这种优越感有时看起来令人尴尬。好在现在的标准和以前已经有了天壤之别，而波兰的历史学家们对此格外乐于接受。

在近代历史的早期，令人诧异的是，波兰人没有建成中央集权的政治结构，并且为此付出了代价：波兰国家被三个更为成功的邻居瓜分蚕食了。从此以后，甚至一直到现在，波兰的历史就被看作一个失败国家的历史。波兰历史上的这次失败，仿佛成了某种有色眼镜或者过滤器，蒙蔽和扭曲了历史学家的视野，使得历史学家眼里整个波兰的历史都只有失败的色彩。

然而今天历史学家们书写波兰历史的方式，已经和20年前完全不同。历史学家所描写的国家，不再是一个受奴役的国家、一个几乎在所有方面都形同虚设的国家。一个破产企业的故事和一个经历波折最终东山再起的企业的故事，写法是完全不一样的。历史学家讲述的不再是一个失败的国家的故事，而是一个创造了自己独特社会和政治文化的国家的故事，这个国家的发展之路，尽管一度被比自己更强大并且更成功的对手所阻断（当然这个对手的“成功”现在遭到了极大的质疑），但其理想却和当今世界的价值观有许多相近之处。

这些都让我确定，我不能简单地将原来的《波兰之路》修修补补，再增补一些新的内容就万事大吉。但是同时，我仍然认为这本书是有可取之处的，特别是这本书的主要结构。因此我认为没有必要将其彻底推倒，完全从零开始重写一本。本书仍然沿用了《波兰之路》的结构，但是我重写了全书中大量的段落，删掉了很多旧的内容，也新增了很多新的内容。我认为给这本书起一个全新的名字是合适的。

一些读者可能会奇怪地发现，这本书里完全没有引用参考文献。这是因为，这本书更像是一篇随笔，而非教材。这本书所写的，都是众所周知且无可争辩的事实，无论从哪个角度上，本书都无意提出任何开创性的观点和意见。因此，我觉得没有必要在书里乱七八糟地插入各种注释的编号，更何况这种做法也让很多读者感到不舒服。

本书的面世，要衷心感谢米沃什·杰林斯基，他帮助我研究了最近几年的当代史；还有雅各布·博拉夫斯基，他帮助我正确地将这些相关材料组织了起来。我还要感谢我的编辑们：理查德·约翰逊在我对写作此书可能面临的风险产生疑虑的时候，给予了我极其宝贵的支持；阿拉贝拉·派克以极大的热情接受了这个选题；还有罗伯特·莱西，他是一名经验丰富无可匹敌的编辑。我还必须要感谢谢尔维·普莱斯认真阅读了本书并提出了许多有用的建议。最后，我要感谢我的夫人艾玛，感谢她提出的许多明智的意见，也感谢她对我的爱。

亚当·扎莫伊斯基

伦敦，2009年

1

民族、土地和王国

中世纪的时候，人们喜欢对一切做出简单的解释，于是，在波兰人的民间传说中，日耳曼民族是通过本丢·彼拉多的直肠来到这个地球上的。可惜，波兰民族关于自身并没有如此简便而令人满意的起源神话。即使对于他们的邻居来说，波兰民族的起源也充满迷雾。

从黑暗时代发展成形的欧洲绝大多数民族都和周围其他民族互有交流，比如，来自爱尔兰岛的凯尔特僧侣曾将罗马人的宗教传播到了日耳曼地区；斯堪的纳维亚的维京人由海路将北海南端的英格兰、法兰西，与地中海的西西里岛和阿拉伯世界相互连通；或者走另一条路，乘船顺着罗斯国家的诸多河流南下，到达基辅和君士坦丁堡。然而，现在属于波兰的地区却是与世隔绝的。

在德国东部、波希米亚、斯洛伐克地区，曾经有多个斯拉夫民族定居。公元1世纪时，罗马商人从南方到此寻找“北方黄金”——琥珀，在他们的记录中，这里的民族不喜欢战争，以农业为生，并生活在“村社民主”的状态中。其中人数最多的民族直接以他们的营生为自己命名，即“田野居民”，在他们的语言中就是“波兰人”（Polanie）。有证据表明，6世纪时萨尔马特人占领了这个地区，或者曾在部分地区定居下来。他们是来自黑海草原上的战士，可能形成了当地波兰人社会中新的统治阶级，也可能只是一个武士阶层。

尽管如此，其他的斯拉夫民族仍然为波兰人提供了不错的缓冲，让他们免受外界的冲击。北边，波莫瑞人（Pomorzanie，或波美拉尼亚人，意为“海滨居民”）和其他民族通过维京人的商路，与欧洲大部分地区以及阿拉伯国家建立了联系。南边，生活在上维斯瓦河地区的维斯瓦人（Vislanie）时而受到信仰基督教的摩拉维亚人攻击，时而从后者那里接受基督教信仰。在西方，卢萨蒂亚人（乌日茨人，Łużyczanie）和西里西亚的西里西亚人（Ślężanie）与日耳曼人和萨克森人之间既有战争，也进行贸易。

（编者注：本书中的所有插图均为英文原书插图。）

在周边这些缓冲区的庇护下，波兰人在平静中度过了8—9世纪。

波兰人和其他西部斯拉夫民族使用共同的语言，但是和他们西南方向上的波希米亚人或者捷克人，以及他们东边的罗斯国家的斯拉夫人相比有微小的区别。他们也信仰相同的宗教——基于印欧原始信仰的多神教，他们崇拜自然界的万物——树木、河流、石头等，人们和这些崇拜对象共同生活。但把它们做成偶像的形式，摆成一圈，乃至建起神庙之类的行为并不多见。在波兰人的实践中，这种宗教既没有组织，也不分等级，更不是政治上统一的力量。使波兰人和他们的兄弟民族区别开来的是他们的统治者——9世纪时在格涅兹诺建立的皮亚斯特王朝。

从9世纪下半叶到10世纪初，皮亚斯特王朝统治者们开始逐渐向周边各民族扩张势力范围。绝大多数民族都是因为外部压力倒向皮亚斯特王朝，这使得皮亚斯特王朝更易于建立统治。到10世纪中期，皮亚斯特王朝统治的领土已颇为可观。西班牙的塞法迪犹太人[①]旅行家伊布拉欣·伊本·雅库布曾在游记中对此做过记载，这是波兰国家首次在有价值的文献中出现。这位旅行家写道，统治这一地区的王公梅什科一世建立了一套相对完善的财税体系，并且拥有成体系的堡垒网络以及一支3000名骑兵的常备军，通过以上两者，他可以对自己的国家进行有效统治。

955年，德意志国王奥托一世在东进时，就碰到了这些皮亚斯特王朝的城堡和军队。奥托一世之前多次战胜了他东方的邻居们，并且在这些边境地区建立了一系列堡垒，形成了大片边境堡

① 塞法迪犹太人（Sephardi Jews）长期生活在伊比利亚半岛，由于这里曾经长期被阿拉伯人统治，因此他们的习俗中带有浓厚的阿拉伯色彩。本书脚注皆为译者所加，下文中不再注明。

垒区（“马尔克”，March）。随后他渡过了易北河，并在向东进军途中歼灭了若干斯拉夫战士小队，最终，他撞上了一支接近军队的战团，以及成体系的防御。对波兰人来说，孤立的时代终于结束，梅什科王公再也无法继续无视外面的世界。

962年，奥托一世被教宗加冕为“罗马皇帝”（神圣罗马帝国皇帝）后，日耳曼人有可能以传播福音为借口对波兰发起战争，梅什科一世更不可能冒险继续保持波兰在欧洲的孤立了。虽然奥托一世的加冕在很大程度上只是象征性的举动，但是其意义却不容小觑。梅什科一世注意到接受基督教为邻国波希米亚的捷克人在政治和文化方面带来了巨大好处，因此他开始接纳基督教。只有接受基督教信仰，他才能避免和奥托一世的战争，同时，基督教还能成为他有力的政治工具。965年，他征得奥托一世的同意，和波希米亚公主杜布拉娃结婚。次年，梅什科一世和他的宫廷人员接受了洗礼。波兰公国正式成为基督教世界的一员。

虽然梅什科一世努力融入基督教，但他仍不放弃自己的扩张野心，即使为此和神圣罗马帝国产生龃龉，也在所不惜。控制波罗的海沿岸地区尽可能多的领土就是他的目标之一。为此他进攻了波莫瑞地区，结果引发了和日耳曼北方马尔克的边地伯爵（霍多一世）的矛盾，后者正试图为神圣罗马帝国夺取这一地区。梅什科一世于972年在采迪尼亚击败了他，并于976年占领奥得河口。霍多一世向他的新主人奥托二世寻求援助，后者随即发起了一次对波兰人的远征。梅什科一世于979年击败了奥托二世，并成为整个波莫瑞地区的主人。梅什科一世沿着波罗的海沿岸继续向西远征，最终他遇到了正在向东开疆拓土的丹麦人。为了结好这位新邻居，梅什科一世将他的女儿希维托斯瓦娃嫁给了瑞典和丹麦国王埃里克（埃里克死后，希维托斯瓦娃改嫁给了丹麦国王“八字胡”斯文，他们的儿子就是兼任英格兰、丹麦和瑞典国王的克努特大王。1014年克努特访问波兰，并借到了300名骑兵，以帮助他重新征服英格兰）。

波兰第一位皈依基督教的统治者是一位伟人。梅什科一世在战争中连续获得胜利的同时，也并未忽视外交的意义，甚至还在筹划借助遥远的科尔多瓦的摩尔人哈里发的力量。他最后的功业是攻占并吞并西里西亚人的土地。992年，梅什科一世起草了著名的文件《达格梅裁决》（*Dagome Iudex*），确定了波兰的边界，并声称将国家献给圣彼得，从而将波兰置于教宗的保护之下。

很快，教宗就会向梅什科的儿子、下一任波兰国王“勇敢者”博莱斯瓦夫证明自己巨大的作用。博莱斯瓦夫继承了其父的事业，他是一位天赋异禀的统治者。996年，一个叫作阿达尔贝特（本名沃依捷赫，波希米亚贵族）的教士出现在了博莱斯瓦夫的宫廷中。此前他接受了教宗西尔维斯特一世的使命，前往普鲁士人——生活在波罗的海沿岸维斯瓦河口的非斯拉夫民族（波罗的民族）——处进行传教。在途中，博莱斯瓦夫殷勤地款待了阿达尔贝特。然而，阿达尔贝特离开波兰后不久就被普鲁士人杀死。得到这一消息后，博莱斯瓦夫派人从普鲁士人那里赎回了他的遗体。据说，博莱斯瓦夫花费了和这位教士遗体重量相同的黄金。随后，他将这位教士安葬于格涅兹诺的大教堂。

教宗西尔维斯特一世得知这一切后，于999年将阿达尔贝特封圣。随后的一项重要举措，是将格涅兹诺升为大主教区，并在弗罗茨瓦夫、科沃布热格和克拉科夫建立新的主教区。这事实上建立了一个波兰教省，波兰教会由此从原来日耳曼人的马格德堡教区的保护中独立出来。考虑到当时教会组织本身就是首要的通信和控制网络，这一举措强化了波兰国家的形成。在波兰，最初的教堂都建立在城堡附近，而城堡则是王室统治的中心，这就将世俗权力和教会权力联系了起来。这种联系也体现在波兰语“教堂”（kościół）一词中，这个词就是来自拉丁语的“城堡”（castellum）。

神圣罗马帝国的新皇帝奥托三世是阿达尔贝特以及教宗西尔维斯特的朋友。1000年，他来到格涅兹诺，朝觐了阿达尔贝特的圣墓。当时身在波兰的历史学者“高卢无名氏”（Gallus Anonimus）在他的书中对这次访问记录如下：

> 博莱斯瓦夫以和国王、罗马皇帝及贵宾的高贵身份相匹配的盛大和奢侈接待了他。为迎接他的到来，博莱斯瓦夫准备了精彩的欢迎仪式：他让骑士们列队相迎，贵族们也按照等级站成一排排。不同的队列按照衣服的颜色互相区别。贵族和骑士们身上的装饰品中没有什么廉价的金属片或者旧货，全都用的是能在世界上找到的最昂贵的东西。在博莱斯瓦夫的宫廷中，所有的骑士和贵妇都穿着昂贵的布料做成的大衣，根本见不到亚麻或羊毛制成的便宜货。至于毛皮，即使是昂贵的、崭新的衣服，也不会出现在宫廷之中，除非配有上档次的精细衬里，并点缀上黄金的缨穗。在他的时代，黄金如同现在的白银一样普通，而白银就像现在的稻草一般便宜。看到波兰国王的荣耀、权势与财富，皇帝不禁羡慕地惊呼道：“以我的帝国皇冠名义发誓，我以前听说的和这次看到的远远无法相比！”在与手下商议时，皇帝又向在场的大

> 贵族们补充道："这样一位伟大的人物只拥有公爵或者伯爵的头衔是不合适的，这显得他仿佛只是一名大地主。他应该在盛大的典礼中坐上王座，再加冕一顶王冠。"皇帝从自己的头上取下帝国皇冠，戴在了博莱斯瓦夫的头上，这象征了他们二人的团结和友谊。他还赠给博莱斯瓦夫一枚圣十字架上的钉子，以及圣莫里斯的长矛，象征波兰成了一个王国。博莱斯瓦夫则回赠给他圣阿达尔贝特的一条手臂。这一天他们沉浸在深情厚谊之中，以至于皇帝将博莱斯瓦夫称作他的兄弟、帝国的盟友，以及罗马人民的盟友和朋友……

奥托三世这位新皇帝当然不只是为了拜谒他的圣徒朋友的陵墓而来。他需要评估波兰的国力，从而在神圣罗马帝国体系内确定相应的位置。在波兰所看到的一切让奥托三世印象深刻，他决定波兰国家不能像那些附庸公国一样，而是应成为独立的王国，和德意志、意大利一样。

然而，奥托三世死后，继位的亨利二世就没有那么慷慨体面了，波兰的独立受到了威胁。出于国家利益，无论是日耳曼人，还是波希米亚人，都不希望看到一个强大的波兰国家。随即，日耳曼人发起了新一轮的进攻，同时波希米亚人在南边、多神教斯拉夫人在北边进行呼应。博莱斯瓦夫在战斗中击败了亨利二世。随后博莱斯瓦夫和匈牙利人适时签署了一份盟约，这使得波希米亚国家承受了更大的外交压力；博莱斯瓦夫还同洛林公爵缔结了家族盟约，又从私人方面给了亨利二世压力。在诸多压力之下，亨利二世被迫签署了《包岑条约》（1018年），不仅宣布放弃有争议的易北河一带的土地，也放弃了整个摩拉维亚，并宣布将这些

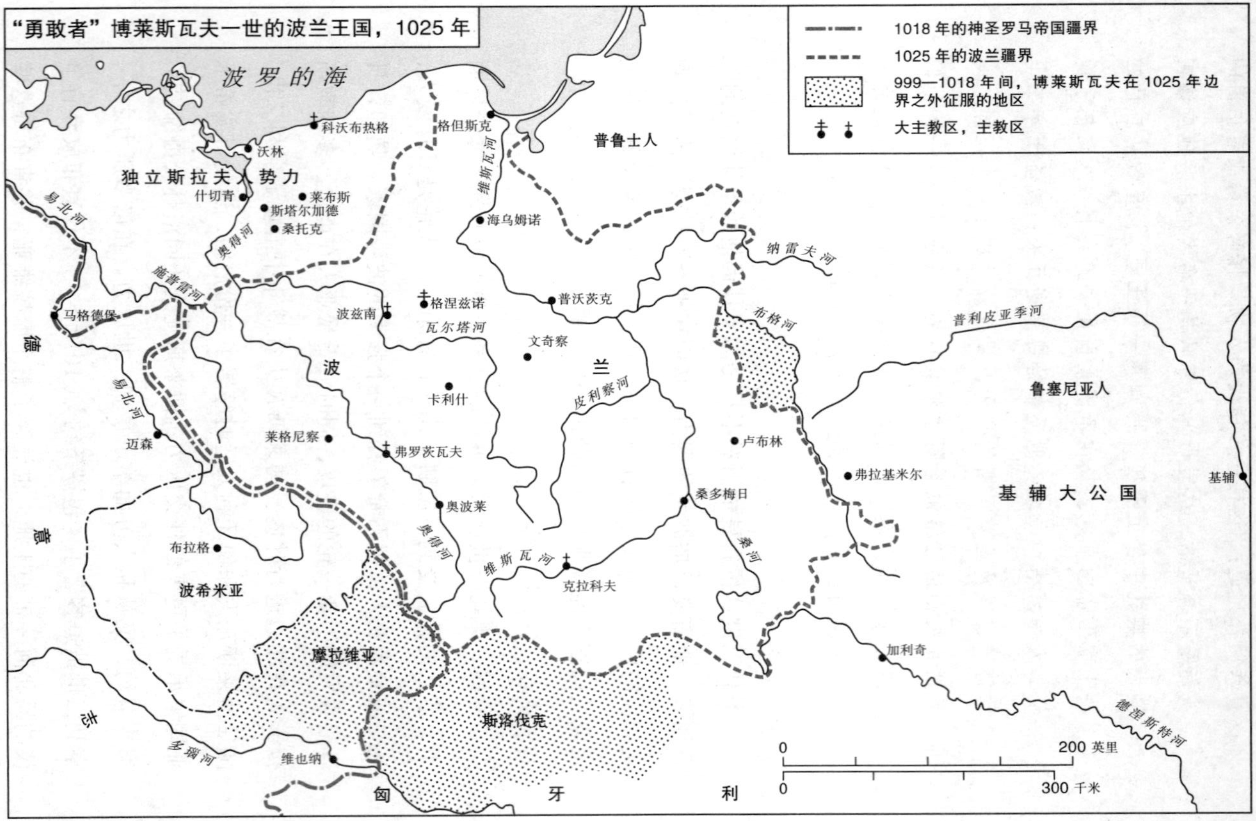

“勇敢者”博莱斯瓦夫一世的波兰王国，1025 年
1018 年的神圣罗马帝国疆界
1025 年的波兰疆界
999—1018 年间，博莱斯瓦夫在 1025 年边界之外征服的地区
大主教区，主教区
波罗的海
科沃布热格
格但斯克
普鲁士人
沃林
独立斯拉夫人势力
什切青
莱布斯
斯塔尔加德
桑托克
易北河
奥得河
维斯瓦河
海乌姆诺
纳雷夫河
施普雷河
马格德堡
波兹南
格涅兹诺
普沃茨克
布格河
普利皮亚季河
瓦尔塔河
文奇察
德
波
兰
卡利什
皮利察河
鲁塞尼亚人
易北河
迈森
莱格尼察
弗罗茨瓦夫
卢布林
弗拉基米尔
基辅
奥波莱
桑多梅日
基辅大公国
意
布拉格
奥得河
桑河
维斯瓦河
克拉科夫
波希米亚
摩拉维亚
加利奇
志
斯洛伐克
德涅斯特河
多瑙河
维也纳
匈
牙
利
0
200 英里
0
300 千米

地区交给波兰。

像他父亲一样，博莱斯瓦夫不会满足于躺在功劳簿上吃老本，一旦发现适合行动的机会，他肯定会立刻抓住。他把自己的女儿嫁给了罗斯公国的王公斯维亚托波尔克。在斯维亚托波尔克阴谋叛乱并被逐出公国首都基辅后，博莱斯瓦夫立刻站在了自己女婿一边。他抓住机会，吞并了一片横在他自己的领土与基辅罗斯之间的土地，也即波兰国家东边，布格河和桑河之间的地区。

此时，无论从什么标准来说，波兰王国的领土都不可谓不辽阔，皮亚斯特王朝统治的权威性似乎也无可置疑。为强化这一切，在人生的最后一年，也就是1025年，博莱斯瓦夫在格涅兹诺大教堂给自己加冕为波兰国王。但是他的死亡很快表明，从梅什科一世到博莱斯瓦夫一世的建国大业，已经超过了这个新生国家的统治能力，这个国家已经无法消化所吞并的这么多领土。此时，随着梅什科二世的登基，各地王公各自为政的地方主义倾向日益显著起来。

在梅什科二世试图整合王国的时候，他的兄弟贝斯普里姆出于嫉妒，在基辅罗斯和神圣罗马帝国的支持下开始挑战他，代价分别是向基辅罗斯交还布格河和桑河之间的土地，以及向神圣罗马帝国交还博莱斯瓦夫一世从神圣罗马帝国夺取的土地。他们很快推翻了梅什科二世，后者不得不于1031年逃出波兰。倒霉的梅什科二世随后遭到了一批波希米亚骑士的袭击，接下来，按照当时波兰人的记录，骑士们“用皮带剧烈摩擦他的生殖器，导致他失去了生育能力”。虽然梅什科二世最终还是返回国家并重归王位，在他于1034年死后，这个国家仍然陷于分裂状态。

他的儿子卡齐米日一世并不比他成功多少，在内战爆发时，卡齐米日一世也曾被迫逃到国外。波希米亚公爵布热季斯拉夫一世趁机进攻了波兰，并占领了格涅兹诺，在这里他不仅夺走了波兰王冠上的珠宝，还夺走了圣阿达尔贝特（波兰称沃依切赫）的遗体。这场战争让波兰作为一个独立国家的地位受到了威胁。

在那个时代，国家边界只是理论存在，民族文化差异并不明显，国家认同也尚在襁褓。然而，最早的捷克编年史作者——布拉格的科斯马斯（Kosmas Pražský），和他同时代的波兰同行——修士“高卢无名氏”，都将对方的国家看作自己最恶劣的敌人。

这就提出了一个问题，即这段历史中我们所说的“波兰”到底是什么意思，更不用说“波兰人”“日耳曼人”和“捷克人”等概念了。自古以来，边界都不是固定不变的，一个接一个统治者利用武力争取权利，国家边界也随之变化。民族的区分并不能意味着更加忠诚，日耳曼人内部的战争比他们和斯拉夫人的战争更多，而斯拉夫人内部的战争也从没有停止。甚至日耳曼人和斯拉夫人的区别也不那么明确。日耳曼人占领了奥得河沿岸的土地后，他们吸收了相当多的斯拉夫部族，以至于在后来的勃兰登堡——德意志民族神话的摇篮，民族血统也是高度混杂。在后世成为德意志一部分的梅克伦堡，斯拉夫统治者们也变成了德意志贵族。另一方面，波兰的统治者们也在反复地和日耳曼人通婚。

让波兰和波希米亚及神圣罗马帝国陷入暗斗的问题在于波兰在天主教世界的地位。在奥托三世认可“勇敢者”博莱斯瓦夫一世的称王野心之后的一个半世纪里，波兰的地位始终没有彻底稳固，神圣罗马帝国反复试图将波兰变为一个附庸国，而波兰则努力保持其主权独立。双方斗争中势力的此消彼长反映在波兰统治者们不断变化的头衔上，公爵、王公或者国王，这些不同的称呼

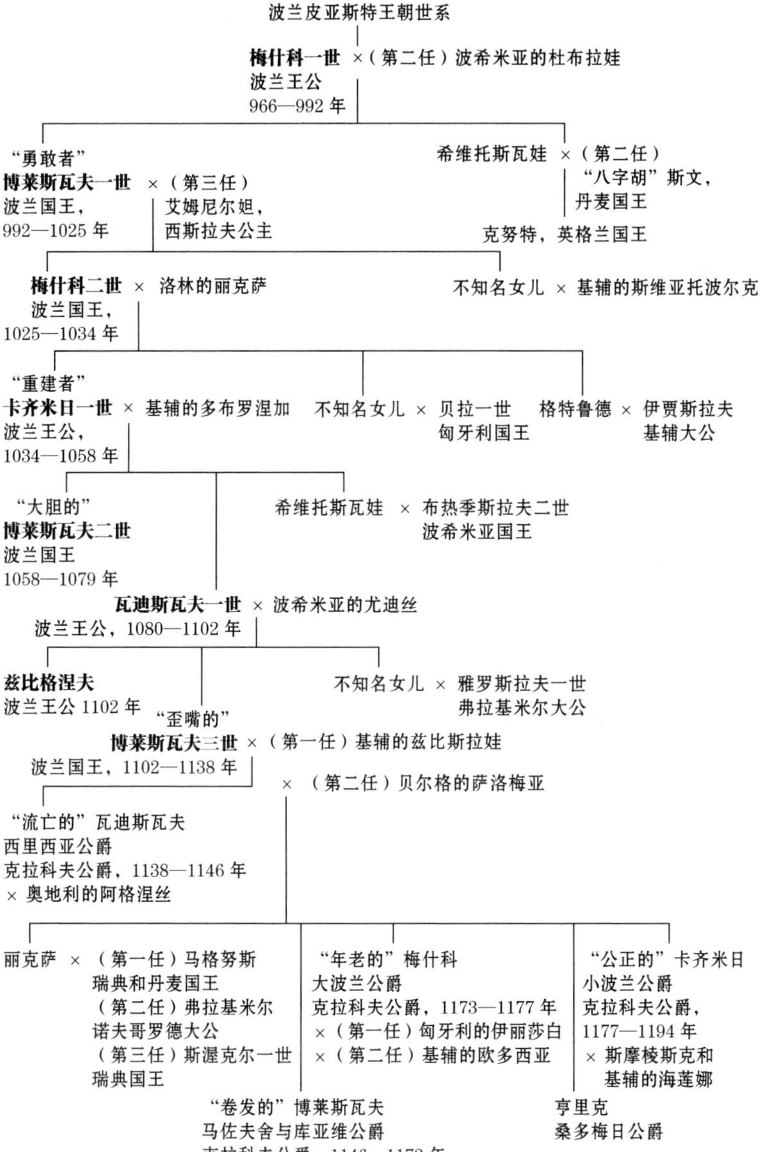
波兰皮亚斯特王朝世系
梅什科一世 ×（第二任）波希米亚的杜布拉娃
波兰王公
966—992 年
“勇敢者”
博莱斯瓦夫一世 ×（第三任）
波兰国王，
992—1025 年
艾姆尼尔妲，
西斯拉夫公主
希维托斯瓦娃 ×（第二任）
“八字胡”斯文，
丹麦国王
克努特，英格兰国王
梅什科二世 × 洛林的丽克萨
波兰国王，
1025—1034 年
不知名女儿 × 基辅的斯维亚托波尔克
“重建者”
卡齐米日一世 × 基辅的多布罗涅加
波兰王公，
1034—1058 年
不知名女儿 × 贝拉一世
匈牙利国王
格特鲁德 × 伊贾斯拉夫
基辅大公
“大胆的”
博莱斯瓦夫二世
波兰国王
1058—1079 年
希维托斯瓦娃 × 布热季斯拉夫二世
波希米亚国王
瓦迪斯瓦夫一世 × 波希米亚的尤迪丝
波兰王公，1080—1102 年
兹比格涅夫
波兰王公 1102 年
不知名女儿 × 雅罗斯拉夫一世
弗拉基米尔大公
“歪嘴的”
博莱斯瓦夫三世 ×（第一任）基辅的兹比斯拉娃
波兰国王，1102—1138 年
×（第二任）贝尔格的萨洛梅亚
“流亡的”瓦迪斯瓦夫
西里西亚公爵
克拉科夫公爵，1138—1146 年
× 奥地利的阿格涅丝
丽克萨 ×（第一任）马格努斯
瑞典和丹麦国王
（第二任）弗拉基米尔
诺夫哥罗德大公
（第三任）斯渥克尔一世
瑞典国王
“年老的”梅什科
大波兰公爵
克拉科夫公爵，1173—1177 年
×（第一任）匈牙利的伊丽莎白
×（第二任）基辅的欧多西亚
“公正的”卡齐米日
小波兰公爵
克拉科夫公爵，
1177—1194 年
× 斯摩棱斯克和
基辅的海莲娜
“卷发的”博莱斯瓦夫
马佐夫舍与库亚维公爵
克拉科夫公爵，1146—1173 年
亨里克
桑多梅日公爵

表 1：早期皮亚斯特王朝世系（表中只显示了较为重要的王朝成员，标明的日期是统治时间。该世系表的后续部分在本书第 26—27 页）

在同时代的西方史料中并行不悖。尽管内部纷争乃至战争不断，但神圣罗马帝国对这些问题是理论上的裁决者。波兰统治者们要加强自身地位，可行的办法就是通过寻求其他国家支持，以及和教宗结盟共同对抗帝国的世俗权力等方式，增强自己的权力地位。1058年卡齐米日一世死后的几百年里，这些牵扯复杂的问题清楚地凸显了出来。

在1039年重登王位后，卡齐米日一世将克拉科夫定为首都。格涅兹诺是大波兰地区——传统上波兰人的土地——的中心，需要在奥得河沿岸建立稳固的边界防线，同时，国王需要在北方的波莫瑞以及南方的西里西亚分别建立波兰的有效统治。克拉科夫是小波兰地区的首府，更容易受到东方基辅罗斯的影响。卡齐米日一世迎娶了基辅大公的姐妹（玛利亚·多布罗涅加），他的儿子博莱斯瓦夫二世同样与基辅罗斯联姻，父子二人都将目光转向东方，而博莱斯瓦夫二世为支持自己的姑父（伊贾斯拉夫一世）曾两次占领基辅。与此同时，匈牙利在波兰的影响也在增加。该国很明显是一个可以共同针对波希米亚和神圣罗马帝国的盟友。同时，匈牙利也是教宗为对抗神圣罗马帝国而布下的巨大外交网络中的一环，这张巨网从波兰一路延伸到西班牙。加入这个同盟的一个好处是，教宗将王冠赐予了博莱斯瓦夫二世，后者在1076年给自己加冕为国王。

然而，波兰和教宗之间热情的友谊在仅仅7年之后就结出了苦果。当年依靠教会封赠圣徒阿达尔贝特，博莱斯瓦夫一世获得了国王的王冠；而在不到一个世纪后，和他同名的博莱斯瓦夫二世丢掉王冠，也是因为一名被教会封圣的神职人员。一批波兰大贵族开始筹划反对博莱斯瓦夫二世，其中包括克拉科夫主教斯坦尼斯瓦夫。博莱斯瓦夫二世发现这一阴谋后，用暴力镇压了这些敌人，其中一批首要阴谋分子被处以死刑，而斯坦尼斯瓦夫主教也在被处决者之列。这一镇压行动激起了巨大的愤怒浪潮，结果就是倒霉的国王被迫退位，波兰王位由他的弟弟瓦迪斯瓦夫一世·赫尔曼继承。处决斯坦尼斯瓦夫主教（这位主教于1253年被封圣）削弱了波兰皮亚斯特王朝的声望，1085年，神圣罗马帝国皇帝亨利四世允许波希米亚公爵将自己加冕为波希米亚和波兰国王。尽管只是象征性的举动，但这是对瓦迪斯瓦夫一世的侮辱。

在国内，瓦迪斯瓦夫无力限制各地领主不断扩张的权力。瓦迪斯瓦夫一世规定在他死后，波兰应该分成两部分，由他的两个儿子各自继承。然而1102年他死后，他的小儿子——“歪嘴的”博莱斯瓦夫三世——将他的兄长赶出了波兰。如他的绰号所示，博莱斯瓦夫三世相貌丑陋，但能力极强。虽然他抱定决心推行铁腕统治，但仍然很快赢得了整个国家的尊重。勇武善战也给他加分不少。1109年，他在弗罗茨瓦夫附近的普谢波莱之战中击败了神圣罗马帝国皇帝和波希米亚公爵，迫使他们宣布放弃对波兰领土的要求。博莱斯瓦夫三世还进攻了波莫瑞，由于日耳曼人一直以来的蚕食，波兰在这一地区的影响在逐年减弱。博莱斯瓦夫三世重新占领了这一地区，并且一直越过奥得河，到达了吕根岛。

博莱斯瓦夫三世统治的最后几年，他为支援他的匈牙利盟友而发起远征，结果以失败告终，波希米亚趁机发起了新一轮的进攻。一批贵族利用这一机会，迫使博莱斯瓦夫三世立下遗嘱，在他死后将波兰划分为多个公国，由他的五个儿子各自继承一个。此外，波莫瑞公国的统治者虽然不是皮亚斯特王朝的直系，但也

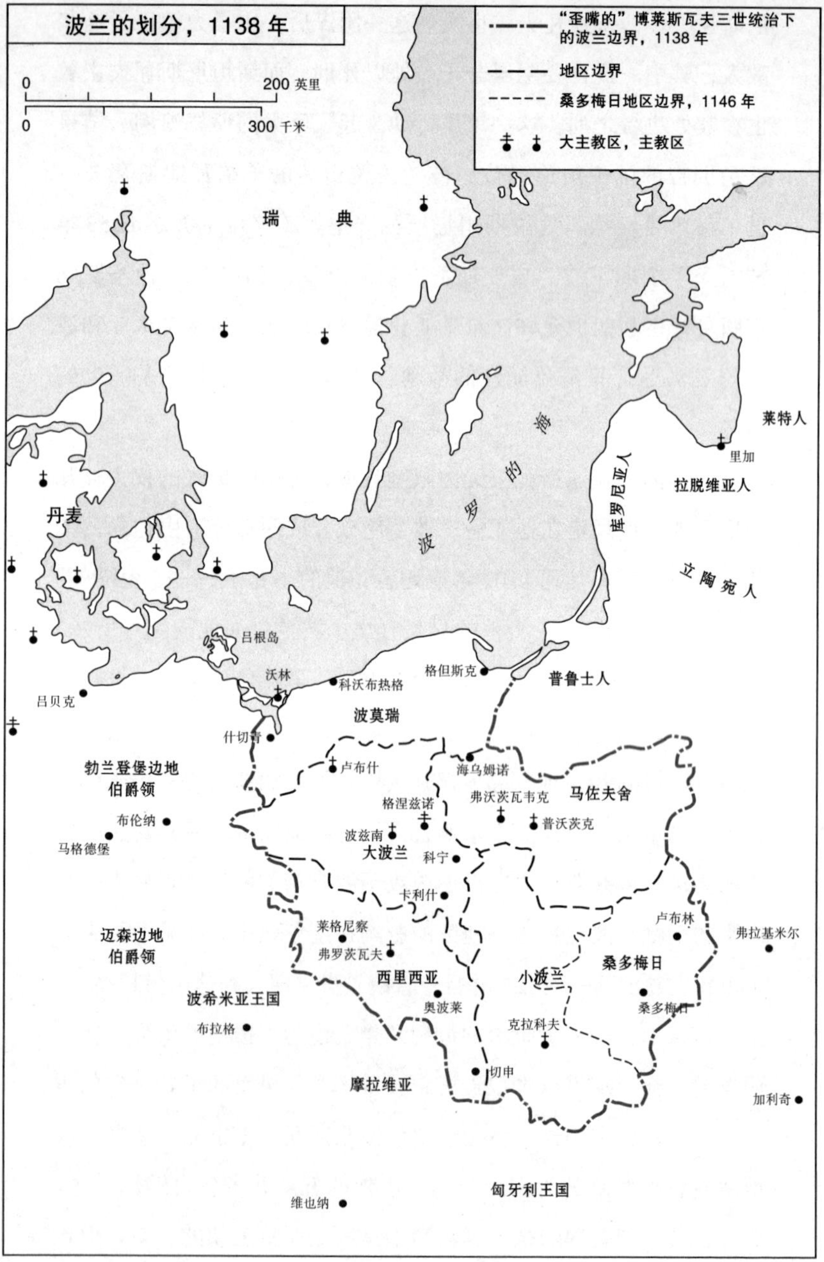

波兰的划分，1138 年
0
200 英里
0
300 千米
“歪嘴的”博莱斯瓦夫三世统治下的波兰边界，1138 年
地区边界
桑多梅日地区边界，1146 年
大主教区，主教区
瑞 典
莱特人
里加
拉脱维亚人
库罗尼亚人
立 陶 宛 人
波 罗 的 海
丹麦
吕根岛
沃林
格但斯克
科沃布热格
普鲁士人
吕贝克
波莫瑞
什切青
海乌姆诺
卢布什
勃兰登堡边地
伯爵领
马佐夫舍
弗沃茨瓦韦克
普沃茨克
格涅兹诺
波兹南
布伦纳
马格德堡
大波兰
科宁
卡利什
卢布林
莱格尼察
弗拉基米尔
迈森边地
伯爵领
弗罗茨瓦夫
桑多梅日
西里西亚
小波兰
波希米亚王国
奥波莱
桑多梅日
布拉格
克拉科夫
切申
摩拉维亚
加利奇
匈牙利王国
维也纳

是王室近亲，和其他五个公国地位相当。五个儿子中最年长的瓦迪斯瓦夫获得了克拉科夫公国，该公国面积虽小，但理论上地位最高，对其他公国拥有宗主权。1138年“歪嘴的”博莱斯瓦夫三世死后，波兰国家开始了这一分而治之的政治实验：一方面是各地的地方主义倾向，另一方面则是王公们出于亲情和政治因素倾向团结，这一实验就是希望能在这二者中获得妥协。

讽刺的是，尽管一直以来在王位继承中不时出现中断，王国领土也随之四分五裂，但是统治者的认同感主要是基于对皮亚斯特王朝的继承。在11世纪末，他们建立了80多个城郭村镇，给商业集镇授予王室特许证，赐予他们各项权利并提供保护。皮亚斯特王朝的统治者们还鼓励这些商业城镇发行自己的货币，取代以物易物的交易方式，同时为国际商道的发展提供必要的安全保证。一些大的城市，如克拉科夫（1040年后成为首都）、桑多梅日、卡利什、弗罗茨瓦夫、波兹南和普沃茨克逐步繁荣起来。

另一个倾向统一的力量是教会。教会在传播新的技术以及罗马式建筑风格的过程中一直发挥着重要作用。同时，教会也是文化和教育的传播中心，教会为准神父和青年贵族们教授专业技术、管理学，并提供学校教育。天主教修会的到来推动了这一势头。本笃会是最早进入波兰的修会。11世纪后半叶，本笃会在维斯瓦河畔的蒂涅茨建立了他们的第一个修道院。而紧随其后的是普利蒙特瑞会、西多会等，它们促进了修会的发展。修会的大教堂大多建有附属的学校，而依靠教会组织的帮助，波兰的学生们能有机会到其他国家求学。当时人们开始用拉丁文创作本国的英雄武功歌（chanson de geste），而在1112—1116年，高卢无名氏——很可能是一名来自普罗旺斯的本笃会修士——完成了最早的波兰编年史。

我们必须指出，教会在教育甚至政治活动中对波兰社会产生了重大的影响，但相比之下，其严格的宗教教义所产生的宗教影响却小得多。在966年波兰皈依天主教会后，多神教仍然生存了下来。在此后两个世纪中，多神教甚至还有几次复兴，而在多神教复兴时还发生过教堂被烧毁、教士被处决的事情。在那些处于波兰与神圣罗马帝国之间，具有一定程度自主权，同时也被二者同时觊觎的区域，比如波莫瑞，多神教的残余力量尤其强大。

由于当地普遍缺乏传教的热情，教会对这些多神教势力没有太好的应对办法。罗马发出的十字军召唤在波兰遭到冷遇，就充分地体现了这一点。除了桑多梅日的亨里克公爵，几乎无人响应号召。克拉科夫公爵“白色的”莱谢克一世向教宗写了一封长信进行解释，他说，无论是他本人，还是其他任何一名有自尊的波兰骑士，都不愿前往圣地。他们已经听说，圣地根本不是什么富庶之地，没有葡萄酒，没有蜂蜜酒，甚至连啤酒都没有。当然，留在国内也是有其他理由的，因为在自己的国界线上还有很多麻烦的多神教徒，即所谓的普鲁士人和立陶宛人。但是，似乎没人准备让这些人入教受洗。缺乏热情的问题也是波兰所特有的。让欧洲的骑士们渡过大海，到巴勒斯坦和波罗的海地区（随后还有大批移民跟随而来）参加对异教徒作战的十字军的主要原因之一就是某些地区在中世纪人口快速增长，以致人口密度过大。但是波兰地区远远谈不上人口稠密，因此没有扩张的需求，波兰的统治者甚至还欢迎各种有职业技能的其他民族移民——犹太人、波希米亚人，还有日耳曼人。

1138年“歪嘴的”博莱斯瓦夫三世死后，王国被分为五个公国，而此后的波兰国家仍在一步步继续解体。作为诸公爵之首的克拉科夫公爵，他的长子瓦迪斯瓦夫试图将这些公国再次联合起来，但是他不仅遭到了自己的兄弟们的反对，甚至本地的贵族也不支持他。接下来一个世纪里，随着分裂的加剧和国家的衰弱，一代代的克拉科夫公爵逐步失去了原有的对其他公国的宗主权，并最终彻底放弃了将各公国重新联合起来的努力。同时，最初的五个公国——大波兰、马佐夫舍-库亚维、小波兰、桑多梅日、西里西亚——也一步步逐渐解体，这些公国逐步变成更多的小封国，被分封给皮亚斯特家族不断增加的各种远支后裔。

事实上，波兰国家的瓦解，皮亚斯特王朝的家族内斗只是原因之一。各地区的贵族和大城镇要求获得自治权，因此在更广泛地共享权力的要求下，国家权力从君主下放给贵族们的趋势也无可避免。大波兰的瓦迪斯瓦夫三世——由于他的双腿细长且骨瘦如柴，因而获得了“长腿”的绰号——曾经身兼克拉科夫公爵，并努力以克拉科夫公爵的名义恢复对其他公国的宗主权，但他麾下贵族们却成功迫使他在1228年颁布“切尼亚特权”（Przywilej z Cieni）法案，这一法案授予了贵族们大量的特权。这一限制君主、保障贵族权利的法案与13年前英格兰国王约翰签署的《大宪章》异曲同工。

但英格兰的爵士和波兰的贵族相比有个显著的不同。当时英格兰或者法国的贵族权力被国王所控制，他们只能在等级森严的分封体系中找到自己的位置。而在波兰，类似的封建制度从未出现——除了某些地方的领主是来自西欧的移民。这使得波兰社会和欧洲大陆其他国家从根本上就有所不同。

波兰社会的最高等级是那些被称为“施拉赫塔”（szlachta）

的乡绅贵族，他们能够从祖辈继承高贵的身份和大量的土地。他们有义务作为骑士随同国王出征，并服从国王颁布的法律，但在他们自己的封地上，他们就是法官，无须向任何人负责。他们遵循波兰的民族习惯法——《波兰法》（*Ius Polonicum*）。这些贵族完全遵循过去的成例，国王们希望在全国推行的外国法律经验则往往遭到他们的抵制。在贵族阶层下面是其他有一定地产的阶级，比如没有贵族头衔的骑士（włodyki），或者在农村事实上变成了某种自耕农的侍从（panosze）。一般来说，农民拥有自由，并且可以向社会更高层流动。尽管他们生活所依赖的土地是属于贵族们的，他们仍拥有某些有限的权利。少数农民变成了农奴，但在13世纪上半叶，波兰的农奴们还能享受更多的人身自由，而且一般来说也没有像西欧农奴一样被束缚在土地上。13世纪初，波兰农业开始采用三圃式轮作，这带来了农业的巨大发展，并拉大了有地和无地农民之间的差距。有地农民愈发富裕，而无地农民则日益贫穷，最终失去一切，只能以出卖劳动力为生。因此，贫穷的农民虽然名义上拥有自由和法律的保护，但经济的困境最终成了他们事实上的枷锁。

至于城市，本质上来说，是他们自行制定法律。多数城市都拥有建城时获赐或后来受赐的特别许可，从而具有一系列的自治权利。随着城市的发展，逐渐有外国人——日耳曼人、意大利人、瓦隆人、弗莱芒人，以及犹太人——被吸引前来定居，他们的出现又为城市增添了独立色彩。日耳曼人将他们的《条顿法》（*Ius Teutonicum*）带到波兰，1211年，这一套法律最早在西里西亚地区的城镇开始实施，随后，以修改后的《马格德堡法》的名义推广到整个波兰其他地区。这些法律约束犯罪和市民违法行为，并规范所有的商业贸易行为。实施《马格德堡法》，意味着在城市的围墙之内，无论在行政上还是司法上，和墙外相比都形同两个国家。城市居民逐渐独立出来，成为一个和其他阶层毫无共通之处的阶层。日益膨胀的犹太社区也有相同的情况，1264年，大波兰公爵“虔诚者”博莱斯瓦夫在《卡利什法令》中赐予了犹太人特权。法令中承认犹太人为国家的“商业仆人”（servi camerae），并以君主的名义提供保护。这成为犹太人诸多特权的开始，而这些特权逐渐使得犹太社区成为波兰的国中之国。

由于没有封建分封的体制，波兰国家也就没有行使中央权力的正常渠道。和欧洲其他地方完全不同，王室对国家的控制不是依靠各地受封的贵族，而是依靠国王指派的官员。他们以其担负的职能为官名，头衔为“领主”（Kasztelan），这个词来自“城堡”一词。领主就是在王室的城堡中行使司法、管理和军事职能，从而为国王镇守一方。到1250年的时候，波兰全境总共有100多名领主在管理这个国家。但是随着国家四分五裂，中央权力衰落，这些领主的地位也江河日下。他们手中的权力逐步被各地王公们的个人代表——“总督”（Wojewoda）所掌握。

在封建体制上，波兰和西欧的差异非常重要。波兰和波希米亚历史上曾经面临相似的挑战和抉择，但与波希米亚不同的是，前者最终没有完全被吸纳进西欧邦国的行列。一方面，这让波兰的发展相对落后，但同时也帮助波兰更大程度上保持了独立。即使被分为多个公国，和其他许多国家相比，波兰各地仍然保持了高度的一致性和密切的关系，因为波兰没有像欧洲其他部分那样被外国统治者所统治——比如，英格兰的国王同时是地理上法兰西大片土地的统治者；法兰西的贵族掌握着德意志的部分地区；

而意大利则先后臣服于诺曼人、法兰西人以及日耳曼人的军事强人。或许正是这样的差异，保证了波兰作为一个政治实体得以独立存在。

2

东西之间

1241年，传奇的成吉思汗所建立的蒙古汗国的军队，在他的孙子拔都的统率下，向东欧发起了大规模的进攻。鞑靼蒙古人的铁蹄踏过今天俄罗斯南部地区，罗斯诸公国遭到了蒙古人火与剑的毁灭。随后，鞑靼蒙古人的大军分为两部，大部攻入匈牙利，接着又蹂躏了波兰，小波兰的贵族骑士们在赫梅尔尼克迎战蒙古人，但却被鞑靼蒙古人彻底打败，损失惨重。克拉科夫公爵“纯洁者”博莱斯瓦夫不得不南逃摩拉维亚。

鞑靼蒙古人将克拉科夫洗劫一空，随后又向西进入西里西亚。西里西亚公爵“虔诚者”亨里克在这里集结了他手中所有的兵力，还会合了大波兰的军队，以及一批外国骑士，甚至连他名下兹沃托雷亚金矿的矿工也被动员起来。1241年4月8日，他率领这支大军离开莱格尼察，迎战前来的鞑靼蒙古人。结果，他的军队被蒙古人彻底打败，他本人遭乱刃分身。

然而接下来的事情让西欧人松了一口气：鞑靼蒙古人南下匈牙利和他们的兄弟会合，并在那里得知了他们的大汗窝阔台死去的消息。鞑靼蒙古人立即放弃了西征大业，掉头回到他们出发的地方。此后，尽管鞑靼蒙古人再也没有尝试征服欧洲，但是300年内他们统治着整个俄罗斯，并且一直在袭扰波兰。1259年，鞑靼蒙古人抢掠了卢布林、桑多梅日、比托姆和克拉科夫。1287

年，蒙古人的铁蹄卷土重来，带来了新一波毁灭的浪潮。波兰对鞑靼蒙古人侵略的恐惧，生动地保存在史书、传说和歌曲中。直到今天，在克拉科夫圣玛利亚教堂高塔上每逢整点响起的号声中，仍然留存着这一记忆：这段号声的中间有一处停顿，是纪念当年鞑靼蒙古人入侵时，号手吹响号角，却被蒙古人的箭矢射中喉咙以致号声停止的典故。鞑靼蒙古人的侵略也让波兰人在政治观点中将这些东方邻居看作了野蛮无信仰的梦魇。

鞑靼人的入侵显示了波兰作为一个分裂国家的脆弱。各地方虽然有共同的利益，但没有协调的行动，结果是各地的武装被各个击破。而当鞑靼蒙古人的威胁消失了的时候，这个弱点开始在国家的另一边再次显露出来。一个波兰现代历史上的巨大恶魔在这里诞生，它那钢铁打造的襁褓上带着黑色的十字标识。

在波兰皈依天主教200年后，波罗的海南岸和东岸大部分地区的居民仍然信仰原始多神教，并时常遭到天主教邻居们的猛烈进攻，这些邻居包括丹麦、斯堪的纳维亚半岛各国、勃兰登堡，以及波兰格但斯克–波莫瑞、马佐夫舍等地的公爵。丹麦、勃兰登堡和其他日耳曼贵族互相竞争，希望征服后世被称为梅克伦堡的地区，这里有重要的港口吕贝克（波兰语称柳比策）。东边更远的地方，波罗的海的海岸折向北方，丹麦人和斯堪的纳维亚人都在试图染指波罗的海沿岸诸民族的土地，这里居住着立陶宛人、拉脱维亚人、拉托加尔人和瑟米加尔人，以及库罗尼人（Curonians/Kurowie）。而夹在他们中间的波兰人在和另一个波罗的语民族——普鲁士人交战。战争的动机是对土地和贸易的向往，同时也被本地的主教们披上了“传播福音”这样一层薄薄的伪装——教会不能接受被排除在对外扩张的战争之外的现实。克莱尔沃的圣伯纳德开始在整个欧洲宣传十字军的理念后，这一局面发生了变化。

克莱尔沃的圣伯纳德成功说服了教宗亚历山大三世，让北方十字军可以在欧洲北部各地进行圣战，而不必到中东地区。1171年，教宗下达一份诏书，宣布在北方与异教斯拉夫人或普鲁士人作战的北方十字军，将得到与在中东和萨拉森人作战的十字军同样的特许。十字军的其中一个特权是，如果某一名公爵发起“圣战”，只要和他家乡的主教达成协议即可。即使这场战争本质上是私人争端，与教会无关，他也可以招募外国骑士为他作战而不用付钱。这场十字军的胜利果实刺激了丹麦人、波兰人以及日耳曼人，令他们胃口大开。虽然第一次北方十字军失败了，但是接下

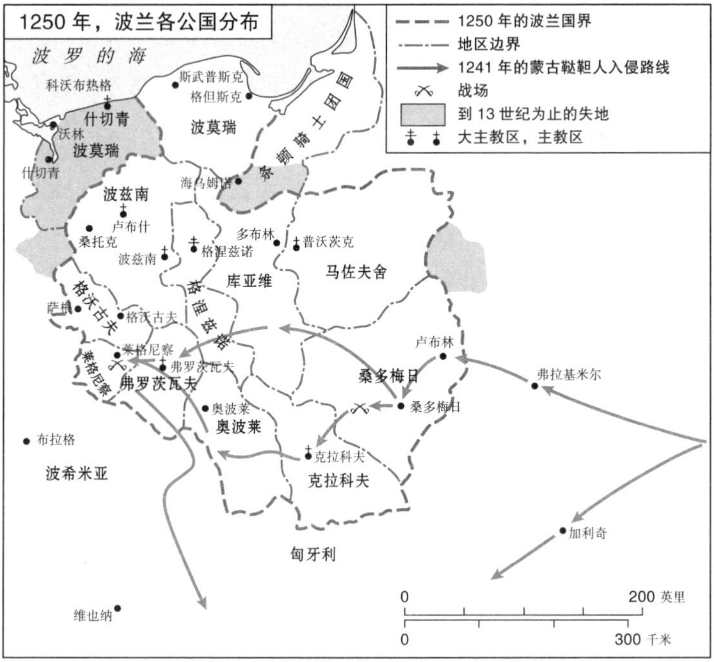

1250 年，波兰各公国分布

来50年中，西波莫瑞的异教斯拉夫人还是被丹麦人和日耳曼人逐步征服了。

在13世纪初，马佐夫舍公爵多次进攻普鲁士地区，但是除了激起普鲁士人的反击外一无所得。这个混乱的地区需要秩序明确的军事接管。有能力处理这个问题的，只有武装骑士团。那些最著名的骑士团——圣殿骑士团和医院骑士团已经在巴勒斯坦展示了自己的效率。1202年，里加主教组建了“基督骑士团”，即著名的佩剑骑士团，帮助他来征服拉脱维亚人并用武力传播福音。在马佐夫舍公爵康拉德的支持下，普鲁士的主教（1216年由康拉德建立）有样学样，建立了“多布林的基督骑士团”，作为波兰对普鲁士人作战的常备军。但是这支队伍规模太小，无法完成这个任务。

于是，一个更激进的解决方案应运而生，而这个方案对波兰乃至整个欧洲此后的历史进程的影响无可估量：1226年，马佐夫舍公爵康拉德向耶路撒冷的德意志人圣母医院骑士团——也就是条顿骑士团发出邀请，请他们在海乌姆诺建立基地，并帮助他征服普鲁士。条顿骑士团最初在巴勒斯坦的阿卡，仿照圣殿骑士团的军事修会模式建立。现在，他们对这个离故乡不远的任务颇为感兴趣。他们之前曾经在匈牙利接受过类似的任务，在那里负责抵挡和牵制鞑靼蒙古人的进攻。但是，匈牙利国王安德拉什二世渐渐担忧他们的野心，很快又驱赶了他们。

他们能看到波兰人的邀请的种种利益，但是这一次，骑士团大团长赫尔曼·冯·萨尔扎决定给他们的未来做好保险。他从神圣罗马帝国皇帝腓特烈二世以及教宗格里高利九世手中分别获得诏书，获准征服普鲁士地区，并且将这里以教宗领地的名义永久据有。还没来得及意识到他引入的是什么角色，马佐夫舍的康拉德发现他租借给骑士团的海乌姆诺地区事实上已经有去无回，成了骑士团的财产。

赫尔曼·冯·萨尔扎最初只是把对普鲁士人的战争当作一项次要任务，中东的圣地才是他关注的重点。1229年，他派遣一些骑士进攻普鲁士。1232—1233年，他又派遣规模更大的骑士团军队入侵了普鲁士。这次进攻中，多明我会的修士们随军布道，和骑士团一起进攻的还有若干波兰公爵、迈森和勃兰登堡的边地伯爵、奥地利公爵和波希米亚国王，以及数百名日耳曼骑士。1237年，佩剑骑士团并入条顿骑士团，促使条顿骑士团更深地参与进了东欧地区事务。而条顿骑士团深入北方，也是后世历代教宗所鼓励的，他们希望能看到北方波罗的海诸民族成为接受罗马教廷牧下的羊群，甚至还希望将福音传到遥远的俄罗斯北部。

于是，骑士团被基督教的国王、公爵和骑士们当作他们一年一次侵略东方异教徒行动（reysas）的组织者。这些贵族们认为，这种一年一次的军事行动可以算成他们履行为基督而战的义务。对参与其中的高官显贵们来说，这种一年一次的侵略更像武装旅行，不仅履行了十字军为基督而战的誓言，也是不错的战斗历练。在远征中，骑士团给贵族们留下了良好的印象，因此这些显贵们往往会将自己国家的土地赠给骑士团，并给予他们外交上的支持。与此同时，这一地区日益频繁的十字军圣战活动也产生了对外冲突与内部问题，现在，东欧地区不仅吸引了来自丹麦、瑞典、挪威和波兰的贵族，新兴的立陶宛国家和一些罗斯公国——诺夫哥罗德公国，以及莫斯科公国——也参与了进来。

到1283年，普鲁士地区大部分地区被征服。虽然大量没有

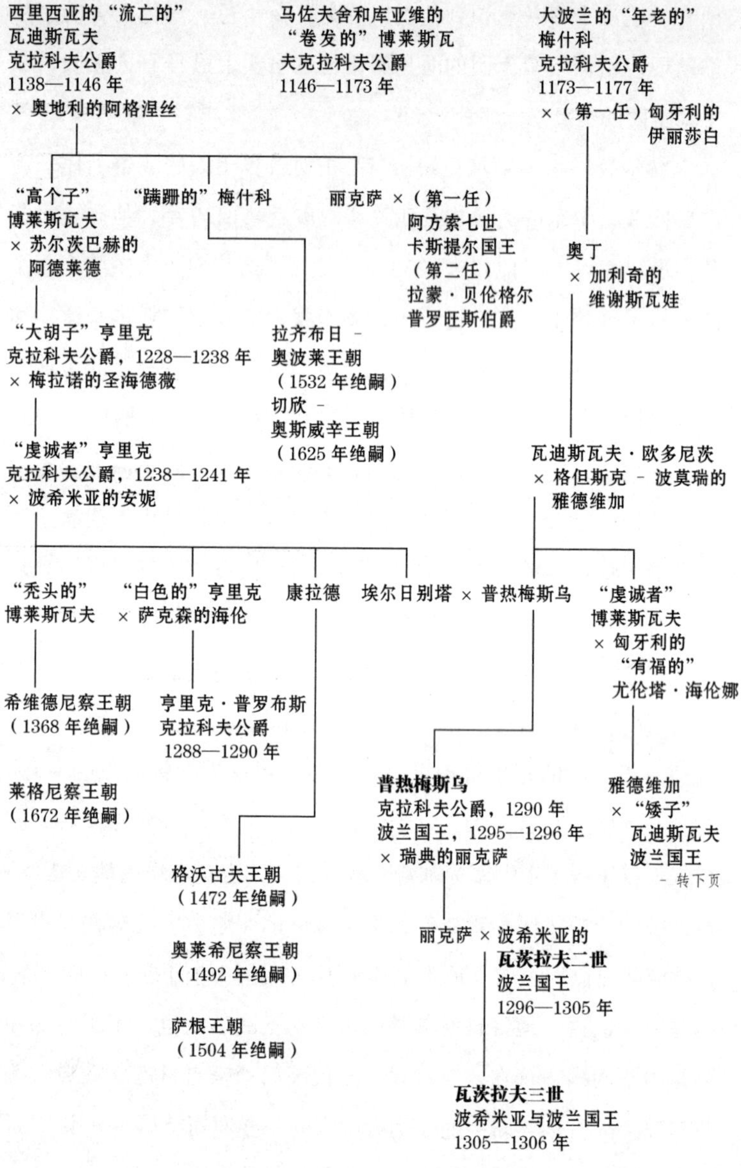
西里西亚的“流亡的”
瓦迪斯瓦夫
克拉科夫公爵
1138—1146 年
× 奥地利的阿格涅丝
马佐夫舍和库亚维的
“卷发的”博莱斯瓦
夫克拉科夫公爵
1146—1173 年
大波兰的“年老的”
梅什科
克拉科夫公爵
1173—1177 年
×（第一任）匈牙利的
伊丽莎白
“高个子”
博莱斯瓦夫
× 苏尔茨巴赫的
阿德莱德
“蹒跚的”梅什科
丽克萨 ×（第一任）
阿方索七世
卡斯提尔国王
（第二任）
拉蒙·贝伦格尔
普罗旺斯伯爵
奥丁
× 加利奇的
维谢斯瓦娃
“大胡子”亨里克
克拉科夫公爵，1228—1238 年
× 梅拉诺的圣海德薇
拉齐布日 -
奥波莱王朝
（1532 年绝嗣）
切欣 -
奥斯威辛王朝
（1625 年绝嗣）
“虔诚者”亨里克
克拉科夫公爵，1238—1241 年
× 波希米亚的安妮
瓦迪斯瓦夫·欧多尼茨
× 格但斯克 - 波莫瑞的
雅德维加
“秃头的”
博莱斯瓦夫
“白色的”亨里克
× 萨克森的海伦
康拉德
埃尔日别塔 × 普热梅斯乌
“虔诚者”
博莱斯瓦夫
× 匈牙利的
“有福的”
尤伦塔·海伦娜
希维德尼察王朝
（1368 年绝嗣）
莱格尼察王朝
（1672 年绝嗣）
亨里克·普罗布斯
克拉科夫公爵
1288—1290 年
普热梅斯乌
克拉科夫公爵，1290 年
波兰国王，1295—1296 年
× 瑞典的丽克萨
雅德维加
× “矮子”
瓦迪斯瓦夫
波兰国王
- 转下页
格沃古夫王朝
（1472 年绝嗣）
奥莱希尼察王朝
（1492 年绝嗣）
萨根王朝
（1504 年绝嗣）
丽克萨 × 波希米亚的
瓦茨拉夫二世
波兰国王
1296—1305 年
瓦茨拉夫三世
波希米亚与波兰国王
1305—1306 年

表 2：皮亚斯特王朝后期波兰的分裂与重新统一

大波兰的“年老的”梅什科
克拉科夫公爵，1173—1177 年
×（第二任）基辅的欧多西亚

桑多梅日的
亨里克

小波兰的“公正的”卡齐米日
后来领有马佐夫舍和库亚维
以及桑多梅日
克拉科夫公爵，1177—1194 年
× 斯摩棱斯克和基辅的海莲娜

“长腿的”瓦迪斯瓦夫
克拉科夫公爵，1202—1228 年

桑多梅日的“白色的”莱谢克
克拉科夫公爵，1194—1201 年
× 卢茨克的格日米斯瓦娃

马佐夫舍的康拉德
克拉科夫公爵，1241—1243 年
× 弗拉基米尔的阿加菲娅

“纯洁的”博莱斯瓦夫
克拉科夫公爵，1243—1279 年
× 匈牙利的圣金加

库亚维的卡齐米日
× 康斯坦齐娅，亨里克的女儿
（见前页）

马佐夫舍王朝
（1526 年绝嗣）

“黑色的”莱谢克
克拉科夫公爵，1279—1288 年

库亚维王朝
（1388 年绝嗣）

库亚维的“矮子”
瓦迪斯瓦夫，1275 年
波兰王公，1296 年
桑多梅日公爵，1305 年
波莫瑞公爵，1306 年
大波兰公爵，1314 年
波兰国王，1320—1333 年

埃尔日别塔
× 安茹的查理 · 罗贝尔
匈牙利国王

“大王”**卡齐米日三世**
波兰国王，1330—1370 年
×（第一任）立陶宛的安娜
（第四任）萨根的雅德维加

安茹的**路易**
匈牙利国王
波兰国王，1370—1382 年
× 波斯尼亚的伊丽莎白

埃尔日别塔
× 波莫瑞的
博古斯拉夫

圣金加
× 巴伐利亚的
路德维希六世

卡日科
斯武普斯克公爵

玛利亚
× 卢森堡的
西吉斯蒙德

雅德维加
波兰女王，1384—1399 年
× **瓦迪斯瓦夫 · 雅盖洛**
立陶宛大公
波兰国王，1384—1434 年

安娜 × 泰克的乌尔里希

土地的波兰或者日耳曼骑士们选择定居于此，然而，统治这里的还是条顿骑士团。他们在马林堡（今波兰马尔堡）建立了防卫严密的要塞，在这一地区周围兴建了一系列城堡，以及一个海港——艾尔宾（今波兰埃尔布隆格），用以促进该省的贸易。条顿骑士团很快证明了自己也是出色的管理者：宗教上的戒律，使得他们不容易贪赃枉法；骑士团的组织结构，使得其政策具有一定的连续性，而后者通常是那些统治者为家族世袭的国家所缺乏的——统治者的继承可能存在争议，大权可能被家族中的少数派获得，以及可能出现不负责任或无能的统治者。骑士们的统治在一开始也很温和亲切。他们更喜欢诱使本地人主动皈依，而非强迫传教。只要有必要，这些实用主义者甚至不介意和异教徒们并肩作战。但是，反复的暴乱和背叛，使得他们对本地居民的偏见随着时间推移越来越强。本地的土著民族渐渐被杀戮殆尽。

在这半个世纪中，在马佐夫舍的边境，普鲁士人令人厌烦的骚扰逐渐消失，秩序井然的和平局面取而代之。这一变化本身并不是对波兰各公国的威胁，但是在未来随着一系列发展，产生这一变化的因素——骑士团——会变成新的威胁。

一个世纪以前，1150年，布伦纳最后的斯拉夫王公死后，该爵位由日耳曼人继承。勃兰登堡马尔克——就是先前的布伦纳——开始借此向东扩张，在波罗的海沿岸斯拉夫人各国和他们的南方同胞之间打入了一个楔子，什切青的波莫瑞公爵博古斯瓦夫侧翼受到威胁，于是被迫承认了日耳曼人的宗主地位。至于南边的几个斯拉夫人小国，比如卢布什（今德国莱布斯）则彻底被勃兰登堡所吞并。1266年和1271年，勃兰登堡又先后占领了桑托克和格但斯克，将自己的领土拓展到了条顿骑士团的领土旁边。虽然第二年波兰人重夺格但斯克和桑托克两地，但他们已经再也无法阻止日耳曼人跨过奥得河了。以1231年日耳曼人在施普雷河畔建立的要塞——柏林为稳固的基地，勃兰登堡的边地伯爵们将眼光投向了东方，一有机会，他们就会向东方开疆拓土。

与此同时，从德意志各地前来的定居者们，都在这里寻求机会以及土地。通常这些日耳曼人都会得到波兰王公贵族的妥善接待。到13世纪末，不光是西里西亚和波莫瑞地区的城市，比如弗洛茨瓦夫或者什切青，甚至在波兰国家的首都——克拉科夫，日耳曼人口都占据了主导地位。在西里西亚和波莫瑞，从德意志来的无地骑士和农民不断涌入，他们的影响也在乡村逐步扩散，甚至连这里的皮亚斯特家族的统治者们也受到严重影响，他们不仅在意愿上对波兰的离心倾向日益增强，在能力上也逐渐无力维护一个四分五裂的波兰。这些小领主们就像小商铺的主人，他们不得不对任何一个强大且有能力提供保护的人——无论是谁——缴纳保护费。在波莫瑞，一个又一个城镇的统治者，发现自己已经逐渐陷入了日耳曼邦国的包围，而自己的市民中，鸠占鹊巢的日耳曼人的优势也越来越大。特别是汉萨同盟城市，比如什切青或者施塔尔加德，最终不得不接受日耳曼人的神圣罗马帝国皇帝，而非克拉科夫公爵作为自己的宗主。在这一过程的同时，波兰各大公国的力量也被削弱，以致它们的独立地位也遭受到了威胁。1300年，波希米亚国王瓦茨拉夫二世成功侵入大波兰，并且在神圣罗马帝国皇帝的许可下，他给自己加冕为波兰国王。

如果说鞑靼蒙古人入侵的历史是支持将波兰各公国重新联合成统一王国的有力论据，那么瓦茨拉夫二世的加冕则更为统一增添了助力。这一事件激起了波兰人对入侵的日耳曼人及其他所有外国人的愤恨。1311年，在克拉科夫城[①]市民的纵容和帮助下，波希米亚占领了该城。次年波兰军队重新占领该城后，将所有市民全部聚集起来，并要求他们说一段波兰语绕口令，说不出来的被当作非波兰人，悉数遭到斩首处决。

对统一的期盼，也得到了教会的支持。到此时为止，波兰的教会并没有扮演什么实质性的政治角色，只是担负行政性质的角色。在皮亚斯特王朝最早的几位国王在位期间，神职人员的作用和公职人员相差不大，他们没有自己独立的权力基础。而国家逐步分裂为多个公国的情况改变了这一点，各地独立的公爵们都需要获得当地主教的支持。教会很快就意识到，如果波兰各个公国被波希米亚或者德意志人所蚕食，那么波兰的天主教会就会失去自己的自治地位。因此，波兰教会开始采取措施阻止日耳曼化蚕食的趋势。1285年，在文奇察的教会会议上，波兰的主教们通过一项决议：只有波兰人可以担任教会学校的教师。

被博莱斯瓦夫二世处决的克拉科夫主教斯坦尼斯瓦夫于1253年被封圣，并被追认为波兰的守护圣徒，随后，一名修

---

① 此处原文不明确。此事件实际指的是1311年克拉科夫的“阿尔伯特市长之乱”（Bunt Wójta Alberta），克拉科夫市长（Wójt）阿尔伯特在克拉科夫主教扬·穆斯卡塔为首的部分市民（主要是日耳曼人）支持下发动叛乱，试图将城市交给波希米亚的国王、卢森堡家族的约翰。叛乱市民支持波希米亚，但严格来说城内叛乱者不是波希米亚军队。后叛乱被波兰国王“矮子”瓦迪斯瓦夫一世平定。本书脚注均为译者注，后文不再重复说明。——译者注

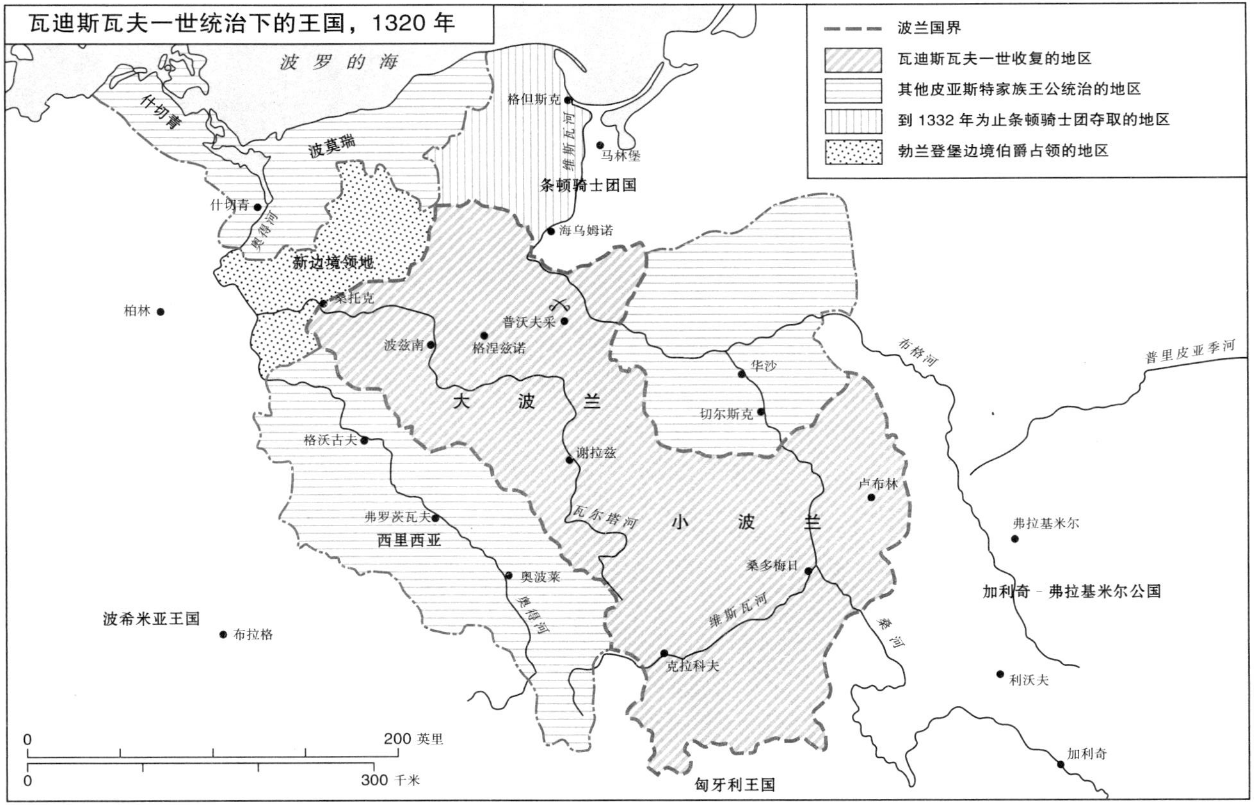
瓦迪斯瓦夫一世统治下的王国，1320 年
波兰国界
瓦迪斯瓦夫一世收复的地区
其他皮亚斯特家族王公统治的地区
到 1332 年为止条顿骑士团夺取的地区
勃兰登堡边境伯爵占领的地区
波罗的海
什切青
波莫瑞
格但斯克
维斯瓦河
马林堡
条顿骑士团国
什切青
奥得河
海乌姆诺
新边境领地
桑托克
柏林
普沃夫采
格涅兹诺
波兹南
华沙
布格河
普里皮亚季河
大波兰
切尔斯克
格沃古夫
谢拉兹
卢布林
弗拉基米尔
瓦尔塔河
小波兰
弗罗茨瓦夫
西里西亚
桑多梅日
奥波莱
加利奇－弗拉基米尔公国
维斯瓦河
波希米亚王国
布拉格
奥得河
桑河
克拉科夫
利沃夫
加利奇
0
200 英里
0
300 千米
匈牙利王国

士——凯尔采的文岑蒂完成了这位圣徒的行状。在这篇文章中，他描述了一件不可思议的事情：这位修士被四分五裂的遗体在死后又重新长在了一起。他以此比拟已经四分五裂的波兰，并认为这预示着波兰国家终究会再次统一。类似的爱国主义热情在同时期其他的著作中并不难看到，比如在克拉科夫另一名主教文岑蒂·卡德武贝克写于13世纪初的编年史中，以及在波兹南的牧师在13世纪80年代编纂的更可靠的《大波兰编年史》（*Kronika Wielkopolska*）中。

类似的情感也影响到了波兰国家的一些王公，他们决定放弃家族世袭的传统，从他们这些地位相当的公爵中选出一人，入主克拉科夫，成为波兰各公国的宗主，并进而在整个波兰建立有效的统治。西里西亚公爵“正义的”亨利克·普罗布斯是第一个被这样推举上位的，他于1290年死后，克拉科夫大公之位由格涅兹诺的普热梅斯乌二世得到，后者在1295年事实上加冕成为波兰国王，但两年后就被勃兰登堡所派出的刺客刺杀身亡。他的位置于1296年由马佐夫舍一系的“矮子”瓦迪斯瓦夫一世所继承，后者后来成了波兰历代国王中最卓越的几人之一。

1300年的波希米亚人入侵迫使瓦迪斯瓦夫不得不逃出波兰一段时间，他去往罗马，寻求支援。如他的绰号所显示的，他是个小个子，但他很清楚自己需要什么、如何能够得到，并且能够巧妙地制订计划。罗马教廷和神圣罗马帝国正深陷于一场长期斗争之中，因此，教廷对这位反对帝国的公爵颇为重视。瓦迪斯瓦夫最终获得了卡罗尔·罗伯特·安茹（即匈牙利国王查理一世）的支持，这位昔日的那不勒斯与西西里国王刚刚获得了匈牙利的王位。在教宗的支持下，瓦迪斯瓦夫一世将女儿嫁给了这位安茹王朝的国王。他还获得了罗斯诸公国中加利奇和弗拉基米尔[①]两公国的支持，随后他开始从捷克人手中夺回自己的国土。

1306年和1314年，瓦迪斯瓦夫一世先后夺回了克拉科夫和格涅兹诺，并由此建立了对小波兰和大波兰两大地区的控制，随后第三个地区——马佐夫舍也承认了他的统治。1320年，他加冕为波兰国王。他是第一个在克拉科夫登基的波兰国王。通过和瑞典、丹麦以及波莫瑞各公国结盟，瓦迪斯瓦夫迫使勃兰登堡转入守势，并着手处理条顿骑士团。此时骑士团正处在困难时期。1291年，阿拉伯人占领了条顿骑士团总部阿卡。1307年，圣殿骑士团主要成员遭到清洗和处决，随后被迫解体，残余成员遭到迫害，这使得一直在亦步亦趋模仿圣殿骑士团的条顿骑士团产生了唇亡齿寒之感——事实上此时任何一个力量强大的骑士团都有了相似的危机感。瓦迪斯瓦夫很快就把条顿骑士团送上了教廷的法庭。他不仅控告条顿骑士团的侵略和劫掠行为，还从根本上质疑条顿骑士团是否在履行自己为上帝而战的使命。教廷的判决对骑士团不利，但是骑士团已经进退维谷这一事实，让教廷法庭的态度产生了微妙的变化。

在阿卡被占领后，条顿骑士团的总部最初搬到了威尼斯，以便进一步准备未来对圣地的战争。然而很快，1309年，他们就把总部搬到了普鲁士的马林堡。现在，普鲁士地区已经不再是十字军的前进基地，而成了一个独立的国家，这个国家将不再通过教

① 作者这里所说的弗拉基米尔公国，指的是当时的沃伦公国，其首府为弗拉基米尔－沃伦斯基，在今乌克兰西北部，并非俄罗斯历史上的弗拉基米尔公国。

廷法庭调解矛盾，而是和自己的邻居直接在战场上解决彼此的争端。条顿骑士团纠集波希米亚国王约翰·卢森堡对波兰国家发起了进攻。西里西亚公爵、希维德尼察的博尔科阻止了波希米亚人的进攻，而瓦迪斯瓦夫前去迎战骑士团。1331年，在付出巨大代价后，瓦迪斯瓦夫在普沃夫采击败了条顿骑士团。然而接下来瓦迪斯瓦夫也无力继续追击，因而没有能够重新占领波莫瑞或西里西亚，日耳曼人在这些地方的统治地位保持了下来。尽管如此，“矮子”瓦迪斯瓦夫于1333年去世时，他还是成功地将多个支离破碎的中央地区重新统一起来，并对其他部分地区至少建立了名义上的控制。他的儿子，卡齐米日三世（1333—1370），也就是后世所称的卡齐米日大王，能够继续推动这一进程，必将统治整个波兰国家。

在此期间，各种外界有利因素相互结合，恰巧令卡齐米日三世受益匪浅。由于此时气候正处在小冰河期，整个欧洲许多地方农作物减产，收成也遭到破坏。但是这一时期的波兰更加温暖，气候更加温和，这不仅使得粮食产量大幅度增加，也使得地中海地区的水果能够被引种过来，波兰人甚至还开始酿造葡萄酒。英法百年战争将西欧大片最富饶的土地变成废墟，造成的经济浩劫甚至波及了遥远的意大利，而此时的波兰却成功避开了长期战争。最后，当始于1348年的巨大瘟疫黑死病席卷整个欧洲的时候，波兰的大部分地区仍然安然无恙。英格兰和法兰西，意大利和斯堪的纳维亚半岛，匈牙利、瑞士、德意志和西班牙，这些国家和地区的人口都只剩下一半多。而波兰的人口却在增加，当然，这在一定程度上也是其他地区生存条件变化的结果。瘟疫之后接踵而至的是大面积的饥荒，这使得许多人离开自己居住的城镇。这些流民在整个欧洲各处游荡，寻找食物和安全庇护所。此外，寻找替罪羊的心理，使得欧洲爆发了中世纪最大规模的排犹浪潮，而那些逃得一命的幸存者们也背井离乡，他们多数向东方迁徙。这些人都受到了波兰的欢迎，只要经过一段时间的隔离检疫，就可以在这里安然生活下去。

在这段和平的岁月，卡齐米日是一位合格的统治者。他外表帅气，前额很宽，有一头漂亮的头发，他看起来庄严而高贵，既有无穷的勇气和坚定的决心，也有不羁的气质。他着手兴建了一大批建筑，其中包括克拉科夫和格涅兹诺两座城市的大教堂，以及全国各处许许多多的教堂，还新建了65座有防御工事的城镇，为27座现有的城镇增添了防御工事，新建了53座城堡。他还治理克拉科夫附近的维斯瓦河，开挖了新的河道，并建设了从维利奇卡岩盐矿到克拉科夫的运河。1347年，他将现存的所有法律文集整理为两本书：一本是《彼得库夫法令集》，适用于大波兰；另一本是《维希利察法令集》，适用于小波兰。他改革了财政系统，在中央设立了财政大臣一职；在1388年设立新的货币，由此整顿了货币体制。在城镇中，他建立了行会，扩充了马格德堡法律的内容。他赐予生活在波兰城市中的亚美尼亚人一套独立的法律；犹太人则有他们自己独立的一套财税、法律，甚至政治体系。

这些措施为波兰接下来的蓬勃发展奠定了基础。波兰的城市中拥有了数量众多的商人和熟练工匠，而犹太人的涌入为他们提供了银行以及其他配套服务。这一切刺激了手工业的发展。新发现的矿藏——铁、铅、铜、银、锌、硫黄、岩盐得到开采，采矿技术也有了长足进步。除了传统的出口商品——谷物、牲畜、皮

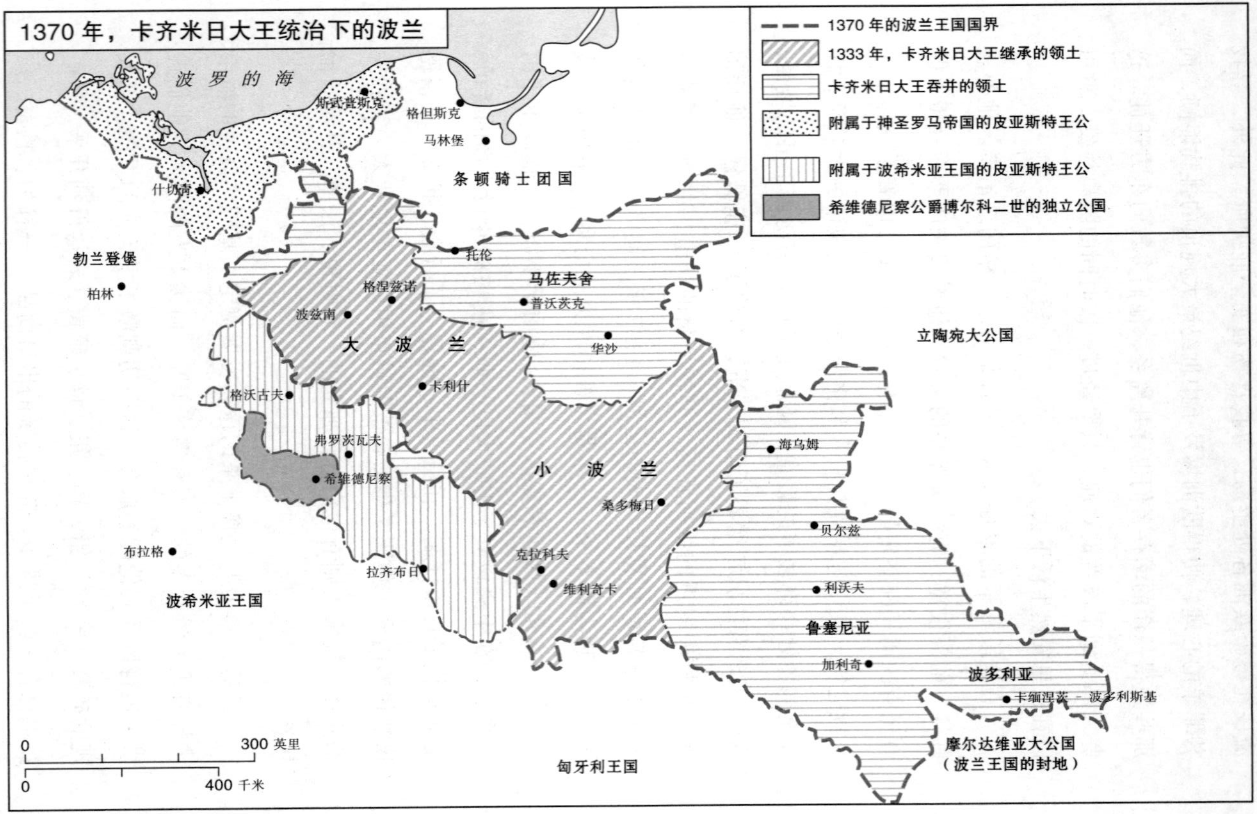

1370年，卡齐米日大王统治下的波兰
1370年的波兰王国国界
1333年，卡齐米日大王继承的领土
卡齐米日大王吞并的领土
附属于神圣罗马帝国的皮亚斯特王公
附属于波希米亚王国的皮亚斯特王公
希维德尼察公爵博尔科二世的独立公国
波罗的海
斯武普斯克
格但斯克
马林堡
条顿骑士团国
什切青
勃兰登堡
柏林
托伦
马佐夫舍
普沃茨克
格涅兹诺
波兹南
华沙
立陶宛大公国
大波兰
卡利什
格沃古夫
弗罗茨瓦夫
希维德尼察
海乌姆
小波兰
桑多梅日
贝尔兹
布拉格
克拉科夫
拉齐布日
维利奇卡
利沃夫
波希米亚王国
鲁塞尼亚
加利奇
波多利亚
卡缅涅茨－波多利斯基
0
300英里
0
400千米
匈牙利王国
摩尔达维亚大公国
（波兰王国的封地）

毛、木材和其他林业产品，波兰的手工业产品，比如细布匹等，也跻身其中成为新的出口产品，最远销至瑞士。

波兰和外面世界交流的扩大，很大程度上要归功于教会。教会的对外交流，既有宗教活动，也有教育活动，他们将外国牧师请到波兰来，又将波兰教士送到国外。其中的一些——比如波兰人本尼迪克特，这位著名的修士曾经于1245年到达了蒙古大汗贵由的汗廷。①但是绝大多数的波兰留学生的目的都是学习，他们主要是在巴黎或者博洛尼亚的大学学习。卡齐米日国王也利用个人的影响力，推动对外学习和文化发展。他在1364年建立了克拉科夫大学，这为下一个世纪波兰文化的蓬勃发展奠定了坚实基础。克拉科夫大学的建立，早于维也纳和海德堡的大学，只晚于布拉格的查理大学，是中欧地区第二座高等学府。和多数英格兰、法国和德意志的大学不同，克拉科夫大学并非脱胎于神学研究，而是仿照意大利帕多瓦、博洛尼亚大学的模式，在世俗基础上建立的大学。

卡齐米日在关注国内各项事务，鼓励教育和艺术发展的同时，也没有忽略对外的事务：他即位时接手了一个10.6万平方千米的王国，而逝世时波兰面积达到了26万平方千米。为了和波希米亚国王卢森堡的约翰争夺西里西亚，卡齐米日和对方兵戎相见，并最终于1345年击败了敌人。而在被卡齐米日击败的次年，约翰

① 约翰·普兰诺·加宾尼（一译柏郎嘉宾，意大利人）使团是教廷向蒙古汗国派出的第一个外交使团，他们于1245年到达当时蒙古汗国的首都哈拉和林（元上都），带去了罗马教宗给蒙古大汗的信，并带回了贵由汗的回信（现在仍保存在梵蒂冈）。本尼迪克特是弗罗茨瓦夫人。约翰·普兰诺·加宾尼和本尼迪克特都留下了关于本次出使的文字记录。

这位倒霉的盲人国王就在克雷西会战中死在了英格兰名将、威尔士亲王“黑太子”爱德华手中。于是，卡齐米日将注意力转向了东方。

一个世纪以前鞑靼蒙古人的侵略，使得罗斯诸公国之首的基辅公国名存实亡，诸多罗斯小公国要想免于灭亡，只能每年给这些已经定居在南俄地区的鞑靼蒙古人上交贡赋。而罗斯各公国中的两个——弗拉基米尔和加利奇，和波兰的东南部接壤。这两个公国和波兰在历史上都有密切的关系。加利奇大公的后嗣断绝后，1340年，卡齐米日国王宣布将这两个公国纳入自己的国家统治。

波兰国家向东南方向的扩张是不可避免的，也将是长期的。三个世纪前，波兰将首都由格涅兹诺迁到克拉科夫，现在这一举措开始对波兰的政策产生明显的影响。国王开始从不同的制高点总览他的全部国土。而这一举措对他的宫廷最大的影响来自那些无处不在的小波兰的贵族，即所谓的“克拉科夫领主”们。

然而在国家的东方，潜在的威胁比获得领土更值得关注。基辅罗斯解体后留下了大片权力真空地区，波兰的注意力不可避免地被吸引过去。更何况，另一个强大的国家已经对这一地区产生了浓厚的兴趣——这个国家就是立陶宛。

立陶宛人和普鲁士人、拉脱维亚人一样，都是波罗的海民族，他们就生活在这两个兄弟民族之间。然而，在拉脱维亚人和普鲁士人分别被佩剑骑士团和条顿骑士团征服很久以后，立陶宛人仍然成功抵抗了所有入侵者征服的企图。立陶宛人的统治者对这一情况已经颇为适应，他们随时能够和骑士团议和，并象征性地接受他们传播的基督教，然后和骑士团一同反对诺夫哥罗德的

罗斯人。反之，需要他们和诺夫哥罗德人并肩战斗对抗骑士团时，也毫无压力。立陶宛人的指导政策变化多端，反复无常，以至于他们所有的邻居们都无法对他们彻底放心。在基辅罗斯解体后，立陶宛人接管了这里的大片无主土地。1362年，立陶宛人的统治者——阿尔吉尔达斯大公在蓝水河战役中击败了鞑靼蒙古人，次年，他占领了基辅。

在不到100年的时间里，立陶宛的国土面积扩张了4倍。尽管这使得立陶宛更加令敌人畏惧，却没有令其受到邻居们的喜爱，自身也产生了新的问题——虽然仅此一次——国家太大，大公难以进行有效的统治。他们根本没有办法统治新征服地区人口众多信仰基督教的斯拉夫人，最终淹没在对方的汪洋大海中。在获得这些地区后，一方面，立陶宛人要因此和鞑靼人正面抗衡；而另一边，条顿骑士团仍然在全力准备对立陶宛人的战争，以期消灭他们。罗斯诸公国对立陶宛同样抱有敌意。至于和立陶宛拥有一条长长边界的波兰，则已经厌烦了零零散散的边境袭击。立陶宛需要一个盟友。至于选择哪一个，对于1377年登基的约盖拉大公来说，就成了最主要的问题。同一年，由于种种原因，他让波兰陷入了进退维谷的困境之中。

1370年，卡齐米日大王逝世。尽管他先后结了4次婚，但仍然没有后裔，不得不将王位传给他的外甥，安茹家族的匈牙利国王路易（路德维克）。路易在参加完舅舅的葬礼后，就返回了匈牙利，而将他的母亲、已故国王的姐姐埃尔日别塔留在波兰，并以他的名义统治这里。而她离不开那些握有实权的小波兰贵族，即所谓的“克拉科夫领主”，否则她难以统治国家。这些贵族借此机会，不仅在管理国家的过程中上下其手谋取更大利益，还在贵族本身的地位上借机做起了文章。

从14世纪初开始，新的波兰国家的概念正在逐步形成，其核心是，波兰国家的主权，不属于作为最高统治者的国王本人，而应该属于地理概念上的波兰，即所谓的“波兰王国王冠领地”（Corona Regni Poloniae），这个概念包括了所有的波兰国土，即使那些已经被外国统治者所占领的土地也在其中。1374年，在波兰贵族的压力下，国王路易签署了《科希策法案》，这一法案强调了世代相传的波兰国家领土完整不可分割，并规定国王本人也没有权力出让任何一部分土地。在贵族们眼中，波兰国家的未来仍然充满不确定性，毕竟路易本人也没有男性后裔。

然而，路易是有两个女儿的。他将长女玛利亚嫁给了卢森堡王朝的西吉斯蒙德，并希望他继承波兰王位。而次女海德维希则和哈布斯堡王朝的威廉订了婚，未来应继承匈牙利。[①]然而，在1382年路易死后，克拉科夫领主们拒绝接受路易的遗嘱，开始打起了自己的算盘。

他们拒绝了已经结婚的玛利亚，而将她10岁的妹妹海德维希——波兰语称作雅德维加——带到了克拉科夫。1384年，她被加冕为国王（rex）。编年史作者德乌戈什写道："波兰的贵族和教士们被她深深吸引，如此热烈和真诚地爱着她，几乎忘了自己作为男人的尊严。他们对服从于这样一位仁慈而贞洁的女士一点都没有不好意思。"话虽如此，但是他们实际上只是把雅德维加当作工具，而根本不在乎她的感受。当年轻的威廉来到克拉科夫要求履行婚约时，雅德维加被锁在了瓦维尔山上的城堡里。最终威廉这次克拉科夫之行无功而返，而雅德维加则被安排送到了另一个人的婚房里：贵族们为这个小姑娘找到了一个新的丈夫——立陶宛大公约盖拉。

波兰和立陶宛联合的想法，在两个国家同时萌芽。1385年8月14日，两个国家在克雷沃签署了一个简单的条约。随后，1386年1月，两国在沃乌科维斯克（今白俄罗斯沃尔科维斯克）签署了一份更加明确的条约，几周之后又在卢布林进行了进一步修订补充。当年2月12日，雅盖洛——改用波兰名字的约盖拉抵达

① 这些事实上是《科希策法案》中用来和贵族们交易的部分。

了克拉科夫，三天后，他正式受洗并得到了瓦迪斯瓦夫的教名。2月18日，雅盖洛和雅德维加结婚。3月4日，瓦迪斯瓦夫正式加冕为波兰国王。

3

雅盖隆王朝

雅德维加女王英年早逝，没有为她的丈夫产下子嗣。然而，她和瓦迪斯瓦夫·雅盖洛的婚姻却留下了异常丰厚的遗产。首先，这场婚姻敲响了条顿骑士团的丧钟：立陶宛皈依天主教，消灭了东欧十字军发起圣战的基础，甚至动摇了整个骑士团在普鲁士存在的理由。骑士团以往时常挑拨波兰、立陶宛两强相争，却只促成了这两个敌人联合起来共同对付自己。

为此，骑士团试图拆散这一联盟。而瓦迪斯瓦夫·雅盖洛也稀里糊涂地帮助了骑士团：他将自己野心勃勃同时难以捉摸的表兄弟维陶塔斯（维托尔德）立为立陶宛摄政。维陶塔斯反对和波兰的联合，他支持主张分离的多神教信徒，同时接受了骑士团的洗礼并和他们结盟。但是，尽管骑士团和维陶塔斯策划阴谋并与瓦迪斯瓦夫讨价还价，却也不可能永远避免立陶宛和波兰联合起来对付自己。1409—1410年的战争，最终以条顿骑士团在格伦瓦尔德（坦能堡）被瓦迪斯瓦夫和维陶塔斯指挥的联军彻底打败而告终。

格伦瓦尔德之战可以说是中世纪最漫长、最血腥的战斗之一。骑士团大团长乌尔里希·冯·荣京根，以及骑士团的所有指挥官（除一人外）全部战死在格伦瓦尔德战场，整个普鲁士对波兰来说都唾手可得。然而，令波兰贵族们火冒三丈的是，瓦迪斯

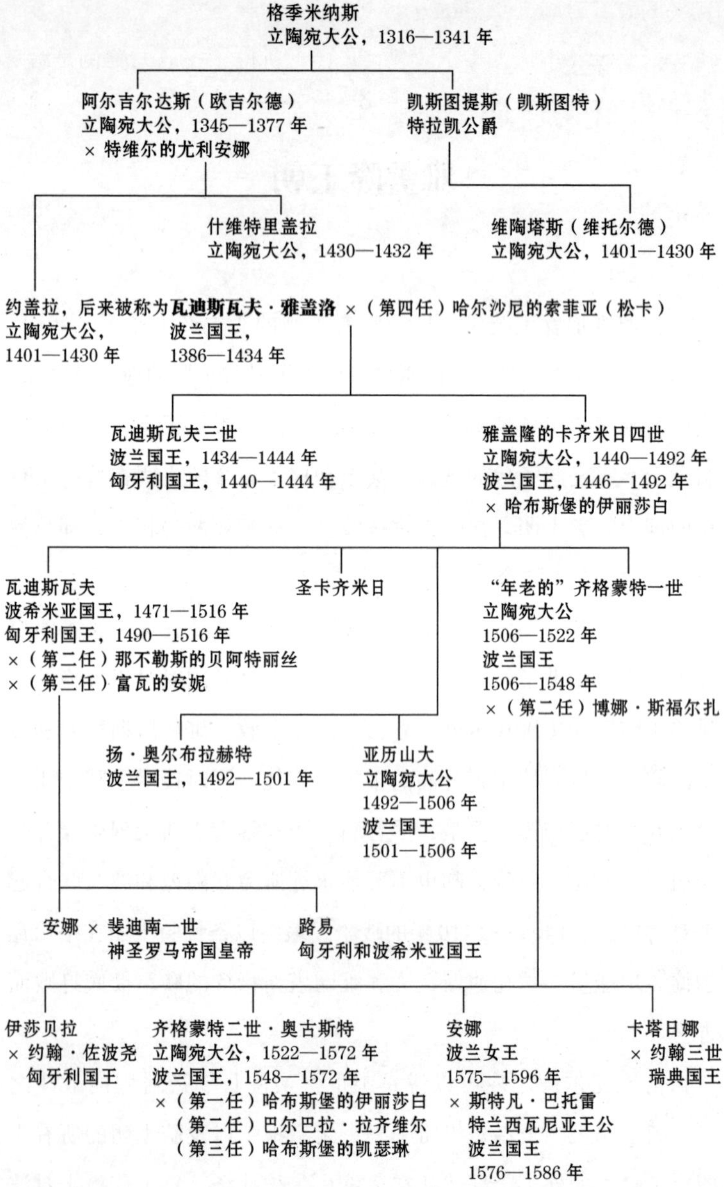
格季米纳斯
立陶宛大公，1316—1341 年
阿尔吉尔达斯（欧吉尔德）
立陶宛大公，1345—1377 年
× 特维尔的尤利安娜
凯斯图提斯（凯斯图特）
特拉凯公爵
什维特里盖拉
立陶宛大公，1430—1432 年
维陶塔斯（维托尔德）
立陶宛大公，1401—1430 年
约盖拉，后来被称为瓦迪斯瓦夫·雅盖洛 ×（第四任）哈尔沙尼的索菲亚（松卡）
立陶宛大公，
1401—1430 年
波兰国王，
1386—1434 年
瓦迪斯瓦夫三世
波兰国王，1434—1444 年
匈牙利国王，1440—1444 年
雅盖隆的卡齐米日四世
立陶宛大公，1440—1492 年
波兰国王，1446—1492 年
× 哈布斯堡的伊丽莎白
瓦迪斯瓦夫
波希米亚国王，1471—1516 年
匈牙利国王，1490—1516 年
×（第二任）那不勒斯的贝阿特丽丝
×（第三任）富瓦的安妮
圣卡齐米日
“年老的”齐格蒙特一世
立陶宛大公
1506—1522 年
波兰国王
1506—1548 年
×（第二任）博娜·斯福尔扎
扬·奥尔布拉赫特
波兰国王，1492—1501 年
亚历山大
立陶宛大公
1492—1506 年
波兰国王
1501—1506 年
安娜 × 斐迪南一世
神圣罗马帝国皇帝
路易
匈牙利和波希米亚国王
伊莎贝拉
× 约翰·佐波尧
匈牙利国王
齐格蒙特二世·奥古斯特
立陶宛大公，1522—1572 年
波兰国王，1548—1572 年
×（第一任）哈布斯堡的伊丽莎白
（第二任）巴尔巴拉·拉齐维尔
（第三任）哈布斯堡的凯瑟琳
安娜
波兰女王
1575—1596 年
× 斯特凡·巴托雷
特兰西瓦尼亚王公
波兰国王
1576—1586 年
卡塔日娜
× 约翰三世
瑞典国王

表 3：波兰－立陶宛王国雅盖隆王朝

瓦夫并没有对骑士团斩尽杀绝，在随后签署的协定中，他只为立陶宛索取了一小片领土，而波兰却一无所得——不过他倒是给自己要来了一大笔赔偿金。10年后，日耳曼骑士再次发起战争并被击败，这次他们仍然损失不大就成功脱身。1454年，反对骑士团的本地骑士及城市市民发动了起义并得到了波兰的支持，这成为波兰与骑士团“13年战争”的起点。最后骑士团被击败，然后在1466年签署的《托伦和约》中又一次逃得一命。根据这个条约，虽然波兰获得了格但斯克和埃尔布隆格周边的沿海地区、瓦米亚省（埃姆兰），甚至条顿骑士团的总部所在地马林堡要塞，但是并没有彻底压制骑士团。后者将其总部迁往柯尼斯堡，并将其余部分作为波兰国王的附庸国。这样的宽容或许令人吃惊，更何况在战争中骑士团不止一次进行了颇为血腥的屠杀和劫掠，甚至还曾经焚烧教堂。然而，波兰和骑士团之间的关系，还必须要考虑到其他的因素——他们的关系不仅仅是军事和政治问题，更牵扯到了欧洲的宗教论战。

条顿骑士团在各国宫廷都驻有代表并结交了朋友，同时他们更是宣传的大师。骑士团对付波兰和立陶宛的第一招是声称当年雅德维加和哈布斯堡的威廉之间有婚约在先，因此雅德维加和瓦迪斯瓦夫·雅盖洛的结合犯下了重婚罪。他们还提出（事实上也并非全是空穴来风），立陶宛的皈依是虚假的，天主教的波兰骑士们在格伦瓦尔德的联军中只是少数，主力是来自立陶宛的异教徒、东正教徒，甚至穆斯林（之前有一些鞑靼人定居在了立陶宛）。骑士团暗示，瓦迪斯瓦夫·雅盖洛的军队的基督教色彩，和萨拉丁差不多。

在这个问题上，骑士团先得一分。这个胜利也意味着，面对席卷整个欧洲的教会改革浪潮，骑士团仍然有其重要作用。教会改革的浪潮是要求民族主义独立，反对罗马教廷，反对神圣罗马帝国，而其中最显著的典型，就是波希米亚人扬·胡斯领导的胡斯运动。胡斯运动本身受到了英格兰教士约翰·威克里夫的罗拉德派的巨大影响，而他们在波兰都获得了广泛的同情。

为了对抗胡斯异端，1415年，教会在康斯坦茨召开公会议。此时对骑士团来说已经到了关键的时刻。骑士团将这次会议看成展示自己立场的绝佳机会，他们借此对波兰进行污蔑，并且希望重新确认自己的圣战使命的有效性。如果一切顺利，得到整个欧洲天主教世界的承认，骑士团将彻底逃脱被波兰摧毁的命运。

波兰人向康斯坦茨公会议也派遣了一个代表团，团长是克拉科夫大学的帕维乌·弗沃德科维茨（拉丁语写作保卢斯·弗拉基米里），团员中有立陶宛人，以及所谓的“异端”——这在会议中引起了骚动，但却正中骑士团的下怀。不过凭借弗沃德科维茨在代表团中鹤立鸡群的出色表现，波兰人成功扳回一城。然而，波兰人的胜利远非无懈可击。条顿骑士团获得了广泛的外交支持，其中当然包括来自神圣罗马帝国的支持，后者在政治上也是反对波兰和立陶宛的联合的。

事实上，联合本身的条款也在不断被审查和更新。1413年，在格伦瓦尔德战役后，两国在霍罗德沃签署了一份新的协定。这份协定试图将两个国家更紧密地结合起来。为了表达此种意图，波兰贵族们将立陶宛贵族看作骑士同僚，并将自己的纹章赠给了立陶宛贵族们。1430年，维陶塔斯的继承者，下一任立陶宛大公什维特里盖拉放弃这一切的做法，和条顿骑士团建立了联盟，并采取了反波兰政策。10年后的1440年，立陶宛人和波兰的联盟在形式上解体了，但是本质上没有什么变化——此时的立陶宛大公卡齐米日，是波兰老国王瓦迪斯瓦夫·雅盖洛的幼子、现国王瓦迪斯瓦夫三世的弟弟，他于1446年又继承了波兰国王的王位。这使得两个国家再次有了同一位统治者。

波兰-立陶宛联合国家不稳定的本质，这很大程度上是因为两个国家之间巨大的差异。波兰是全国信仰基督教的国家，已经有了较完善的行政机构，贵族们具有很强的法治意识。而立陶宛则是一个专制王朝，他们统治着信多神教的波罗的海人和信东正教的斯拉夫人。两个国家各自向不同的方向拉扯着对方，而在外交领域，立陶宛——或者准确地说，雅盖隆家族的力量更大。

1437年，统治波希米亚和匈牙利的卢森堡家族绝嗣，于是这两个国家引发了两大新兴王朝——奥地利的哈布斯堡王朝，和波兰-立陶宛的雅盖隆王朝之间的新一轮霸权争端。匈牙利经历了之前安茹、卢森堡和哈布斯堡王朝的统治，最终到了雅盖隆王朝手中：1440年，匈牙利人推举瓦迪斯瓦夫·雅盖洛的长子，年轻的波兰国王瓦迪斯瓦夫三世，继承匈牙利王位（称乌拉斯洛一世）。然而，瓦迪斯瓦夫兼领波兰和匈牙利两国的时间并不长。在布达加冕为匈牙利国王3年后，年轻的国王加入了反土耳其联盟，1444年在黑海之滨的瓦尔纳，这位国王在和奥斯曼人的战斗中阵亡。波兰的王位传给了他的弟弟卡齐米日四世；而匈牙利的王位则辗转到了匈雅提·马加什[①]手中。不过，在1490年匈雅提·马

① 在乌拉斯洛一世死后，先是哈布斯堡家族的“遗腹子”拉斯洛五世成为匈牙利国王，大将匈雅提·雅诺什为摄政。匈雅提·雅诺什死后，拉斯洛五世与匈雅提·雅诺什的长子拉斯洛互相争斗，最终雅诺什的次子匈雅提·马加什成为新的匈牙利国王。

加什逝世后，匈牙利的王位又回到了卡齐米日四世的长子瓦迪斯瓦夫（称乌拉斯洛二世）手中。不过瓦迪斯瓦夫并非波兰的国王，而是波希米亚的国王：波希米亚的议会于1471年将他选为国王（称弗拉迪斯拉夫二世）。

到15世纪末，雅盖隆家族已经统治了整个欧洲大陆的1/3。他们统治的广阔国土从波罗的海沿岸，一直到黑海和亚得里亚海之滨。然而一代人后，雅盖隆家族就会失去波兰以外所有的王位，这些王位将由哈布斯堡王朝继承。波兰人发现，虽然曾经统治一个巨大的帝国，但是他们并没有积累下来统治帝国这方面的经验。

然而，波兰的贵族们很快欣慰地发现，一个任性并经常不在国内的国王还是有很多优势的。这样的国王能够允许他们在治理这个国家的过程中获得更大的话语权，而王室时常会向贵族们要求资金或者军队支持，使得贵族们能够由此从国王手中压榨到更多的特许权利，这样的关系逐渐形成了波兰议会主导的政府结构。

在早期皮亚斯特王朝诸王统治时期，协商一致就被国家奉为行政准则。到13世纪初，由于这套原则根基十分稳固，即使波兰被分为多个公国，这一原则仍然在诸多地区被顽强地保留了下来。大波兰和马佐夫舍地区开始召开议会（波兰语称“瑟姆”sejm），整个地区的贵族阶层都会参加进来讨论问题并投票表决。

各个地区的议会协商一致，这一原则在波兰国土的重新统一过程中意义重大，而与此同时，议会本身也成了国家机器的重要组成部分。“矮子”瓦迪斯瓦夫在统治期间（1320—1333）4次召开议会会议，他的继承者，卡齐米日大王（1330—1370）也保持了类似的频率，他认为议会是国王统治权力的基础。

卡齐米日大王死后无子，于是他的姐姐埃尔日别塔成为摄政，这个事件令一票贵族们觅到了抢在同僚之前要求更多特权的机会。这些贵族包括波兰国内的显贵、国王派遣的领主，以及各地的总督。这些领主曾是王权在各个地区的权力支柱，而总督也已经成为各地事实上的统治者，他们所统治的地方也在事实上变成了各自半独立的"省"。这些总督成为各个地方自治的代表人物，而不再是代表王室控制地方的工具。当"矮子"瓦迪斯瓦夫重新建立统一的波兰国家时，在这些半独立的总督的要求下，国王不得不在国家的管理体制中增加了新的一级王室官员——"郡守"（starosta，本义是长老，现在的意思是县长），此后他们就成了国王在各地的代表。总督们更多承担的是政治上的责任，而非实际管理方面的责任。再加上和主教们形成的联盟，于是就在各地建立了稳定的统治集团。很长一段时间以来，他们当中的一部分取代了御前会议的功能。到了卡齐米日大王死后的紧要关头，贵族们成功地将波兰的国运掌握在了自己的手中，他们选择雅德维加而非玛利亚作为波兰国王，并选择瓦迪斯瓦夫·雅盖洛作为雅德维加的丈夫。他们雄辩地证明了真正能决定王位继承人的，还是他们这些贵族。瓦迪斯瓦夫·雅盖洛和雅德维加没有后代的这一事实，又进一步加强了贵族们的话语权。

所有的总督和领主们，都在大委员会（consilium maius）中有一席之地，但关于政策制定的权利，被少数心机重重的贵族和主教们掌握在小委员会（字面意思是秘密委员会，consilium secretum）手中。举个典型的例子，兹比格涅夫·奥莱希尼茨基——克拉科夫主教，瓦迪斯瓦夫·雅盖洛的秘书，他在瓦迪斯瓦夫三世（瓦迪斯瓦夫·雅盖洛长子）年轻时成为摄政，并且是其继承人卡齐米日四世（瓦迪斯瓦夫·雅盖洛次子，瓦迪斯瓦夫三世后为波兰国王）的导师。他是一个受过教育、意志坚韧的专制主义者，绝对坚持自己的信念。他是枢机主教，也是天生的政治家。他追求个人的上升，也追求教会和波兰国家的发展，他的愿景是二者的结合。在他的时间表里，没有空闲在喧嚣混乱的议会中浪费光阴。

波兰中小贵族们不喜欢他，也不喜欢他所代表的寡头体系。他们说服了瓦迪斯瓦夫·雅盖洛，告诉他需要所有贵族——包括中小贵族和大贵族们的共同支持，才能保证自己的儿子能够继承王位。这使得中小贵族们在15世纪20年代，又成功从国王手中获取了一系列的权利和特权。其中最重要的是“不经审判不得定罪”（Neminem captivabimus nisi iure victum）法令。该法令于1430年在耶德尔尼亚颁布，三年后在克拉科夫得到确认。这条法令和后来英格兰的“人身保护”（Habeas corpus）法案相当，意味着贵族不经过审判，不得被逮捕或者囚禁。这使得中小贵族们可以免受大贵族和王室任命官员们的威胁。一旦国王将某种特权授予中小贵族或大贵族中的某一方，另一方也会随之要求相同的特权。这种交替前进的节奏，加倍地推动了议会系统的发展，并且逐渐使得贵族内部两大群体的划分更加明确：大贵族把持了议会上院，而议会下院是中小贵族的天下。

被周围的大贵族们牢牢控制的卡齐米日四世，开始寻求中小贵族们的支持。而中小贵族们也乐于支持国王——只要国王开价合适。最终的成交价，就是1454年授予的涅沙瓦特权。该特权法案规定，国王如果要召集军队、增加税负，必须要经波兰18个省的地方议会（sejmik，字面意思是小议会）通过。由于普通中小贵族们在地区议会中拥有投票权，这就意味着任何征税的行为，不经过中小贵族们许可就无法实施。这一法案也使得大波兰和小波兰的议会更直接地对本地的贵族们负责。1468年，这两个地方的议会在彼得库夫决定合并，随后组成了全国议会，其中包含了全国的高官显贵，以及波兰全国各地区和各主要城镇的代表。立陶宛则在大公的专制统治之下，而皮亚斯特家族统治的马佐夫舍仍然保留了独立的议会，并在此后继续存在了一个世纪。下一步，1493年，全国议会正式分为参众两院：参议院共81人，成员包括主教、总督、领主等大贵族；众议院（仍称瑟姆）共54人，包括中小贵族以及最大几个城市的代表。

两院制议会形成的前一年，卡齐米日四世逝世，这成为新成立的议会施展力量、体现存在感的好时机。贵族们希望表明，即使国王这个最高统治者留有后裔，新一任的国王人选仍必须由贵族议会来最终确定。在两周的会议中，议会对一系列候选人进行了认真的讨论，其中包括国王的儿子们，以及一个来自马佐夫舍的皮亚斯特家族的公爵。最终，议会选定了卡齐米日四世的儿子——扬·奥尔布拉赫特。

从此以后，即使国王只有唯一的儿子，在即位之前，也得经过议会这一关。1501年，扬·奥尔布拉赫特死后，他的弟弟亚历山大被选为国王。但是他被迫在登基前签署法令，将更多的权力移交贵族。4年后的1505年，议会在拉多姆通过了“无新法”（Nihil novi），剥夺了国王在没有参众两院共同支持的情况下，颁布新的法令的权力。

15世纪法律体系的完善，在司法系统中也得到了体现。各地领主法庭的影响力不断下降，他们进行司法审判的权力逐步被不同的法庭所侵占：郡守法庭，裁决贵族及他们的佃农之间的案件；

选任法庭，其法官由各地地方议会任命；以及最重要的教会法庭。教会法庭最初的作用是管理所有生活在教会的土地上的佃农，后来其管辖范围逐步扩展，所有涉及教会神职人员或教会财产的案件，以及所有涉及宗教相关事务（如结婚、离婚、渎神等）的案件都由教会法庭管辖。而国家的分裂，使得教会法庭有机会蚕食其他领域的司法审判：因为教会法庭实质上发展成了一个覆盖全国的司法系统，在当事人生活在不同省份的情况下，能够方便地提供独立的司法审判。教会法庭进一步提高了教会的影响力，并直接挑战了国家的司法系统。国王随即建立了新的县法庭（Sąd ziemski），法官由国王直接任命，并常设执行官员，以此增强国家司法系统的影响力。此外，国王还重新建立了王室最高法庭，用来审判全国范围内最重大的刑事和民事冲突，并保留了最高上诉法院的地位。国王希望借此重新恢复自己的司法权力。但是，这些功能后来都被议会所取代。

雅盖隆王朝统治时期，为波兰代议制度的发展提供了极好的条件。1370年卡齐米日大王逝世时，波兰在这一方面几乎是欧洲各国中最为进步的，仅150年后，甚至把英格兰也超过了。经过一系列的妥协和平衡之后，波兰的王权已经彻底成了跛脚鸭，以至于国王根本没办法任性专权。所有的立法功能基本都由议会掌握。而议会代表的比例方面，总人口的7%有投票权，这一点到英国颁布1832年改革法案后才被超越。然而，波兰民主制度的基础，从诞生之日起就有缺陷。波兰议会的运行由贵族阶层所垄断，这些贵族往往更关注自己的利益，而他们的利益诉求各不相同。

波兰的贵族（施拉赫塔）和西欧的贵族或乡绅严格来说并不是一个意思，因为他们之间无论在起源、构成以及观念上都几乎

15 世纪末雅盖隆王朝的
统治区域
挪威
斯德哥尔摩
瑞典
诺夫哥罗德
普斯科夫
条顿骑士
团国
莫斯科
苏格兰
爱尔兰
丹 麦
哥本哈根
维尔诺
条顿骑士团
的普鲁士
英格兰
立陶宛大公国
柏林
波 兰
基辅
波希米亚
神圣罗马
帝国
布拉格
克拉科夫
巴黎
法 国
维也纳
布达
摩尔达维亚
克里米亚汗国
匈 牙 利
威尼斯
巴赫奇萨赖
西 班 牙
佛罗伦萨
瓦尔纳
教宗属地
那不勒斯王国
伊斯坦布尔
奥 斯 曼 帝 国
0 600 英里
0 1000 千米
15 世纪末的雅盖隆王朝国家

没有共同点。波兰贵族们的纹章和西欧各国的完全不同，这给当时波兰贵族起源于萨尔马特人[①]的观点提供了论据。波兰人的家庭结构是由小家庭组成大的家族，这似乎也是起源于游牧民族的部落结构。波兰的贵族阶层，和印度的拉吉普特人[②]或者日本的武士更加相似，而和西欧的贵族们完全不同。波兰的贵族地位，和财富、土地、官位没有关系。波兰的贵族是来自其职责，类似社会中负责军事作战的阶级。他们的特点是内部团结互助而轻视外人。

当时的历史学家德乌戈什曾经这样总结他们的特点："波兰的贵族，渴望获得荣誉，热衷于从战争中获得战利品，不畏惧危险和死亡，不太在意立下的誓言，对下属和下层民众态度粗暴，说话口无遮拦，习惯按照自己的方式生活，忠诚于君主，热衷农牧业，对外国人和客人彬彬有礼，好客得甚至有些奢侈浪费——在这方面，他们超过了其他民族。"但是，贵族的观念，也在随着经济的影响而改变。

维斯瓦河及其支流，为波兰提供了海外贸易的一条天然通道，全国的农产品可以很轻松地集中在格但斯克并出口国外。这条河流也是进口的天然通道，这些进口的货物包括斯堪的纳维亚半岛的鲱鱼，法国西部的盐，荷兰、佛兰德斯和英格兰的布匹。

① 萨尔马特人（Sarmatians）是伊朗语游牧民族，公元前2世纪左右控制了今南俄草原，并入侵罗马帝国，在民族大迁徙中扮演了重要角色。10世纪时欧洲部分历史学家认为，萨尔马特人是所有斯拉夫人，包括波兰人的祖先。

② 拉吉普特人（Rajputs）是印度北部的一个民族，传统上属于刹帝利种姓，是武士统治阶级。

条顿骑士团利用其地理上的优势，控制了维斯瓦河下游地区，他们一方面对波兰的对外出口进行破坏，另一方面对入境货物征收重税，以此来增加自身的对外出口额。1466年，骑士团被击败，其势力被从维斯瓦河下游驱逐，随后，情况发生了巨大的改变。波兰对英格兰的贸易额很快就达到了原来的4倍。到15世纪末，进出港的波兰商船数量达到了一年800艘。其中多数商船的目的地都是布鲁日。

由于西欧人口的增长，对波兰谷物的需求量随之增加，价格也相应上涨，而海外贸易的快速发展，更使得以木材为代表的林产品的出口量增加了4000%。波兰的地主们随即大力扩大农林产品的生产。他们将草甸的积水排干，砍光灌木林。波兰大量的土地被开垦为农田。但主要的问题不在于土地面积不够，而在于找不到足够的人手干活。

多数贵族领地上的劳役都依靠佃农完成，他们用劳役支付部分地租。他们每人租种的土地面积大小、承担的地租多少在全国各地差异巨大，但是从1400年的这个例子，我们可以有一个整体的印象：一波兰畹[①]土地每年的地租是15格罗希（grosze，货币单位，当时约合一头猪或者牛的价格）、若干谷物，此外需要在地主的土地上干12天的活——自带农具和牲畜，通常是在最忙碌的季节。

15世纪初，铸币的大规模贬值，使得地主从佃农手中得到的货币地租实际价值几乎打了五折，而一天劳役创造的价值没有大的波动。对地主来说，农村地区普遍缺乏临时短工，他们手里的

---

① 畹（Łan），波兰面积单位，约合17公顷或42英亩。

钱本来就用处不大，而越来越多的贫农向城镇流动，又加剧了这一情况。因此，对地主们来说，将货币地租改为劳役就有很大的好处：他们需要大量可靠的廉价劳动力，以便尽可能地发展能够带来大量收益的商品作物农业经济。为了实现这一目标，他们动用了政治力量。

1496年，议会通过规定，禁止农民移居城镇。如果佃农想搬迁到其他地方，必须提前整理好所租佃的土地，付清租金，还得在离开之前播好种子。这些经济方面的规定效果明显，农民们事实上被牢牢捆在了土地上。当然农民也可以私下潜逃，但是对整个家庭来说逃亡不是件容易的事。不过，那些拥有土地的自耕农则不受这些约束的限制。此外，自由村庄——有时被称作“荷兰村子”的村民也不受这一约束。一般来说，自由村庄的来源是这样的：地主急于建立村庄来开垦自己未开发的荒地，因此会用优惠条件吸引农民（通常是外国人）来此定居，并且会签署专门的文件。有时，一些足够富裕的佃农，会短暂雇佣其他的贫农代替自己给地主服劳役。但是在1520年，波兰议会规定，农民每年劳役地租的劳动时间从每年12天增长到52天，这使得富裕佃农也变得拮据起来。同时，农民的法律地位进一步被削弱，他们失去了向其他法庭上诉的权利，只能在自己所在的领地的法庭中进行控告——而在领地法庭上担任法官的就是地主。

贵族阶层可以轻易用政治手段谋取经济利益，这使得他们都不喜欢勤俭节约或者冒险投资。因此，波兰的贵族们培养出了一种土豪式的自鸣得意，和欧洲其他地方的上流社会完全不同。考虑到15世纪的波兰文化主要是市民文化，这更加让人难以理解。尽管农村土地提供了大多数生活资料，但却不是大贵族们财富的唯一来源——甚至不是主要来源。在英格兰贵族或者法国大地主们的标准看来，波兰大贵族们的财产并不是特别巨大。到目前为止，只有天主教会能够通过修会或者主教区建立大庄园。而这也使得高级教士们，比如克拉科夫主教，成了全国一等的富豪。

大贵族们开始大量聚敛财富是15世纪初的事情了。克拉科夫总督、塔尔诺夫的扬（1367—1432）建立了巨大的领地，包括1座城镇、20个村子和1座城堡。他的儿子克拉科夫城主扬·阿莫尔·塔尔诺夫斯基，又给他的家族财产增添了两座城镇和55个村庄——在50年的时间里增加了两倍还多。奥莱希尼察的扬是枢机主教兹比格涅夫·奥莱希尼茨基的父亲，在1400年的时候他只有一个村庄，然而到1450年的时候，他的另一个儿子有了59个村庄，以及1座城镇和1座城堡。

单独来看，这些领地的收入还难以支撑贵族们无休止的欲望。大贵族要增加自己的收入，需要担任获益丰厚或影响力大的公职，抑或进行各种各样的商业投资——比如采矿业。采矿业可以赚不少钱，而只需要投入不多的政治影响和一定的资本。要开始采矿，首先，你必须从王室获得一张特许证书，因为波兰的所有地下储藏全归王室所有。随后，你必须用个人——或者是几人合伙成立的股份制公司——的资金雇佣工程师、采购设备，才能够从欧洲最深的矿脉中采到矿石。这些都是劳心费力的投资，但换回的回报是丰厚的——盐、硫黄、锡、铅、锌，乃至黄金。只有涉身其中的贵族们才能有钱赚，因此在15世纪的时候，大贵族们往往把自己的根基扎在城市里面或者城市附近。与其他方面一样，在这一方面波兰的贵族们和意大利的城市大贵族们更相似，而不像法兰西或英格兰的地方贵族。

波兰的城市并不算大，只有拥有3万人口的格但斯克能够和西欧或者南欧的那些城市相匹敌。克拉科夫人口不过1.5万，利沃夫、托伦和埃尔布隆格不过8000人，至于波兹南和卢布林，只有大约6000人。这些城市规模有限，但居民的多样性却一点不差。克拉科夫是个如巴比伦（巴别）一般的城市，这里的街道上能听到不同的语言，其中德语处于绝对统治地位。贵族的圈子里，波兰语、意大利语和拉丁语都广泛使用。

雅盖隆王朝入主匈牙利以及南欧的一个重要结果是，在一个世纪的时间里，多数时间雅盖隆王朝统治的国土和威尼斯共和国都能够接壤。这一段关键的时间，给波兰社会和西欧各国的关系打开了一扇新的窗户。

此前的一个世纪中，波兰和欧洲其他较发达国家之间的平衡被彻底改变。由于黑死病，14世纪整个欧洲大陆的人口减少了2000万，整个15世纪，欧洲都在弥补人口损失，而波兰在14世纪人口没怎么减少，15世纪又快速增长。除了人口方面的差距，波兰在经济上和西欧的差距也在缩小。波兰从整个欧洲吸引了大量的人口和财富。

这个过程在社会文化生活中也有所体现。在波兰北部，条顿骑士团最初引入了佛兰德式建筑，汉萨同盟则在格但斯克等城市的教堂、市政厅和城墙上留下了自己的印记。在波兹南、华沙和卡利什，佛兰德式的色彩稍微减弱，本地的特征有所增加——而本地的风格，则受到了之前法兰克尼亚和勃艮第样式的影响。最值得称道的风格融合的例子在克拉科夫，最初的建筑风格是受到波希米亚的强烈影响，后期则被日耳曼艺术家的风格所取代，其中最著名的作品出自中世纪最伟大的雕塑家之一——日耳曼人维特·施托斯（斯特沃什）之手，1477年他在克拉科夫定居。

波兰的思想界和文学界没有突破中世纪狭隘观念的限制，波兰主要的文学作品仍然是宗教诗篇。当时唯一值得称道的散文作品，是扬·德乌戈什——一名教会的神职人员和王室教师所写的编年史。这部史书的编著始于1455年。德乌戈什是守旧的中世纪式历史学家。他殚精竭虑，于15世纪70年代完成了《波兰通史》（*Annales*）的编纂。在这本书中，他不放过任何一个机会，批评他在克拉科夫城里所看到的一切新的做法与思想，认为这些新东西正在侵蚀这座城市中世纪的庄严殿堂。而他之后下一位王室教师，则与他完全反其道而行之，他对波兰正在发生的一切改变进行了归纳总结并记录下来。他叫菲利波·博纳科尔西[①]，他来自意大利托斯卡纳地区的圣吉米尼亚诺，在惹怒教宗之后，他被迫逃到了波兰。他是一名重要的人文学者，从1472年起在克拉科夫大学任教。

虽然由皮亚斯特王朝的卡齐米日大王建立，又得到了安茹王朝的王后雅德维加的丰厚赏赐，但这所大学仍然被称作雅盖隆大学。在雅盖隆王朝统治时期，这所大学得到了扩张所需要的大笔资金，并得到了那些热心大学建设的国王的赞助。即使遥远的英格兰和西班牙，也有人来到这里任教或学习，而波兰本国的学生则从这里走向国外，开阔眼界。其中最著名的是希维博金的马切伊·科尔贝，在1480年，他成为巴黎索邦神学院的院长。卡齐米日四世统治期间（1446—1492），大约1.5万名学生从该校毕业，其中包括许多重要的显贵、教士，甚至还有军人。

---

① 波兰语称菲利普·卡利马赫。

教会，特别是教会中的高级神职人员，也在鼓励来自意大利的新观点的传播。库亚维主教彼得·布宁斯基不仅花费个人财富，还动用了主教区的财产来支持艺术发展。作为神职人员，他本应履行拯救灵魂的职责，但是他却将更多的精力花在召集人文主义诗人们讨论诗文方面。利沃夫大主教萨诺克的格热戈日曾经在德意志和意大利学习，后来，他在他的居住地——利沃夫附近的杜纳尤夫（今乌克兰杜纳伊夫）建设了一座小教堂，样式仿照乌尔比诺的小教堂。无数来自意大利的访问者趋之若鹜。这里也是菲利波·博纳科尔西逃出意大利后的第一个落脚点。

随后，博纳科尔西来到克拉科夫的波兰国王宫廷中，并且留下了许多著作，其中包括给国王的一系列建议。他的角色有点像波兰版的马基雅维利。他的作品都是他在雅盖隆大学任教期间，以笔名卡利马赫出版的。他还和德意志诗人康拉德·策尔特斯（采尔蒂斯）共同创办了波兰最早的文学社团——“维斯瓦河文学协会”（Sodalitas Litterarum Vistulana），这些使得他成为波兰文艺复兴的标志人物。

随着越来越多的波兰人前往意大利的城市——比如帕多瓦、博洛尼亚、佛罗伦萨、曼图亚、乌尔比诺等——游历或学习，波兰和意大利的交流愈发紧密。而来到波兰的意大利人，带来了各种各样新鲜有趣而又精致风雅的事物，从绘画艺术到邮政系统，他们都有长足贡献。意大利人的影响无处不在而又深远长久，尤其在语言文字上影响最为深远。最早的关于波兰语正字法的著作问世于1440年。1455年，《圣经》被第一次翻译成波兰语，以供瓦迪斯瓦夫·雅盖洛国王的最后一任妻子索菲亚使用。在需要描述对波兰人来说尚不存在的事物和观念的时候，波兰人往往直接用意大利语借词，特别是在食品、衣着、装饰和行为，以及思想等方面。这些词语很快从口语进入作家笔下，从作家笔下又被印成铅字。

1469年，古登堡的活字印刷术在威尼斯第一次投入商业用途。活字印刷术很快在欧洲以令人惊叹的速度传播：1471年那不勒斯、佛罗伦萨、巴黎设立印刷所；1473年西班牙、尼德兰和克拉科夫设立印刷所；接下来是1475年在弗罗茨瓦夫，第一本使用波兰语印刷的书在这里面世；以及1476年在伦敦也有了活字印刷。

到15世纪末，波兰已经成为中世纪晚期欧洲文明不可分割的一部分。而立陶宛在很大程度上则留在文明舞台之外。他们对基督教欧洲没有贡献什么，也没从其他国家学到什么。立陶宛本身的人口中，超过50万人仍然没有皈依基督教，而立陶宛在东部和南部占领的广大罗斯地区中，只稀薄地分布着大约200万信仰东正教的斯拉夫人。在瓦迪斯瓦夫·雅盖洛皈依天主教后，立陶宛在广阔的国土上建起了5座石造城堡：分别位于立陶宛的维尔纽斯（波兰称维尔诺）、考纳斯（科夫诺）和特拉凯（特罗基），以及基辅罗斯的卡缅涅茨和卢茨克。除了南部地区稍微富裕一点之外，立陶宛的物产并不丰富，多数人口使用木质农具，用原始的方式粗浅地耕作。他们大多住在半地下的窑洞或者简陋的木屋中。

1387年，瓦迪斯瓦夫·雅盖洛授予立陶宛的贵族们个人自由的最基础权利——财产所有权。1434年，他将“不经审判不得定罪”（Neminem captivabimus）的法律拓展到立陶宛。当然事实上，这一原则早已在立陶宛施行。当波兰完成权力共享与代议制度时，立陶宛仍然是一个专制国家。波兹南督军扬·奥斯特洛鲁格——雅盖隆大学的硕士，博洛尼亚和埃尔福特大学的学士，在1467年撰写了一本著作，内容是关于波兰政府管理体制，并提出了社会变革的建议。然而，普通的立陶宛贵族都不知道这些术语是什么含义。

两个国家唯一的联系，就是雅盖隆王朝本身；而对雅盖隆王朝而言，利益需求是重中之重。瓦迪斯瓦夫·雅盖洛本人的忠诚——无论是对立陶宛还是波兰——在很大程度上都是服从雅盖隆家族本身的利益需求。他的儿子瓦迪斯瓦夫三世，年仅20岁就战死在1444年的瓦尔纳战役中，根本没有机会展示他作为统治者的手腕。瓦迪斯瓦夫的弟弟卡齐米日四世当了46年波兰国王和立陶宛大公，成功使自己成为欧洲政治舞台上不可忽视的重要人物——颇值得一提的是，他是唯一一名获得英格兰嘉德骑士勋位的波兰人。他的夫人哈布斯堡家族的伊丽莎白，给他生了7个女儿和6个儿子，而卡齐米日四世成功地将他的女儿们嫁到了所有欧洲著名的王室，使他成了当今欧洲诸王室的祖先；而他的6个儿子中，1个被封圣，1个当上枢机主教，还有4个当了国王。卡齐米日四世的波兰王位由扬·奥尔布拉赫特继承，他是一个年轻人，喜欢读书，也喜欢喝酒、跳舞和风流。他经常衣着华丽，恍若孔雀，极其热衷于享乐。他的兄弟、下一任国王亚历山大是一个深受爱戴但无足轻重的人，他死于1506年，没有留下什么值得称赞或者批评的政治遗产。

虽然雅盖隆家族在文化上有了巨大的进步，但在政治手腕方面他们就远远不够成熟了。他们难以胜任自己家族的新地位。在这个世纪中，国家的结构逐步成形，波兰大贵族和中小贵族们逐步建立了他们的民主体制，而雅盖隆王朝的各位国王没能保住国王的权力。他们将自己的政治资源浪费在了对外的扩张上。

卡齐米日四世的对外政策，出发点是雅盖隆家族的利益，结果使波兰国家被卷入了一系列意义不大但破坏性不小的边境冲突。奥斯曼帝国和波兰本身有许多共同的利益，1439年，在哈布斯堡家族已经获得了匈牙利王位的情况下，苏丹穆拉德二世的使节来到克拉科夫，希望和波兰建立反哈布斯堡王朝联盟。但是这一同盟最终没有建成，因为瓦迪斯瓦夫三世将匈牙利据为己有，并继续和奥斯曼帝国为争夺摩尔达维亚而交战。结果为此他自己也死在了瓦尔纳战役中。80多年后，1526年，另一位匈牙利国王——雅盖隆家族的拉约什（路易）二世重蹈了他的覆辙，死在了战场上。在和奥斯曼苏丹——苏莱曼大帝争夺匈牙利的莫哈奇战役中，他在一条泥泞的溪流中被乱马踏死。而在他死后，匈牙利的雅盖隆王朝彻底终结，哈布斯堡家族的费迪南一世最终成为匈牙利的国王。

和莫斯科大公国的斗争，同样毫无意义。在鞑靼蒙古人入侵东欧后，立陶宛的诸位王公占领了基辅罗斯的剩余国土。而其余的各罗斯公国过于弱小，只能勉强求生，无力顾及其他，只有莫斯科逐渐积累了野心以及实力。在1453年君士坦丁堡被奥斯曼人占领后，莫斯科的伊凡三世大公迎娶了拜占庭皇室的公主，由此声称莫斯科是君士坦丁堡的继承者，称之为“第三罗马”，莫斯科大公国自称是东正教会的保护者、整个罗斯各地区的精神母亲——虽然大部分罗斯地区的土地尚在立陶宛人的统治之下。15世纪的时候，波兰和立陶宛还可以完全无视莫斯科的这种态度。除了波兰和立陶宛自身的实力，他们还可以借助鞑靼人的金帐汗国压制莫斯科大公国。然而到15世纪末，随着金帐汗国本身逐步衰弱，汗国对莫斯科的束缚也逐步被打破。

雅盖隆和哈布斯堡两个王朝在匈牙利和波希米亚的长期对抗，产生的最终结果也事与愿违：双方的对抗使得哈布斯堡王朝和莫斯科大公国建立了良好的关系，从而迫使波兰和法国在1500年签署了第一份外交协定。波兰和英格兰的外交同盟也一度被提上日程，但是1502年，波兰议会否决了这一提案，因为英格兰“始终处于动乱状态”。亨利七世和后来的亨利八世一次次努力希望和波兰建立反奥斯曼帝国同盟，但愿望最终还是化为泡影，因为当时波兰需要奥斯曼人的支持。1533年，波兰和奥斯曼帝国签署了“永久和平”协议。

无论丧失了多少国外的利益，雅盖隆王朝的最后两位波兰国王还是给他们的臣民和国家留下了一笔难以估量的遗产。卡齐米日四世的幼子“年老的”齐格蒙特一世，于1506继承了波兰王位，并于1548年离世。他的儿子齐格蒙特二世·奥古斯特于1522年即位为立陶宛大公，在其父亲死后又继承了波兰王位。在他们父子统治时期——1506年到1572年——尽管两位国王外表差异巨大，但他们的政策却具有相当的连续性。父亲非常强壮，如同所罗门一般；出类拔萃的儿子则优雅迷人，颇有教养，人们经常把齐格蒙特二世和法国的弗朗索瓦一世、哈布斯堡家族的卡尔五世相提并论，认为他是文艺复兴时期具有代表性的君主。父子两人都鼓励各种形式的艺术创造，并在波兰建立了保障思想和文化自由的制度。最重要的是，父子二人的统治，确保了波兰的宗教改革运动和反改革运动相对平静地进行，最多也就是激烈混乱的争论，而没有如欧洲其他地方一般掀起腥风血雨。

4

宗教与政治

名义上说，雅盖隆王朝统治的波兰和基督教世界其他国家一样，都信仰罗马天主教。然而事实上，这个国家的绝大多数人并非天主教徒。在波兰境内信仰基督教的斯拉夫人中，很多人信仰东正教，他们更愿意承认君士坦丁堡的大牧首，而非罗马的教宗。此外，亚美尼亚人也是一个信仰基督教，但不接受教宗领导的民族。他们一般居住在波兰东南部的大城市中。

波兰人口中有一大部分根本不是基督徒。一旦其他国家爆发反犹风潮，波兰的犹太人口数量就会应声上涨。1492年在西班牙，以及1496年在葡萄牙先后爆发了驱逐犹太人的浪潮，于是接下来几十年里，波兰的犹太人数量迅速增长。当时在波兰每个城镇都有犹太会堂，如果一名来到波兰的外国教士对此感到震惊，那么另一个事实——在这个基督教国家的土地上居然还有相当数量的清真寺——会让他再震惊一次。这些清真寺属于立陶宛鞑靼人，15世纪时，这些人的祖先定居在立陶宛，并成为这个国家的忠实臣民。许多立陶宛鞑靼人逐步成为贵族阶层中的一员，但是仍保留了伊斯兰教的信仰。到16世纪中期，在维尔诺、特罗基（今立陶宛特拉凯）和乌茨克（今乌克兰卢茨克）地区已经有了近百所清真寺。

1385年，波兰和立陶宛联合的条件之一，就是立陶宛整个国

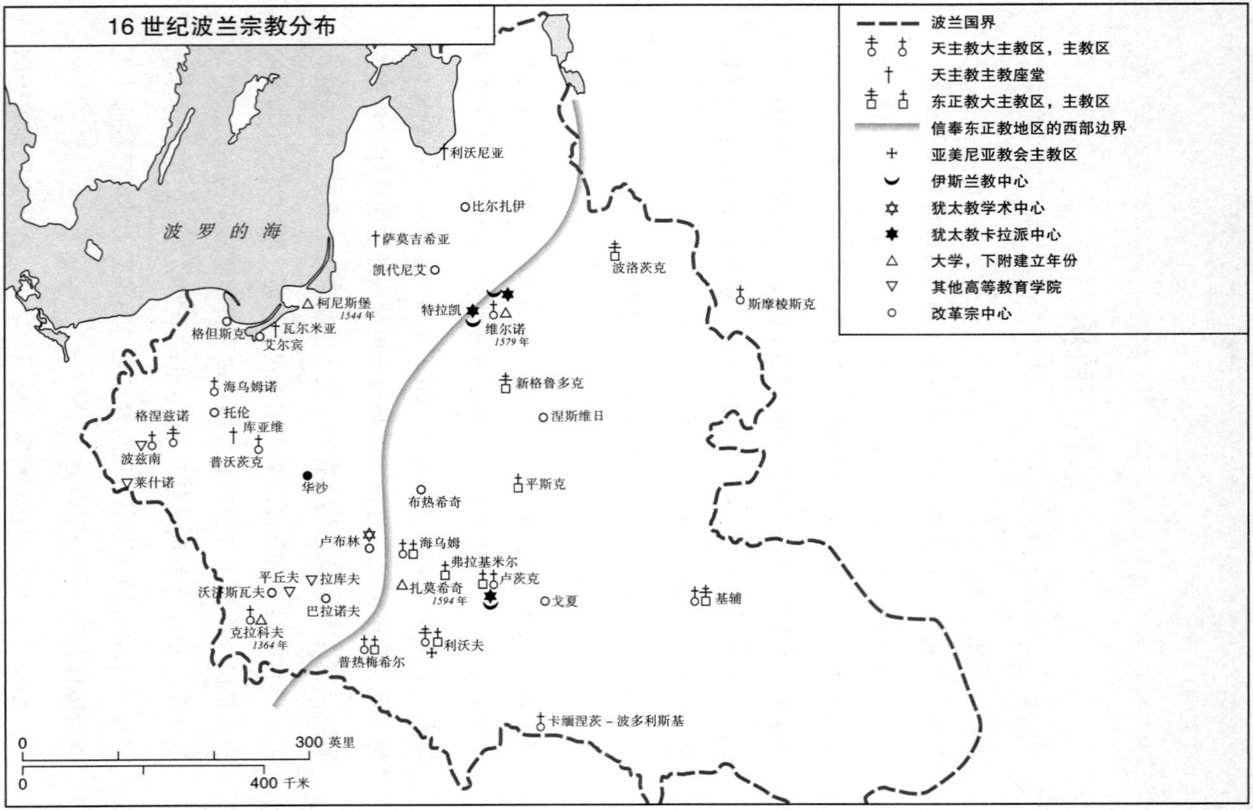
16 世纪波兰宗教分布
波兰国界
天主教大主教区，主教区
天主教主教座堂
东正教大主教区，主教区
信奉东正教地区的西部边界
亚美尼亚教会主教区
伊斯兰教中心
犹太教学术中心
犹太教卡拉派中心
大学，下附建立年份
其他高等教育学院
改革宗中心
波罗的海
利沃尼亚
比尔扎伊
萨莫吉希亚
凯代尼艾
柯尼斯堡
1544 年
格但斯克
瓦尔米亚
艾尔宾
特拉凯
维尔诺
1579 年
波洛茨克
斯摩棱斯克
新格鲁多克
涅斯维日
海乌姆诺
托伦
格涅兹诺
库亚维
波兹南
普沃茨克
莱什诺
华沙
布热希奇
平斯克
卢布林
海乌姆
弗拉基米尔
卢茨克
平丘夫
拉库夫
沃济斯瓦夫
巴拉诺夫
扎莫希奇
1594 年
戈夏
基辅
克拉科夫
1364 年
普热梅希尔
利沃夫
卡缅涅茨－波多利斯基
0
300 英里
0
400 千米

家改宗天主教。然而，除了官方的姿态，立陶宛并没有什么实质上的措施推广天主教。大约150年后，齐格蒙特二世·奥古斯特大公曾写道："在维尔诺城外……那些未开化的、不文明的人们，大多不是去崇拜上帝，而是去像崇拜上帝那样崇拜灌木、橡树、溪流，甚至是蛇什么的，人们不光在私下场合，也在公开的场合向它们献祭。"又100年后，梅尔希奥·戈德罗伊茨主教提到，在他的萨莫吉提亚教区内，他几乎找不到一个人知道如何背诵祈祷词，或者如何正确画十字。

波兰的统治阶级在向人民推广宗教仪式方面一无所成，这其实并不奇怪。根据一项特别的协议，波兰的主教并非由教宗指定，而是由国王指定：国王将拟定的人选上报教宗，由后者最终批准。不过即使教宗不同意，他的意见也往往被波兰人无视。比如说，1530年，教宗克莱蒙七世坚决反对波兰首席大主教扬·瓦斯基鼓吹反对哈布斯堡、支持土耳其的政策。教宗要求国王将其解职，否则将开除国王的教籍。然而并没有什么用。

国王通常会出于政治原因指定主教人选。因此，他有时会倾向于选择那些强有力的大贵族，以换取他们的支持；或更普遍的，他会选择自己信得过的人。这些人通常被从国王的宫廷中选拔出来，充满人文主义精神且经验丰富。齐格蒙特一世身边的秘书中，许多来自平民阶层，而齐格蒙特一世会毫不犹豫地授予他们贵族头衔。他所支持的银行家扬·博内尔就是一个例子。齐格蒙特不仅会支持平民出身的人，甚至对非天主教徒也一视同仁。犹太人亚伯拉罕·约瑟福维茨——齐格蒙特一世所任命的立陶宛司库在被封为贵族之前皈依了基督教，尽管是东正教，而非天主教。至于他的兄弟米哈乌，即使在1525年被封为波兰贵族后，也身体力行地坚持犹太教的信仰。这样的例子在基督教欧洲是绝无仅有的。

在这种环境下，多数主教都没觉得有任何不妥。波兰国内的教士和其他国家相比，并没有更加堕落——或许还要更自律一些。15世纪的最后25年，仅仅在马佐夫舍和小波兰两地，就有18座正统而严格的方济各会修道院落成。凸显出波兰教会与众不同之处的是他们在面对其他宗教时不同寻常的现实主义，以及直面人类欲望的坦诚。比如，安杰伊·克日茨基主教留下了一首长诗，内容是关于另一名主教的桃色新闻：他从他的卧室窗子里用网兜把一个姑娘放下来的时候，被人抓了个现行。"我不知道为什么会有人对此大惊小怪，"这位诗人兼教士写道，"毕竟《福音书》里也告诉了我们，渔网也是有其用处的，这一点无人可以否认。"[①]在成为主教之前，克日茨基写了很多关于情欲的诗文，然而这并没有影响他神职的晋升，他最后当上了瓦尔米亚的采邑主教。

在当时的世代，聪明的人能有机会出人头地，扬·丹蒂谢克是一个好例子。他出身庶民，但却成为国王身边的亲信，当上了国王的秘书，后来又成为外交官。他一生中曾经出使欧洲多国，并且和各国的王侯将相谈笑风生：法国国王弗朗索瓦一世、英格兰国王亨利三世、多位教宗、埃尔南·科尔特斯[②]以及马丁·路德（他们建立了良好的友谊）、神圣罗马帝国皇帝查理五世（曾试图将这位波兰朋友纳入麾下），还有哥白尼——不仅是丹蒂谢克

① 《马太福音》13：47—50："天国又好像网撒在海里，聚拢各样水族。网既满了，人就拉上岸来；坐下，拣好的收在器具里，将不好的丢弃了。"基督教本意是以此比喻最终的大审判无人可逃，而这里则完全是戏谑的引用。

② 西班牙人，美洲阿兹特克人的征服者。

的朋友，也受其庇护。之后他将精力投入到教会中，在世俗生活中也不乏智慧。

梅什科一世时，波兰皈依天主教，主要是出于政治智慧，而皈依天主教也为他在基督教世界带来了地位和安全。此后，天主教会一次又一次地展示了自己的用处：在13世纪时帮助国家重新统一，在14世纪时则帮助国家用谋略战胜条顿骑士团。但与此同时令人不悦的是，教会自身的影响越来越大，积累的财富也越来越多。教会和外国的联系，以及教会对异端（比如胡斯运动）的镇压，都让波兰的贵族们感到不安。

波兰的教会在遗产赠予方面有法律倾斜，能征收什一税，却在税收方面对整个国家毫无贡献，因此，教会不受一些人的欢迎也是情理之中的必然。到16世纪末，教会拥有整个大波兰地区可耕地面积的10%以上，以及小波兰可耕地的15.5%，马佐夫舍的25%。而王室在这三个地区占有的可耕地面积比例则分别只是9%、7.5%，以及不到5%。通过进入参议院的主教们以及教会法庭（有权对所有以租佃教会土地为生的农民的案件进行裁决，并且其权力还在不断扩展），教会也拥有了政治权力。这种权力同时也受到罗马教廷的潜在影响，而罗马教廷又经常和波兰的敌人们建立同盟。因此，教会引发了一些贵族的厌恶。下面这段话引自16世纪50年代波兰议会中的一段辩论，是当时人们对教会的典型怨言：

> 教会的神职人员们把我们召集起来，为证明他们的观点旁征博引，还引入了外国的、罗马教廷式的法律条文，而这些条文和我们国家的传统和自由相悖。教士们试图扩展他们

自己以及他们的主人——罗马教宗手中的裁判权。而这种权力不存在于我们的法令中，我们既不能，也不会忍受，因为我们明白，除了我们的主宰、我们至高无上的国王，没有人手中能拥有这种权力。

这段话的基调以及其中所包含的感情，已经具有了“民族天主教会”的初步特征，而这就是胡斯主义精神的衍生。许多波希米亚的胡斯追随者来到波兰避难，他们的思想也影响了当时的学者——比如卢布林的比尔纳特（1465—1529），他批评了《圣经》和教会所作所为的巨大差别。

1517年马丁·路德在维滕贝格贴出《九十五条论纲》，从而开启了他和教会之间关于教宗权力的论战，此后在整个欧洲引发了一系列连锁反应，震动了整个基督教世界。但是由于波兰社会的上述特殊情况，在波兰，马丁·路德所引发的不过是一场轻微的骚动。他的理论迅速传遍了欧洲北部和西部，特别在日耳曼人聚居的城镇中受到欢迎，但在其他的地方应者寥寥。

加尔文宗则完全不同。由于波兰和法语地区关系密切，加尔文宗很快在全国赢得了广泛的支持。加尔文宗将世俗的长老的地位提升到与牧师相当，由长老和牧师共同管理教会，这种民主精神让波兰贵族们本能地心动，而其礼仪中崇尚简朴、不重仪式的特点，使得加尔文宗这一花费不多、易于承担的教派颇受人们的欢迎。

到16世纪50年代末，波兰议会中的代表大部分已经是新教徒。但是他们的比例并不代表新教徒占总人口的比例，其原因是许多热心的天主教总督们，往往会派出一个新教徒作为自己在议会的代表。到1572年，参议院也有类似的构成。在“前座”议员中，36人是新教徒，25人是天主教徒，8人是东正教徒，不过同样的，这些数字只意味着有许多大贵族改信了加尔文宗。正是这些大贵族们在波兰为新教提供了生长的土壤。奥莱希尼茨基家族在他们所拥有的平丘夫镇建立了加尔文宗学院，这一学院很快成为东欧地区加尔文宗最著名的教学和出版中心，被信徒们称为“北方雅典”。功能类似但规模略逊的宗教中心还包括莱什琴斯基家族建立的莱什诺，拉齐维乌家族建立的涅斯维日（今白俄罗斯）、比尔热（今立陶宛比尔扎伊）、凯伊达内（今立陶宛凯代尼艾）等。

虽然加尔文宗处于波兰新教运动的优势地位，但是从来没有获得波兰新教运动的领导权。北方的城市主要流行路德宗；16世纪30年代，在德意志遭到打击的再洗礼派在波兰的多个城市开展了活动；1551年，荷兰的门诺派教徒在维斯瓦河下游建立了一块聚居地。

波兰各新教派别中，对基督教哲学贡献最大的一派应是阿利乌派。他们1548年被从波希米亚驱逐后定居在波兰，最初被称为“捷克兄弟会”，后来称阿利乌派。该教派的两大理论基础——圣子本质是人，反对三位一体——在公元325年的尼西亚大公会议上首次由阿利乌斯声明。他们还被称作反三位一体派、波兰兄弟会和苏西尼派。

阿利乌派的理论是他们对救世主耶稣的教导进行理性主义和回归原始教义解读的结果。他们认为，救世主耶稣是接受神圣启示的凡人。阿利乌派教徒是和平主义者，反对政府或军队的管理，反对农奴制，反对私有财富，反对使用货币，主张一切生产生活资料公有——他们也是如此做的。

在波兰有许多人改宗了阿利乌派，全国各地共有约4万人改宗阿利乌派，这些人在全国零星分布的约200座教堂中举行活动。他们的宗教活动中心是拉库夫，在这里他们建立了学院，学生来自整个欧洲。就是在这里出版了《拉库夫教义问答》（*Katechizm Rakowski*），这本书是福斯托·苏西尼的作品，他是锡耶纳的一名贵族，来到波兰寻求庇护，后来成为这一教派改革运动的领袖之一。波兰阿利乌派信徒中最重要的两个人分别是马尔钦·切霍维奇和希蒙·布德内，后者将《圣经》完整翻译成了波兰语，同时还试图和犹太教进行教义调和，这产生了不少有趣的结果。

犹太人社区的宗教环境也随着时间而发生了变化。犹太人被从伊比利亚半岛驱逐，使得许多杰出的西班牙学者来到波兰。1567年，一座《塔木德》经学院在卢布林成立，著名的所罗门·卢里亚担任校长，此后在教义上的辩论更加热烈。然而犹太人无论如何都是不可能联合起来的，在波兰东部，数量颇为可观的卡拉派犹太教教徒聚居形成居民点，这些犹太人只接受希伯来《圣经》而不接受《塔木德》。

皈依阿利乌派的信徒中许多人原来是遵从《塔木德》的犹太人，同时还有一些阿利乌派和加尔文宗基督教教徒改宗了犹太教。改信犹太教的信徒中，“约瑟夫·本·马尔多赫”马利诺夫斯基是最著名的一人。他为希伯来文的《坚强的信仰》（*Hizzuk Emunah*）一书完成了最后的收尾工作，这本书是卡拉派犹太教的教义问答，作者是特罗基的伊萨克·本·亚伯拉罕。这本书面世后，曾经在多个国家出版，后来被伏尔泰重新发现，他认为这本书是有史以来对耶稣神性最重大的质疑和破坏。

在其他国家的教会，教义上最小的分歧都会招致教会的暴力镇压，更别提叛教行为了。然而相比之下，波兰的教会的反应要更加实际得多，通常是冷嘲热讽，这种语言攻击有时甚至会很激烈，但是从来不会歇斯底里。以库亚维的德罗霍约夫斯基主教为例，库亚维地区许多城镇中德意志人占多数，使得这一地区的教会也受到路德宗的影响。他不厌其烦地会见路德宗教会的重要人物，并且对路德宗接管格但斯克的圣约翰教堂这一做法进行了针锋相对的严格制裁。但是同时，在他的主教区，他允许教区教堂同时对天主教徒和路德宗信徒开放。

相当一大部分的神职人员对教会改革兴趣浓厚。新教改革运动中有三项诉求是东正教的神父们已经享受到的：神职人员可以结婚，用本民族语言进行礼拜，以及在圣餐中使用有酵面饼（而天主教坚持使用无酵面饼）。因此，相比其他天主教国家来说，新教徒进行宗教改革的要求并不那么令人诧异，也没什么新奇的。对波兰人来说，天主教神父仿照他们周围的东正教神父，根据习惯法娶一个妻子，这种事情并非不可接受。事实上，他们还会把这一做法规范化，并努力让教士的子嗣合法。斯坦尼斯瓦夫·奥热霍夫斯基（1513—1566）在普热梅希尔担任神父期间就结了婚，后来在和他的主教以及罗马教廷争辩的时候，他写了长文为自己辩护，后来还印成了小册子。

除了婚姻、民族语言等日常生活方面的改革，路德的宗教改革的更大的意义是，激发了神职人员反对中世纪教会习惯做法的强烈共鸣。马尔钦·克罗维茨基（1501—1573）放弃了神职，还写了一本《保卫真知》（*Obrona nauki prawdziwej*）。在这本书中，他激烈反对教会，甚至将教廷称作巴比伦的妓女。另一位神职人员——乌汉斯基主教虽然并没有放弃自己的神职，最后还成为波兰首席大主教，但他也通过写书激烈地批判和攻击教会的所作所为。1555年，他宣布自己支持天主教神父们结婚，支持在圣餐中同时使用无酵饼和有酵饼，支持在教会活动中用民族语言。他还提出，希望波兰所有的教派就教义的争执举行大会，在寻求共识的基础上实现调解。国王提名他为库亚维大主教时，教宗拒绝了这一任命，但无论是国王还是波兰上层贵族，都没把这当一回事。

“年老的”齐格蒙特一世（1506—1548在位）认为，宗教上的争论和他毫无关系。罗马教廷以及那些热衷于铲除异端的波兰主教们给了他相当大的压力。甚至因为齐格蒙特一世没有更加积极地抵抗新教思想的传播，英格兰国王亨利八世还来信责备他。如果这种压力太大，他就采取一些措施安抚一下这些激进分子。但是他的敕令如果没有议会的支持，是没有效力的。齐格蒙特一世以及他的继承者一以贯之的政策，可以用齐格蒙特二世这句话一言蔽之：“无论是山羊还是绵羊，请允许我同样地牧养。”这句话是他在会见一名教会特使时所说，后者当时要求他用拘捕和处决等手段更严厉地镇压宗教改革运动。

在许多国家，宗教改革同时意味着社会和政治上的改革。而在波兰，宗教改革运动首先是法制方面的问题。教廷外交官的秘书在旁听了马佐夫舍省地方议会的一场辩论后，写道：在讨论信仰、圣事、礼仪等问题的时候，所有人似乎是完全“天主教”的；如果讨论到神职人员的特权，就有一些“新教”的声音冒出头来；如果讨论到教会免予征税的特权，整个大会就会统统变成狂热的“加尔文异端”分子。1554年，波兹南的查尔恩科夫斯基主教以异端罪判处三名市民火刑。然而他们最终还是被一批贵族所救，其中多数贵族是天主教徒。后来这名主教又以同样的罪名判处一名工匠死刑。这次，上百名不同教派的贵族们携带武装，在地位最高的大贵族带领下，将主教官邸团团围住，最后救出了这个被定罪的人。也有一两次，在旁人采取保护措施之前，教会法庭已经将犯人处决了。1556年，多萝塔·瓦泽夫斯卡被控从教堂偷窃了一个圣饼并转手卖给犹太人，用于所谓的神秘法术。她在索哈切夫被处以火刑。结果这一判决引发了一场骚乱，而这场“及时”的骚乱挽救了本计划在次日被烧死的三个犹太人。这三个犹太人也是在天主教和新教贵族的共同介入下最终得救的。正如扬·塔尔诺夫斯基所说，“这无关于宗教，而是关乎自由”。

广受认可的是，如果一个不受议会制度限制的人或机构有权对某人下达判决，那就不会有自由。因此，波兰议会1562年通过一项法案，废除了教会部分的司法判决权。两年后，一个年轻的阿利乌派教徒，埃拉兹姆·奥特文诺夫斯基在一次宗教游行仪式上，从高级教士手中抢来了圣体光，将其扔在地上，并且用脚踩踏圣饼，还口出污言秽语。这个年轻人被送到了议会的法庭接受审判。法庭成员包括天主教徒和加尔文宗教徒，他们了解了案情，并且广泛赞同了辩护者的意见。辩护者的领袖是诗人米科瓦伊·雷伊，他认为，如果上帝被冒犯了，他自会施以惩罚；对于奥特文诺夫斯基，他应该赔偿神父“一个先令，以便牧师买一个新的玻璃杯和一把面粉”，从而把圣体光修好，并且做一个新的圣饼。

在当时的欧洲其他多数国家，如果一个人被抓到阅读“异端邪说”书籍，往往等待他的只有折磨和死刑。像波兰这样如此公平且重视个人权利胜过其他一切的国家是罕见的。但是无论天主教还是新教的领袖都并不满足于此。社会仍然普遍希望全国能在宗教问题上达成一致，选定一种国教。在1555年议会上，大多数代表都要求建立波兰自己的国家教会，教会礼仪使用波兰语言，教士有权结婚，圣餐可同时使用两种面饼。这个波兰国家教会应该由全国宗教会议管理，独立于罗马教廷。波兰和罗马的决裂似乎已隐约可见——然而波兰国王并不是英格兰的亨利八世。

齐格蒙特一世的独生子，齐格蒙特二世·奥古斯特是个忧郁的人。他从小在母亲博娜·斯福尔扎的精心教育下长大（也有人说这位国王风流堕落是因为他母亲的教育）。母亲还给他起了一个“奥古斯特”的名字，致力于将他教育成为一个名副其实的统治者。博娜·斯福尔扎是个令人望而生畏的人，她是法国弗朗索瓦一世的表姐妹，是神圣罗马帝国皇帝查理五世的近亲。作为米兰公爵斯福尔扎家族的一员，她从小成长在父亲的宫廷中。而她的父亲，则是因为擅长阴谋诡计和下毒而臭名远扬。在博娜·斯福尔扎的谋划下，齐格蒙特二世在父亲还在世的时候，就被确定为王位继承人并被加冕，这在之前是没有先例的。但是他的母亲无法让他更加快乐，他最终也辜负了母亲的野心。

1543年，齐格蒙特二世·奥古斯特和哈布斯堡家族的伊丽莎白结婚，他是神圣罗马帝国皇帝斐迪南一世的女儿。但是仅两年后伊丽莎白就撒手人寰，据说就是被她的婆婆博娜·斯福尔扎毒死的。之后，齐格蒙特二世和一名立陶宛大贵族的姐妹——巴尔巴拉·拉齐维尔陷入爱河并随后私奔。他们的结合遭到了几乎波兰所有人的反对（虽然原因各不相同），而仅仅4年后，巴尔巴拉·拉齐维尔也离开了人世。作为国王母亲的博娜，再次被怀疑采用了某种“家传”的阴谋手法。虽然也曾经认真考虑迎娶玛丽·都铎[1]，1553年，齐格蒙特二世最终还是娶了他第一个妻子的姐妹——哈布斯堡的凯瑟琳，曼图亚公爵的未亡人。这场婚姻不啻一场灾难。这个患有癫痫的王后排斥和她的丈夫同床共枕。和前两位不同的是，这位王后并没有死去。或许这和博娜王太后有关系——这位王太后发觉自己比以往更加不受欢迎，于是便随身带上大量的金银首饰，逃到了意大利的巴里。在这里，她最终也被别人毒死，迎来了“恰如其分”的结局。

由于齐格蒙特二世的前两任妻子都没有子嗣，他拒绝和自己的第三任妻子同房的事实，就成了一个关系到国本的大问题。王朝绝嗣的警报已经拉响，而这一次问题更加严重：雅盖隆家族仍然是连接波兰和立陶宛两国唯一的真正纽带。议会请求国王，不管是否排斥，都应临幸他的妻子。波兰首席大主教甚至在密室中向国王跪下，恳求他或者亲近自己的妻子，或者直接休弃她，如果有必要甚至可以为此和罗马教廷决裂。[2]

此时，齐格蒙特二世的决定，对波兰的未来——不仅是宗教方面，还有政治方面——都将是决定性的。然而他仍然举棋不定。他对宗教改革的态度自相矛盾。他对新教改革运动从来没有表示出支持，但是却兴趣浓厚。他如饥似渴地阅读了所有教义上持不同观点的小册子和文章，接受了路德和加尔文题献的著作。

---

① 1553—1558年时为英格兰女王，称玛丽一世，在位期间由于残酷镇压新教而被称为“血腥玛丽”。

② 天主教认为婚姻为七圣事之一，不可离婚。1533年，英格兰国王亨利八世在教宗未许可的情况下和王后离婚，随即遭到开除教籍的绝罚，亨利八世随即宣布英格兰教会脱离罗马教廷，成为新教的一支，即今英国圣公会。

1550年，他又签署了一项反新教法令，希望能够赢得天主教会神职人员对他与巴尔巴拉·拉齐维尔结合的支持，但是最终这项法令仍然成了一纸空文。若干年后，当教廷使节要求他采取更加严厉的措施对待新教徒时，反而遭到了他的责难，结果还被逐出波兰。当被臣下问及，在宗教争论中应支持哪一派的时候，国王回答："我不是你们意识领域的国王。"

和英格兰国王亨利八世不同，齐格蒙特二世·奥古斯特并不想离婚。他热烈地爱着巴尔巴拉·拉齐维尔，她的死亡夺走了他生活的希望。他穿着黑衣，毫无热情、按部就班地履行自己的日常职责，对国家的未来和王朝的存续都已经毫不挂怀。1555年，在议会通过宗教改革的决定后，在议会压力下，国王向罗马教廷提出了建立国家教会的建议。这既是不负责任的顺水推舟，同时又是具有重大意义的一步。他派遣斯坦尼斯瓦夫·马切耶夫斯基出使教廷，在接受保罗四世接见时，他提出了议会的四项要求。教宗"满怀着悲伤和苦涩"听取了他们的意见，随后严厉指责波兰国王竟然允许他的臣下提出如此异端的想法。国家教会的事情就这样搁置下来，改革者们第一次发现，自己在教宗的愤怒前是孤立无援的。

波兰新教运动的最主要弱点就是缺乏团结，而新教唯一可能的领袖，一生中最活跃的时间却在英格兰度过。扬·瓦斯基——他有一个同名的叔父，是利沃夫的大主教——出生于一个富裕又有权势的家族，后来在国外学习期间成为一名新教徒。在日内瓦他跟随加尔文学习，后者称赞他"博学正直，具有诸多美德"。在鹿特丹他和伊拉斯谟关系密切，还帮助后者摆脱了经济困难的窘境：他买下了伊拉斯谟的所有藏书，并且终身收藏在自己身边。

随后，他又应托马斯·克兰麦[①]的邀请来到英国，爱德华六世授予他一笔年金，并将他任命为专职牧师，负责看顾所有在英寻求庇护的外国新教徒。英格兰人称他为约翰·阿·拉斯科。他还于1552年和克兰麦合作编纂了《公祷书》。但是在玛丽一世女王即位后，他被迫离开英格兰。

1554年，他抵达波兰，正好赶上第一次加尔文宗大会。在会上，他呼吁所有的新教徒更广泛地团结起来，反对天主教教会。但是他的恳求淹没在了对神学和行政细节问题无休止的争论中。瓦斯基死于1560年，而直到1570年新教徒才达成了某种程度上的一致，形成了《桑多梅日共识》，但瓦斯基所希望建立的新教徒统一战线仍然没有建立。

宗教改革运动得到了那些地位最高的大贵族们的支持，但是却没有赢得最广泛的人民的赞同。宗教改革没有在任何方面深入到农民阶层，也没有深入影响那些日耳曼人比例不大的城镇，比如普热梅希尔或者利沃夫。多数中小贵族对宗教改革也漠不关心，特别是在贫穷而人口众多的马佐夫舍。即使在自己的领主改宗加尔文宗的情况下，农民们仍然会执拗地坚持原有的信仰，哪怕某些情况下他们得走很远才能找到天主教堂，也在所不惜。

波兰的宗教改革，从本质上来说，并不是一次宗教运动，而是一场文化和政治解放运动的一部分，这个运动很早就已开始了。贵族们不仅用尽一切手段削减国王的权力，也迫切地抓住一切机会破坏教会的权力。直截了当的反教会思想很容易与回归“真正的”基督教根本原则的浪潮相混淆。波兰政治生活中的另一项运

① 英国圣公会的首位坎特伯雷大主教，为英国宗教改革做出巨大贡献。

动——16世纪50年代达到高潮的执行法律运动也是如此。

早在16世纪初，这项纯粹的政治改革运动就已经开始萌芽。在本质上，这一运动和宗教改革非常接近，不过它并不关注新的思想观念，而是在乎对法律更严格的执行，在于扫除渎职和贪墨行为。这就是“执行法律运动”（或简称“执法者运动”）一名的由来。这一运动的前提条件之一是，法律应当编订成明确的条文，并以清晰的形式公之于众。16世纪上半叶，这方面大量的基础性工作基本完成。最终，1578年，一系列法律的修订工作彻底完成，这项运动达到了高峰。这些法律形成了完备的司法体系，并一直沿用了两个世纪。

执行法律运动的参与者们和教会打起了消耗战。在他们的推动下，1562年，主教区法院这个中世纪式的怪物终于被废除。第二年的议会上，他们又取得了一个胜利：长期享有免税特权的教会，现在也不得不给保卫国家的军队提供资金支持了。执行法律运动参与者们之所以得到支持，大多是因为普通人已对上交国家金库的沉重税赋颇感憎厌，因此他们希望看到国王所拥有的财富能够得到合理的管理。结果就是，他们和大贵族们进行了直接正面的冲突，冲突的焦点就是令人苦恼的王室领地和郡守领地。

王室领地遍布全国，但是这些土地并不由国王直接管理。有些地产被赐给王室的臣属、宠臣管理，甚至有时会抵押给商人，以换取预支的现金贷款。其他的土地则被实际授权给郡守管辖。郡守是地方政府的关键人物，他们是国王任命的官员，在指派的区域内颁布法令，整顿秩序。郡守一职意味着代理国王牧守一地，郡守可以得到当地收入的20%作为履行职责的回报，其余的上交给王室。因此这一职务的收入相当丰厚。所有的郡守领地和王室领地都是王室财产不可分割的一部分，如果一地之主死去，这块土地会被王室收回。但是实践中就是另一回事了。

郡守的职位逐步蜕变成为一个挂名的闲职，他们所谓的对地方的管理，无须向任何上级负责。这一体制的最终结果是严重的腐败，地方多数收入进了个人的钱袋而不是王室的金库。因此，郡守成为众人所热衷的一个热门位置，而爬到这个位置上的家伙们不用付出额外的努力或者资金，只需要躺着就能大把赚钱，同时还能享受到声望和权力。有势力的家族开始“收集”这个职位，于是，一个大贵族可能会身兼五六个重要地区的郡守，同时还领有其他若干王室领地。而一旦他死去，可以想象，要让他的家族交还这些职位得有多不情愿。尽管这些土地应该归还给王室，但是后来的国王们逐步发现，一个大贵族死后，在不得罪逝者家族的前提下把他生前领有的土地交给别人而非逝者的子嗣，越来越成为一项不可能的任务。由于这些现实的原因，郡守逐渐成为大贵族世家们的世袭职位。

于是，在大贵族们的地位不断加强的同时，王室的财源却日益枯竭。这一情况激怒了中小贵族。执行法律运动的参与者们，一次又一次强烈要求恢复应有的正当程序，让王室收回那些领有多地郡守的大贵族们所多占的土地。然而在这个问题上，参议院中那些以往通常支持执行法律运动、反对教会的大贵族们，这一次和主教们结成了统一战线，一同反对执行法律运动。至于国王，由于他在进入16世纪下半叶后越来越依赖大贵族进行统治，也不得不和他们合作。1563年，议会通过决定，对全国所有的土地账目和存量进行大检查，以便抓到那些贪污的官员。执行法律运动这才取得了极小的成功。

事实上，执行法律运动在很大程度上分散了人们对宗教等其他领域问题的热情。在这一时期，为了支持执行法律运动，天主教徒会投票给加尔文宗的代表。而在宗教改革问题上，天主教徒也会和加尔文宗信徒并肩作战，他们都要求建立国家教会、废除教会法庭、以法律强制教会提供金钱支持军队。即使在宗教改革运动的最高潮，也没有波兰人——无论信仰天主教、路德宗、加尔文宗或是阿利乌派——会把宗教问题放在宪法和法律问题之上。这也就是为什么宗教改革运动会在波兰走向失败。在几十年愤怒而狂暴的口头和书面争辩之后，新教运动最终逐渐走向衰落。人们昔日对宗教改革的关注和精力，逐步转移到了政治事务上来。

天主教会在躲过了最初猛烈攻击，成功避免正面交锋之后，慢慢开始转入攻势，反宗教改革运动逐渐占了上风。在波兰，这一过程并不那么激进：没有宗教法庭，没有火刑，没有开除教籍，没有没收财产，没有革除公职。这样温和的做法在其他地方是绝无仅有的，而这要感谢波兰整个社会的风气，以及波兰反宗教改革运动领袖们的高尚精神。他们当中最杰出的代表——枢机主教斯坦尼斯瓦夫·霍休斯——从根本上反对暴力，在1571年提及玛丽一世（“血腥玛丽”）的时候，他曾经警告道：“永远不要让波兰成为英格兰。”

霍休斯和他的主要助手，马尔钦·克罗梅尔，是16世纪天主教会上层人物中非同寻常的人物。他们在进入教会前，都曾经在国王的宫廷中为国王效力。霍休斯曾经在特伦托大公会议上发挥重要作用。克罗梅尔是一名历史学家，他在著作中论述了统一的教会在波兰历史上的作用。他更喜欢说服那些异端，而不是仅仅谴责他们。霍休斯的做法与他相似，但在宗教问题上，他的论述更加伟大、更加无可辩驳，他的理论水平远远超过了加尔文宗信徒们。他在1551年的《忏悔录》(*Confessio*)中，清楚明白地重新肯定了天主教的教条。这本书成为欧洲反宗教改革最有力的武器之一，被翻译成多种文字。从1559到1583年，这本书仅在法国就出版了至少37版单行本。1564年，霍休斯将耶稣会引入波兰，以便重新征服人们的心灵——更准确地说，是波兰人的灵魂。而这些波兰人中的佼佼者——彼得·斯卡尔加(1536—1612)很快鹤立鸡群，成为一名合格的伙伴。

霍休斯和斯卡尔加找到了让"迷失的羔羊"(教徒)们返回"羊圈"(教会)的主要肯綮，剩下的交给时间就可以了。而罗马教廷有的是时间。1570年，大贵族"孤儿"米科瓦伊·拉齐维尔①重新皈依罗马公教，而当年正是他的父亲"黑色的"米科瓦伊·拉齐维尔将加尔文宗引入了立陶宛，还成为加尔文宗在经济和政治上最大的赞助者之一。其他人出于不同的原因也先后回归天主教。那些跨越教派的婚姻尽管当年曾受到教会严厉谴责和批判，但后来反过来也帮助了天主教重获优势。事实上，宗教辩论无论多热烈，往往都和跨教派婚姻中的妻子没关系，而多年的熏陶使得她们仍然坚持原有的天主教信仰。波兰内政大臣(Marszałek wielki koronny)扬·菲尔莱伊就是一名加尔文宗教徒，但是他的妻子索菲亚·博内尔却不是。她私下教育她的4个儿子遵从天主教礼仪，最终其中的3个人长大后成为天主教徒。而在她死后，菲尔莱伊续娶了巴尔巴拉·姆尼谢赫，她也是一名热忱

① 这个奇怪的绰号是齐格蒙特·奥古斯特二世国王所取的，而此时米科瓦伊·拉齐维尔的父母其实健在。当时拉齐维尔家族有多人名叫米科瓦伊，包括他的父亲、"黑色的"米科瓦伊·拉齐维尔，因此必须以绰号区别。

的天主教徒。虽然他们唯一的儿子亨里克表面上作为一名加尔文宗信徒长大，但最终母亲的影响获得了胜利：这个儿子后来当上了波兰天主教会的首席大主教。如同彼得·斯卡尔加所预料的，在整个国家取得胜利的最终仍然是罗马教廷，“不是依靠武力或兵刃，而是凭借道德的范例，靠教导、讨论、文雅的交流和说服”。

一方面，加尔文和他的教派变得愈发咄咄逼人；另一方面，欧洲许多国家中的新教徒不再仅仅对天主教徒进行杀戮，不同教派的新教徒也开始挥刀相向。在这种情况下，波兰的天主教会愈显宽容。波兰的天主教会指出，新教可能会比天主教更强力地压制其他教派。他们解释道，新教不仅存在诸多分歧，而且也是不可靠的。阿利乌派的遭遇支持了他们的观点。

在福斯托·苏西尼的影响下，阿利乌派运动从各国吸引来了各式各样的反对者和分裂派别信徒，与此同时，他们的组织也呈现出逐渐碎片化的趋势。但是真正引发波兰贵族们厌恶的，是他们毫无掩饰地宣传自己的政治观点的行径。“你不能食用你的佃农种出来的麦子制成的面包，你必须亲自劳动，”他们宣称，“如果你的祖传领地是你的前辈凭借军功所获得的，你也不应该依靠这片领地为生，因为，这是凭借杀戮敌人所得到的。你应该把土地卖掉，接济穷人。”而波兰的贵族阶层存在的基础就是他们随时准备参加战斗。因此，阿利乌派的反战主义是具有极强的破坏性的。（阿利乌派也试图对此进行表面上的调和，他们在1604年的大会上做出决议，允许教徒持有武器，但仍不允许使用武器。）

面对即将发生的雅盖隆王朝绝嗣这一重大危机，波兰和立陶宛需要联合一致下定决心，而不是继续各自为政、推卸责任。尽管如此，解决宪法和法律方面的问题仍然是最重要的。在齐格蒙特二世·奥古斯特死后，1573年，议会以“华沙同盟”（Konfederacja Warszawska）的名义召集会议，以决定波兰的未来。会议最终通过了一项盟约。这份盟约在很大程度上塑造了波兰的未来。其中最值得铭记的部分如下：

> 在我们的联邦之中，基督教信仰的分歧并不微小。为了避免由此引发正如我们所看到的、正在其他国家发生的有害的争辩，我们互相发誓，以我们以及我们世世代代的后人的名义，以我们的荣誉、信仰、爱和良知的名义发誓：尽管我们在宗教上意见不一，但我们将保证和平相处。我们不同的宗教信仰，不会成为我们对对方进行肉体伤害、抄没财产、见死不救、关押或者流放的理由。此外，我们也绝不会以任何形式帮助或者唆使任何外人或官员以上述方式危害我们当中的成员……

对所有宗教活动没有任何歧视或惩罚，一律平等宽容对待，这一政策此后被正式确定下来。波兰的天主教国王们以及人数越来越多的天主教徒都严格遵守了这一约束。虽然仍然有些非法的处决行为发生，但数量极少。如果没有刑事犯罪，即使最严重的宗教挑衅，也不会受到惩罚。1580年，加尔文宗信徒马尔钦·克雷扎从天主教神父的手里抢了一块圣饼，在上面吐了痰又扔在地上践踏，最后扔给了一条路过的杂种狗吃掉。他所得到的惩罚是，国王对他进行了一顿严厉的谴责，警告他不要再干这样的坏事。

加尔文宗的历史学家记录下了波兰反宗教改革的整个历程，列出了从1550年到1650年所有反宗教改革中遭到处决或死于教派杀戮的新教徒名单，结果是死亡总人数不超过12个。而在同时期的英格兰，由于宗教原因被依法处决的人数超过500人，在尼德兰则有近900人遭到火刑处决，还有数以百计的人被查没家产、褫夺公权。波兰对宗教独一无二的非暴力宽容政策，部分是由于波兰人对宗教的态度；部分是由于他们对合法性、对个人自由的无比关注；另外还有部分是由于在这一时期，波兰社会正在努力尝试将自己的国家建成一个人间的完美乌托邦。

5

王国和联邦

当齐格蒙特·奥古斯特二世踱步走过克拉科夫瓦维尔山上王室城堡的长廊时，这位没有后嗣的国王心中仍在悲叹已经逝去的巴尔巴拉·拉齐维尔，而他的臣属们则在为国家的未来忧心忡忡。雅盖隆王朝统治的土地上，民族、风俗和政府形式都完全不同。这些国土的结合，不是依靠封建分封、行政管理、法律体系或是军事同盟，而是仅仅依靠两个国家拥戴的共同的统治者本身形成纽带。这个家族一旦绝嗣，问题就不仅在于谁来继续统治这个联合国家，而是这个联合国家是否能够以现有方式继续存在下去。

唯一能够阻止这个国家分裂的，就是法律中关于两国联合内容的表述——正是这些条文将两个国家联合了起来。但是，谁来明确这一表述的具体意思？谁来代表这个混杂的联合国家的人民？答案就是——波兰贵族。很快他们也意识到了这一点。

到16世纪中叶，波兰贵族已经不只是波兰人，还包括了立陶宛贵族、罗斯的波雅尔、普鲁士和波罗的海的日耳曼裔贵族，还有一些鞑靼人和更少量的摩尔达维亚人、亚美尼亚人、意大利人、马扎尔人、波希米亚人。由于与富有的商人和地主通婚，拥有贵族头衔的人进一步增加。贵族阶层已经占到了总人口的7%。贵族们经济状况不一，从国家最富有者到最贫穷者都有，并且跨越了不同的宗教和文化。因此，作为一个有选举权的阶层，贵族

1569 年的波兰 – 立陶宛联邦
1569 年联合后的波兰 – 立陶宛联邦边界
1582 年的扬 · 扎波尔斯基和约之后的波兰边界
神圣罗马帝国封地
哈布斯堡家族统治下的皮亚斯特家族公国
瑞 典
波 罗 的 海
多尔帕特
普斯科夫
利沃尼亚
里加
库尔兰
瑟米加利亚
萨莫吉希亚
莫斯科
沙皇俄国
波洛茨克
立陶宛
斯摩棱斯克
柯尼斯堡
格但斯克
艾尔宾
波莫瑞
马林堡
（马尔堡）
普鲁士公国
特罗基
维尔诺
奥尔沙
白俄罗斯
明斯克
马佐夫舍
托伦
波兹南
波利西亚
大波兰
华沙
布热希奇
彼得库夫
西里西亚
卢布林
沃伦
桑多梅日
基辅
小波兰
哈布斯堡家族各国
克拉科夫
利沃夫
鲁塞尼亚
波多利亚
布拉茨拉夫
卡缅涅基 - 波多利斯基
乌克兰
0
300 英里
0
400 千米
奥 斯 曼 帝 国

们不仅有更广泛的代表性，而且使得波兰享有政治权利的人口比例比其他任何一个欧洲国家都大。成为贵族阶层的一员，类似于成为罗马公民。波兰贵族们的集合，就是所谓的“波兰人民”（Populus Polonus），是整个波兰国家的代表；至于其他在这片土地上居住的是所谓的“平民”（plebs），他们没有什么政治地位。

在波兰贵族中最显赫的十几个家族以及教会的巨头们希望建立一个寡头体制，然而，在贵族中占大多数的普通中小贵族则在为他们眼里的普遍权益而奋斗。正是中小贵族们在推动执行法律运动，并要求法律清晰化明确化，要求进一步拥护王权。他们在“年老的”齐格蒙特以及齐格蒙特·奥古斯特那里都没有得到什么支持，这两位国王都倾向于依靠大贵族的支持。执行法律运动的参与者们愈发拼命地明确议会的权力界限，并明确定义国王和他的大臣们的职责范围，然而却遭到大贵族们的阻碍，大贵族们希望当时机合适时，他们能够掌握一切，自行其是。

另外一个让问题复杂的因素是立陶宛。立陶宛之前和波兰以王朝形式维持的松散联系，应该变为以法律形式确定的更紧密的联合。尽管16世纪初，立陶宛也获准建立了他们自己的参议院（称作拉达），随后又在1559年建立了他们的众议院（也称瑟姆），但是，立陶宛的贵族们在政治上仍然很不成熟，议会仍然受大贵族们的支配。立陶宛的大贵族拉齐维尔家族在16世纪初地位大幅上升。他们通过和波兰贵族的女儿们通婚，获取了大量财富，并掌握了立陶宛大公国的多数要职。

1547年，“黑色的”米科瓦伊·拉齐维尔（这个绰号是为了和他的堂兄、巴尔巴拉·拉齐维尔的兄长，“红色的”米科瓦伊·拉齐维尔相区别）从神圣罗马帝国那里得到了帝国侯爵

（Reichsfürst）爵位。随着雅盖隆王朝一步步走向绝嗣，他开始梦想解除立陶宛和波兰的联合，将立陶宛变为自己的封地。但是这个梦想单靠他自己是实现不了的：1547年，莫斯科大公国的统治者，全俄罗斯大公伊凡雷帝将自己的头衔改为沙皇，并且宣示他将举起昔日祖先的旗帜，将历史上所有罗斯国家的土地都纳入自己的皇冠之下。为此，他不惜把人扔进油锅，或者将抵抗他的城市整个屠城。种种残酷的手法都证明了他无比坚定的决心。而立陶宛已经败给莫斯科大公国，丢了斯摩棱斯克。没有波兰的支持，他们很快就会遭到伊凡雷帝铁蹄的蹂躏。

正当立陶宛大贵族和中小贵族们还在犹豫的时候，波兰人已经开始行动了：他们用行政手腕将立陶宛占有的乌克兰的土地从立陶宛大公国剥离，并入波兰王国。立陶宛和波兰两国的众参两院在两国边界上的卢布林举行大会，1569年7月1日，在全体一致的前提下两国宣布结成新的联盟。在实践层面，“卢布林联合”没有什么颠覆性变革。根据卢布林联合，两个国家的议会应进行合并，合并后的议会位于华沙——选择这个小镇主要是出于方便的考虑。合并后的参议院包括149名议员，众议院由168名代表组成。波兰和立陶宛将在法律层面上拥戴共同的统治者，而不是像之前一样，只是在事实上共拥一君：雅盖隆家族是世袭的立陶宛大公，但继承波兰国王则要在克拉科夫经过选举。立陶宛将保留原有的法律，即1529年编制的《立陶宛法典》。同时立陶宛还将保留财政和军事独立。立陶宛的军队将由两名统帅，即立陶宛大统帅（Hetmani wielcy litewscy）和立陶宛副统帅（Hetmani polni litewscy）来统领。而波兰王国政府的主要官员（包括议会议长、宰相、副相、司库、内务大臣等），在立陶宛都新设同样的职位。卢布林联合是两个平等伙伴的联合，不再像之前那样由波兰占据主导地位——至少表面上如此。卢布林联合体现了贵族们的愿望，体现了每个公民都应该有平等权利的观点。波兰和立陶宛结合而成的新国家，现在正式成为外国人眼里的“最尊贵的两国联邦”“最尊贵的波兰共和国”（Serenissima Respublica Poloniae）。

同时存在的君主独裁和贵族共和，是一个明显的悖论，然而波兰人却能从矛盾中总结出优点。政治学者斯坦尼斯瓦夫·奥热霍夫斯基声称，波兰共和国的体制是比其他国家都要优越的，因为它结合了君主专制、寡头共治和贵族民主的优点。当然，这一体制也可以结合所有体制的缺点，不过这被理所当然地无视了。尽管有执行法律运动的持续推动，这三种不同体制之间从来没有进行准确的界定。总体来说，议会众议院是人民（贵族）意愿的体现，是立法权的来源；参议院是法律的保障；国王本人既是独立的政治势力，也是议会的代言人。议会剥夺了君主的诸多权力，这就意味着议会本身是支持君主的，并且君主成为议会意愿的执行者。而未来的寡头——众议院大贵族们对这一目标并不支持，但同时，宗教改革运动带来的不确定性，以及迫在眉睫的雅盖隆家族绝嗣问题，让代表们在将更多权力交给国王前，不得不心怀疑虑。

没有国王从来不是问题。议会早在1558年就曾经开始讨论齐格蒙特二世·奥古斯特死后该如何是好。由于参议院的消极怠工，这项讨论一直没有达成任何一致意见，直到1572年7月7日，这位雅盖隆家族最后的男性成员逝世。于是，燃眉之急的问题变成了由谁来以及如何选择他的继承人。最初的建议是召开一次扩大议会会议，每个成员都能投一票。11个主要城市也可以派遣代表。但是神职人员不在其中，因为他们会听命于外国势力。

而在此时，参议院的大贵族们要求由他们把持王位的最高选举权。这招致了所有中小贵族的一致愤怒。而此时，天主教会的神职人员也支持所有贵族拥有平等投票权这一动议。他们意识到，全国贵族绝大部分都是天主教徒，因此会有很大概率推出一个天主教候选人。在所有贵族中举行普选的要求，被野心勃勃的年轻议会代表扬·扎莫伊斯基所接受，他靠能言善辩吸引了所有的中小贵族，并成为他们的代表，得到了“贵族的护民官”①的称号。在中小贵族的支持下，扎莫伊斯基提出了在国王死后召开议会全体大会（Sejm konwokacyjny）选举新国王的提议，这一方案在1573年终于被通过。此后，每一个贵族，无论多贫穷，都在国王即位问题上有发言权。不仅如此，每个人现在都可以给自己准备一顶王冠，因为法律规定，波兰贵族或者出身其他国家王室的贵族，都有资格成为联邦的统治者。

1573年的第一次国王选举过程是临时组织起来的。在国王死后，波兰的首席大主教乌汉斯基获得了“临时执政”（interrex）的头衔，代行国王的职责，并在华沙召开议会全体大会。会议确定了投票日期，重申了投票规则，并审查了所有候选人。会议同时制定了当选国王加冕时所必须遵循的一系列要求条件。然后就是在华沙城外的沃拉召开议会选举大会（Sejm Elekcyjny），所有的贵族都有资格前来参会。由于届时会有数以万计的投票人前来，

---

① 护民官（tribune）本是罗马共和国时代平民会议选出的官员，对元老院和执政官拥有否决权。

还要再加上他们的侍从和坐骑，这将会是规模庞大的一次会议。支持不同候选人的代表们各自建起了接待帐篷，在这些帐篷里，他们用美食美酒甚至金钱招待投票人，希望给他们所支持的候选人拉到更多的选票。有钱的大贵族们也会努力结交最穷苦的小贵族，努力释放友好和善意，希望他们能够支持自己中意的候选人。

会场的中央是选举场，是用篱笆围起来的一片矩形的场地。在选举场边上有一座小木屋，供会务人员和达官贵人们使用。议会议长负责监督整个选举过程，并维持会场秩序。选民们待在选举场的周围，骑在马上，全副武装，按照所属的省份分别列队。这象征了贵族们的全体动员，因为波兰贵族的所有特权建立在他们为国而战的义务之上。这也有助于抑制因喜欢争吵而著名的贵族们的冲动，免得他们在这里真动手打起来。每个地区派出10名代表进入篱笆，然后，不同候选人的代表们会向他们还有参议员们各自发表演说。在演说中，他们努力赞颂自己所代表的候选人的美德，并许下天花乱坠的承诺。随后，这些代表们会离开选举场，向他的同伴们复述自己所听到的。贵族们经过仔细考虑之后，选举开始。各个地方的代表都拿到几张纸，每张纸上面都写有一个候选人的名字，然后贵族们在写有自己所支持的候选人名字的纸上签名并盖下名章。这些选票被收回并带回选举场进行计数，最终由临时执政本人宣布选举结果。1573年的第一次选举整整花了4天时间，一共有4万名贵族参加了选举。不过后来的选举的投票人数往往没这么多，一般能在一两天内完成。

对这样选出来的国王来说，君权神授的堂皇说辞和他基本是绝缘的。而贵族们还要把国王脑子里任何可能残存的这种观点打扫干净，因此这些他未来的臣属们要迫使他宣誓服从贵族、服从法律，还有一系列必须答应的条件，这些条件主要写在以下两份文件中：《亨利条例》(*Acta Henriciana*)，这是不能变的；《全体协议》(*Pacta Conventa*)，这是议会全体大会每次选举前专门草拟的文件。宣誓之后，意味着国王此后放弃一切关于决定继承人的权力，并同意只有在议会批准的情况下才能结婚或离婚。此外，没有议会同意，国王不能宣战，不能征兵，不能征税。国王必须通过一个由参议员组成的常设委员会进行施政，这些参议员由议会指定。议会必须至少每两年举行一次会议。如果国王违反以上的任意一点，他的臣民们就会自动解除对他的誓言——也就是说，如果波兰国王不遵守他的臣民们立下的这些规矩，他就可能失去自己的王位。

事实上，波兰的国王更像一个高级公务员，像整个联邦国家的首席执行官。说他仅仅是一个有名无实的吉祥物固然不合适，但是他也确实没有独断专行的权力，他并不能凌驾于法律之上。尽管没有君权神授的光环，但是国王可以——许多也确实做到了——树立自己的权威地位，并从他的臣民那里获得无限的尊重和忠诚。另一方面，无论这些当选的波兰国王有多差劲，他们当中也没有一个人会像查理一世或者路易十六世那样死于非命。

和其他所有受到文艺复兴时期的新知识影响的国家一样，波兰也醉心于重新发现的古代希腊和罗马时期的艺术和政治文化。某些本国体制和古典时代罗马共和国的相似之处，让波兰人的虚荣心大为满足。波兰的贵族们不仅没有仔细审视罗马共和国那些导致自身灭亡的缺点，“元老院与波兰人民”(Senatus Populusque

Polonus）[①]甚至走得更远。波兰政治家们的词库里装满了“自由”“平等”“兄弟”“国家”“市民”“参议院（元老院）”“护民官”“共和国”等这样的词汇。像1789年大革命后的法国一样，波兰人也不缺乏历史发明家，他们源源不断地从罗马共和国借来了这些符号、概念、体系等。

然而，16世纪的波兰贵族和法国革命领袖之间有一个巨大的区别，就是波兰的贵族民主是完全建立在已有成例的基础上的。选举国王的做法来自12世纪，当时波兰曾经分裂成无数小公国，而这段历史成为此后波兰王位传承的先例。15世纪初，帕维乌·弗沃德科维茨曾经提出这样的理论，国王统治国家的基础是：国王只是代表臣民的利益，并经过臣民的同意的管理者。而他的同行，斯卡尔比梅日的斯坦尼斯瓦夫（死于1431年）补充认为，国王没有权力侵犯臣民的权利。博纳科尔西的理论则认为，统治者应该有绝对的权力，任何人都无权阻止国王为获得更大的利好而实行统治。但他的观点却遭到了波兰法学家们的抨击。在1492年卡齐米日四世死后，他的儿子及此后所有雅盖隆家族的国王们都是通过选举即位的。

选择一位外国贵族当国王，这个想法也不新鲜：之前克拉科夫的领主们就曾经将路德维克·安茹，以及后来的瓦迪斯瓦夫·雅盖洛选为波兰国王。事实上，《亨利条例》的全部内容，以及《全体协议》的大部分内容都是对贵族早先特权的重申。而这种对先

① 这是套用罗马共和国时代名义上的统治者“元老院与罗马人民”（Senatus Populusque Romanus /SPQR）这一称呼。在波兰这一称呼指的是两院议会和所有的贵族。后文提到的参议院（senat）一词就是源自拉丁语中罗马时代的元老院（senatus）。

例的捍卫其实也反映了波兰并没有成文的宪法，只有一大堆分散在法律汇编中的条文，而这套法律汇编还会随着时间推移越来越膨胀。

然而，即使波兰法律体系是源自实践而不是理论，它也经过了理想主义而不是实用主义的修饰。波兰的议会体制过度依赖议会议员们的个人品德，缺乏足够的手段约束他们的品行。每次议会开会，代表们首先选举议会议长（Marszałek Sejmu，注意不是内政大臣Marszałek wielki koronny/litewski，内政大臣隶属于国王），他的责任是保持会议秩序。但是他没有权力禁止代表发言或者将某人逐出议会，因此他要维持秩序，很大程度上是依靠他本人缓和会场紧张气氛以及把跑偏的话题重新拉回来的能力。这项工作本来就不容易，而很大程度上所有议员们的职责本身就模糊不清，又增加了议长的工作难度。而这种模糊的职责本质上是由选出他们的地方议会所决定的。

原则上说，议员们代表的不仅仅是选出他们的各地方议会，也是代表整个联邦国家的全体贵族选民。议员们在投票时就应该按照他们的意愿进行投票。与此同时，每个准备出发前往华沙的议员都会得到一套书面指示。这套指示可能只是原则性的指导，也可能会具体到某些特定议题如何表态。而贵族们选出代表之后，也不意味着他们对国家管理的参与到此结束。如果这些代表不遵守选民的指示，可能会带来他无法承受的严重后果：每次议会结束后，这些代表都得向他所负责的选民们进行情况汇报。有些时候，一些议员会被告知，如果碰到意料之外的议题，在没有和选民进一步交换意见前不应表态投票。

这样的做法就像把议员们的双手绑起来，并且降低了议会辩论的作用。但是，聪明而有经验的议员们仍然能够根据良知投出自己的一票，并且在他的选民面前成功过关。一直到下个世纪初，普通贵族们开始对中央政府逐渐充满疑虑的时候，这些指示的约束力也随之增强。

波兰的议会制度几乎比大多数其他国家都要脆弱，因为波兰议会的原则——所有立法行为都应该建立在全体一致的基础上——后来被扭曲成为臭名昭著的“自由否决权”（liberum veto）。最初在欧洲所有的议会机构中，类似的共识都是存在的。这并不意味着所有人必须百分之百地支持某一问题，只是代表两点态度：任何议案如果没有得到所有人的自由支持，就是缺乏说服力的；以及所有认真严肃的反对意见，都不应被多数人所忽视。持不同意见的少数派的意见也被认真倾听、讨论并进行说服。只有达成广泛的一致（consensus）时，相应的提案才会通过。理论上来说，少数几个人，甚至单独一个人都可以阻止立法行为。而在实践中，如果少数派们过于执拗，他们最终还是会被无视。

波兰法律体制的另一个奇诡的地方，在于贵族们在紧急情况下有权私下联盟。紧急情况包括君主死亡、外敌入侵及其他极端情况。此时贵族们有权组成同盟，选出一名领袖，把他们的要求广而告之，并且随时欢迎其他人加入同盟。这也是全民公决的一种形式，而在议会陷入僵局的时候，在议会里也可能出现这样的同盟。作为一个政治团体，由于明显的原因，同盟之中会严格遵循多数原则，不同意见会被无视。

波兰议会制度的一个根本的弱点在于，城镇的代表在议会中的数量不够，因此议会对贸易的利益不那么了解和关心。这与其说是议会体系的缺点，不如说是国家社会结构的反映。15世纪的波兰城镇主要是外国人在居住，这些城镇在行政上享有自己的特权，不太热心加入对权力的争夺，因此失去了将自己的权力用法律巩固下来的机会。这些城镇通常直接和国王打交道，后者会颁布诏书赐给它们特权。但随着国王的权力逐步被议会削弱，城镇就缺乏支持了。而社会阶层的划分使得这种情况更加复杂。1550年议会通过了一项法律，禁止贵族们参与贸易活动。这项法律主要是应商人们的要求。随后，贵族阶层也开始管理和控制贵族头衔的授予。1578年，议会又通过法律，把分封贵族的权力从国王手里拿到了自己手中（国王只留下了战场册封某人为贵族的权力）。1497年的一部法律禁止平民用钱购买贵族头衔，从而封上了获得贵族头衔的后门。考虑到波兰没有家族纹章管理或者登记机构，这种限制其实无法有效实施，但是限制毕竟是限制。商人虽然仍然可以通过某种手段成为贵族的一员，并获得投票权利，但一旦成为贵族阶层的一员，他就会发现，自己除了从事农业、政治和军事，基本什么都做不了。

一些城市，比如克拉科夫、卢布林、利沃夫、波兹南、维尔诺、格但斯克和托伦等，在议会中拥有自己的代表，其他一些城镇有时也会向议会中派遣自己的代表。理论上来说，城市代表和其他议员在辩论和投票中有相同的权利，但是事实经常并非如此。作家塞巴斯蒂安·佩特雷齐曾打过这样的比方："从前，一头驴子被邀请参加婚宴。它感觉十分新鲜，想到即将尝到的种种新鲜美食，这头驴很早就馋得流下了口水。但是到婚礼当天它才发现，自己被叫来，是来给厨房送水和烧火的。"城市的代表们经常受到其他贵族代表们的恐吓，很多人不敢表达什么意见——事实上这也并非杞人忧天。1537年，克拉科夫的代表就遭到了其他议员的肢体袭击。这些城市的代表发现，在议会上安静地躲在一边，并且忍受其他议员提出的随便加什么税的提案，或者请本地的总督照顾自己的利益，这些做法要容易得多。

农民们本来同样是直接和国王打交道的，现在他们同样靠边站了。作为最高上诉法庭的法官，国王应该是所有农民和地主之间争端的最终仲裁者。1518年，"年老的"齐格蒙特在他人劝说下放弃了仲裁权。1578年，议会接过了这项职责。由于议会中几乎都是靠庄园生活的地主，农民们要想得到公正判决几乎毫无可能。波兰的民主并不仅仅存在于国家的议会，每个村子都有选举出的村社自治会以及官员。不过这并没什么实际作用：乡绅们通常在其中担任司法官员。虽然他们的职位不是世袭或家族专属，而是经过选举担任的。

波兰法律体系的问题中，并非所有问题都是波兰特有的。所有的民主制度都有各自的问题，而其中之一就是，在国力下降或者公众反对的时候，决策机制通常会随之失效，从而也无法执行成功的外交政策。由于所有的议会争论都对公众公开，所有的决议都会第一时间印刷出来公之于众，因此最小的秘密都守不住。军备方面也存在同样的问题。没有一个民主制度喜欢军队，因为没人愿意为此付钱。在16世纪下半叶，绝大多数欧洲国家将他们的收入的2/3花在军备上，西班牙甚至达到将近70%。而波兰，这个数字是不到20%。15世纪80年代，为防备鞑靼人的进攻，波兰新建了一支2000人的"临时防卫军"（Obrona potoczna），在1520年，议会又略微增加了这支军队的人数。1563年，建立了新的"四分之一军"（Wojsko kwarciane），用郡守领地所有收入的1/4来支付其花销。但是和整个联邦的广大面积相比，波兰的武装力量仍然是过于弱小了。

波兰的问题不只是不喜欢在军队上花钱那么简单。波兰贵族们还想保留“全体动员”的传统做法，而如果有一支常备军，这种做法就没有必要了。比这些考量更重要的，在于他们头脑中根深蒂固的观点：任何一支常备军，或早或晚，最终都注定会被国王拿来当成他推行专制统治的工具。对专制统治的恐惧，是波兰贵族共和国政治体制大厦中所有令人惊讶的做法的根源。

而在波兰政治体制诸多令人惊讶的做法中，最突出的一个应该就是：即将即位的国王要宣誓忠于他的臣民。他还必须签署相应文件，这些文件规定，如果国王背弃了对臣下的誓言，也就自动解除了他的臣民们对国王的效忠义务。这样的约定明显暗藏着灾难。如果国王越过了他的权力的边界，那么贵族们叛乱就是合法的。但是否越界的判断是一个高度主观化的问题。当然，即使贵族们行使了这一权利，也不意味着他们可以为所欲为。根据这一条款，贵族们在1606年和1665年掀起了叛乱，但两场叛乱都没有迫使国王退位。这些条款的本意是作为贵族们和国王角力的时候的最后一招，迫使国王放弃自己的计划。

解除效忠关系的条款，仅仅是贵族们整个分权和制衡的计划里的最后手段，而他们的整个分权和制衡计划，都是为了保证所有的权力永远不会集中在少数人手里。这个计划也宣示了国王和他的臣民之间的关系的基础。君主和被统治者双方都受到契约的限制，在这种契约中双方都承担义务，并且双方都应尊重该契约。统治者和被统治者之间“契约关系”的概念，是波兰法律体系的基础，而在同时期的整个欧洲，这种观点却是完全无人知晓的——除了在英格兰，类似观点有一些萌芽。

奥地利的哈布斯堡王朝、法国的波旁王朝、英格兰的都铎王朝，还有欧洲其他所有统治一方的王朝，都在努力建立中央集权政府，统一意识形态，并通过越来越多的行政机构加强对个人的管理。而主要国家中，唯独波兰反其道而行之。波兰人坚定地认为，所有的政府都是不受欢迎的，而越强有力的政府越不受欢迎。这种看法来自波兰人根深蒂固的观念，即，没有人有权要求别人如何行事，而不必要的行政机构会破坏自由生活的质量。不过持有这种观点的波兰贵族们，同时却在压榨他们自己的下属农奴，这既不新鲜也不意外：从产生现代政治思想的古希腊哲学家们，到美国独立战争的领袖们，都有类似的双重标准的做法，而仅仅将这种做法称为伪善也是不公平的。

6

伊拉斯谟的统治

16世纪的波兰–立陶宛联邦是欧洲最大的国家，面积达到99万平方千米。这个巨大国家的自然条件差异巨大：从大波兰起伏的丘陵，到马佐夫舍的平原和立陶宛茂密的森林；从高耸的塔特拉山，到白俄罗斯的沼泽；从马祖里的森林和湖泊，到波多利亚延伸到远方的平旷荒野——后者被波兰人称为“乌克兰”，意思是“边缘”或“边界”。

波兰的人口达到1000万人，和意大利或者整个伊比利亚半岛相当，是英格兰的两倍、法国的2/3。但是其中只有40%是波兰人，并且集中在全国20%的土地上。占人口绝大多数的农民由三个民族组成：波兰人、立陶宛人，还有东斯拉夫人——白俄罗斯人或乌克兰人。城市人口成分同样差别巨大。全国最大的贸易中心格但斯克——几乎自己成为一个城邦——主要是日耳曼人。附近稍微小一点的港口埃尔布隆格（德语称艾尔宾）里，则有着巨大的英格兰人和苏格兰人的聚居区。克拉科夫城里聚集着不少匈牙利人和意大利人。利沃夫无论在政治上还是文化上都是一个面貌别具一格的特例，这里是罗马以外唯一一个驻有三个基督教大主教的城市，市民有波兰人、日耳曼人、意大利人和亚美尼亚人。这座城市里有法律效力的语言达到6种：波兰语、拉丁语、白俄罗斯语、希伯来语、德语和亚美尼亚语。

几乎每个城镇都有犹太人社区。在北方，一些城镇享有着中世纪由条顿骑士团授予的特权，这里的犹太人往往被限制在城市的一角居住。而在联邦的其他地方，犹太人可以随便住在哪里。在南方和东方的一些小城镇，犹太人甚至成了多数民族。犹太人占到了全国人口的大约10%，他们多数只用希伯来语或意第绪语交流，而卡拉派犹太人则说鞑靼语。

1551年颁布的一项特许状，使得犹太人的社区几乎成为波兰国家中的国中之国。各地的犹太人公社（Kahał）每年两次派出代表，参加全国范围的四省大会（Wa'ad Arba'Aracot）[①]，对全国的犹太人进行自治。大会制定法律，征收税款，管理自己的法院和行政机构，并用自己的资金支持它们。犹太人直接和国王——而非议会——进行联系。此后100多年，波兰的犹太人社区蓬勃发展，犹太人变得充满自信和自豪。1630年，利沃夫城里心怀不满的商人们抱怨，犹太人的举动“就像地主一样，坐着6匹马拉着的豪华四轮马车招摇过市，周围环绕着仆人，还有乐队演奏气势恢宏的音乐。他们一掷千金地购买用银瓶装的烈酒，公然展示他们的喧嚣和豪奢”。他们是富有的商人、银行家、小贸易商、旅馆老板、工匠、农民、代理商、外科医生。每个村子里都有一两个犹太人，每个小城镇都有他们的社区，里面有犹太会堂和洗礼池，他们和外人隔绝起来自己生活。

波兰–立陶宛联邦最让人惊诧的一点是，这个国家完全谈不上有什么行政体系。考虑到其面积广大和民族众多，这一点更令人费解。唯一将这个国家结合起来的是政治阶层——贵族，而他

① 四省包括：大波兰、小波兰、沃伦和鲁塞尼亚（大致为今乌克兰西部）。

们之间的差异，就像联邦不同地方之间的差异一样大。最富有的人可以和欧洲的显贵相媲美，而最穷的人只能卑微地担任富人的仆役。在他们中间的贵族，可能是富有的地主，也可能是不富裕的自耕农，还需要亲自犁地、收割，甚至有的可能比普通农民还穷，只能赤着脚、穿着破衣烂衫。贵族们的教育水平、宗教信仰、民族起源等，也各有不同。

然而，贵族们最终还是形成了相同的文化和观点，而这种相同观点的形成，又是因为两种似乎互相对立的影响。一方面是对古罗马文化的重新发现；另一方面，波兰–立陶宛联邦对古罗马体系、风俗和意识形态的类比及攀附。这影响了波兰人对政府的看法。同时，这也促使波兰人放弃中世纪晚期式的长发，重新采用了“罗马式”发型，并且很快接纳并推广了文艺复兴风格建筑的潮流。这让波兰人在心理上认为自己属于欧洲的一部分——不仅基于罗马教会或者罗马帝国，更基于对罗马文明的继承。

另一方面的影响更模糊，却也持久得多。该影响源于16世纪初，一些人提出了这样一个民族理论，认为波兰的贵族阶层并非和农民一样都是斯拉夫人的后裔，而是古代萨尔马特人的后裔。这种观点在有政治权力的贵族和其他民众，或者说庶民之间，又增加了一条民族区别的界限。很难确定贵族们到底多大程度上将这个理论当真，但是这一观点确实受到了实际上是多民族构成的贵族们的欢迎。贵族们更喜欢自己是“高贵的武士”萨尔马特人的后裔这一神话，而不那么热衷于基督教骑士的理想，因为后者要求更多的忠诚和服从。

后来，萨尔马特的神话扩展成了包含一切领域的观念，但是在16世纪，其影响主要是在人们衣着和品位方面。由于和匈牙利、奥斯曼土耳其的接触，许多源自波斯的装备渐渐成为日常用品的一部分，到16世纪末，波兰的服饰已经明显具有东方特色。

波兰贵族把钱花在他们可以穿着或者使用的一切上：衣服、珠宝、武器、马鞍、马匹、仆人等等，几乎是他们可以炫耀的一切。武器的表面用金、银和宝石装饰。马鞍和笼头在编织的时候掺入了金线，上面还绣上了亮片或者不太珍贵的宝石。对那些拥有好几匹马和多套马衣的贵族来说，在出门的时候，骑着盛装打扮的好马，身后跟随大批仆人的现象并非罕见。如果自己的这些财富被留在家里，它们就无法赢得众人羡慕的目光。波兰人很喜欢马，他们认为这是战士地位的象征。它们被装上制作精良的马具，披上华丽的衣服，用羽毛甚至翅膀进行装饰，在节日和重大活动中还会被染上颜色（胭脂红居多，但葬礼上偏爱黑色、淡紫色或者绿色）。

萨尔马特主义的另一个影响是对庆典仪式的热爱。殷勤好客是尊重和友谊的象征，但是这种殷勤可不仅限于提供丰盛的食物与饮料。伏特加和其他烈酒在公开或私下宴会上都从来不会上桌，进口的葡萄酒才是主角——多数产自匈牙利或者摩尔达维亚，也有的来自法国、意大利，甚至加那利群岛。

16世纪对美洲的发现，使欧洲获得了巨量的矿物和贵金属，而这最终导致了日常商品，比如食品的价格上涨。对船舶需求的增长，使得木材、沥青与麻绳的价格也同样上扬。在这100年中，波兰人所出售的农产品价格上涨了超过300%。波兰贵族们出售商品后，往往会再进口各种必需品，如布、铁、胡椒、米和糖等。从1550年至1600年，波兰贵族们的实际购买力上升了90%以上。在同一时期，商品出口量翻了一番还多。结果就是，依靠土地为生的波兰地主们和欧洲其他地方的贵族相比，手里可以用来消费的现金要宽裕得多。

这使得越来越多的波兰人有条件出国，他们出国的主要目的是学习。由于宗教原因，路德宗信徒往往会将子嗣派往维滕贝格，加尔文宗则一般是巴塞尔。但是最受欢迎的是意大利的大学：1501年到1605年，帕多瓦大学中波兰学生的比例一直保持在25%以上。随着波兰人愈发富裕，他们出国往往不只为了学习，也进行游览。那些有钱人回国的时候，会带着大量的图画、雕像、图书和艺术品，一旦到家，就按照他们沿途所看到的艺术形式布置自己的住所。

1502年，当时还是王子的齐格蒙特一世结束旅行回国时，带回了一个佛罗伦萨建筑师，后来他按照文艺复兴风格重建了王室城堡。在他之后，一批意大利人禁不住为大贵族和高级教士们服务的机会的诱惑，接踵来到波兰，甚至互相展开竞争。他们按照波兰的风尚和他们的保护人的要求，为这些达官显贵建造了豪华的住所，并且将文艺复兴的影响融入其中。根植于萨尔马特主义的本能，毫无疑问也推动了波兰崇尚奢侈和豪华的炫耀风气。但是新的艺术表现形式，同样反映了受到良好教育的贵族们将他们的想法付诸实施的尝试。许多这一时期的重要建筑都是公共建筑，它们体现了贵族们有责任将联邦国家建成波兰理想国的精神。

这一切最有说服力的证据，莫过于当时最大、最有纪念意义、最雄心勃勃的工程——扎莫希奇的建设。几乎没有人能够完整地描绘出这个时代的诸多矛盾冲突，以及这座城市的建立者的形象——他吸收了文艺复兴的营养成长起来，也是巴洛克式财阀治国的先驱；他是自由主义者，也是独裁主义者；他是联邦国家的创造者，也为联邦的崩溃播下了第一颗种子。

扬·扎莫伊斯基生于1542年，他的父亲是一个信奉加尔文宗的参议员。他年轻时在索邦大学和新建的法兰西公学院（le Collège de France）接受教育，随后又去了帕多瓦大学，在那里他成为校长。同时他还发表了一篇关于罗马法典的论文，并改宗为天主教徒。在他回到波兰时，还得到了威尼斯参议院写给齐格蒙特·奥古斯特的推荐信，后者于是将他聘为秘书。在第一次王位空缺时期，他开始树立自己的声望。1578年他成为宰相，1581年成为统帅。他娶了“黑色的”米科瓦伊·拉齐维尔的女儿，续弦则是波兰第二位通过选举即位的国王——斯特凡·巴托雷的侄女。很难说他自己是否希望得到国王的王冠，但他确实建立了一套贵族自治的方式，被此后一个世纪的多数大贵族们所遵从。

1571年他的父亲死后，扎莫伊斯基继承了4个村子，以及富裕的领地贝乌兹（今乌克兰贝尔兹）。他有条不紊地扩大了自己的领地，不断压榨毗邻自己领地的地主，并且从他的家族支系成员手中买下了后来扎莫希奇所在的土地。到1600年，他拥有连成一大片的6500平方千米的领地，还在主要城市有其他的小领地和各种产业，另外还有13个获利丰厚的郡守领地。

1580年，他开始建造新城市——扎莫希奇。这座城市是完全按照“理想城市”的模板设计的，按照理想城市所要求的道路和重点进行布局，他自己的官邸在城市的一端，城市中心则是议事厅。其他主要的建筑包括法院、天主教大教堂、方济各会教堂、亚美尼亚教堂、东正教教堂、犹太会堂、大学，以及兵工厂。城市的地下有精心设计的排水系统，外边则是由最新式的星形要塞包围着。

扎莫希奇在经济上也有巨大的价值。城中居住着大量的西班牙犹太人、意大利人、苏格兰人、亚美尼亚人、奥斯曼人和日耳曼人，这些居民提供了一切物品和服务——从医疗用具到火炮铸造，从珠宝加工到出版印刷。扎莫伊斯基将这座城市定为自己领地的首府，并将其变成了自给自足的独立王国，所有本应交给王室的利润、税收和其他收费都进入了他自己的口袋。很快许多人开始仿效他的例子。1594年，茹凯夫斯基家族建立了自己的行政中心茹凯夫（今乌克兰若夫克瓦），到1634年后这里被索别斯基家族继承时，已经成为一个繁荣的城市，城里仅行会就有15家。不久之后，所有的大贵族们都开始建造自己的私人城市，而这一趋势事实上暗中破坏和削弱了现有城市的地位。

尽管如此，扎莫希奇仍然是独一无二的。它是波兰文艺复兴–风格主义样式的模板，但是它的目的不仅仅是美观。它结合了功能主义以及完美的审美，从而创造出理想的环境。城里每个元素都有其重要作用，但如果非要说哪一个建筑让其他的黯然失色，那很可能就是1594年开办的大学。这座大学的目的就是培养理想的市民。

波兰人认为理想国可以在现实中建成，这个想法基于一个多世纪的繁荣和安全，基于市民自由权利的政治自信，基于政治和社会思想的丰硕精神财富，并且这些精神财富还在通过印刷的书籍继续发展和传播。当1473年克拉科夫的第一个印刷所建立的时候，可能没有太多需要出版的书籍，但进入16世纪后，在各地区主要城市中，印刷所如雨后春笋一般猛增，这表明出版需求大幅度增加。尽管最初法律要求，所有书籍都需要得到雅盖隆大学校长的认可才能出版，但是不久，波兰国王在1539年颁布了法令，从而使人们得到了绝对的出版自由。这是执行法律运动赢得的一项令人瞩目的胜利。

现存的文学著作中，只有一小部分是用本地语言写的，这些文字仍然使用早期的字母，并且不同的地区在拼写上有显著的差别。1500年到1520年，波兰国内开始出版地图和地理书刊，接下来几十年又出版了一批关于波兰历史的书籍。这些书籍帮助地名拼写走向标准化。从16世纪20年代开始出版的大量图书推动了拼写和语法的一致。1534年，斯特凡·法利米日出版了第一本波兰语的医学词典；1565年，雅盖隆大学的斯坦尼斯瓦夫·格热普斯基出版了他的学术专著《几何》。《新约》的6种波兰语译本——柯尼斯堡本（路德宗，1551年）、利沃夫本（天主教，1561年）、布列斯特（布热希奇）本（加尔文宗，1563年）、涅斯维日本（阿里乌派，1570年）、克拉科夫本（耶稣会，1593年），以及格但斯克本（路德宗，1632年）——帮助波兰语在语义学上走向成熟。1568年，彼得·斯托延斯基，一名法国裔阿里乌派信徒，编著了第一部系统的波兰语语法。1564年，扬·蒙琴斯基在柯尼斯堡出版了他所编写的波兰-拉丁语字典。最后，1594年，乌卡什·古尔尼茨基最终完成了波兰语正字法。当然拉丁语仍然在使用，特别是在宗教和政治文献里。这是因为拉丁语在理论和哲学写作中更加便利，并且是欧洲通用的语言。

当时波兰的思想中，最令人惊奇的就是对公共事务和政府管理的成见。对波兰国家政治的讨论始于扬·奥斯特罗鲁格的《治国记事》（*Monumentum pro Reipublicae Ordinatione*，1460年完成），这本书讨论如何建立更加公正的社会和政治环境。随后这一话题被马尔钦·别尔斯基（1495—1575）和马尔钦·克罗梅尔

（1512—1589）接手，他们用波兰历史著作讨论国家施政体系的优点和缺点。斯坦尼斯瓦夫·奥热霍夫斯基将几何学的原理用来讨论法律问题。安杰伊·弗里奇–莫杰夫斯基（1503—1572）是齐格蒙特·奥古斯特在1545年特伦托大会的代表、英格兰神学家墨兰顿[①]的亲密朋友和学生（他曾经在维滕贝格跟从墨兰顿学习），他也出版了关于波兰法律体系的论文，1554年，他完成了规模更大的专著《论共和国的改革》（*De Republica Emendanda*），描绘了他理想中的政治图景。

这些作品多数都是理想主义的。这些作品——像18世纪的哲学家们的作品一样，预想了一个理想的状态。现实存在的暴行和不公被看作这种理想状态的扭曲，而不是人类社会固有的问题。

下一代的政论家们开始运用他们的理论来讨论具体的问题。巴尔特沃梅伊·帕普罗茨基的《论统帅》（*O Hetmanie*）试图对波兰统帅的角色和职责进行明确；克日什托夫·瓦尔谢夫斯基的《论外交使节》（*De Legato*）则主要研究外交人员的角色和职责。雅各布·古尔斯基的《论贵族议会》（*Rada Panska*）、扬·扎莫伊斯基的《论罗马元老院》（*De Senatu Romano*）、瓦夫日涅茨·戈希利茨基的《参议院议员必读》（*De Optimo Senatore*）都是关于如何参与国政的论述教程。尽管和他们的前辈相比，他们所关注的问题更贴近现实，但是他们仍然坚持同样的信条，即好的政府依赖于好的人，而非强力的机构。如扎莫伊斯基在他所创办的大学演讲时所说，"共和政体永远和它所培养出来的年轻人的教养一

---

① 菲利普·墨兰顿（Philip Melanchthon）是新教路德宗的重要领袖、马丁·路德的战友，宗教改革时期的重要文件《奥格斯堡信条》即由他主笔写成。

样好”。

到15世纪末，大波兰和小波兰地区的6000个教区中，超过80%都建有学校。于是，普通民众识字率大幅度提高，而这毫无疑问地推动了同时期文学上的百花齐放。第一位波兰抒情诗人，克莱门斯·雅尼茨基（1516—1543），虽然出身于农民家庭，但后来成了神职人员，并在意大利的博洛尼亚和帕多瓦的大学学习。在意大利，他被枢机主教彼得罗·本博加冕为桂冠诗人。更值得一提的诗人是纳戈沃维采的米科瓦伊·雷伊（1505—1569），他是一名乡间的绅士，使用生机勃勃的波兰语写作，作品涉及宗教、政治和社会等方面。他是当时著名的6名大诗人之一，但是他们全都被16世纪下半叶的另一名伟大作家的形象所掩盖。

扬·科哈诺夫斯基（1530—1584）曾经在克拉科夫、柯尼斯堡和帕多瓦学习，然后在国王的朝廷当了几年官，与此同时他也在考虑是否要投身教会。他是一名多产且想象力丰富的作家，能够熟练而优雅地用波兰语写作。他在丰富波兰语方面成果丰硕，前无古人。他的作品包括许多优秀的抒情诗和宫廷诗，他还翻译了《圣经》中的大卫诗篇，他为哀悼自己3岁夭折的女儿创作的《哀歌》尤其著名，这些作品都给他带来了巨大的声望。同时，科哈诺夫斯基也不排斥同样受到其他作者欢迎的政治主题。他在不断思考波兰–立陶宛联邦国家的优势。这种感情只在他的唯一一部剧作中强烈出现过。尽管早在16世纪20年代以后，宫廷中已经有了戏剧演出，国内也出现了一些剧团活动，1610年格但斯克还出现了波兰第一个剧院（由英格兰演员表演莎士比亚的作品），但是，戏剧仍然不是大家喜闻乐见的活动。科哈诺夫斯基的短剧《送别希腊使者》是唯一的例外。戏剧中的角色并非真实人物，而是不同利益集团声音的具体化；戏剧也不是关于人们的感情，而是讲述特洛伊的命运。这种将一个集体的共性特点浓缩在单个人物身上，作为其典型代表的写作方式，成为19和20世纪波兰戏剧的先声。波兰戏剧所关注的主流，始终不是奔放的感情或细腻的心理，而是道德和政治。

从他们的作品来看，这些作家的意识，混合了高调的思想、真挚的感情和健康的玩世不恭。而伴随着这三者而来的，是两个最普遍的主题。第一个，是他们对在任何层面上参与联邦国家日常活动富有一种近乎偏执的责任感，并且拥有强烈的参与欲望；另一个则是对世外桃源的不懈探求。如果说政论文章的前提条件是，“理想状态”的确存在，现实的问题是对这种状态的破坏，人们应该努力将社会恢复到理想状态，那么文学上的想象，则将这一理想变为对纯真净土的追求，这种净土又往往通过田园生活体现出来。这使得长久以来的田园诗传统在诗人希蒙·希莫诺维奇（1558—1629）的《田园诗集》（*Sielanki*，这个词是他自己创造的，用以表达对于田园生活的诗意情感）中重新兴起。《田园诗集》的主题始终影响着波兰的思想和文学，有时被认为是一种特殊的文化现象。在文学中寻找失去的净土——这暗示对现实堕落的否定——可以采取多种方式。比如，在19世纪浪漫主义诗人的头脑中，寻找净土往往和寻找失去的祖国纠缠在一起，这一主题象征着对现实政治的反抗。不过更多的情况下，诗人会采用淡出现实生活的方式，这种情况最坏会导致思想上消极避世，以及让人们对这些诗人追求净土的不懈精神产生怀疑。

波兰知识分子的思想和波兰国家在欧洲文化中的地位之间，有着密切的——如果不是某种难以言说的关系。到16世纪中叶，与许多其他国家的人一样，波兰人的足迹遍布整个世界。波兰和外国的画家、雕塑家、音乐家，将波兰的城市和宫廷与外国的相对照。科哈诺夫斯基认识龙萨[1]，斯坦尼斯瓦夫·雷什卡等人是塔索[2]的朋友，相当多的波兰人与鹿特丹的伊拉斯谟关系密切。曾经在剑桥大学和索邦神学院任教，后来又来到雅盖隆大学担任教授的伦纳德·考克斯在一封和英国友人的书信中写道，波兰人走路、说话、吃饭甚至睡觉都离不开伊拉斯谟，从国王以下全是如此——国王本人在同伊拉斯谟的书信中对他的称呼方式，和对外国王公的称呼相同。

其他国家的文学作品在波兰也广受欢迎，不过波兰诗人的作品在国外流传并不那么广泛。但是，波兰的政治和宗教方面的著作却广为传播，颇有影响。莫杰夫斯基的《论共和国的改革》被翻译成拉丁语、法语、意大利语、西班牙语和俄语出版。戈希利茨基的《参议院议员必读》在威尼斯、巴塞尔和伦敦出版。克罗梅尔的《忏悔录》最初用拉丁文写成，即在多个国家出版了数十次，还被翻译成波兰语、捷克语、德语、荷兰语、法语和英语。科技方面的著作，如格热普斯基的《几何》被列入欧洲科学入门的必备书目。尼古拉·哥白尼（米科瓦伊·科佩尔尼克）的著作地位同样很高。

哥白尼于1473年生于托伦，是一个商人的孩子。1491年，他进入雅盖隆大学学习天文，随后为了进一步学习，他加入教会

---

① 皮埃尔·德·龙萨（Pierre de Ronsard，1524—1585）是法国第一个近代抒情诗人。

② 托夸多·塔索（Torquato Tasso ,1544—1595）是意大利文艺复兴运动的最后一位大诗人。

获得神职，又前往博洛尼亚、费拉拉和帕多瓦的大学学习。回国后，他成为瓦尔米亚主教区的一名官员，同时也担任律师、医生、建筑师，甚至军人：1520年在和条顿骑士团的最后一次战争中，他曾经担任过要塞的指挥官。在他逝世当年，1543年，他出版了《天体运行论》(*De Revolutionibus Orbium Coelestium*)，在这本书中他证明了太阳才是行星系的中心，而不是地球。

伊拉斯谟曾称赞道："祝贺波兰民族……现在已经可以和世界上最重要、最文明的民族并肩而立。"但是这句话更像一个墓志铭，因为波兰国家在欧洲文化方面的影响力已经到达顶峰。一个重要的因素是语言。几个世纪以来，拉丁语都作为波兰语使用中的补充，这种语言既可以有效地表达思想进行交流，也是国际交往中通用的语言。没有拉丁语，波兰人就如同和欧洲隔绝。如同苏格兰旅行家菲内斯·莫里森1593年所写，"即使衣衫褴褛的孩子或者给马钉掌的铁匠，也能熟练使用拉丁语"。在16世纪，拉丁语的第一个好处逐渐减少，原因是波兰语逐渐变为一种表意清楚、结构完备的语言，可以和拉丁语一样有效地表达作者的思想。而由于欧洲各国都开始倾向于使用各自的本民族语言，拉丁语作为国际交往语言的第二个好处也越发不明显。从1543年开始，波兰议会的决议不再使用拉丁语，而改用波兰语进行出版。在法律文书上也发生了同样的变化。由于波兰语逐步成为国家政治和文学创作所用的语言，波兰的思想文化对西欧来说，也越发不易了解了。

克日茨基主教在一首写给伊拉斯谟的诗中，告诉他，波兰人不仅读完了他所有的著作，还将它们传播到了"顿河对岸"。俄国从来没有学习拉丁语的传统，因此，他们在获得古典作品和同时代西方作品方面非常依赖波兰人。比如，塔索作品最初被翻译成俄语，就是转译自科哈诺夫斯基的翻译作品。联邦也是整个东欧的印刷厂。第一本白俄罗斯语的印刷出版物《圣经》，就是1517年在维尔诺问世的。更让人惊奇的是，第一本罗马尼亚语的印刷出版物诞生在克拉科夫。许多匈牙利语的书籍也是在这里印刷的。到16世纪末，维尔诺、克拉科夫和卢布林的出版商们都通过给东欧市场印刷书籍发了一笔小财。波兰的印刷所还给欧洲各地的犹太人社群印刷希伯来文的宗教书籍。

波兰的贵族们仍然在坚持学习拉丁语，但是学习德语——直到中世纪末期一直是维系波兰和外面世界交流的重要媒介——的人数却减少了。其中部分原因是，由于宗教改革运动，曾经被波兰看作文化中心发源地的德意志，其重要性已经大大下降了。而法国和西班牙正在热衷于反宗教改革运动，并且它们的政府专制色彩越来越强，使得它们对波兰人并没什么吸引力。波兰和意大利建立了密切的直接联系以后，意大利取代了其他国家，成为波兰在文化艺术领域最主要的学习效仿对象。如果15世纪的波兰人认为自己是生活在扁平世界的边缘，而世界的中心在遥远的西欧某处，那么到16世纪末，波兰会认为自己就是世界的中心，而不再是欧洲外围附属地区。

对波兰来说，东方实在乏善可陈，引人注意的只有鞑靼人的入侵以及俄国的抢掠。但是到了16世纪，在这些令人讨厌的麻烦之外，又产生了新的观点。波兰开始受到波斯和奥斯曼文化的吸引。除了收藏土耳其的工艺品，克拉科夫总督斯坦尼斯瓦夫·卢博米尔斯基在随从中始终保留有三位著名的东方学家。托马什·扎莫伊斯基是统帅和宰相扬·扎莫伊斯基的儿子，他在8岁的时候就开始学习4门语言：拉丁语、希腊语、土耳其语以及波兰语。在完成早期学业后，他不仅可以流利使用土耳其语，还能使用鞑靼语和阿拉伯语。波兰-立陶宛联邦正在变成一个兼有东西方特色的国家，而这使其对于西欧来说更有外国风情，也更加难以理解。

7

民主对垒王朝

1573年，波兰人所选择的新国王可是一点都没有东方色彩。而看起来，他也是这个多宗教共存的联邦里所有王位竞争者中最不可能当选的。关于宗教自由的华沙同盟条约通过前几个月，波兰未来的新国王——法国瓦卢瓦家族的亨利、查理九世的弟弟，刚刚积极投入了法国屠杀新教徒的“圣巴托罗缪之夜”。

波兰第一次国王选举进行得格外顺利。一得知齐格蒙特·奥古斯特的死讯，议会立即召集全体大会来敲定细节。国王的候选人包括哈布斯堡家族的埃内斯特、亨利·瓦卢瓦（亨里克·瓦莱齐）、俄国的伊凡四世，以及两个外人：瑞典国王约翰三世、特兰西瓦尼亚的伊斯特万·巴托里（斯特凡·巴托雷）。而其中的关键人物是前国王的妹妹安娜，即雅盖隆王朝最后的血脉。许多人理所当然地认为，当选的国王将和她结婚，这不仅是为了稳固自己的地位，也是仿照之前瓦迪斯瓦夫·雅盖洛的先例。安娜本人也在努力推动这个想法。而其他人，包括参议院中的大多数人，都对她的野心抱有疑虑，认为她是一个新王朝建立的最大障碍。安娜本人外表上远谈不上美丽，而且她已经50多岁了。

这一切都没有妨碍亨利·瓦卢瓦的代理人，狡猾的瓦朗斯主教让·德·蒙吕克。他代自己的主子使用一切手段向安娜发起情感攻势，向她保证法国王子对她满怀着热情，尽管这位法国王子比安娜可是小了28岁。

伊凡四世（伊凡雷帝）获得提名，是贵族们考虑到面对沙皇俄国的逐步崛起，认为最好逐步仿照当年立陶宛的方式，将其力量削弱到无害的程度。如果波兰可以驯服瓦迪斯瓦夫·雅盖洛，那么波兰–立陶宛联邦或许同样可以驯服这位沙皇。但是，伊凡雷帝实在不是一个吸引人的候选人，沙皇最乐观的支持者也不得不承认，选他当国王实在太不现实了。

大约4万名贵族来到华沙进行投票，他们还带着人数相同的扈从和侍者，个个武装到牙齿。但是让外国观察员们惊奇的是，尽管各方争论不断，但是所有人没开一枪，也没发生一次械斗。亨利·瓦卢瓦以压倒多数的选票当选国王，随后波兰人向巴黎派出了一个代表团。

亨利得到消息的时候，正在围攻拉罗谢尔的新教徒。他随后立即赶往巴黎，并会见了由11名大贵族和150名中小贵族组成的代表团，这支代表团于1573年8月19日到达巴黎。代表团之所以没有前往拉罗谢尔，是希望能够给巴黎市民留下深刻印象，因此他们穿上了外国特色的服装，戴上了首饰，并骑上了色彩鲜艳的马匹。亨利·瓦卢瓦必须充分了解他获得新“工作”的条件，并且在他踏上波兰国土前，有义务接受这些条件。9月10日在巴黎圣母院举办了盛大的庆祝仪式，整个法国宫廷都前来参加。在仪式上，亨利宣誓将遵守以他的名字命名的《亨利条例》，以及《全体协议》：前者规定了他作为君王必须遵守的义务，后者列出了他的个人承诺。

整个庆典一切顺利，直到亨利签署《亨利条例》时签到关于宗教自由的条款。亨利试图含混过去，漏过这些他不喜欢的相关条款。而波兰人早已对此有所提防，礼貌地给他指出，他漏过了一项条款。亨利提出反对，但是波兰代表团的团长，兹博罗夫斯基统帅走上前来，对亨利怒吼："不发誓就别当国王！（Si non iurabis, non regnabis!）"于是亨利乖乖签了字。法国王族并不准备让宗教方面的誓言成为自己执掌波兰王位的阻碍，查理九世甚至准备好了"虚心"听取波兰议会的《波兰的要求》（*Postulata Polonica*），这份文件对查理九世对法国新教徒的不宽容政策提出了警告和抗议。

亨利·瓦卢瓦经由陆路前往波兰，在当年深冬抵达波兰。当年的冬天异常寒冷，法国人的紧身裤和短上衣无法抵御这种天气，等到一行人抵达克拉科夫的时候，所有人都彻底冻僵了，而看到大雪覆盖的荒芜原野后，这些法国人更加抑郁了。新国王和他的下属们在许多方面都合不来。新国王是个矫揉造作、爱好风雅的年轻人，身上散发着香水味，戴着耳环，佩着各种烦琐的饰品，这对于朴实的波兰人来说简直惊悚吓人。此外，尽管亨利很明显表现出他不愿意受《全体协议》限制，但他却并没有受到人们的抵触。对安娜·雅盖隆来说，他殷勤得体，尽管他完全不打算迎娶她，还跑出去四处勾引迷惑那些他认为重要的人物。1574年5月30日，查理九世意外去世，亨利成为法国国王。

亨利本来希望同时兼任两国国王，这一想法也受到一些大贵族的支持。这些大贵族认为，如果亨利不在波兰国内，他们就可以更加自由地统治国家。双方很快达成了协议，亨利应该在秋季出发回到法国。但是亨利有自己的小算盘。6月18日夜，他偷偷溜出了克拉科夫，离开了波兰。

国王的这一做法，使得联邦在法律上陷入了微妙的困境：国王到底算在位，还是不在位？秋天的时候，联邦给新加冕为法国国王的亨利（亨利三世）送去了两封信，一封来自波兰参议院，一封来自立陶宛参议院。波兰人给亨利下了最后通牒，如果他不在1575年5月12日前出现在克拉科夫，他就会被剥夺王位。而立陶宛人只是简单地请求亨利回国。亨利在回信中表示，他希望保留波兰王位，并建议将他的弟弟阿朗松公爵派到波兰担任总督。

波兰人拒绝接受这一提议，并进行了新一次的选举。第一次国王选举的经历大大挫伤了贵族们投票的积极性，此次只有约1万人参加选举。大贵族们认为这是一个他们期待已久的机会，可以将决定王位继承者的权力完全掌握在自己手中。参议院独自举行了选举，并选择了神圣罗马帝国皇帝马克西米利安二世。但是当大贵族们在华沙大教堂集会，准备唱起《感恩曲》（*Te Deum*）的时候，中小贵族们叫喊着群起抗议。第一次选举时的一个无足轻重的候选人，特兰西瓦尼亚公爵斯特凡·巴托雷获得了提名，并在1575年12月14日被宣布为新的国王。次年4月23日，斯特凡·巴托雷抵达克拉科夫和安娜·雅盖隆结婚，并于5月1日加冕。他来到波兰时并未带着华丽的服饰，而是带来了两个团的匈牙利步兵。他忠诚地和安娜同房，由此表现出他对波兰的王位没有轻视之意。他是直率的人，是有能力的统帅，知道如何选拔可以效力于自己的人才。他任命了新的宰相彼得·沃尔斯基，以及新的副宰相扬·扎莫伊斯基。后者在他在位期间，在他的所有事业上都是他的左膀右臂和重要支柱。

但是斯特凡·巴托雷的形势仍不乐观。马克西米利安和俄国建立了同盟，还获得了格但斯克的效忠。斯特凡·巴托雷北上征讨格但斯克，尽管他成功击败了迎面阻击自己的敌军，但是长期的围城战并不是他希望看到的前景。伊凡雷帝已经在东方发起进攻，国际形势看起来很不乐观。因此，国王用一系列贸易特权诱惑格但斯克重回自己的怀抱。随后国王将他的注意力转移到一系列已经发酵数十年的问题上——此前的波兰人一直在忙着进行宗教和议会辩论，忽视了这些问题。

1515年，波兰国王“年老的”齐格蒙特一世，神圣罗马帝国皇帝马克西米利安一世，以及齐格蒙特一世的兄弟、同样出身雅盖隆家族的匈牙利和波希米亚国王乌拉斯洛二世（弗拉迪斯拉夫，或瓦迪斯瓦夫）曾经在维也纳举行会面，讨论中欧地区东部的未来。两位雅盖隆王朝的国王所拥有的土地让哈布斯堡王朝垂涎三尺，但是乌拉斯洛二世的儿子拉约什（路德维克，或路易）无子，为避免战争，这三位统治者坐下来开始谈判。问题最终得到了友好的解决。各方达成协议，如果路易没有后裔，匈牙利和波希米亚将在他死后被转交给哈布斯堡家族，作为交换，哈布斯堡王朝将改变他们一直支持条顿骑士团以及波兰其他敌人的传统政策。这次会面后，波兰和整个中欧地区的权力结构发生了戏剧性的变化。但是，还有很多问题没有解决。

什切青–波莫瑞地区的最后一位斯拉夫公爵——博古斯瓦夫十世去世时没有后裔。他曾经希望不再效忠神圣罗马帝国，改为归顺波兰国王，但是这一问题还没落实他就去世了，而在他死后，他的公国被神圣罗马帝国吞并。同样的问题出现在西里西亚，这里的城镇居民和社会上层多数是日耳曼人，但下层乡村民众以波兰人为主。而这里的统治者仍然是皮亚斯特王朝的后裔，其中的一些王公，比如奥波莱的扬三世，根本不说德语。他们是波希米亚王国的附庸，而波希米亚王国尚在雅盖隆家族的乌拉斯洛二世统治之下。但是1526年，乌拉斯洛的儿子拉约什死在了莫哈奇战役中，波希米亚王国被哈布斯堡家族获得。于是，当1532年扬三世死后，他的奥波莱公国也被哈布斯堡家族获得。尽管在西里西亚地区，还有几个皮亚斯特家族的后裔统治着自己的封地，一直维持到下个世纪末，但是总的说来，这一地区逐渐脱离了波兰的影响范围。

大致同时，条顿骑士团也成了等待采摘的果实。修道院骑士团受到了路德宗的全面影响，在1520年骑士团再次败于波兰之后，骑士团大团长阿尔布雷希特·冯·霍亨索伦（他是齐格蒙特一世的外甥）和麾下大部分骑士逐步改宗了路德宗。由于罗马教廷和神圣罗马帝国都不再支持这些叛教的骑士，齐格蒙特如果想将众叛亲离的骑士团国家“破产清算”，并且并入自己的王国的话，是没有其他人能阻拦他的。不过相反，他对骑士团的制裁方式是，将骑士团转变为一个世俗的公国，作为波兰王国的附庸，公爵由霍亨索伦家族世袭。枢机主教霍休斯对此的评论是，国王“是个疯子，他有能力将被征服者彻底摧毁，却偏偏喜欢展示自己的仁慈”。甚至宫廷小丑斯坦奇克也在他的讽刺剧中嘲讽国王，至于他的嘲讽是不是公平，日后自会有公断。

利沃尼亚骑士团，或者佩剑骑士团也改信了路德宗。他们意识到自己处在危险的四战之地。瑞典和丹麦两国长期以来都想染指这一地区，都有各自的暗中策划。而这里同样也是沙皇俄国关注的地方，他们一直渴求在波罗的海沿岸得到出海口。在这样各方各怀鬼胎的共同算计之下，利沃尼亚骑士团除了依附波兰–立陶宛联邦国家，实在找不到别的办法能维持继续存在。1561年，他们正式成为立陶宛的附庸。

这一举措加深了波兰和俄国自1512年以来的冲突。1512年，当时的莫斯科大公瓦西里三世和条顿骑士团、神圣罗马帝国建立了同盟，并建立了更加先进的军队，帮助他占领了斯摩棱斯克。① 尽管奥斯特罗格斯基统帅指挥的波兰军队在1514年的奥尔沙战役中击败了俄军，但东方的威胁始终没有消失。整个16世纪50、60年代，伊凡雷帝始终在尝试蚕食立陶宛的土地并进抵波罗的海。

1577年，伊凡雷帝再次进攻利沃尼亚骑士团，在参战的立陶宛军队尚能够抵御入侵的情况下，斯特凡·巴托雷国王决定进行一场决定性的大战。1579年，他将他的军队在维尔诺附近集结，并由两位统帅——波兰的米科瓦伊·梅列茨基和立陶宛的米科瓦伊·拉齐维尔指挥，随后向波洛茨克进发并很快攻克该城。次年，国王集中了3万兵力，分为三个军团前进，一个由他亲自指挥，另外两个分别由米科瓦伊·拉齐维尔和扬·扎莫伊斯基指挥。波兰人占领了大卢基，并在次年（1581年）包围了普斯科夫。保卫普斯科夫的是舒伊斯基家族的伊万·彼得洛维奇·舒伊斯基，他成功地守住了城市。冬天到来后，斯特凡·巴托雷返回波兰，由扎莫伊斯基指挥普斯科夫城外的波兰和立陶宛军队。同时，按照罗马的指令，在耶稣会士安东尼奥·波塞维诺的调停下，俄国和波兰－立陶宛开始进行和谈。1582年1月15日，两国签署《雅姆－扎波利斯基和约》，整个利沃尼亚、波洛茨克和其他地区都被交还波兰。

总的来说，斯特凡·巴托雷和他的左膀右臂们在整个利沃尼

① 原文如此。但俄国近代常备军的建立，应为伊凡雷帝建立射击军，而非瓦西里三世。

亚战争中的行事方式很好地体现了巴托雷在位期间的统治风格。在他刚刚登上王位时，他就对议会宣布，他是国王，不是无所作为的雕塑或者油画（rex non fictus necque pictus）。他接受宪法的约束，但在行使法律留给他的权力时从不犹豫。他没有加强议会的力量，并拒绝了执行法律运动参与者们改革的要求，这在一定程度上让他们感到失望，毕竟他们在斯特凡·巴托雷当选中发挥了不小的作用。1580年，他甚至针对政论文章建立了审查机构，这使得他不再受到代表议员们的欢迎。但是，他确实在一定程度上成功恢复了国王的权威，以及贵族对国王的尊敬。然而1586年12月，斯特凡·巴托雷突然离世，此时他即位不过10年。国家重新处于危险之中。

在14年的时间中，联邦国家第三次面临王位空缺，这不禁令人觉得国家的政局变幻莫测，也无助于下一次选举的有序进行。尽管候选人包括前任国王的侄子安杰伊·巴托雷和俄国新沙皇费奥多尔一世，但是主要的竞争者还是哈布斯堡家族的马克西米利安大公，以及瑞典王子西吉斯蒙德·瓦萨。支持前者的亲哈布斯堡派主要包括那些在斯特凡·巴托雷统治时期心怀不满的人们，并且得到了罗马教廷的大力支持以及西班牙国王、哈布斯堡家族的腓力二世的金钱援助。在西班牙“无敌舰队”即将扬帆前往英格兰的时候，哈布斯堡家族已经达到鼎盛时期，他们心中充满统治全欧洲的渴望。

反哈布斯堡派则选择支持西吉斯蒙德·瓦萨。他是瑞典国王约翰三世与卡塔日娜·雅盖隆——齐格蒙特·奥古斯特国王的第三个妹妹——所生的儿子。亲哈布斯堡派试图强行通过他们的候选人，但是1587年8月19日，西吉斯蒙德·瓦萨当选波兰国王

（称齐格蒙特三世）。三天后，马克西米利安率领大军入侵，并围攻克拉科夫，但扬·扎莫伊斯基统帅率军击败了他，并追击至西里西亚，在这里他俘获了马克西米利安。

齐格蒙特三世到达克拉科夫即位后，作为雅盖隆家族的后裔，他立即受到了人们的欢迎，而他对波兰语的熟练掌握更给他加了分。但是，这个22岁的年轻人童年经历了太多苦难，已经在他的性格和世界观上打上了烙印。他的父母被当时的瑞典国王埃里克十四世关押的时候，他出生在地牢之中。在凄凉的监狱生活中，唯一给他带来光明的就是那些对他进行教育的波兰耶稣会教士。如同教宗代表安尼巴莱·迪·卡普阿所说，“斯特凡·巴托雷国王善待士兵，而这位国王将善待教士”。

他登基后的第一批任命，就表明了自己的立场，最重要的职位基本上都给了天主教徒。1589年，在议会试图重申华沙同盟条约中关于宗教自由的条款时，他拒绝了议会的要求。这一事件同时使得宰相扎莫伊斯基严控选举过程的努力化为乌有。扎莫伊斯基的计划包括：空位时间不得长于8周，由各地地方议会的代表参与选举（换言之即取消普选），以及实施多数表决制——从后来的历史来看这或许是最重要的一点。在国王的坚持下，首席大主教增加了候选人必须是天主教徒这一条作为必要条件，这使得整个议会骚动起来，导致整个改革方案被全盘拒绝。对国王来说，议会改革和宗教自由，这两件事是同一件事，而任何事情只要和这两点相关，他就会不遗余力进行反对。

齐格蒙特三世的当选，很大程度上是出于反对哈布斯堡家族的原因，而之后马克西米利安试图篡夺王位的行为，也帮助了他稳定自己的地位。但是齐格蒙特三世却将时间浪费在了释放马克西米利安大公、和哈布斯堡家族联姻以及和维也纳签署“永久和平”协议上，而这个协议并没有给联邦国家带来什么明显的好处。他的想法遭到了议会的冷漠抵制，被束之高阁。而随着时间的流逝，齐格蒙特三世的真正目的才慢慢展现出来。

齐格蒙特三世在孩提时代受到的教育，目标是希望他能成

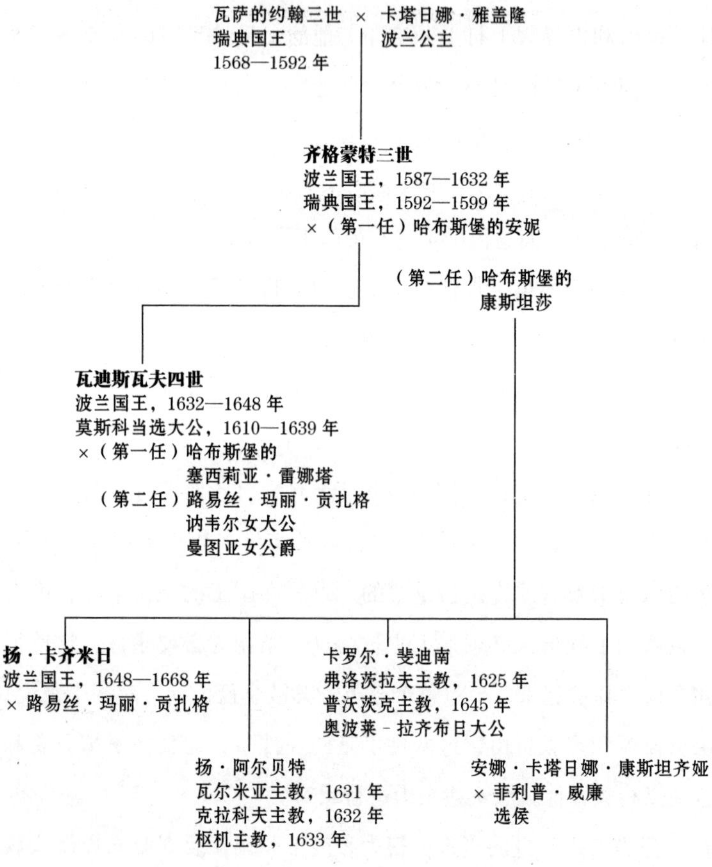

表 4：波兰瓦萨王朝世系表

为瑞典反宗教改革的领袖，因此他认为，自己的波兰王位首先是实现瑞典反宗教改革目的的一个工具。他似乎甚至考虑过把波兰本土交给哈布斯堡王朝，换取他们支持自己让瑞典全国改宗天主教，从而建立一个包括波兰在波罗的海沿岸属地——比如利沃尼亚——的更大的瑞典国家。

扎莫伊斯基宰相发现了国王的阴谋。1592年，他领导议会对国王的行为提出了正式的控告，指责国王破坏了《全体协议》和《亨利条例》。齐格蒙特三世对此道歉，并表示未来绝不再犯。但是他的臣属仍然对他充满疑虑，而国王做事也变得愈发偷偷摸摸。

同年，他的父亲，瑞典国王约翰三世逝世，齐格蒙特决定继承瑞典王位。波兰议会允许他离开波兰前往瑞典，条件是一年内必须返回波兰。齐格蒙特履行了承诺，并将自己的叔父——南曼兰的卡尔立为瑞典摄政。下面的故事也是理所当然的：卡尔按照自己的意愿统治瑞典，使得自己的侄子齐格蒙特愈发不满，后者于1598年带兵返回瑞典试图夺回统治权，结果却被击败。次年，瑞典国会废黜了齐格蒙特，不过有个附带条件是，他的儿子瓦迪斯瓦夫（弗拉迪斯拉夫）如果改宗路德宗，就可以继承瑞典王位。

齐格蒙特三世发起了对瑞典的战争，结果却使得波兰丢了利沃尼亚。波兰人在1601年重新夺取了利沃尼亚，但是4年后，齐格蒙特的叔父卡尔——现在是瑞典国王卡尔九世——再次率军来攻。如果没有立陶宛统帅扬·卡罗尔·霍德凯维奇，这一地区就会再次被瑞典人夺走。幸亏霍德凯维奇于1605年在基尔霍尔姆迎战卡尔九世，并成功击败了占优势的敌人。随后他重新占领了整个利沃尼亚，并于1609年占领里加。瑞典陆军失败后，1611年，卡尔九世也离开人世，但是他的继承者是年纪尚轻的古斯塔夫·阿道夫，未来他将在战场上证明自己无与伦比的统帅天赋。而在古斯塔夫·阿道夫成年之前，阿克塞尔·奥克森谢尔纳被指定为顾命大臣，他是整个17世纪欧洲最有智慧的政治家。

1618年，三十年战争爆发。瑞典加入了反对天主教、反对哈布斯堡王朝的新教阵营，从而成为三十年战争的一个次要战场。不过，瑞典只有在认为有利可图的时候才参与战斗，而无利可图时就会置身事外。尽管波兰已经宣布在战争中保持中立，齐格蒙特三世本人却认为，自己是天主教联盟的一员，应当对抗新教同盟。他向哈布斯堡王朝派去了1万名骑兵，这些波兰骑兵在击败波希米亚国王、“冬王”腓特烈五世的白山之战中发挥了巨大作用。因此，瑞典认为波兰的中立不足为信，随即入侵了利沃尼亚，还渡海进攻了波莫瑞。1627年，统帅科涅茨波尔斯基击败了古斯塔夫·阿道夫指挥的陆军，波兰海军也在格但斯克附近的奥利瓦村击败了瑞典海军。最终，1635年二者在施图姆斯多尔夫签署了和约。不过，瓦萨家族对瑞典王位的要求仍然会继续带来更多的战争和流血。

联邦本身并没有直接参与战争，也没有理由掺和进去。议会失去了对国王外交事务的控制，不过仍然能够妨碍国王的军政外交，因为议会有权不给军队拨款。然而，一旦国王的行为导致外敌入侵，联邦别无选择只能起来迎战。因此，整个瓦萨王朝时期（包括齐格蒙特三世〔1587—1632〕、瓦迪斯瓦夫四世〔1632—1648〕、扬·卡齐米日〔1648—1668〕三位国王在位时期）波兰的对外政策，往往是国王制订雄心勃勃的巨大计划，然后在付诸实施前后遭遇破产——因为它们得不到议会的支持。

尽管曾在1592年向议会致歉，齐格蒙特三世仍然继续我行我素，他至少三次破坏了他在《亨利条例》中所发下的誓言：在议会没有同意的情况下，他两次缔结婚约（都是和哈布斯堡家族），还和外国进行秘密外交会谈并准备对外发动战争。1605年，他向议会提交了一揽子改革方案，其中包括：征收的年税改为常设，建立规模更大的常备军，削弱参议院的权力，废黜下议院。反对派的代表人物宰相扎莫伊斯基、马雷克·索别斯基，以及波兰副统帅茹凯夫斯基等纷纷指出这一方案并不现实，而国王随即解散了议会。在最后一次演讲中，年迈的宰相扎莫伊斯基告诫国王，他可以拥有人民的绝对忠诚，可以征收到他所需要的所有税款，可以拥有更大的权力，只要他能够认可并保证他的臣民以及整个波兰国家的利益。

扎莫伊斯基的呼吁并未被理睬。这位老臣于这年夏天逝世，接下来齐格蒙特三世再次召集了议会，希望获得更多的自由。然而另一位高调的反对者领袖——克拉科夫督军米科瓦伊·泽布日多夫斯基针锋相对地召集了一批贵族进行会议。如果国王继续不遵守法律，那么这一群贵族就会成为国王的巨大威胁。华沙的议会试图在中间达成共识，但是国王在背后捅了一刀：他要求废除华沙同盟条约中关于保障宗教自由的条款。更多的中小贵族以及少数大贵族，如雅努什·拉齐维尔加入了泽布日多夫斯基在桑多梅日的同盟。在国王继续坚持自己要求的情况下，桑多梅日的贵族同盟根据《亨利条例》的最终条款，投票宣布废黜国王。

他们的行为在法律本质上无懈可击，但是他们需要一个比泽布日多夫斯基更好的代言人，他应该更有智慧、能更好地宣讲自己的主张，并且更有权威性、更能够团结观点类似的人。尽管几乎没有人同意国王的做法，但是这些反对者中的多数并不同意拿起武器反对国王。在经过一段时间的犹豫之后，两位统帅——霍德凯维奇和茹凯夫斯基决定站在国王一边。他们集合起军队，并在古祖夫击败——或者说驱散了反叛者。

这一事件对整个联邦的政治体制起到了巨大的负面作用。贵族们试图根据法律主张自己的权利，但是最终仍然失败，这显示了这些权利是多么的空洞无力。国王遭到武装叛乱的反抗，但既然这一次反叛没有被无情地挫败，未来类似的反叛就还可能再次发生。这一事件使得宪法体系中的一系列错误凸显出来。这些错误本来可以在自然的改进过程中消弭。但是不停出现的王位空缺和国王的快速更迭阻碍了这一进程。或许改革可以从齐格蒙特三世的即位开始，事实上，齐格蒙特三世也确实有自己的改革思路。议会中有反对的声音，但是也并未转换成政治行动。波兰在分权方面做得极为成功，但这也使得无论国王还是参议院，还有地位最轻的众议院，没有一方能够不得到另外两方中至少任意一方的全力支持就擅自行动。

国王本应该是促进议会行使职责的催化剂，但是齐格蒙特三世并没有认识到自己在这个系统中的责任，他陷入了陷阱，认为根据宪法，国王是没有权力的，甚至外国人都能看出来他的错误。如同意大利人乔万尼·博泰罗1592年所评价的那样，“国王所拥有的权力大小，依赖于他本人治国的技巧和智力”。齐格蒙特两者皆无，结果就是一系列没有成果只有破坏性的冲突。

国王的权力来源，在于他有权任命或指定联邦的高级官员，以及主教、督军、城主等，这些人组成了波兰的参议院。国王影响力的基础，在于他有权将声名在外、收入丰厚的郡守领地赐予属下。他有权依自己的意愿将这些地产赐予任何人，和被赐者的家产贫富、地位高低全无关系。在最后两位雅盖隆王朝的国王在位期间，国家的多数高官显贵、参议员和主教都对国王言听计从，这是因为他们很多都是出身于国王的宫廷之中。结果就是，国王拥有很大的影响力，那些才能卓著且野心勃勃的人都被吸引到了国王的宫廷之中，希望获得国王的青睐，从而获得进身之阶。

显然，通过选举登上王位的君主们始终多少都会有一些不安全感，从而去寻求有影响力的贵族们的支持。为此，国王会强化大贵族的地位。然而，这种做法虽然可能只是短期的权宜之计，却只能令国王的权力更加虚弱，而那些大贵族早已尾大不掉。

从1550到1650年，昔日的大贵族家族——如菲尔莱伊、塔尔诺夫斯基、滕琴斯基等雅盖隆王朝时期的豪门巨室，或是已经绝嗣，或是湮灭无闻，从而为那些新贵家族让开了道路。这些新的显贵家族将在未来3个世纪中崭露头角，决定联邦国家的命运。比如波托茨基家族，在不到200年中，将出现多达35位参议员、3位统帅、1位副统帅。斯坦尼斯瓦夫·卢博米尔斯基是这些新贵中有代表性的一例。他完全拥有91个村子，部分拥有16个村子，以及1座城镇。此外，国王还租给他18个村庄和两个城镇，并封给他一个价值不菲的郡守领地。他还拥有两座巨大的城堡——万楚特和维希尼茨。他还是克拉科夫的督军，并且拥有神圣罗马皇帝赐予的帝国侯爵头衔。他的地位已经不需要国王的认可了。

国王任何企图抑制类似卢博米尔斯基这种大贵族的举措，最后都毫无疑问会遭到广泛的反对，即使是最贫穷的贵族，也会将之看作对个人自由的伤害。还有个问题是，这些大贵族也拥有极大的权力和强大的武力。他们当中的绝大多数人有大群的扈从，有些人还拥有一支常备的外国雇佣兵，并且雇佣无地贵族作为护卫，还有一群各式各样的支持者和代理人。一次，科涅茨波尔斯基和维希尼奥维茨基两个家族的冲突由口角上升到武斗，结果冲突双方动用的私兵总数超过1万人。

这些大贵族们快速积累财富的手段，就是他们吸引来大批人力的手段。这一时期，农产品的生产和需求量连续剧烈波动。1618年的丰收和出口市场上的价格上扬正好同步，而1619年的小幅减产又碰上了价格下挫以及欧洲经济危机。小庄园在丰年也最多能发笔小财，在灾年却会损失惨重，很多人最终会因为没有积蓄而破产。越来越多的小贵族们不得不将土地卖给本地的大贵族们，这是他们唯一的现金来源。与此同时，16世纪时卫生和医疗方面条件的改善，使得小贵族家庭出生率迅速提高，结果就是无数的家庭很快陷入贫穷。因此，波兰出现了一个可以叫作“贵族流氓无产者”的阶层，他们除了选票和刀剑，一无所有。他们不能从事贸易，便只能服兵役或担任公职。由于此时没有什么王室常备军，或者什么别的行政机构能解决他们的就业问题，他们只能去为大贵族们做事，充当他们的代理人、侍臣或者卫兵。某种形式的委托关系就此演化产生，大贵族的豪宅慢慢取代了王室宫廷的功能。

在这个联邦国家的不同地方，这种关系的形式不尽相同。在大波兰，多数中小贵族还能够继续保住某个经济效益不错的领地，这不仅能让他们保持经济独立，也阻碍了土地兼并集中，不利于特大庄园的形成。因此，在大波兰基本没有形成割据一方的大贵族，即使波兰的大贵族们论财力足以抗衡所拥有领地大小能和一个小国相仿的立陶宛或者乌克兰大贵族。只有在联邦的东部边境地区，这里的大贵族们可以随心所欲地行使权力。他们拥有特权，也有抱负，但对联邦的其他部分兴趣不大。不过尽管他们有能力自行其是，但他们的半独立政策不止一次以冒险行径的灾难性失败而告终。或许，这些冒险中最引人注目的一次，就是和沙皇俄国持续数年的全面战争，而这次战争的起因，可以说不过是一次“私人远行”。

1584年，俄国沙皇伊凡雷帝逝世，留下两位皇子：继承了沙皇皇位的费奥多尔，以及随后被流放到乌格里奇的幼子德米特里。1591年，德米特里皇子死在了乌格里奇，他的喉咙被小刀割开了。很多人认为是权臣鲍里斯·戈东诺夫害死了他。费奥多尔沙皇死后，戈东诺夫于1598年夺取了皇位。1601年，俄国发生严重的饥荒，各地起义不断，而不利的流言也开始围绕在沙皇身边，内容包括他对德米特里皇子的谋杀，以及上帝的报复。

1603年，一名自称叫格里什卡·奥特列比耶夫的逃亡僧侣出现在了康斯坦丁·维希尼奥维茨基公爵在鲁塞尼亚的官邸中。此人自称是伊凡雷帝之子，已死的德米特里皇子①。他洋洋洒洒胡吹了一大通自己如何奇迹般地躲开了1591年鲍里斯·戈东诺夫的刺杀。他这通胡说八道尽管并没有被彻底采信，但是，桑多梅日督军耶日·姆尼谢赫很快就认识到了他的潜在价值。耶日·姆尼谢赫通过其掌握的盐矿积累了大量财富，但是财富并没有消弭他的野心。他将一个女儿嫁给了维希尼奥维茨基家族，现在他又给自己的第二个女儿玛丽娜找了一个乘龙快婿。这个伪德米特里同意迎娶玛丽娜，并获得了他在经济和政治上的支持。伪德米特里随后去了克拉科夫，并且受洗改信了天主教。这使得他又得到了耶

① 史称伪德米特里一世。

稣会的支持。耶稣会说服了教廷使节，并将伪德米特里引见给了齐格蒙特三世。波兰国王和蔼地接见了他，给了他一份津贴，还允许他招募自己的支持者，并组织军队。接下来，这个骗子还试图说服波兰的宰相和统帅们支持自己，不过并未成功。但是跟随他的冒险家人数已经不少。

1604年9月，伪德米特里拉起了一支3000人的军队（资金依靠姆尼谢赫提供），率领这支军队出发返回俄国。俄国国内的混乱政局加快了他“夺回”王位的过程。许多城市向他投降，很多波雅尔大贵族们也加入了伪德米特里的队伍。1605年4月，鲍里斯·戈东诺夫在莫斯科猝死，于是伪德米特里不发一枪成功进入莫斯科。随后他被加冕为沙皇，玛丽娜·姆尼谢赫也随后抵达莫斯科，希望当上沙皇皇后。然而1606年5月，莫斯科爆发起义，伪德米特里被人打死，跟随他一起来的波兰人也悉数被杀。玛丽娜·姆尼谢赫则被关了起来。伪德米特里的尸体被人在生殖器上系上绳子，拖到瓦西里升天大教堂附近的宣谕台（Лобное место）前，随后被分尸焚烧，骨灰填入火炮，然后向西方射出，表示从哪里来回哪里去。

俄国大贵族瓦西里·舒伊斯基随后被选为俄国沙皇，但故事并未就此告终。1607年，另一个更加声名狼藉的骗子冒出来声称自己是德米特里皇子，并称自己又一次奇迹般地逃出来了（从1598到1613年，类似的冒牌王位争夺者大约有40人）。玛丽娜·姆尼谢赫与这个“德米特里”[①]“相认”（以防万一，她的耶稣会神父为他们再次举行了婚礼），于是这个伪德米特里周围再次集

① 史称伪德米特里二世。他此前的经历完全无法考证。

结了一群波兰人以及心怀不满的俄国贵族。一些立陶宛大贵族也加入其中，包括萨穆埃尔·蒂什凯维奇和扬·彼得·萨佩哈（立陶宛宰相的侄子）。

目前为止，这场战争还只是个人行为。然而到1609年，沙皇瓦西里·舒伊斯基和仍在继续进攻利沃尼亚的瑞典国王卡尔九世建立了防御联盟。波兰议会派遣霍德凯维奇抵抗瑞典军队，但并不准备对俄国进行进一步制裁。而齐格蒙特三世对此视而不见，他向教宗保罗五世申请并且获得了全部十字军特权（任何参与十字军战争者，所犯罪行一律免除，如果战死，则灵魂直升天堂），随后亲率波兰军队进攻沙皇俄国。他的军队围攻了斯摩棱斯克，但随后在这里陷入僵局。而伪德米特里二世正在围攻莫斯科，他所率领的军队包括了波兰冒险家、哥萨克人，以及俄国大贵族。不过在齐格蒙特三世出兵后，伪德米特里二世手下的多数波兰人弃他而去，回到了自己国王的麾下。结果这个骗子不得不撤退到卡卢加，从这个风云变幻的权力游戏中迅速销声匿迹。①

早在1610年，现任沙皇的弟弟德米特里·舒伊斯基就曾经率军前往斯摩棱斯克试图解围。波兰统帅茹凯夫斯基率领一支偏师急行军前来迎战，他们在克卢希诺村对俄军发起突袭。波兰军队最终取得全面胜利，并追击逃出生天的俄国败兵直到莫斯科。失败的消息使得莫斯科的俄国大贵族们很快抛弃了他们的沙皇，并将齐格蒙特三世的长子瓦迪斯瓦夫选为沙皇。但是这样的外交解决方案并不能让齐格蒙特三世满意，他的计划是用自己的剑将天

① 伪德米特里二世于1610年12月被部下在卡卢加杀死。后文提到的玛丽娜·姆尼谢赫之子（俄国史称为“小罪人”）是和他所生。

主教信仰传到莫斯科。他继续围困斯摩棱斯克。而莫斯科的俄国大贵族们还在等待瓦迪斯瓦夫的到来。在克里姆林宫的一小支波兰军队驻扎的时间一再延长。这些波兰人已经好几个月得不到薪水，于是不断偷窃俄国沙皇的珠宝，然后写信给西欧各国兜售。由于无人购买，他们干脆将珠宝分光据为己有。

1611年6月13日，斯摩棱斯克终于陷落。齐格蒙特三世认为自己足够强大，拒绝和俄国大贵族们进行谈判，强硬地要求在整个俄国改宗天主教的前提下，他才考虑让瓦迪斯瓦夫即位担任沙皇。此时，数支俄国义军已经在围攻克里姆林宫中的波兰人。1612年11月，波军失败并撤离克里姆林宫。

1613年2月，俄国贵族们推举出了新的沙皇——米哈伊尔·费奥多罗维奇·罗曼诺夫，其父之前曾被伪德米特里一世任命为罗斯托夫都主教。在新的沙皇加冕（加冕用的小皇冠是在一名被打死的波兰士兵的行李中找到的）之后，俄国的局势仍不明朗。沙皇之父仍被波兰人关押。玛丽娜·姆尼谢赫和她三岁的儿子仍在俄国南部活动，并得到了顿河哥萨克的支持。1618年，仍然声称拥有沙皇头衔的瓦迪斯瓦夫再次率军出征，试图夺回皇位，这次他终于获得了自己父亲的支持，但是最终没能占领莫斯科。1619年，两国签署和平协定，俄国将斯摩棱斯克等地交给波兰，并且允许瓦迪斯瓦夫自称“莫斯科当选大公”（electus magnus dux Moschoviae）的头衔。

事情至此仍未结束。1632年齐格蒙特三世死后，俄国再次出兵进攻波兰并围困斯摩棱斯克，但在1633年，波兰国王瓦迪斯瓦夫（称瓦迪斯瓦夫四世）成功解围并击败俄军。次年两国签署和约，俄国的主要要求就是将1610年俄国大贵族选举瓦迪斯瓦夫为沙皇的文件交还俄国。由于档案原件已经无法找到，于是瓦迪斯瓦夫在华沙的教堂中举行庄严的仪式，在俄国大贵族们的代表面前，宣布放弃所有和俄国沙皇皇位相关的头衔以及对俄国沙皇皇位的一切要求。

那些象征性的标志仪式或者宝物意义巨大，而且它们也能显示出人的想法。1632年，齐格蒙特三世逝世时，这位波兰在位时间最长的国王将自己的儿子叫到了床边。他的胳膊颤抖着，用最后的力气将瑞典王冠戴在了瓦迪斯瓦夫的头上。他本人下葬时，戴着的是沙皇俄国的皇冠。而真正属于他的那顶王冠——波兰的王冠，在他这一生里，似乎并不值得重视。

8

上帝的卫士

1556年，波兰人在重建克拉科夫市政厅的塔楼的时候，将伊拉斯谟的《圣经·新约》砌入了砖墙。1611年，在修缮塔楼的时候，砌入的《圣经》就换成了天主教的《新约》，同时被砌入的还有一幅圣斯坦尼斯瓦夫·科斯特卡——第一位被封圣的波兰耶稣会修士——的画像，以及他的一块圣髑。这一举动的象征意味实在太强了。这意味着一种世界观被另一种所取代：不断探索的精神变成了对宗教的虔诚信仰，人文主义的原则被特伦托大公会议后的守旧思想取代。如果说伊拉斯谟是16世纪50年代的波兰思想家们的思想灯塔，那么，耶稣会修士们就是他们孙辈的精神导师。

然而，在天主教重新征服波兰的过程中，教会不得不小心翼翼、步步为营，因为这场战争是在社会的各个阶层交叉进行，形势极其复杂。1588年，枢机主教阿尔多布兰迪尼——未来的教宗克莱蒙八世——访问维尔诺的时候，被一名当地天主教神父的晚宴所惊呆了：晚宴的主宾，新格鲁多克的法官特奥多尔·耶夫瓦谢夫斯基是一名加尔文宗信徒，而他家中，他的父亲是平斯克的东正教主教，他的儿子是一名阿里乌派教徒。这样的情况下严格遵守教规是不可能的。即使是顽固的齐格蒙特三世，也不情愿地允许他信仰路德宗的妹妹安娜在克拉科夫的王室城堡里建起一座新教的小教堂。

即使是那些最狂热的天主教徒，也会认为他们——像一句谚语所说，“生来就是贵族，而非天主教徒”。波兰贵族在政治上的团结，要远比宗教虔诚重要得多。1627年在国王命令下，一名新教徒因翻译图书而被判有罪，这立刻激起了广泛的愤怒。阿里乌派教徒萨穆埃尔·普日普科夫斯基的愤怒的演讲，代表了大多数贵族对这种严格管制的态度：“下一步就是要人因为有思想而受到惩罚了……共同的自由权利，将我们所有人结合起来。我们团结得十分紧密，没有人能够将我们互相分开。”

反宗教改革的过程并不快。新教小教堂的数量在16世纪的最后三十几年减少了2/3。1569年新教徒在参议院中还能占到相对多数，到1600年则只有寥寥几人。狂热拥护天主教的国王在任命官员的时候倾向选择和他信仰相同的人，毫无疑问是重要原因之一。但是直到1658年阿里乌派才遭到禁止：当时国家处在外敌入侵的巨大危机中，而阿里乌派仍然拒绝拿起武器为国而战，据说还有通敌的行为。1660年，贵格会信徒被从他们在格但斯克附近的聚居地里赶了出去，随后他们不得不远赴北美。1668年，波兰议会裁决，任何人不得退出天主教会改信其他教派，违者将处以流放。1673年，教会又禁止天主教徒外的其他教派信徒获得贵族的头衔。但是这些措施都没有直接强迫任何人放弃自己的信仰。另一方面，议会通过的法案是一回事，实际中的做法又是一回事。即使对那些最狂热的天主教官员来说，二者之间仍然存在一定的模糊地带可供转圜。

然而，天主教的回潮，同时还伴随着学术气氛的改变，以及宗教意识的再次觉醒。这方面的变化体现在诸多方面，而最令人瞩目的是，修会制度获得了复兴。以多明我会为例，在其1579年的低谷时，只有不超过300名会众，分布在40个聚居区。20年后，多明我会会众人数达到900多人；而到了1648年，已经形成了110个大型的聚居区。从1572年到1648年，整个联邦修道院的数量从220座增加到565座。同一时期许多新的隐修会或苦修会创立，比如海乌姆诺的本笃会女修会，以及加尔默罗赤脚会——后者开启了波兰宗教领域的神秘主义传统，这在之前是极少看到的。

这些在很大程度上都是耶稣会的功劳。在这场宗教领域的战争中，耶稣会的主要武器就是他们在联邦各地建立的学校。到17世纪中叶，他们共建立将近40所学校。这些学校非常自由，不管阿里乌派、加尔文宗还是东正教的学生，都可以前来学习，学校对他们和天主教徒一视同仁，而学校的教学水平也很高。在学校任教的西班牙、意大利、葡萄牙、英格兰和法国神父，为学校增加了普世主义的色彩，也受到了贫穷贵族们的欢迎。1587年——耶稣会进入波兰的23年后，维尔诺的耶稣会学院已经有了60名神父和新信徒，管理超过700名学生。“这里一直以来都有很多异教徒和分裂教派的子弟，直到现在也有，”校长加西亚斯·阿拉比亚诺解释道，“他们的父母将他们送到我们的学校来，只是为了学习人文艺术，而不是为了学习天主教教义。然而，感谢主的慈悲，到今天为止，他们在离开学校的时候都放弃了他们父辈的错误信仰并拥抱天主教的信仰。”

两年后，斯特凡·巴托雷将学院升为大学，使得其影响进一步与日俱增。到17世纪20年代末，雅盖隆大学已经在神学诡辩中沉沦，扎莫希奇大学也变成了地方性的大学。此时的维尔诺大学只有两个对手：拉库夫和莱什诺的阿里乌派学院。拉库夫的学院的建设，不仅得到了福斯托·苏西尼本人的精神支持，也得到了大贵族扬·谢宁斯基的赞助，该学院从17世纪初起就成为阿里乌派思想的中心，吸引了欧洲各地的教士和学生。此后几十年，拉库夫掀起了一股苏西尼派经典文献出版和学习的浪潮，这股浪潮对整个欧洲都产生了广泛而深远的影响。巴鲁赫·德·斯宾诺莎[①]和约翰·洛克[②]等人的思想都受到这些著作的影响。1638年，两位拉库夫学院的学生亵渎了一处天主教的路旁小圣龛（Kapliczka），这一事件最终使得学校及其印刷所遭到关闭。阿里乌派教友们将学校和印刷所迁移到了另一个阿里乌派大贵族的领地上，但他们的活动不断遭到天主教会各种绕过法律规定的暗中破坏。而一个世纪前由莱什琴斯基家族建立的莱什诺的阿里乌派学院，在17世纪20年代迎来了捷克的哲学家扬·阿莫斯·科门斯基（夸美纽斯），使得这里进一步兴盛起来。他的理论在荷兰和英格兰受到特别的欢迎，在克伦威尔担任护国公期间他还曾访问英国。在访问英国期间，他还曾被邀请担任新英格兰的哈佛大学校长。莱什诺在1655年的第一次北方战争中被洗劫一空，三年之后阿里乌派也彻底遭禁。于是，在17世纪下半叶，维尔诺大学已经没有对手。

从1564年耶稣会进入到16世纪末这几十年中，耶稣会在波兰出版了至少344本书。这些书的主题大部分都是大众所感兴趣的其他事物，但却巧妙地改善了波兰对耶稣会的印象——不仅是

---

① 荷兰哲学家，近代西方哲学公认的三大理性主义者之一。

② 英国哲学家，英国经验主义哲学代表人物，并在自由和社会契约理论方面影响深远。

宗教上，还有政治上。耶稣会把自己的影子隐藏在国王的身后，特别是在1587年齐格蒙特三世即位以后。同时，耶稣会也对贵族们展示出明显的敌意。这不仅是因为耶稣会士对农民阶层怀有某种真正的怜悯，也是因为要实现天主教的绝对统治地位，真正的敌人与其说是阿里乌派、加尔文宗、犹太人或者穆斯林，不如说是那些要求民主的天主教徒——或者说，天主教贵族中的绝大多数。

联邦国家的法律体系是反宗教改革运动的最大阻碍，而贵族阶层则是联邦法律体系的保卫者。国王的权力有限，通过国王难以成事，于是耶稣会也在寻找其他武器。他们甚至派遣神职人员下去鼓动底层民众反对贵族——很容易想到，如果全国范围内爆发支持国王与教会的大规模农民起义，对于贵族们来说可不是什么好事。当然，这种事情最终还是没有发生。泽布日多夫斯基起义时明确提出的一些主张也是耶稣会所支持的。但是起义还是让耶稣会感到害怕。同时，随着耶稣会吸引了越来越多的小贵族加入其中，耶稣会也越来越了解如何在这个体系中更加圆熟地行事，而他们的学校培养出的数以千计的青年贵族，无论是在宗教、社会还是政治方面，头脑里都装满了耶稣会灌输给他们的信条。

大贵族们的问题又不一样。尽管他们有了高官厚禄，并且一门心思只想着自己的利益，有时候做派和暴君没有两样，但是，他们仍然将自己看作联邦国家宪法体系的支柱。他们热衷于将自己的家族攀附上古罗马那些历史悠久的高贵氏族。以卢博米尔斯基为例，他声称自己的祖先是德鲁苏斯氏族。而拉齐维尔家族也不遑多让，他们出版了一本家谱，声称自己是特洛伊的赫克托耳的后人。对耶稣会来说，这些对手要难对付得多。然而，最终，大贵族们还是被成功驯服了。

在这一方面，最具有代表性的人物是耶日·奥索林斯基，他生于1595年，是一个古老贵族家族的后裔，他成功地在自己这一代跻身国家顶级权贵的行列。在接受了耶稣会的教育后，他在欧洲进行了一次长途访问旅行，先后访问了荷兰、英格兰、法国、意大利和奥地利。他在1618年围攻莫斯科的战斗中脱颖而出，接下来当了一段时间外交官，随后转到议会工作。1631年，他当选为众议院议长，在任期间他着手推动了参议院投票制度的改进计划。1636年，他以桑多梅日督军的身份进入参议院，两年后他被指定为副宰相，1642年成为宰相。他是一名精明的政治家，通过强硬而稳健的手段，为自己也为自己所效忠的国王树立起了声望。但是一旦涉及宗教宽容方面的事情，他的耶稣会教育背景就会非常明显地表现出来。在关闭拉库夫学院一事上，他也起到了重要作用。

奥索林斯基是一个好的赞助者，但是他缺乏他的前辈们所具有的公民理想，除了给自己建立若干纪念物之外并无建树。他于1635年在奥索林建立了一所大豪宅，1643年在克利蒙图夫开始建设宏伟的圣约瑟教堂，接下来在华沙建立了豪华的帕拉第奥式官邸。在他的兄长克日什托夫的影响下，他认为建筑和庄园是波兰贵族家庭自我标榜的最佳广告。因此，他建立了美轮美奂的克日托普尔城堡庄园。按照最初的惊人构想，城堡的底层中央是一个三面环绕的巨大花园，在周围以放射状建有若干个大小不同的庭院，外面再叠加上完备的星形棱堡防御工事。无论从哪个角度看，这个要塞都如同一条陆上巨舰。庄园的窗户上装饰有大理石制的标牌，用拉丁语赞颂着家族中那些祖先的功绩——有的祖先是确有其人，有的则是后世编造。

1633年奥索林斯基出使罗马，但这次出访其实完全是为了炫耀。他典当抵押了财产，从而临时给仆人们都披挂上了金饰，用点缀了珍珠的华丽马衣装扮起马和骆驼。他从教宗那里获得了公爵的头衔，1634年又从神圣罗马帝国皇帝那里得到了帝国伯爵的头衔。然而，这些最终给奥索林斯基带来的只有尴尬：联邦法律的基础是贵族们的绝对平等，别的什么乱七八糟的头衔都得不到联邦国家其他波兰贵族们的承认。当然也有例外：根据卢布林联合，许多出身立陶宛、罗斯的家族，源自雅盖隆家族、留里克家族以及其他出身的家族，也被承认拥有平等的波兰贵族身份。这样的例子包括恰尔托雷斯基、桑古什科、兹巴拉斯基、扎斯瓦夫斯基等诸多家族。

奥索林斯基和他的同伴们放弃了在宗教上保守和守旧的做法。但是，他们还是成功地“修正”了华沙同盟条约中的一些内容。华沙同盟条约本是联邦所有贵族共同宣誓遵守的文件，要求平等地尊重彼此的不同宗教信仰和教规。但是奥索林斯基将其内容“修正”为天主教“仁慈地允许”其他宗教进行平等活动。按照奥索林斯基的说法，天主教是“在自己家闺房中的小姐”，而新教则不过是被主人容忍的客人。尽管其他少数民族的宗教信仰仍未被明确反对，利沃尼亚的波兰贵族们也可以继续信仰新教，但实际上，那些信仰新教的波兰人还是被另眼相看，甚至当成可疑的人。同时，天主教信仰还和爱国主义挂上了钩。17世纪上半叶以来的一系列对外战争，使得爱国主义的影响越来越大。对新教瑞典和对东正教俄国的战争使得耶稣会和其他的波兰作者开始将波兰人描绘成天主教信仰的保卫者。而随后几十年，随着奥斯

▲ 966 年，波兰王公梅什科一世皈依天主教，从此以后波兰成为一个天主教国家。油画，扬·马泰伊科作品，组画《波兰文明史》之一。

◀ 卡齐米日三世雕像，位于波兰比得哥什。

▲　格伦瓦尔德会战。这场会战挫败了条顿骑士团在波兰及立陶宛的扩张企图，确立了波兰 - 立陶宛的强势地位。值得注意的是，画面上反抗条顿骑士团的除了波兰及立陶宛的天主教骑士外，也描绘了“异教徒”和鞑靼人的形象。油画，扬·马泰伊科作品。

▲ 1550 年，爱德华六世向约翰·阿·拉斯科（扬·瓦斯基）颁发特许证，许可他建立欧洲新教总会。扬·瓦斯基是波兰著名的加尔文宗学者，他的后半生致力于团结欧洲新教徒与天主教抗衡。油画，约翰·海特作品。

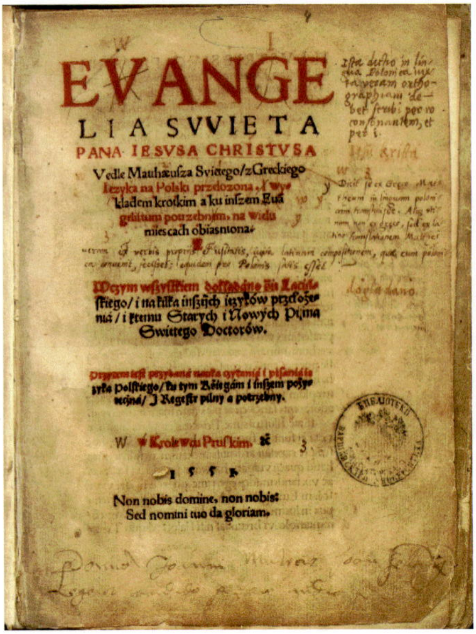

EVANGE
LIA SVVIETA
PANA IESVSA CHRISTVSA
Vedle Mathæusza Swiętego/z Greckiego
Iezyka na Polski przełożona. I wy
kładem krotkim a ku inszem Eua
gelium potrzebnym, na wielu
miescach obiasniona.

Non nobis domine, non nobis:
Sed nomini tuo da gloriam.

◀ 1551 年出版的柯尼斯堡本《新约》中《马太福音》的书名页。

▲ 1569年，卢布林联合，此次会议标志着波兰与立陶宛两国正式结合。油画，扬·马泰伊科作品。

▲ 1573年波兰首次选举国王的场景。由于齐格蒙特·奥古斯特去世时没有留下子嗣，雅盖隆王朝就此绝嗣。为了避免空位，波兰与立陶宛两国贵族决定共同举行国王选举，最终法国王子亨利·瓦卢瓦被选为国王。油画，扬·马泰伊科作品，组画《波兰文明史》之一。

▲　16 世纪后半叶的波兰大贵族服饰。

▼　巴尔巴拉·拉齐维尔之死。巴尔巴拉·拉齐维尔出身立陶宛大贵族拉齐维尔家族，曾与齐格蒙特·奥古斯特私奔并私下结婚，但仅 4 年后便去世了，死因可疑。从此以后齐格蒙特国王便一蹶不振，一生并无子嗣。油画，约瑟夫·西姆莱尔作品。

▲ 华沙同盟条约文本。齐格蒙特·奥古斯特死后，议会通过了波兰与立陶宛贵族共同签署的同盟条约，该条约第一次正式规定了宗教宽容的基本政策。

▼ 铸有扬·扎莫伊斯基头像、姓名和头衔的波兰金币，1598 年。

▲ 亨利·瓦卢瓦逃离波兰。被选为波兰国王的亨利·瓦卢瓦，实际上对波兰事务缺乏兴趣，也十分厌恶贵族《全体协议》的限制。在法国国王查理九世去世后，亨利很快便逃回法国继承王位，并且放弃了波兰王位。油画，阿图尔·格罗特盖作品。

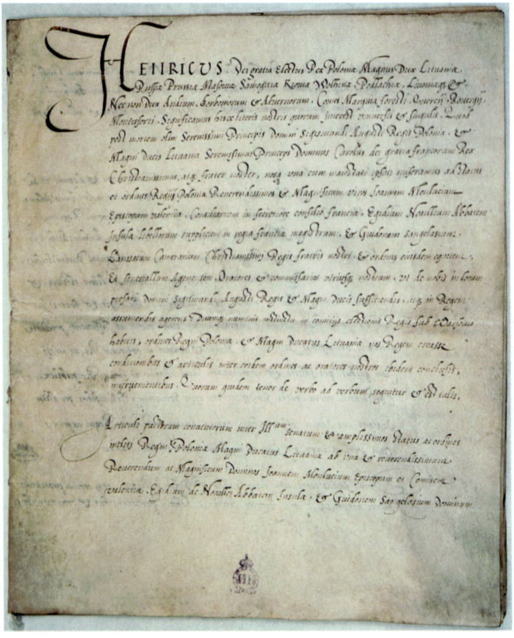

HENRICUS Dei gratia Electus Rex Poloniae Magnus Dux Lituaniae

◀ 亨利·瓦卢瓦签署的第一份《全体协议》文本。该文本限制了波兰国王的权力，重申了宗教宽容的原则。

▲ 伪德米特里一世宣誓效忠于齐格蒙特三世，将天主教引入俄国。油画，尼古拉·涅夫列夫作品。

▲ 17 世纪的格但斯克(但泽)。格但斯克是波兰著名的港城，至今仍然是东北欧海陆交通的重要枢纽。尽管在 17 世纪遭到了哥萨克人起义的打击，但海运贸易依旧十分兴盛。油画，沃依切赫·盖尔松作品。

► 17 世纪中叶的波兰翼骑兵的盔甲，波兰军事博物馆藏品。

▲ 波格丹·赫梅利尼茨基进入基辅。赫梅利尼茨基起义是 17 世纪欧洲规模最大的起义运动之一，严重打击了波兰 - 立陶宛联邦在乌克兰地区的统治。油画，尼古拉·伊瓦休克作品。

◀ 赫梅利尼茨基的战旗。这面战旗于 1651 年在别列斯捷奇科战斗中被波兰缴获，随后于 1655 年被瑞典军队掳走。现藏于斯德哥尔摩的瑞典军事博物馆。

▲ 手持联邦国家旗帜的翼骑兵骑手。水彩水粉画，出自“斯德哥尔摩图卷”（局部，17 世纪初）。图卷曾于 1655 年被瑞典掳走，1974 年归还波兰。

▲ 1655 年光明山修道院之战。这里收藏的黑圣母像是波兰天主教会的圣物，据说在瑞典军队围攻该修道院时，黑圣母像显圣拯救了波兰守军和信徒们。油画，亚努阿雷·苏霍多尔斯基作品。

▲ 扬·索别斯基全家福。中间是索别斯基和他的法国妻子，左边三人是他们的三个儿子：康斯坦蒂、亚历山大和雅各布。油画，亨利·加斯卡尔作品。

▲ 扬·索别斯基在维也纳战胜奥斯曼人后向教宗报信。维也纳之战终结了奥斯曼帝国称霸欧洲的野心，但也成为波兰－立陶宛联邦极盛转衰的转折点。油画，扬·马泰伊科作品。

▲ 1746 年，波兰女贵族安娜·卡塔日娜·拉齐维沃娃葬礼上的“悲痛之堡”。“悲痛之堡”是 17—18 世纪波兰贵族在葬礼上搭建的一种仪式建筑，以极端烦琐华丽的装饰著称，体现了波兰贵族挥霍无度的恶习。

曼人和克里米亚鞑靼人成为主要威胁，波兰人又轻易地将自己打扮成基督教世界的保卫者。在波兰逐渐产生了一个说法，说波兰注定是基督教世界的保卫者，马基雅维利的说法为“基督教的壁垒（Antemurale Christianitatis）”。“主啊，你曾经被称为以色列的神，”雅各布・索别斯基在17世纪50年代的一份祈祷文中写道，“我们现在在你面前跪下，称你为我们的祖国——波兰的神，我们军队的神，万军之主。”

尽管受到了上述那种好斗的天命思想影响，但波兰思想界事实上仍然相当多元化。在法国、意大利、西班牙、奥斯曼和波斯出版的著作，很快就会被翻译引进到波兰。莎士比亚的戏剧早在1609年就在波兰上演。齐格蒙特三世的宫廷中一直保留着一个意大利喜剧团，17世纪20年代又增加了一个英格兰剧团，这些剧团配套的乐队在17世纪上半叶称得上欧洲顶级。1633年，瓦迪斯瓦夫四世建立了一个王室歌剧团，彼得・埃莱尔特于17世纪30年代末完成了第一部波兰语歌剧。

耶稣会本身为波兰艺术的发展提供了支持，很多当时最优秀的建筑和绘画作品都是在他们的赞助下完成的。他们也贡献了最杰出的波兰巴洛克诗人——马切伊・卡齐米日・萨尔别夫斯基（1595—1640）。而同时期其他的诗人则多偏爱战争主题，他们为传统的英雄和悲剧诗歌的发展做出了贡献。在波兰与奥斯曼人、鞑靼人的战争中，彼时特殊的历史条件与氛围促使了近代英雄史诗（chanson de geste）的诞生。在乌克兰或者摩尔达维亚草原上的某场恢宏决战中，波兰的骑兵连队义无反顾冲向异教徒，他们的胸甲前镶嵌着圣母像，口中轻声念着祷文——这是波兰叙事史诗中最普遍的片段。

“不要悲伤，我最亲爱的妻子，上帝在注视着我们。”这是1620年10月6日夜里，波兰统帅茹凯夫斯基在摩尔达维亚采措拉的军营中所写家信的内容。“如果我真的遭遇不测，只是因为我已经太老，对祖国已经没有什么用处。全能的主会保佑我们的儿子接过父亲的剑，斩下那些异教徒的头颅，希望他能遂我心愿，为他的父亲复仇。”次日，他的军队被击败，他的遗体被奥斯曼新军肢解。他的首级被送到伊斯坦布尔，并被挑在长矛顶端展览。波兰人之所以能够始终坚持着这种殒身不恤的精神，是因为他们相信，波兰人在上帝的伟大计划中具有特殊的地位。这一观念深深影响着17世纪的波兰贵族，而履行这一使命的方式——战争则是波兰贵族们专有的义务。

波兰军事科学之父是统帅扬·塔尔诺夫斯基，他于1558年出版了《战争方法的计划》(*Consilium Rationis Bellicae*)。他详细说明了之前胡斯派军队的战术，包括如何列成方阵，以及如何结成车阵，从而在旷野之中为一支小规模的部队提供保护。这些逐渐成为在对鞑靼人和奥斯曼人的战争中的标准战术。波兰军队快速移动、就地补给的作战需求，意味着他们在作战中一般是以较小的规模分别行动，而多数欧洲军队直到18世纪还是以大兵团的形式投入战斗。波兰军队的另一个特色是他们特别的作战传统，波兰军队利用骑兵部队，在主力部队前对敌进行突击，扫清道路，并进行大范围迂回，对敌军后方进行深入袭扰。波兰军队在炮兵方面也具有优势。他们从奥斯曼人那里学会了如何使用燃烧弹和爆破弹，并且着力发展火箭。

联邦国家军队的核心是一支规模不大的步兵部队，主要由应征农民组成，他们的开支和军饷来自国家的郡守领地和王室地产收入，这些收入的1/4用来供养这支军队，因此被称为“四分之一军”。1579年，斯特凡·巴托雷国王创立了新的体制，王室领地上的农民可以自愿从军，作为预备军人。为此，他们可以被解除农奴身份并免缴税款，作为他们日常训练和战备的补偿，在战时还能得到报酬。这种步兵被称为“选召步兵”（Piechota Wybraniecka），这些军人在和平时期训练充分，并且保持了良好的军纪，战斗力很强。他们的服饰轻便，不戴头盔不着甲，装备包括一把火枪、一把短剑，以及一把战斧。只有1/8的人装备长矛。在16世纪50年代，一个大概200人的波兰步兵团在5分钟内可以打出150枪，而在同一时代，一个1万人的西班牙步兵旅在荷兰战场上，同样时间内也只能打出750枪。波兰军队单个步兵的效率是西班牙人的10倍。同时联邦也有不少雇佣兵：日耳曼人、苏格兰人或者法国人，他们按照西欧战术标准进行训练。在必要的时候，大贵族们的私人军队也是可以信赖的战斗力。

骑兵在数量上远多于步兵，波兰军队中的骑兵部队除了若干个正规龙骑兵团，基本是基于骑士和扈从的制式建立的。在一线战斗的贵族被称为同伴骑士（towarzysz）。每个同伴骑士可以带上尽可能多的人手，只要他有能力提供装备。这些人多数是穷苦的小贵族，他们组成了骑兵部队的第二和第三道战线，被称为扈从（poczet）。同伴骑士要自己出钱装备自己和手下的扈从，但是在战时可以得到一些军饷。

大量志愿参加军队的人们，特别是那些贵族，他们战斗不是为了某个国王，而是为了他们自己的联邦国家。所有的贵族在面对敌人时并肩战斗，承担同样的危险，如同18世纪90年代法国大革命中的革命军队。可以说，这些贵族军人在马背上践行着他们的民主原则。他们将自己的上级或者统帅看作可依赖的兄长。

波兰骑兵的骄傲和光荣，波兰国家对外的铁拳，就是翼骑兵。在前排的同伴骑士们手持骑枪，其长度达到20英尺（约6.1米），这远超过步兵长枪的长度，从而可以使得翼骑兵从步兵方阵中直插过去，他们还使用马刀（szabla）和剑身是短矛两倍长（约1.8米）的破甲剑（koncerz）。同伴骑士们往往还会携带其他远程武器，比如一对手枪、一把短卡宾枪、一套弓箭或者各种各样的其他武器。扈从们的装备和同伴骑士类似，只是没有骑枪，后排的士兵一般是骑乘空闲的其他坐骑投入战斗，扩大战果。

翼骑兵装备头盔，穿着加厚的钢制胸甲，在肩膀和手臂也有防护，还有人穿着东方式的鳞甲。同伴骑士们有时会在肩膀或者鞍背上装饰木质的弯曲支架，上面插满鹰等鸟类的羽毛，一直到支架顶端。支架的顶端会高过他们的头部，看起来仿佛伸出两翼一般。在一侧的肩膀上，他们会披上虎豹等猛兽的皮制成的披风。这些兽皮是为了惊吓敌军的马匹，而翼饰则是为了防止在混战中被鞑靼人用套索俘虏并勒索赎金。[①]但是这些饰品的最主要功能还是给人以光彩壮丽的印象。翼骑兵部队中的同伴骑士都是年轻的贵族，他们愿意炫耀自己的财富。翼骑兵的头盔和胸甲上一般都镶嵌有黄金，通常还会点缀上不太珍贵的宝石。马具、马鞍和马衣往往也绣有金线，镶有宝石，还会绣上各种图案。

在一个世纪间，波兰翼骑兵是战场的主宰。在基尔霍尔姆的战斗（1605年）中，霍德凯维奇指挥的4000名波兰人迎战1.4万

① 原文如此，但事实上一般认为，翼骑兵的翼饰在实战中不会装备，只有典礼仪仗作用。

名瑞典人，在战斗中，波兰骑兵先是经过了长途的机动作战，最后由翼骑兵对敌人发起冲锋，短时间内将敌军一举击溃。克卢希诺的战斗（1610年）中，茹凯夫斯基麾下6000名波兰军人，其中仅有200名步兵，却击败了3万名俄国军队外加5000名德意志和苏格兰雇佣兵。还有格涅夫之战（1656年），5500名波兰骑兵击败了1.3万名瑞典人。这些都是翼骑兵的辉煌胜利。在许多其他的战斗中——从贝奇纳之战（1588年）、奇恰纳之战（1629年）到维也纳解围（1683年），翼骑兵都是发起致命一击的决定力量。

尽管波兰人很难算海洋民族，但是波兰确实曾经拥有一支海军。1560年，齐格蒙特·奥古斯特颁布了30份私掠船许可证，允许他们使用波兰旗帜。他建立了海军委员会（Komisja Morska），1569年，波兰海军的一艘盖伦帆船和一艘三桅战舰分别下水。1620年，齐格蒙特三世又建成了20艘船。1627年，波兰海军在奥利瓦击败了瑞典海军，这是波兰海军参与的唯一一次海战。如果说波兰贵族不喜欢给陆军花钱，让他们从兜里给海军掏钱就更没戏了。对他们来说，海军似乎只是不必要的奢侈品，因为波兰和英国、荷兰都保持着很好的关系，这意味着波兰在波罗的海上可以依赖自己的盟友。波兰的海军规模逐渐缩小，波兰海军中唯一脱颖而出的人才——克日什托夫·阿尔齐谢夫斯基后来成了一名荷兰海军将领。

波兰不断在对外战争中取得胜利，似乎代价很小，也不费太多力气。但这一优势产生的后果却是有害的。一旦军队需要资金支持，议会中就会有越来越多的人说："他们又拿奥斯曼人和鞑靼人来吓唬我们掏钱了。"波兰贵族们相信，即使现实中国家真的遭遇威胁，高贵的波兰骑士们也可以依靠优越的政治自由制度以及上帝的眷顾，轻松地将所有敌人消灭。也许在过去这是成立的，但是时代已经今非昔比。

9

传说中的大洪水

“波兰就像海边的看客，站在安全的海岸上，平静地看着海上的暴风雨在面前呼啸。”这句话是1630年波兹南督军克日什托夫·奥帕林斯基所写。中欧多数国家在三十年战争绵延不断的战火中挣扎的时候，波兰的和平和稳定看起来确实格外突出。1632年齐格蒙特三世死后，他的长子瓦迪斯瓦夫在仅仅半个小时后就获得全体一致的支持，当选为国王。联邦国家和国王的声望一路走高，在神圣罗马帝国皇帝斐迪南二世病死后，法国不止一次怂恿波兰国王接过帝国的皇冠，并承诺提供必要的资金、军事以及外交支持。在齐格蒙特三世的妻子死后，各国王室纷纷将自己的公主推荐给这位国王，多达16位贵族小姐的画像被送到他的宫廷。

而在1648年三十年战争结束后，整个局势发生了戏剧性的变化。同一年，在联邦国家的东南部地区、今天的乌克兰，一个半世纪以来积攒的矛盾和冲突集中爆发了出来，这场巨大的危机彻底动摇了联邦国家的基础。这一地区最初属于基辅罗斯各公国，在13世纪被立陶宛吞并，而在1563年卢布林联合前夕，这里又并入了波兰。此后这里一直在行政上作为波兰王国的一部分。但波兰并没有过多对这一地区的特殊情况予以关注。

乌克兰地区的本地人一直保持着对自己民族强烈的认同感，

17 世纪中叶的波兰－立陶宛联邦

1635 年的波兰－立陶宛联邦边界
西里西亚的皮亚斯特家族公国
断断续续向联邦效忠的地区
1610 年茹凯夫斯基向莫斯科进军的路线
1618 年瓦迪斯瓦夫向莫斯科进军的路线
1648—1649 年赫梅利尼茨基的进军路线
瑞典
瑞典占领的
利沃尼亚
诺夫哥罗德
里加
柯克霍尔姆
1609 年
克鲁希诺
莫斯科
1610 年及 1618 年
凯代尼艾
科夫诺
特拉凯
维尔诺
波洛茨克
维捷布斯克
普鲁士公国
波莫瑞
格罗德诺
明斯克
新格鲁多克
波隆卡
1660 年
沙皇俄国
奥得河
波兹南
维斯瓦河
布格河
瓦尔塔河
华沙
平斯克
普里皮亚季河
第聂伯河
切尔尼戈夫
莱格尼察
布热格
琴斯托霍瓦
卢布林
海乌姆
桑多梅日
扎莫希奇
1651 年
柏斯台奇可
基辅
克拉科夫
切欣
哈布斯堡
家族各国
利沃夫
1649 年
皮瓦夫采
兹博罗夫
1649 年
兹巴拉日
1648 年
科尔松
1648 年
第聂伯河
库达克
黄水河
1648 年
扎波罗热谢契
1621 年
霍奇姆
1673 年
摩尔达维亚
采措拉
1620 年
荒
原
0
300 英里
0
400 千米

他们有自己的贵族，其中的一些，如奥斯特罗格斯基、扎斯瓦夫斯基（扎斯拉夫斯基）家族等，是当年基辅罗斯留里克王朝王公的后裔。他们作为当地人民的统治者受到拥戴，不仅仅是因为古老的血统，也依靠他们巨大的财富。康斯坦丁·奥斯特罗格斯基公爵（1526—1608）拥有100个城镇、1300个村庄。雅雷马·米哈乌·维希尼奥维茨基公爵拥有3.8万个庄园，在他的领地上居住着23万臣民。但是在波兰文化和西方文化的诱惑下，这些王公贵族逐渐和他们的民众脱离开来。下面是乌克兰贵族异化的典型例子：克日什托夫·兹巴拉斯基公爵怀着美好的愿望去西方学习，他跟从伽利略学习三年后，回到乌克兰按照西方方式重建和改造自己的庄园，但是他的手下却把他看成背叛传统的人。

乌克兰绝大多数人口信奉东正教，但是随着奥斯曼帝国占领君士坦丁堡并入侵巴尔干，东正教教会的地位遭到动摇，直到16世纪末仍然处在混乱之中。1588年，君士坦丁堡大牧首耶利米二世对联邦国家进行了访问，并且在维尔诺和卡缅涅茨–波多利斯基举行了两场宗教会议。当时的波兰宰相扬·扎莫伊斯基曾经提出建议，让君士坦丁堡大牧首驻锡于基辅，并将其变为东正教普世教会的中心。然而耶稣会破坏了这一提议，最终大牧首在俄国沙皇费奥多尔一世的邀请下访问莫斯科。1589年，耶利米二世宣布莫斯科的都主教区升格为莫斯科及全俄罗斯东正教大牧首区。这一大牧首区成立的目的就是树立俄国在整个东正教会的权威地位，包括那些波兰–立陶宛联邦统治下的东正教徒。

在离开前，耶利米二世指定东正教的乌茨克（今乌克兰卢茨克）主教泰尔莱茨基作为他在波兰的代表。随后，泰尔莱茨基和天主教的乌茨克主教开始会谈，希望他的身份能在更大的范围内得到承认。后来这一会谈的范围越来越大，主题也越来越多，还引起了耶稣会，特别是彼得·斯卡尔加的兴趣。在和罗马教廷商议后，1596年，双方教会在布热希奇（今白俄罗斯布列斯特）达成了教会合并的协议。据此，联邦境内所有的东正教神职人员承认罗马教宗作为他们的最高领袖，取代莫斯科的大牧首[①]。不过他们获准继续使用斯拉夫风格的圣礼仪式，并坚持一直以来的教会礼仪，神职人员也依然可以结婚。

耶稣会为成功将数百万“迷途的羔羊”重新纳入主的羊圈而额手称庆，但是许多东正教神职人员及其信徒却因为他们的意见无人过问而愤愤不平，因此拒绝了教会联合。结果就是，现在在东部地区实际上有了三个——而不是两个教会：天主教会、合并派教会，以及东正教会。原先东正教会中有哪些人转投了合并派教会是人所共知的。天主教会和合并派教会倾向西方，而东正教会则寻找别的支持。教会合并协议的目的是将乌克兰东正教的民众团结在波兰国家内。然而最终的结果却是将这里的民众推向了俄国的怀抱。在合并教派的神职人员们继续努力让那些顽固的东正教神职人员加入合并教派的时候，莫斯科的东正教教会在往另一个方向拉拢他们。

合并派教会的组织机构建立得并不顺利。直到17世纪30年代，合并派才在基辅和波洛茨克建立了都主教区，此时整个合并

① 原文如此，但这一说法事实上并不准确。东正教传统上有四大牧首区：君士坦丁堡、亚历山大港、安提阿、耶路撒冷，名义上各个牧首平等，而君士坦丁堡牧首位在最前，是名义上的普世教会最高领导人。1589年莫斯科从君士坦丁堡牧首区独立，成为第五大牧首区。因此，联邦国家的东正教徒名义上的最高领袖应该是君士坦丁堡牧首。

事宜又重新进行了讨论。瓦迪斯瓦夫四世要求重新定义联邦国家的宗教自由原则，并且要求按照这一新的原则来重新执行教派联合。他试图将华沙同盟条约中对不同宗教信仰神圣不可动摇的宽容态度，改为让基督教的各个不同教派在某种程度上达成普遍共识。在进行充分准备后，1645年，他在托伦举行了一次宗教大会，会上天主教、路德宗和加尔文宗充分讨论了各自在教义方面的不同。大会没有得出结论，但是如国王本人的评论，“至少他们没有互相骂起来”。另外计划于1648年举办的一次宗教会议则希望将天主教、东正教和合并派教会统一起来。同时，基辅都主教莫吉拉也在准备和罗马教廷就在布热希奇达成的教会合并事项与罗马重新谈判。但是这些努力都太晚了。

乌克兰贵族们学习西方文化的同时，往往会直接改宗天主教。天主教也成为他们了解西方的一座桥梁。1632年，雅雷马·维希尼奥维茨基——乌克兰大地主中最后一位坚持居住在乌克兰，并坚持使用民族语言、保持宗教和生活习俗的人——改信了罗马天主教。同年，莫吉拉都主教在基辅建立了一座合并派教会学院，尽管他勇敢地坚持着自己的主张，但是，合并派教会仍然无法吸引维希尼奥维茨基这样的大人物，而东正教则迅速成为底层民众的信仰。不可避免的是，这些现象将成为发动民众的号召力量，以及他们的武器。

在1569年乌克兰地区并入波兰之后，接下来就是无地的波兰贵族们涌入东部地区，在这片肥沃而人口稀少的地方建立自己的庄园。紧跟在这些贵族后面的是天主教神职人员和大量的犹太人，后者多数是被波兰地主们带来当中介、代理人、包税人、旅馆老板的。犹太人所从事的这些行业，使得当地人们对他们充满厌恶。

而对哥萨克人来说，这种感情格外强烈。哥萨克人的地位有点像19世纪的美国印第安人——新来的人们定居下来，开垦土地进行生产，把这一切当作理所当然，但是却一步步深入哥萨克人的土地，将后者一步步地逼向边境地区。

哥萨克人并不能算是一个民族，更像是一种生活方式。“哥萨克”这个词来自突厥–鞑靼人的语言，意思是自由的战士。哥萨克是他们的身份，也说明了他们的生活方式是半游牧的。乌克兰西部的哥萨克人——扎波罗热哥萨克的精神家园是谢契，这是一个公社，由哥萨克人推选的长老进行管理，建立在第聂伯河激流中的岛屿上。谢契的人口数量不定，只要愿意，人人都可以变成哥萨克。

哥萨克人生活的地方是容易遭到摩尔达维亚公国以及克里米亚汗国进攻的前线地区。摩尔达维亚公国时而效忠波兰，时而效忠土耳其或者匈牙利。而克里米亚汗国（首都是巴赫奇萨赖）和波兰–立陶宛联邦之间，由一片无人居住的平原地区分割开来，这一地区被称为“荒原”。克里米亚鞑靼人名义上是奥斯曼苏丹的臣属。每年春天，他们都会北上进行劫掠，一般有三条路线：北上进入沙皇俄国，西北进入波兰，或者向西进入乌克兰。他们一路放火，一路抢掠。他们抢走一切财物和家畜，当然还有最重要的人口，只留下那些老弱病残。随后他们会返回克里米亚，在这里，有钱的人质会被勒索赎金，其余的被装船运往伊斯坦布尔的奴隶市场。

尽管鞑靼人的劫掠令人讨厌，但是他们本身从来不算一个严重的威胁。然而他们可能——而且确实不止一次——加入奥斯曼帝国进攻摩尔达维亚的大军，从而能够有效地包抄波兰人的任何一条防线。即使到16世纪20年代，奥斯曼人在地中海东岸驱逐了威尼斯人以及马耳他骑士团，并占领了巴尔干半岛大片地区后，对奥斯曼帝国来说，摩尔达维亚和乌克兰仍然是一个极具吸引力的扩张目标。由此，联邦国家受到了直接的威胁，对此联邦国家采取了两方面的措施进行应对。1593年，一支波兰远征军在摩尔达维亚扶持了一个友好的公爵作为附庸统治者，并对这一联邦东南方向的邻居提供安全保障，从而在这一地区缔造了“波兰的和平”（pax polonica）。

另一个措施是，从16世纪90年代开始，波兰将扎波罗热谢契的哥萨克们改编为军队。波兰人将一定数量的哥萨克人登记造册，并给这些注册哥萨克军发放军饷。但是，虽然哥萨克人接受了“国王陛下的扎波罗热哥萨克军”这个光荣的头衔，他们的做法仍是不可理喻的；并且，相比为波兰国王抵挡鞑靼人的劫掠，哥萨克人更喜欢主动进攻。他们会推进到克里米亚，或者乘着长船沿第聂伯河顺流而下，然后袭掠黑海沿岸的奥斯曼土耳其城市。1606年，他们袭击了基利亚、阿克尔曼和瓦尔纳。1608年他们攻克了彼列科普。1615年，他们抢掠了特拉布宗，甚至进攻了伊斯坦布尔。[①]

波兰－立陶宛联邦和奥斯曼帝国的关系越来越恶化，1620年，奥斯曼帝国的伊斯坎德尔帕夏进攻摩尔达维亚。茹凯夫斯基统帅率领一支规模不大的军队前往支援摩尔达维亚公爵。最终波兰军

---

① 基利亚、阿克尔曼（今别尔哥罗德－德涅斯特罗夫斯基）都在黑海北岸，今均属乌克兰。瓦尔纳在黑海西岸，今属保加利亚。彼列科普地峡是扼守克里米亚半岛和北方乌克兰的唯一通道，历史上这里曾经筑有同名要塞。特拉布宗在黑海南岸，今属土耳其。

队被击败，统帅茹凯夫斯基战死，副统帅科涅茨波尔斯基被俘。鞑靼人的铁蹄深入波兰领土，最远达到利沃夫，已经切入了固守霍奇姆（今乌克兰霍京）要塞、阻滞土耳其人进攻的另一支波兰大军后方。尽管波兰人最终成功击败了奥斯曼人，并且在10年之后再次取得胜利，但是这一地区仍然频繁遭受攻击。

扎波罗热哥萨克军的建立也没有解决乌克兰内部的诸多问题。哥萨克人将自己看成波兰国王忠诚的臣民，对瓦迪斯瓦夫四世国王的感情尤其强烈。但是，他们不断和本地的波兰官员、地主、贵族以及大庄园主的代理人发生争执，特别是那些庄园主的代理人，他们一直试图让那些非注册哥萨克军人定居下来并变成农民。1630年，注册哥萨克军人数增长到8000人。但是波兰人也在提防哥萨克人的势力过强。因此，不满的哥萨克人时常发起小规模的兵变，并且以此为借口展开有组织的劫掠活动。1637年，在哥萨克人又一次叛乱后，注册哥萨克军的人数被削减到6000人。在第聂伯河弯道处，波兰人建立了库达克（俄语称科达克）要塞，驻扎在这里的波兰军队始终在关注着谢契的动向。

乌克兰并没有被看作联邦之内的第三个国家，而是被看成某种类型的殖民地。持有这种观点的不仅有波兰人，也有乌克兰人的精英阶层。这种想法给乌克兰人带来的被剥夺感很快就结出了苦涩的果实。这些小矛盾不断积累，逐渐升温，最终在17世纪40年代彻底爆发出来。此后的一系列事件，彻底终结了乌克兰民族的独立梦想，也彻底削弱了联邦国家的实力，而土耳其则从中获益。当然，最大的受益者还是沙皇俄国。

1640年和1644年，鞑靼人发起了两次异乎寻常的大规模劫掠，席卷了波多利亚和沃伦。科涅茨波尔斯基统帅成功击败了鞑靼人，但是鞑靼人还是掳走了大量的人口作为奴隶。在1645年冬天，鞑靼人对俄国进行了一次规模更大的劫掠，这一次，由于莫斯科和华沙关系得到了缓和，波兰副统帅米科瓦伊·波托茨基率领一支波兰军队支援俄国。这也促使波俄双方开始计划联合进攻克里米亚汗国。按计划，俄国将吞并克里米亚汗国的土地，接下来两国对摩尔达维亚发起一次类似的远征，之后波兰–立陶宛联邦将吞并摩尔达维亚。但是两个意外破坏了这个计划。一个意外是科涅茨波尔斯基统帅，为了自己的第三次婚姻，这位年届六旬的老帅淡出了国家政事。他的新娘索菲亚·奥帕林斯卡不仅仅是一位高贵的贵族，也是充满活力的16岁少女。统帅本人用热情洋溢的文字，向友人描述了他和新娘时间不长的蜜月。但接下来，这位筋疲力尽的统帅就在1646年3月10日离开了人世。

另一件事发生在当年5月，瓦迪斯瓦夫四世国王突然出人意料地宣布，他要发起一次新的十字军东征，收复君士坦丁堡（伊斯坦布尔）。他认为这项事业将为他带来永恒的名望。议会哗然。宰相奥索林斯基最终阻止了这一计划。但是瓦迪斯瓦夫已经秘密地给予哥萨克金钱支持，要求他们将注册哥萨克军的人数增加一倍，达到1.2万人，并开始建造船只。哥萨克人以极大的热情投入了这项工作。而当国王的计划遭到议会阻拦这一消息传到他们那里的时候，他们的怒气愈发不可收拾。相比之前许诺的对克里米亚和摩尔达维亚的远征，获得国王许可、泛舟南下远征并抢掠黑海南岸要有吸引力得多。而就在这个节骨眼上，一个人的不满引发了矛盾的总爆发，他的名字叫作波格丹·赫梅利尼茨基。

1595年，赫梅利尼茨基生于一个地主贵族家庭。尽管他信仰东正教，但早年间接受过耶稣会的教育。他参加了1620年对摩尔达维亚的远征，在采措拉战斗中和科涅茨波尔斯基一道被奥斯曼人俘虏。重获自由后，科涅茨波尔斯基给他争取到了扎波罗热哥萨克军文书这一职位。在他的儿子被立陶宛邻居杀死后，赫梅利尼茨基和这个立陶宛人结下了深仇大恨。当地的法庭没有能够给他公正的判决，于是赫梅利尼茨基跑到了谢契，在这里他成为哥萨克人的盖特曼（统帅），哥萨克人本已心怀不满，在他的煽动下更是狂怒不已，他们还和鞑靼人开始了谈判。

此时形势还不算太紧张。国王在乌克兰还有影响力，波兰军队正在集结，俄国军队也开始向南进发，准备和波兰军队取得联系。然而统帅波托茨基认为，此时需要展示一下自己的实力，于是在1648年4月，他派遣自己24岁的儿子斯特凡率领一支3500人的军队（其中一半是哥萨克人）前往谢契。接下来，斯特凡·波托茨基遭到了赫梅利尼茨基指挥的扎波罗热哥萨克军围攻并被击败。10天后，他的父亲也在科尔松遭到伏击并被俘虏。在这个关键性的时刻，唯一有能力安抚哥萨克的人——瓦迪斯瓦夫四世国王意外去世。

对联邦国家来说幸运的是，无论是首席大主教、临时执政马切伊·乌别斯基，还是宰相耶日·奥索林斯基，都是睿智的人。他们立即通过基辅总督亚当·基谢利——参议院中唯一的东正教徒安排停战，进行谈判，并且希望达成更广泛的共识。但是以友好方式解决问题的努力被维希尼奥维茨基公爵破坏了，他正在率领自己的私人军队和哥萨克作战。这位乌克兰最大的地主并不关心乌克兰的自治，只关心镇压暴民、恢复秩序。这反而加强了哥萨克军中那些要求战争而非磋商的强硬派的地位，而赫梅利尼茨基也向这一压力屈服了。

一支波兰大军集结起来，其中包括那些从受到哥萨克人威胁的地方动员的部队，但是在皮瓦夫采（今乌克兰皮利亚瓦）的一场遭遇战后，这些部队多数逃亡，而剩下的军队也草率地撤退了。这一消息点燃了起义的火焰。库达克要塞遭到哥萨克人围攻并且投降，随后被拆毁，波兰在乌克兰地区统治的最后标识也由此被抹去。大批农民加入了哥萨克人的起义军，并且在赫梅利尼茨基的鞑靼盟友的教唆下，他们横扫了整个国家，每到一处便将贵族、教士、修女，特别是犹太人屠戮殆尽。摩尔达维亚人将人活活钉死在尖桩上的风俗开始流行起来，而在数十年的矛盾积累之后，这一做法演变成了津津有味地对俘虏进行愚蠢而残忍的屠杀。赫梅利尼茨基不再能够控制一切，而波兰人那边奥索林斯基的情况也彼此彼此。领导镇压暴民的“十字军”的，是维希尼奥维茨基公爵以及立陶宛副统帅雅努什·拉齐维尔，他们都各自为战。

全体动员的结果有好有坏，为了摆脱其缺陷，波兰军队在兹巴拉日修建了堑壕，从而阻止了哥萨克和鞑靼联军的进攻。接下来波兰人首次取胜，他们在兹博罗夫（今乌克兰兹博里夫）战斗中取得了胜利，随后双方重新开始进行谈判，并且迅速达成协议。基辅、布拉茨拉夫、切尔尼戈夫三省划归哥萨克人统治，在这些地方波兰不得驻军，耶稣会和犹太人不得活动。这些地区所有的官员都由信奉东正教的乌克兰裔中小贵族担任，另外注册哥萨克军人数增加到4万人。

奥索林斯基和他通情达理的哥萨克对手再一次成功消弭了各自的不满情绪，乌克兰平静了下来。但这并没持续多久。1650年，赫梅利尼茨基承认了奥斯曼苏丹的宗主权，苏丹任命他作为附庸统治乌克兰。次年春天波兰军队进入乌克兰，在柏斯台奇可持续三天的战斗中，波兰军队取得胜利，击败了哥萨克人和他们的鞑靼盟友。9月28日，在白采尔科维签订了新的和平协议，之前波兰的让步被全部取消。但是，在一支波兰军队出发平定这一地区的同时，另一支波兰军队前往摩尔达维亚，试图拦截赫梅利尼茨基的鞑靼盟友，结果这支波兰军队被乌克兰人击败，残余力量也全部在巴托格被屠杀。

瓦迪斯瓦夫四世死后，他的弟弟扬二世·卡齐米日继承了王位，此人经历复杂，性格多变。扬二世智力超群，足智多谋，但不时会受到抑郁和萎靡的折磨。他缺乏魅力，不仅难以获得小贵族们的信任，很多大贵族也十分厌恶他。贵族们对他的王后也同样不信任。他的王后路易丝·玛丽·德·贡扎格是讷韦尔女大公——曼图亚女公爵。

她的祖父是玛丽·德·美第奇的朋友和合作者，曾经跟亨利·瓦卢瓦一起来到波兰；她的父亲是贡扎加家族的最后一名曼图亚公爵，也曾经在华沙待过一段时间。她生长在法国宫廷。1645年，作为法国和波兰重新接近的结果，她嫁给了瓦迪斯瓦夫四世，在他死后又改嫁给了他的弟弟扬·卡齐米日。扬当时已经年届四旬，而她38岁。

她和她带来的一帮年轻的法国贵族小姐，将法国宫廷文化带到了波兰。法国的枢机主教马萨林希望这能帮助实现他的计划，将波兰带入法国的轨道，如果可能，甚至可以将波旁家族的成员推上波兰王位。然而，从一开始波兰人就对法国人产生了怀疑。

大贵族中的一部分，包括拉齐维尔家族和卢博米尔斯基家族，认为有必要将扬·卡齐米日赶下王位，他们也开始制订相应的计划。而在拉齐维尔家族这边，他们甚至走得更远：一个世纪以来，这个家族都认为自己的地位与王室相仿，夺得独立的立陶宛国家统治者宝座的梦想成为雅努什·拉齐维尔心中挥之不去的执念。他们家族的私心使得局势更加不稳定。

1654年，怀着和雅努什·拉齐维尔类似的放肆野心，波格丹·赫梅利尼茨基签订了《佩列亚斯拉夫和约》，将自己置于俄国的保护下，从而换取了俄国的军事支持，反对波兰–立陶宛联邦。沙皇阿列克谢一世开始自称“大俄罗斯和小俄罗斯（即乌克兰）的沙皇”。这遭到了部分哥萨克人的反对，东正教基辅都主教声明他仍然是波兰国王的臣属。阿列克谢一世进攻了立陶宛，击败了雅努什·拉齐维尔，占领了波洛茨克、斯摩棱斯克、维捷布斯克、莫吉廖夫，哥萨克人则一直打到了卢布林。在第二年春季，俄军占领维尔诺，阿列克谢一世又给自己加上了“立陶宛、白俄罗斯和波多利亚大公”的头衔。拉齐维尔家族不仅没有得到立陶宛，现在甚至处于沦为沙皇臣属的危险境地，而他们采取的对策，是寻求瑞典国王的帮助。

卡尔十世·古斯塔夫刚刚继承瑞典王位。他的国家在三十年战争中损失巨大，唯一的遗产是一支规模庞大的军队，但是现在这支军队已经成为负担。尽管和波兰–立陶宛保持了20年的和平，瑞典人仍然希望在波罗的海沿岸扩展领土。波兰大贵族的不满，俄国和哥萨克人入侵造成的混乱，以及最终来自拉齐维尔家族的求援，这些铺平了瑞典入侵的道路。1655年初，瑞典军队南下进攻波兰–立陶宛联邦。

很快，瑞典军队就占领了整个波莫瑞，并挺进大波兰。一支波兰军队试图阻击，但在波兹南督军克日什托夫·奥帕林斯基的施压下被迫投降。他的同伴、卡利什督军干脆将自己的领地置于

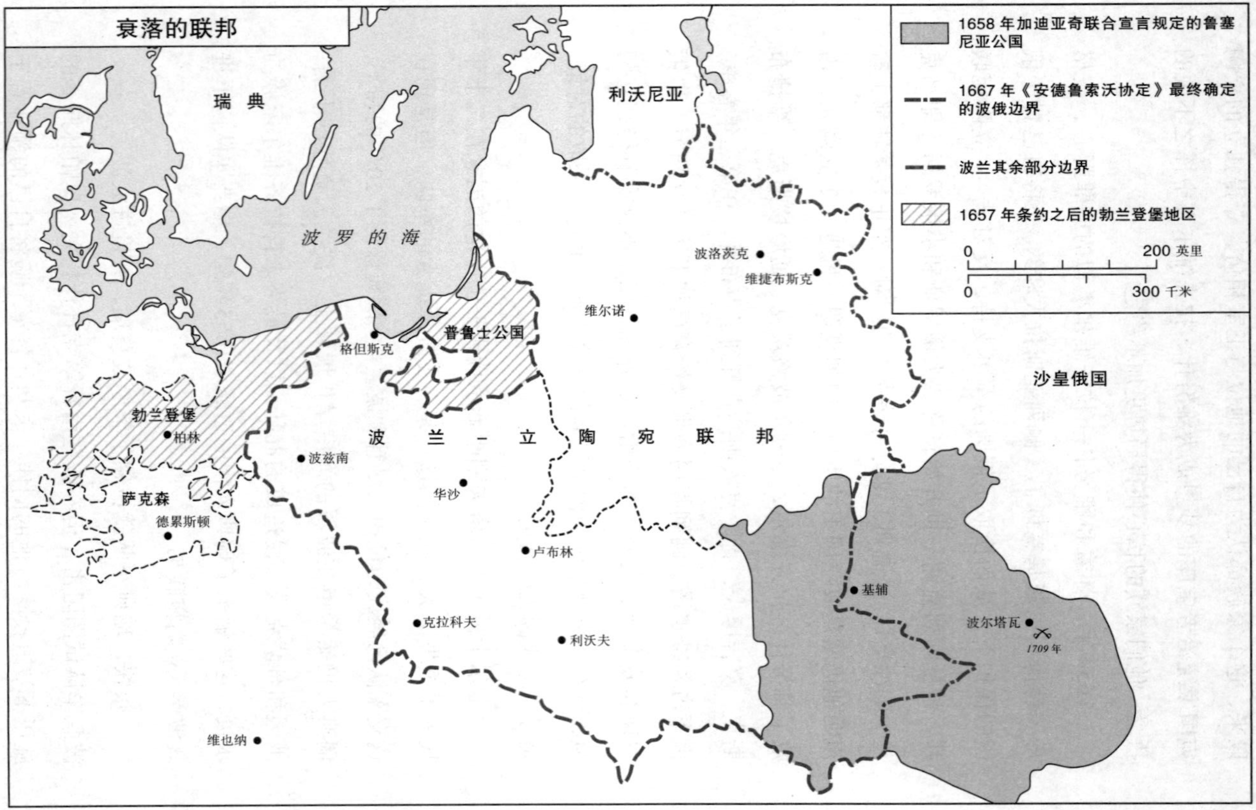
衰落的联邦
1658 年加迪亚奇联合宣言规定的鲁塞尼亚公国
1667 年《安德鲁索沃协定》最终确定的波俄边界
波兰其余部分边界
1657 年条约之后的勃兰登堡地区
0
200 英里
0
300 千米
瑞 典
利沃尼亚
波 罗 的 海
波洛茨克
维捷布斯克
维尔诺
普鲁士公国
格但斯克
沙皇俄国
勃兰登堡
柏林
波 兰 – 立 陶 宛 联 邦
波兹南
华沙
萨克森
德累斯顿
卢布林
基辅
波尔塔瓦
1709 年
克拉科夫
利沃夫
维也纳

瑞典宗主权之下。扬·卡齐米日的敌人遍布全国各地，他们宣称国王已经退位，并转而支持卡尔十世。在三个敌人共同入侵的情况下，各种混乱的消息满天乱飞。由于听信了国王扬·卡齐米日已经退位的谣言，统帅斯坦尼斯瓦夫·"雷韦拉"·波托茨基[①]宣布投降。孤立无援的贵族们以及准备加入大部队的小股波兰军队或是投降，或是自行解散。扬·卡齐米日带领军队迎击敌人，军队的指挥官是基辅城主斯特凡·恰尔涅茨基。9月，他们在扎尔诺维茨被击败，被迫退回克拉科夫。国王前往西里西亚避难，而恰尔涅茨基试图守住克拉科夫，但是没有成功。

10月22日，雅努什·拉齐维尔在凯伊达内（立陶宛凯代尼艾）和波兰签署和约，宣布立陶宛脱离波兰，并将立陶宛置于瑞典的保护下。瑞典军队如洪水一般进入波兰各省，在瑞典军中往往还能看到当地支持卡尔十世的大贵族或者中小贵族陪伴。由于两位国王——扬二世·卡齐米日和卡尔十世——都是出自瓦萨家族，许多人没有别的选择，只能把一切当成既成事实而接受。

卡尔十世只对波莫瑞、利沃尼亚等沿海地区感兴趣，这些地方有助于帮助瑞典获得波罗的海的控制权。波兰其他地方只被他当作临时占领区。他和他的将军们拿走了他们所能找到的一切东西——绘画、雕塑、家具、整个图书馆的藏书。他的军队把教堂洗劫一空，拿走一切拿得走的东西后，再一把火烧掉。尽管农民们并不关心王位在谁的手里，但是瑞典军队这种亵渎宗教信仰的行为激怒了他们。农民先是开始杀掉落单的瑞典士兵，然后开始

① 他的这个奇怪的绰号——雷韦拉，来自他的口头禅"re vera"（拉丁语，意思是"事实上"）。

消灭独自行进的小部队。游击战很快发展起来，小贵族和农民们组成的小股部队的袭扰让瑞典人越来越坐立难安。

还有若干要塞仍然在坚持效忠于扬·卡齐米日，其中包括格但斯克、利沃夫、卡缅涅茨、扎莫希奇，而修筑了要塞的琴斯托霍瓦光明山修道院更成功打破了瑞典人的围困，成为后世传颂的传奇。全国范围内的贵族们只要一个信号，就会拿起武器为国王而战。

有先见之明的鞑靼人预料到，一旦波兰–立陶宛联邦被击败，沙皇俄国和哥萨克人转过来对付克里米亚汗国，就只是一个时间问题。因此，穆罕默德·格莱汗和扬·卡齐米日签订了同盟条约，还派出了数千人帮助波兰军队作战。

1656年1月，扬·卡齐米日亲自率领他募集的军队发起了进攻。尽管瑞典军队在勃兰登堡选侯国大队人马的支持下，于当年7月在华沙经过三天苦战后最终取胜，但是他们的好运到此为止了。丹麦和荷兰站在了波兰一边，6月，荷兰海军突破了瑞典的封锁，进入格但斯克，解除了瑞典军队对这里的包围。瑞典人此时已经和勃兰登堡选侯国结盟，还获得了特兰西瓦尼亚公爵的支持，他们于1657年一度再次占领华沙。但接下来瑞典军队及其盟友遭受了决定性的失败，勃兰登堡也随即改换立场，和哈布斯堡家族的奥地利一道成为波兰的盟友。1660年，以恢复“原状”（status quo ante）为前提条件，各方签署了奥利瓦和约。

1657年赫梅利尼茨基死后，哥萨克人的威胁也随之结束。他的继承人伊万·维戈夫斯基是一个温和的人，很快重新回到了谈判的道路上。1658年9月16日签署的加迪亚奇联合宣言，试图将波兰–立陶宛联邦的两国联邦，改为三个国家的联邦。乌克兰

（以罗斯国家的名义）将拥有自己的宰相、司库、议长和统帅，上述职务均由哥萨克人推选候选人，并由国王任命。乌克兰可以拥有自己的法庭、铸币权以及独立的军队。数百名哥萨克人被封为贵族，东正教的基辅都主教以及利沃夫、普热梅希尔、海乌姆、卢茨克、姆希齐斯瓦夫（今白俄罗斯姆斯齐斯拉夫）等地的东正教主教将在参议院拥有席位。波兰和立陶宛的军队禁止进入乌克兰的三个省份，在这些地方的官员将由信仰东正教的乌克兰人担任。乌克兰人将拥有两所大学、若干所学校，其资金由联邦国家提供。

这一计划最终无果而终。在1659年年底，维戈夫斯基被赫梅利尼茨基的儿子尤里·赫梅利尼茨基所推翻，后者效仿自己的父亲，同时对波兰国王和俄国沙皇宣誓效忠。俄国军队在哥萨克人的支持下发起进攻，但是1660年，波兰军队在楚德努夫和波隆卡（今白俄罗斯帕隆卡）击败了俄军和哥萨克人。尽管波兰最终成功平定了乌克兰的叛乱，但是自己也已经筋疲力尽，奥斯曼军队又在南方虎视眈眈，于是各方达成了和平协议。

在这份协议中，没有给乌克兰人的独立希望留下空间。赫梅利尼茨基非常成功地证明了乌克兰地区重要的战略地位，于是无论是波兰–立陶宛联邦还是沙皇俄国，都不能容忍这一地区成为一个自治的区域，两国将尽可能抹杀这里的任何独立倾向。根据1667年签订的《安德鲁索沃协定》，双方以第聂伯河为界分割了乌克兰。

10

国家的“癫痫”

整个17世纪，波兰的外交使团在欧洲都名声不佳，因为他们特别喜欢打扮得过度华丽。一名波兰使节进入外国的首都，往往会有几个团的私人武装以及衣着光鲜的仆人在前面开道，在他周围环绕的侍从骑着昂首阔步的骏马，马鞍和马具用掺了金线的天鹅绒以及不那么名贵的宝石装饰，后面还有若干小队人马，往往是充满异国情调的家丁。1622年，克日什托夫·兹巴拉斯基公爵进入伊斯坦布尔的时候，他带了两个团的匈牙利步兵，后面还跟着身着切尔克斯长袍的小厮、鲁米利亚（今巴尔干半岛南部地区）服装的保镖，还有一队哥萨克人和40名骑马的火枪手。

1633年，罗马有幸迎来了耶日·奥索林斯基的代表团，这个代表团包括大约300名骑手，还有10匹骆驼，都用羽毛、黄金和珍珠装饰得富丽堂皇。1645年，克日什托夫·奥帕林斯基的队伍到达巴黎迎接瓦迪斯瓦夫四世的新婚妻子路易丝·玛丽·德·贡扎格的时候，他的队伍的马蹄铁被故意钉得很松，于是在走过近郊圣安托万（Faubourg Saint-Antoine）的石头路的时候，这些纯金的马掌铁边走边掉，市民们纷纷将它们捡走。波兰人希望以这种方式获得巴黎市民们的欢迎。从此以后，骆驼和金蹄铁就成了外交使节的必备之物，数量也越来越多。1676年，米哈乌·恰尔托雷斯基公爵出使莫斯科的使团中，侍从的数量达到1500人。第二年，出使奥斯曼帝国的扬·格宁斯基的一句玩笑话甚至让对方大为紧张：他说他带的使团，要签订和约的话，人数太多；要打仗的话，人又不够。

无论是为了炫耀国家富裕程度，还是为了标榜其外交方面的优势，这些炫耀的方式都是极易令人误解的。这些炫耀的手段掩盖了联邦国家没有一个内阁机构能够真正全权负责制定国家的外交政策的事实，只能让人认为，波兰是一个拥有无尽财富的国家，这和事实显然大相径庭。

在16世纪的西欧，资本主义已经开始萌芽，然而中欧的大部分地区却走上了可以被称作某种“服务于工业的农业”的发展道路。波兰出口的商品主要包括食物、牛、蜡、麻、木料、木炭、沥青、铁等其他原材料，只有少量质量不高的制成品，如啤酒、绳索、布匹等。波兰进口所有方面的工业制成品，以及一定量的殖民地产物资。此时波兰的对外贸易方式，和后世第三世界国家在发达工业国家主导下的贸易方式颇为类似。而进出口运输也主要掌握在外国手中，这就意味着大量进出口贸易利润被外国获得。1585年波兰从格但斯克出口贸易的船只中，52%是荷兰的，24%是弗里斯兰的，还有12%是英格兰的。波兰出口的谷物真正的交易场所不是格但斯克，而是阿姆斯特丹，从这里再运往西班牙和其他国家。

木材和其他造船所用的物资需求仍然旺盛，特别是荷兰人（本国没有资源）、英格兰人和西班牙人（本国的森林基本被砍光了），而谷物在对外出口贸易中的地位却一直在降低，其原因是西欧市场的谷物价格一直在稳步降低。小一些的国家，如英格兰和荷兰已经开始学会通过合理密植增产，并且将稻米乃至土豆也列入了他们的食谱。

17世纪中叶的20年战乱产生了极其严重的后果。在17世纪早期，通过格但斯克出口的谷物平均每年达到20万吨，在丰收的1618年达到了约25万吨。然而在三年的哥萨克人起义后，1651年，这一数字只有10万吨，而两年后更降低到了6万吨，17世纪后半叶波兰谷物年均出口量一直保持在这一数字。从格但斯克进口的殖民地产物资从1615年到1635年增长了10%，而接下来从1635年到1690年猛增了50%。只有格但斯克港有明确而全面的统计数字，而把格但斯克的情况推广到埃尔布隆格等其他港口的海上贸易或者与波兰和德意志各邦以及沙皇俄国的陆路贸易上就不行了。事实上，与俄国的陆路贸易上的账目数字还是较为乐观的。战争也给牛、马等牲畜的出口造成了灾难性的影响。这些牲畜也是产自联邦国家的东南部地区。

除了贸易，17世纪中叶的动乱在其他方面的影响也同样巨大。战争带来的伤亡人数本身并不特别多，不过联邦国家东南部地区除外。鞑靼人将数以万计的人口掳为奴隶，沙皇阿列克谢一世也将大量人口遣往刚征服的西伯利亚进行殖民。但是，最有破坏力的入侵者还是瑞典人。瑞典人大规模毁坏谷物，烧毁村庄和城镇，掳走了大群的牲畜，这些导致了饥荒以及接下来的瘟疫大规模爆发。结果是毁灭性的。1600年，联邦国家总人口约1000万，到1650年增加了大约23%。然而在接下来的10年里，到1660年，人口数量降低了至少1/4，甚至低于原来的1000万总人口。在波兰的核心地区——大波兰、小波兰、马佐夫舍，人口密度在1650年达到了26.3人/平方千米，但是在1660年降低到了19.9人/平方千米。战争和饥荒摧毁了村庄，人们在乡下四处流浪，希望找到破坏相对较轻的地方。食物产量降低到了灾难性的程度。到1668年，国家局势已经基本稳定的时候，贵族们所拥有的土地中，仍然有58%的土地被撂荒，而教会和王室的土地，撂荒的比例分别达到82%和86%。

城镇地区的人口损失是最惨重的。在17世纪初，格但斯克仍然是最大的城市，人口总数达到7万人，远超其他城市。接下来依次是华沙（3万人）、克拉科夫（2.8万人）、波兹南（2万人）、利沃夫（2万人）、埃尔布隆格（1.8万人）、托伦（1.2万人）和卢布林（1万人）。在整个联邦大约900个城镇中，多数的城镇居民人口介于500到2000之间。总的来说，全国人口大约1/4住在城市里。瑞典军队洗劫并焚烧了他们进入的每一个城市，结果就是从1650年至1660年，整个联邦城镇人口的数量减少了80%。

长期以来，波兰的主要城市都受到大贵族或者教会所拥有的私人城镇的竞争压力，因而失去了很多他们作为整个国家的农产品集散地或者作为本地手工业产品集散地的财源。这些城市在议会没有代表，因此被征收很重的赋税。战争使得华沙、克拉科夫、波兹南、卢布林、维尔诺（该城1655年经历了17天的屠杀并被纵火，但却不是瑞典军队，而是阿列克谢一世的俄军所为）这些城市的大部分被摧毁，而战后重建却困难重重。战后重建需要大量资金，但资金被拥有私人城镇的大贵族们护食心切地花在了他们自己的城镇上。问题是，在某些重要方面，这些私人城镇并不能取代那些之前建立的城镇。私人城镇的作用只限于对某一特定地区进行开发并提供物资支持，对个体商人或者手工业者来说，几乎没有进一步投资扩大经营规模的余地。这些私人城镇没有办法成长为经济和金融中心，也就无法自己积累财富和发展工业，而有条件做到这些事情的更古老的城镇也没有办法像以前一样承担起这些责任。只有大贵族、教会和王室有能力发展手工业，但是他们既没有动力，也没有条件完成这一工作。

通过选举登基的君主，往往不会把联邦国家当成他们世代相传的财产，因此他们对国家并不特别重视，也不会费心为他们的子孙而努力发展国家。在他们眼里，联邦国家更像某种可以用来享受的虚衔、给自己家族增光添彩的方式，或者进一步，让自己的家族成为世袭王朝的必由之路。对齐格蒙特三世来说，直到确定他的儿子将继承王位之后，他才开始关心联邦国家的经济问题。1624年，他在鲍布拉和萨姆索努夫建立了铁厂，几年后，他又推动了王室矿产的近代化改造。而瓦迪斯瓦夫四世认定自己可以在波兰建立世袭王朝后，也参与到波兰的工业发展中来。但是即使有这个愿望，也未必能够实现，因为联邦国家并没有一个正规的财政管理体制。

波兰经济最活跃的一个领域，就是拥有土地的贵族们对国内和国外的贸易，而这往往是可以免征税款的；规模巨大的犹太人社区有权自行对经济活动进行评估并自行收缴税款而不被监管，其结果也可想而知；联邦国家的最大经济中心——格但斯克城也享有大量免税特权。简而言之，这些地方都收不上来多少税。

国库收入的主体来自从中世纪沿袭下来的各种冗杂税目。这些税收项目效率低下，且极为复杂。王室的收入来自王室所拥有的庄园和领地，但是收入的数量和这些地方的管理者和封臣是否贪赃枉法息息相关。所有的特别税、费以及缴纳的比例，每年都要经过评估，并且提交议会进行表决确认，当年有效。结果就是在17世纪上半叶，整个联邦的收入只比巴伐利亚高一点，只相当于法国的1/10。任何改革税制的举措都会引发所有贵族的一致愤怒，而原因也不仅仅是“他们不想被税”那么简单。

到17世纪50年代，欧洲几乎所有国家都在将各地区的行政机构或者上层人物手中的权力集中起来（可能是集中在王室，也可能是国家政府手中），随后地方贵族逐步转化为宫廷文官贵族或者军功贵族。在勃兰登堡、普鲁士、丹麦或者瑞典，议会和贵族地主逐渐失去了对国家政治进行监管的权力，他们被迫将自己的政治权力转移到中央集权的政府手中。波兰参政的贵族们却一直对任何形式的中央集权抱有怀疑态度。要保持中央政府的弱小，这一思想对他们来说成了某种信仰原则。

因此，王室任何试图增强自身权威、强化政府力量的举动，都会遭到贵族的正面对抗。而王室成功的机会实在渺茫。对于联邦国家来说，没有任何一个行政机构有能力保证政策的连续并成为新国王手中掌握的权力机构，甚至连军队也悄悄逃脱了国王的掌握：统帅们越来越将军队当成自己的禁脔。既然在位的国王只是暂时坐在这个位置上，对王国的忠诚也就不等同于对国王本人的忠诚。每个人都必须拥有自己的支持者，建立自己的权力基础。而16世纪末，贵族们逐渐形成终身任职的惯例，这就意味着下一任国王要把自己所信任的人放到重要的位置上，可能得等好几年才能遂愿。而国王任免官员的权力是他影响力的主要来源，也是他加强对国家控制的唯一方式。然而，随着大贵族们寡头政治的发展，国王要自由行使这一权力变得越来越困难。扬·卡齐米日发现要把他麾下最杰出的军人斯特凡·恰尔涅茨基提升到副统帅的位置居然无法做到：这个职位是权势熏天的耶日·卢博米尔斯基所一直垂涎的。

为了通过自己的法令，国王就需要他的大臣和其他参议员们所组成的参议院委员会（Senatus Consulta）的支持，然后获得议会批准。然而两院议员一般都不会取得一致，因此通常情况下后面的流程并非如此。

议会并不仅仅是立法机构兼最高法院。议会也掌握了许多通常由国王行使的权力，比如宣战、签署和约、缔结联盟等。议会同时也有权对国库进行审计，并可以在几乎所有领域控制国王和大臣们的钱袋子。然而，议会本身无力执行决策，因此，很大程度上议会的作用被局限于只能进行消极反对的范围。这种体制上的问题，通常被描绘成一种疾病——“癫痫”（morbus comitialis）。从16世纪后半叶起，忧心忡忡的政论作家们就开始使用这个词形容联邦国家的问题，但这个问题并不好解决。

如果没有巨大的共同的利益以及从整个贵族阶层的全体利益出发的使命感，要对整个法律体系进行大规模反思，是基本不可能的。而到17世纪中叶前，这两个条件都不具备。

贵族之间仍然互相称呼对方为兄弟，他们以这种表面功夫证明，他们仍然坚持贵族之间人人平等的原则。然而，事实是大贵族和剩下2/3的小贵族，或者所谓的“非出身名门的”（bene nati sed non possessionati）贵族之间的裂痕已经越来越大。贵族们的民族成分越来越复杂。试图阻止其他阶层的人民成为贵族的法令基本没法推行下去。平民们不断通过婚姻或其他方式几乎毫无困难地融入贵族阶层。国王不断将本国和外国——特别是苏格兰和法国的军人们封为贵族。犹太人如果改宗天主教则自动成为贵族。联邦国家的巨大面积也促使各地贵族们的想法差别越来越大。在利沃夫东边的居民对鞑靼人入侵的恐惧，在大波兰人的眼里就显得过于夸张；利沃尼亚居民会对俄国的动向感到焦虑，而马佐夫舍的地主则毫不关心；波多利亚的贵族到了格但斯克会比在伊斯坦布尔更不自在。议会中不同派系的人们抱有各地区各不相同的政治观点，于是考虑全国利益的法令就难以在议会获得通过。

选民和他们的代表之间的关系也不再和以前相同了。普通贵族们的教育水平明显下降。耶稣会的学校现在只局限于给他们的学生灌输宗教思想，并教会他们拉丁语和雄辩术，以便他们能够在政治会议上唠唠叨叨地连说好几个小时。出国游学曾经是16世纪的波兰人提高文化水平的灵丹妙药，但是现在不仅出国的人越来越少，效果也越来越值得怀疑。16世纪50年代出国学习的人们在国外会接受良好的教育，并从国外带回大量的图书，而到了17世纪50年代，出国的人们带回来的除了油画，就是性病。慢慢地，出国学习的习惯在人们眼里也变得无用而有害，人们对外国人和他们的生活方式也越来越怀疑。就连接纳了大量外国元素的波兰城市，也被看作邪恶和堕落的巢穴，同时也是有钱平民的天堂。

农村生活的淳朴，与城市、宫廷生活的堕落，二者之间的矛盾是欧洲思想界和文学界永恒的主题。在波兰，这种矛盾体现在贵族们所宣称的完美的农村生活方式和其他的生活方式之间的矛盾。各地的地方议会仍然运行正常，吵吵闹闹。但那些需要前往华沙才能参加的国王选举，随着时间推移，越来越难以吸引人们前来参加——1648年只有3500人前来投票，1674年也不过5000人。

以上这些因素，都给国家议会制度带来了负面的结果，从而使得国家政治更容易被少数大贵族所操纵。特别是立陶宛的代表，他们通常不过是在本地大贵族武装的压力下，由驯服的地方议会所推选出来的一帮尸位素餐之徒。立陶宛的大贵族们权力大到连续几任国王都只能对他们放任不管，结果就是到17世纪中叶时，他们的地位已经无可动摇。此时，最上层的少数几个家族无论对任何国家公职提出什么要求，都是不可能被拒绝的。波兰越来越严重的寡头政治不过是立陶宛情况的苍白的反映。在波兰，某些家族会将某个职位看成自己的禁脔，但是他们不会再去觊觎其他的职位。卢博米尔斯基家族出过4个内务大臣和1个统帅。扎莫伊斯基家族出了3个宰相和1个统帅。莱什琴斯基家族出了3个宰相，波托茨基家族出了4个统帅。在立陶宛，大贵族们掌握了整个国家的一切。从1500年到1795年，拉齐维尔家族中8人担任内务大臣，7人担任宰相，6人担任统帅，12人担任维尔诺督军，6人担任过立陶宛第二重要的城市特罗基的总督。这些人经常抓住波兰法律细枝末节的规定过度发挥，从而达到自己的目的，并且他们对此毫无愧意。

其中，最臭名昭著的事件于1652年3月9日晚上发生在华沙。当时由于事务紧急，议会同意在法定会期基础上延长期限。然而此时立陶宛特罗基的代表瓦迪斯瓦夫·西青斯基站起来，提交了他个人反对延长会期的意见，随后离开了议院。其他代表和议长安杰伊·弗雷德罗认为，在参会议员中有一人明确表态反对的情况下，会议延期的决定依法无效，会议只能中止。由于之前投票通过的提案只有在正式结束后才能自动生效，此时议会休会意味着之前所通过的所有决议都变成了无用功。西青斯基是立陶宛副统帅雅努什·拉齐维尔的代理人，后者因为国王扬·卡齐米日没有满足他对更高官位的要求而企图报复，因此扰乱议会，从而让国王在下一次议会开会前无法征收税款，也无法颁布法令。这是贵族全体一致的古老原则第一次以这种方式被付诸实践——但不是最后一次。

17世纪50年代末，扬·卡齐米日国王准备对国家法律体制进行一次大的改革。他相信有瑞典入侵的前车之鉴，贵族们应该能够更容易同意增强中央政府的权力。特别是由于他没有后嗣，在他死后，国家未来很可能再次陷入严重的空位危机，为此，在王后的怂恿下，他提出，他的继承者应该在他生前、在位期间选出。

这个提议让贵族们亢奋了起来。按照法律，贵族们选举国王的权利是国家法治的基石，而任何国王在位期间的选举都少不了阴谋操纵的味道。在这个事件中，出身法国的王后路易丝·玛丽本意也是希望王室所提名的来自法国的候选人能够胜出。贵族们对王后的影响心怀疑虑，而哈布斯堡王朝一直在提防波旁家族在华沙登上波兰王位，因此他们使用一切手段煽动贵族们的反对情绪。

议会改革的提议，包括之前提出的2/3绝对多数表决原则、取消地方议会对所选代表的控制、征收常设的年税，以及在国王在位期间选举继任者，这一系列议案被提交到了1658年的议会。结果改革方案由于一系列枝节问题遭到了否决。宫廷一派在随后几年反复提出提案，均遭失败。王后相信，如果这一切改革最终失败，可能会意味着发生政变，于是她不断在军队的关键位置上安插法国人。同时，和哈布斯堡勾结起来的内务大臣耶日·卢博米尔斯基开始威胁，如果宫廷一派继续坚持他们的计划，他就会发动叛乱。在议会遭受弹劾之后，卢博米尔斯基纠集了部分没有得到军饷的军队以及一些心怀不满的贵族。1665年，他效仿泽布日多夫斯基的方式发动了叛乱。宫廷一派决定起兵迎战，但是1666年他们在蒙特维被叛军击败。

然而不久之后，耶日·卢博米尔斯基又来请求国王的宽恕。最终国王宽恕了他。整个事情和当年泽布日多夫斯基的叛乱一样没有意义，并且严重削弱了王室以及扬·卡齐米日本人的声望。路易丝·玛丽于1667年逝世，而失去了主要的精神支持后，体弱多病的国王在两年后选择退位。不久以后，他离开波兰前往法国，在这里以圣日耳曼–德–普雷（St Germain-des-Prés）修道院院长的身份离开人世。

接下来的国王选举第一次发生了严重的混乱。两位主要候选人分别是德意志的诺伊堡公爵菲利普·威廉，他得到了哈布斯堡王朝的支持；另一位是法国的隆格维尔公爵夏尔·德·波旁。在华沙集会的波兰贵族们对这些"外国独裁者"毫无感觉，他们绝大多数将票投给了另一位波兰候选人米哈乌·科雷布特·维希尼奥维茨基。他的父亲雅雷马·维希尼奥维茨基以残酷镇压哥萨克起义而闻名。倾向哈布斯堡的大贵族们对他不满，原来的宫廷一党也瞧不起他，他们公开将他称作"猴子"（le singe）。他仅有的权力基础就是那些选他当国王的中小贵族。但是这些贵族给他的选票，与其说是支持他，不如说是试图对限制贵族自由的行为和外国势力干涉进行反抗。他除了乖乖登基，几乎什么都做不了。

大批鞑靼人在联邦国家境内畅行无阻，大规模地进行劫掠，正在全力保卫东南边界的统帅扬·索别斯基不断发出警告，而议会却视而不见。1667年8月，他率领一支1.4万人的部队（其中一多半是他的私人军队），向2.5万人的鞑靼–哥萨克联军发起攻击，并且在波德加伊采击败了敌人。但是这一胜利，掩盖了一个巨大的危机：奥斯曼帝国即将对欧洲发起新一轮大规模攻击。

1672年，奥斯曼苏丹穆罕默德四世亲自率领大军发起进攻，当号称无法攻克的卡缅涅茨–波多利斯基要塞遭到围攻并陷落后，联邦国家才如梦方醒。当时，保卫要塞的只有不过200名步兵和一小队骑兵，要塞的多数火炮根本没有开火，因为要塞只有4个炮手。对军备防务忽视到这种程度是不正常的。联邦国家已经没有兵力来阻止奥斯曼大军的前进，除了求和没有别的办法。苏丹强迫联邦国家签订了耻辱的《布恰奇和约》，联邦不仅失去了卡缅涅茨要塞，还失去了整个波多利亚和乌克兰地区，此外还得每年支付一笔岁币。这次议会终于投票同意拨款组建军队，而这又遭到了奥斯曼帝国宫廷的抗议，他们组织了另一支大军，统帅是大维齐尔（奥斯曼帝国对宰相的称呼）、锡利斯特拉的侯赛因帕夏。

米哈乌国王此时身染重病，在华沙的王室城堡中即将撒手人寰的时候，侯赛因帕夏指挥的新军已经在准备渡过德涅斯特河入侵波兰，而此时的波兰国家却要准备新的国王选举。国王于1673年11月10日逝世，而在同一天晚上，统帅扬·索别斯基将他的兵力集结在奥斯曼人在霍奇姆（今乌克兰霍京）的宿营地外。次日他巧妙果决地发起进攻，漂亮地击败了奥斯曼人的大军。这一捷报很快传回波兰首都。王位的主要候选人——洛林公爵查理五世、孔代亲王弗朗索瓦·路易·德·波旁，以及约克公爵詹姆斯·斯图亚特（未来的英格兰国王詹姆斯二世），在这位光荣凯旋的英雄面前统统黯然失色。在选举场聚集起来的贵族们将压倒性的多数选票投给了索别斯基。

扬·索别斯基（1674年5月加冕，称扬三世）此时45岁，是一个精力充沛的人。他从外表上看，是一个彻底的萨尔马特式大贵族：头上戴着装饰珠宝的皮毛帽子，头发剪成了平头，脚上穿的黄色软皮靴装饰着银制的鞋跟。而他确实也具有一名萨尔马特式贵族应有的所有美德和恶习。1651年，他在别列斯捷奇科战场第一次经历战火的洗礼，此后他一直在不同战场上和波兰的各个敌人依次交手。1656年，他曾经指挥一支3000人的鞑靼盟军和瑞典人作战，但其实鞑靼人和奥斯曼人才是他最主要和凶残的敌人。他的外曾祖父茹凯夫斯基统帅在采措拉战死并被斩首，他的兄长死于哥萨克人在巴托格的屠杀。对异教徒的圣战，已经成为他生命的一部分。尽管如此，他能说鞑靼语和土耳其语，并且热爱东方式的享受。

与此同时，他给自己建立了意大利式的豪宅，并且精挑细选地收集欧洲各地的艺术品。他可以毫无障碍地阅读意大利和法国的文学作品，他还是波兰最杰出的书信作者。他与他的法国妻子玛丽·卡西米尔·德·拉·格朗热·达尔基安——每一两天就互传书信，无论在国内还是外出作战，都风雨无阻。他们这样通信了20多年。他们的往来书信中充满热情，国王称自己为“塞拉东”（Céladon），而称王后为“阿斯特雷”（Astrée）[①]，或者是其他的法国小说中的女主角。国王的萨尔马特式浪漫是一种奇妙的混合体：他虔诚尊奉上帝，甚至有点迷信，但又将这种感情和某种

① 这两个称呼来自17世纪初法国作家于尔非（Honoré d'Urfé）的田园爱情小说《阿斯特雷》（*L'Astrée*），主线是男主角塞拉东和女主角阿斯特雷之间的爱情故事。这部作品是17世纪法国文学最著名的作品之一。

强烈的玩世不恭结合在了一起。他有些贪婪，在个人生活中往往不拘小节，但在社会生活里待人接物无可挑剔。他和其他大贵族一样，野心勃勃，一心想建立自己的王朝。在一幅油画中，他的儿子（起名叫康斯坦蒂[1]不是没有原因的）穿着罗马式的长袍，靠在一个古典样式的盾牌上，盾牌上面画着索别斯基家族的纹章，上面写着“凭此标记，汝将得胜”（In hoc signo Vinces）。然而，在实现他的目标的过程中，他并不是残忍不择手段的。

扬三世是一名出色的军人，他同时兼具个人的勇武、巧妙的战术和出色的战略眼光。他体格强壮，思维敏捷，即使连续几天昼夜兼程、风餐露宿也没有问题——尽管随着年龄的增长，他已经开始发胖。在政坛上，他既不缺乏进取心，也不缺乏广阔的视野。经过筹算，他认为要获得足够的权力处理内政问题，必须要通过成功的对外政策积累威望。他很快就开始着手塑造条件。

由于有参政权的贵族们从来没有构思过联邦国家应当在国际舞台上扮演怎样的角色，因此联邦国家也从来没有主动制定过对外政策，只是对外部的变化进行消极反应，同时也没有系统地考虑过外交同盟关系。在联邦国家强盛、邻国孱弱的时候，这一切都不是问题，但是此时，天平两端的国家实力已经发生了根本性变化。

在东方和南方，哥萨克人和鞑靼人曾经只是小小的麻烦，但是现在他们可以联合沙皇俄国或者奥斯曼帝国，形成巨大的致命威胁。北方则酝酿着更为巨大的威胁——瑞典。之前，瑞典忙于

---

① 康斯坦蒂（Konstanty）即康斯坦丁（Constantine），这个名字的拉丁语本义就是“永恒的”。

和丹麦、荷兰争夺波罗的海的控制权，并和波兰、沙皇俄国争夺波罗的海东岸，但是经过三十年战争，瑞典已经成长为欧洲政治大棋局中的一个重要棋手。

1630年，古斯塔夫·阿道夫参加三十年战争，主要是为确保瑞典对波罗的海东岸和南岸的占领，他在战争中进而控制了几乎整个波罗的海海岸。在其继承者卡尔十世·古斯塔夫在位时期，瑞典继续支持欧洲的新教徒运动，并不断破坏哈布斯堡家族在德意志地区的影响力。瑞典因此还获得了法国的支持和认可。而瑞典之所以入侵波兰，很大程度上也是因为瑞典认为齐格蒙特三世在波罗的海沿岸地区起到了哈布斯堡王朝代理人的作用。

而另一个正在逐渐兴起的危险，是勃兰登堡选侯国。1600年，这个人口稀少的国家刚刚在贫瘠多沙的土地上成立之时，国内没有矿产，没有海岸线，只有若干条难以驯服的河流。在外交上勃兰登堡一直和波兰并无太多关系，统治勃兰登堡的霍亨索伦家族在那些历史悠久的欧洲宫廷王朝眼里也没什么分量。霍亨索伦家族可依赖的仅有的其他资源，就是他们在西方、靠近荷兰共和国边境地区世袭继承的若干面积不大但富饶的封地，以及他们和东方原条顿骑士团故地之间微弱的联系。

条顿骑士团最后一任大团长阿尔布雷希特是霍亨索伦家族的一员，是勃兰登堡选侯的堂兄弟。1520年骑士团世俗化后，他作为波兰国王的附庸，继续统治这一地区——现在称为普鲁士公国。他死后儿子和孙子先后继承公爵之位，他们在即位时都向波兰国王表示了效忠。[1]勃兰登堡选侯也获得了波兰国王的许可，一旦统治普鲁士公国这一系的霍亨索伦家族绝嗣，他们就可以继承公爵之位。1618年，普鲁士公爵死后，齐格蒙特三世正忙于和瑞典交战，于是，帅气的勃兰登堡选侯——约翰·西吉斯蒙德继承了普鲁士公国的公爵之位，将普鲁士变成了自己家族世代相传的领地。1641年，约翰·西吉斯蒙德的孙子弗里德里希·威廉（后来他被称为大选侯）在华沙城堡向瓦迪斯瓦夫四世表示臣服，并成为新一代的普鲁士公爵。16年后，为了索取协助波兰抗击瑞典的回报，他从窘迫的扬·卡齐米日手中夺取了普鲁士公国的独立地位。对此，即使在公国内部也有很多反对意见，许多贵族担心他们失去权力，并希望得到华沙的保护。但是在哈布斯堡王朝的支持下，弗里德里希·威廉通过1660年的《奥利瓦和约》树立了自己作为公国统治者的合法地位。由此，普鲁士公国结束了和波兰国王及波兰-立陶宛联邦的藩属关系。很明显，勃兰登堡-普鲁士的统治者在将他们所有的领地连成一片之前，绝对不会停止扩张的脚步，而这意味着他们要夺取波兰在波罗的海沿岸一带的领土，从而彻底切断联邦国家的出海通道。他们趁着三十年战争和瑞典入侵的良机，获取了领土和威望，而他们在战争期间所建立的军队意味着他们可以成为其他国家值得依赖的盟友。

---

① 原文如此，但有误。条顿骑士团国改为普鲁士公国、阿尔布雷希特改信路德宗并即位为普鲁士公爵是在1525年，死后其子阿尔布雷希特·弗里德里希即位，他死于1618年，死后无子（即阿尔布雷希特并无孙子）。后文提到的约翰·西吉斯蒙德是阿尔布雷希特·弗里德里希的女婿，也属于霍亨索伦家族的另一支系。因此阿尔布雷希特这一系在普鲁士公国只传了二世。

波兰的对外政策总体上来说是和平的，联邦国家的军事力量也乏善可陈。这也就意味着，波兰能够选择的潜在盟友十分有限。哈布斯堡王朝曾经在17世纪上半叶花了很大精力，希望把波兰引入他们的轨道，从而将其变为对付瑞典的盟友。从40年代起法国又对波兰产生了兴趣，希望将其变为反对哈布斯堡的盟友，但是亲法国的波兰宫廷一党没能完全掌握一切。30年后，当路易十四深陷和哈布斯堡王朝的斗争中时，他又一次将目光投向了波兰。扬三世也看到了这一机会——不仅仅是重新强化波兰联邦国家力量、获取声望以推进财政体系改革的机会，同时也是实现他本人建立世袭王朝希望的机会。

1675年，他和法国签署了《雅沃鲁夫和约》，约定法国向波兰提供资金支持，帮助波兰进攻普鲁士公国（扬三世希望将普鲁士变成波兰的附庸公国，并且分封给自己的儿子作为世袭领地），同时他的另一个盟友瑞典进攻勃兰登堡。法国的任务是迫使哈布斯堡王朝保持中立，并说服奥斯曼帝国归还通过《布恰奇和约》获得的卡缅涅茨等其他土地。瑞典按照约定和勃兰登堡开战了，但是波兰军队并没有按照约定进攻普鲁士，因为奥斯曼人不仅拒绝归还卡缅涅茨，还对波兰发起了新一轮进攻。波兰集结起来的大军最终没有用来进攻普鲁士，而是转而对付奥斯曼人。他们于1676年在茹拉夫诺击败了奥斯曼帝国的军队。在对奥斯曼帝国的战争结束时，瑞典已经和勃兰登堡订立了和约。机会就这样错过了。

在接下来10年，苏丹再次宣布进行圣战，一支规模巨大的奥斯曼军队开始进攻欧洲国家。奥斯曼人攻入了哈布斯堡家族所占领的匈牙利地区各省，并且在1683年夏天围困了维也纳。这成为波兰获取法国支持的一个新的机会。法国乐于看到奥斯曼人进攻哈布斯堡王朝，而假如坐视后者被击败，波兰也能获得法国的大量支持。但是，波兰无法忍受奥斯曼帝国征服中欧大片地区，并在南方全部边境上对自己产生威胁的可能性。

奥斯曼大维齐尔卡拉·穆斯塔法抵达维也纳城下时，扬三世和神圣罗马帝国皇帝签订了协议，议会也通过法案，规定在波兰和立陶宛分别招募军队，招募人数分别为3.6万人和1.2万人。但由于立陶宛统帅扬·萨佩哈并不愿意帮助国王，后者并未实现。在8月下旬，54岁的国王亲率大军动身出发，到9月初他和德意志各地的多支援军先后会合、并成为联军的最高统帅。9月12日，他在维也纳城下击溃了卡拉·穆斯塔法指挥的奥斯曼帝国大军。

奥斯曼大军在混乱中撤退，但是战斗并没有结束。扬三世追击撤退的奥斯曼人，进入了匈牙利。多数匈牙利人出于反对哈布斯堡王朝的原因，投向了奥斯曼人一方，而国王认为这是一个将匈牙利从奥地利分离出来、为联邦增加一个新盟友的机会。然而10月7日，扬三世在帕尔卡尼（今斯洛伐克什图罗沃）战斗中遭遇了他一生中的首次失利。尽管两天后他再次击败了奥斯曼人，但是要彻底击败对手结束战争并不容易。与此同时，国内反对将战争继续下去的呼声越来越高。国王也感到自己年事已高，并且受到了胆结石的折磨。于是，国王不得不又一次放弃他的计划。

“后人将会在诧异中感到疑惑，”1688年3月，扬三世在参议院中哀叹道，“我们取得了如此轰动的胜利，获得了各国瞩目的成功和荣耀。然而接下来，我们现在面对的，唉，是长久的耻辱和不可恢复的损失。我们如今缺乏资源，孤立无助，而且似乎也没有能力治理好国家。”

11

混乱的统治

到17世纪最后25年，波兰–立陶宛联邦的邻居们已经非常明显地意识到，联邦国家是一个与众不同的政治实体。不管他们推行什么政策，这个国家都不会主动出手干预。评论家们将这一现象称作“波兰式无政府”。同样很明显的是，这一诡异的政治体制，也是根植于波兰和欧洲其他国家愈发不同的社会文化的基础上的。

在某种程度上，波兰和欧洲其他国家的社会文化差别不大，波兰和其他国家受到了同样的文学和文化的经典著作影响。比如大贵族、波兰大司库扬·安杰伊·莫尔什滕，他的作品就没有什么外国色彩。他是一名天才作家，能够毫不费力地写出短小的情诗和格言警句，写过宗教诗，也写过爱情诗，还出色地翻译了高乃依[①]和塔索的诗篇。斯坦尼斯瓦夫·赫拉克留什·卢博米尔斯基（1642—1702，其父即为卢博米尔斯基叛乱的发起者耶日·卢博米尔斯基）在进入政坛前曾经花了两年进行长途旅行。后来在扬三世在位时，他于1676年被任命为内务大臣，达到个人政治生涯的顶峰。他是一名勇敢的战士，也是眼光出色的艺术赞助人。1668年他和索菲亚·奥帕林斯卡结婚，这位夫人是一名对音乐和

---

① 皮埃尔·高乃依（Pierre Corneille），法国古典主义剧作家。

数学满怀热情的女学者。这对伉俪涉猎了当时所有的学科领域，从工程技术到占星术。卢博米尔斯基完成了若干意大利风格喜剧剧本，而他用波兰语写的宗教小诗也达到了17世纪的最佳水准。他还著有关于时政的论文以及关于文学鉴赏的专著，还翻译了若干外国作品。

他们——以及其他的大贵族——关注并资助了艺术的发展，并将自己的城镇和农村用巴洛克式的宫殿和教堂装饰起来。这些巴洛克式建筑不仅受到意大利和奥地利的影响，更有法国和荷兰的风格。

如果说，文艺复兴风格建筑和16世纪波兰人的风尚和思想是相称的，那么17世纪引入的巴洛克风格可以说就是为这一时代的波兰人而生的。巴洛克风格唤醒了形式、装饰和奢侈给人们带来的感官上的愉悦。这一风格立刻在东方得到了呼应，并且愈发促进了与东方的接触交流。这种风格不仅依靠和平时代的贸易，也包括战争中的收获。奥斯曼军队崇尚舒适和华丽，于是和他们交手所获得的战利品往往十分丰厚。“所有的帐篷和车辆都落入了我的手里，还有上千件漂亮而珍贵的其他宝贝，非常珍贵，我还没来得及浏览一遍。”这些得意扬扬的文字来自扬三世在维也纳城外击败奥斯曼人之后，在奥斯曼人营地给他夫人的书信。

到17世纪初，波兰骑兵已经采用了奥斯曼人使用的多数武器，并且采用了他们的大量战术。统帅们拿起了土耳其式的指挥杖，而军队中也开始按照奥斯曼人的方式，在骑手背后上方挂起马尾以表明等级。波兰人的衣着也越来越和他们的敌人相似，甚至鞑靼人剃光头的习惯也在出征的军队中举目皆是。波兰人和奥斯曼人如此相似，以至于在维也纳战役之前，扬·索别斯基国王不得不命令他手下的所有军队在帽子上戴一个秸秆帽徽，以便让西欧的盟军能够将他们和奥斯曼人区别开来——在他们看来，波兰人和奥斯曼人是完全没有区别的。而索别斯基即位后，军队中的风俗又进入了宫廷，并逐渐制度化。“萨尔马特”式服装成了健康、坦率的波兰爱国者的象征，而法国或日耳曼式的服装则和外国人的阴谋画上了等号。

虽然伊斯兰艺术在西欧并不很受欢迎，但是却颇受到波兰人的欣赏。东方式的帷幔、武器和绘画一道取代了佛兰德式的挂毯，成为贵族豪宅墙上的装饰品。在霍奇姆（霍京）战役中，扬·索别斯基从侯赛因帕夏那里缴获了一块刺绣丝织品，上面装饰着“两千块祖母绿和红宝石”。索别斯基觉得这块刺绣极为美丽，于是在自己加冕为国王的典礼上将它用作马衣。若干年后，他将这块刺绣作为他所能想到的最宝贵的礼物，送给了托斯卡纳大公，后者将其冷落一旁，并在自己的清单上将其记录为“野蛮人的奢侈品”。

奥斯曼式的装束和巴洛克式建筑颇为匹配，仆人们也要这样打扮起来。有钱的贵族们经常在自家府上蓄养被俘的鞑靼人或者土耳其新军，同时，他们也会把自己的波兰随从装扮成阿拉伯人，把自己的护卫们打扮成切尔克斯战士。这种爱好最后发展到了这样的程度：在涅斯维日的卡罗尔·拉齐维尔的巴洛克式家族教堂中，演奏宗教音乐的是一个打扮成土耳其新军的犹太人乐团。

在波兰，从来没有颁布过反对奢靡之风的法律，而炫耀的习惯也从未被禁止。对多数波兰人来说，金钱并不是用来投资的，所有结余下来的金钱最终都会变成用来证明自己地位的奢侈品。那些贵族们临终时刻开出来的遗产清单最能说明问题。一个贫困的贵族绅士留下的遗产清单可能包括以下东西：一两匹马，华丽的马衣、马鞍，武器和盔甲，数量不多的华贵服装，珠宝，可能还有一些个人的银餐具、一些皮毛、若干匹布，但是现金就基本不要想了。那些乡村豪宅和城堡中的财产清单，情况也大致相同。一般来说，清单包括：珠宝、服装、银器、马鞍、甲胄和武器、火炮、城堡护卫的制服、皮毛、布匹，土耳其、波斯或者中国的帷幔，旗帜、帐篷、马衣，毯子、佛兰德式挂毯以及绘画。家具一般不在清单上出现，除非是银制的。

波兰大贵族的外套是一件值钱的东西，它们用金线制成，因此很硬。外套的每个扣子都用宝石制成，而领口处的扣环和皮毛帽子上的羽饰堪称艺术品。法国旅行家韦尔丹记录说，扬三世日常佩戴的珠宝，价值高达20万泰勒（当时的一种银币），而在重大场合，他的一身盛装的价值估计不会比和他体重——无论如何都不是个小数——相等的黄金便宜太多。女贵族乌尔苏拉·谢尼亚夫斯卡1640年逝世时，她的首饰箱中留下了多达5000块钻石、红宝石、祖母绿、蓝宝石，这些财产被她的若干个亲戚分别继承。贝乌兹（今乌克兰贝尔兹）总督的夫人玛丽安娜·斯塔德尼茨卡，逝世时留下了8760颗珍珠。1655年，瑞典军队抢劫了卢博米尔斯基家族的领地维希尼奇，他们离开的时候用了多达150辆大车运走战利品。有些人所收藏的珍宝实在太多了，以至于被抢劫走的财产也只是九牛一毛。1707年，彼得大帝亲自将索别斯基家族的世袭领地之一茹凯夫（今乌克兰若夫克瓦）抢劫一空，而抢劫后的财产清单上，城堡中仍然收藏了700幅油画。

基于某人周围人口越多地位越重要的原则，这些城堡里面也塞满了人。城主的穷亲戚、没有土地的朋友、不那么富裕的心腹的后代、各种各样的代理人，这些人在大贵族领主的周围形成了一个小小的宫廷。在这个小小宫廷顶端的，是领主所雇佣的教育子女的教师、音乐家、一整套戏班子（包括芭蕾舞演员、弄臣和侏儒）、小教堂牧师、秘书、经理人以及其他各种人手。接下来是仆人、马厩一拨人、后厨一拨人、养鹰人、猎人、风琴手、阉伶、号手，还有骑兵、步兵和炮兵部队。波兰贵族们炫耀护卫的风格意味着他们还会蓄养好几十名穿着匈牙利式服装的"匈牙利兵"（hajduk），还有穿着土耳其新军制服的"土耳其兵"（pajuk），以及"意大利兵"（laufer），他们的军服看起来好像某种意大利歌剧的戏装，外面覆盖着鸵鸟的羽毛。这些护卫没有别的作用，就是在城主身边站着当仪仗，或者在他骑马出门的时候簇拥着主人。这些大贵族的手下人数非常惊人。拉法乌·莱什琴斯基的妻子1635年逝世的时候，他为超过2000名侍从提供了丧服，而这还不算厨子和厨娘，因为他们不会在宴会中出场。卡罗尔·拉齐维尔自己就拥有一支6000人的私人常备军。

大贵族的家族领袖对自己的地位都很重视，而这些壮观的炫耀也是出于他们强烈的自大心态。卡罗尔·拉齐维尔的总管曾经评价他的主人生活得比国王还要好。卡罗尔·拉齐维尔的回应是："我就是像个拉齐维尔家的人那样生活。至于国王，他可以按照他喜欢的方式生活。"家族成员中所有人的重大事件都会大操大办，并且举行盛大的庆典。有新的孩子降生，家族都会鸣礼炮致敬，有时候还会上演歌剧。而一家之主从战场上回来时，都会建起凯旋门迎接他的归来，焰火表演也是必不可少。

这不仅仅是一场作秀，这是一种日常的生活方式，它已经把仪式渗入到人们的一举一动，将仪式的重要性体现在人们可以看到的活动之中。随着时间推移，到了17世纪时，这种习惯的发展在宗教领域最为明显。这部分是受到虔诚信徒的影响，部分是教会努力的结果，他们一直在将联邦国家的一切社会生活纳入其影响力范围内——或者，直接在他们控制之下。

这种控制并不是能够那么容易实现的，特别是对卡罗尔·拉齐维尔之流而言。他曾经在1764年给安娜·雅布沃夫斯卡的一封信中这么总结自己的态度："我赞美上帝，不信恶魔，尊重法律，不理会国王，因为我是自由的贵族。"对于那些狂热追求无限制的自由的人来说，要对他们进行约束——比如，按照那些比联邦国家法律更模糊的规定来约束他们的性自由——并不是容易的事情。教会对社会活动的控制，建立在教会生活和社会生活并存的基础上，这成功地将宗教变成每个人日常活动的一部分。反宗教改革的领导们曾坚持教会组织和国家组织是不可分割的整体，宗教虔诚和爱国主义是不可分割的整体。他们在很大程度上成功了，他们成功地给普通波兰人建立起了这样的概念：教会类似于联邦国家一样，都是"属于他们的"。教堂成为地方议会开会以及本地法庭开庭的场所。国家纪念日和节日与宗教节日融合在一起。对贫困的贵族来说，进入教会担任神职，是唯一高贵的职业，这也是上层阶级中庸碌无为者的庇护所——而在其他国家，起到这一作用的一般是政府文官或者军官。

各种宗教信仰的外在标志受到鼓励。对圣母以及其他圣徒的崇拜在宗教改革期间一度退潮，如今又卷土重来。所有的城镇、村庄、机构、行会、团体都有了自己的主保圣人。那些据说曾经发生神迹的圣母像被"加冕"并宣布为圣物。琴斯托霍瓦的黑圣母像于1717年9月8日被加冕，15万虔诚的教徒参加了这场庄严的典礼。到1772年，全国范围内被官方认定为圣物的圣母像令人震惊地多达400幅，其中每一幅圣母像都代表着一处无数人前来朝拜的圣地，意味着能够得到信徒们奉献的大量珠宝、金钱、牌匾以及圣枝[①]。

在浓厚的宗教氛围下，宗教色彩渗入了生活的各个方面。一个有地位的人死后，人们要在教堂里建一个巨大的愚蠢建筑——悲痛之堡（castrum doloris），用于遮蔽逝者的棺椁，上面要装饰他的官职、财富的徽记，还有他的画像和家族纹章，以及记录他一生荣誉的详细行状。在葬礼上人们会按照古老的波兰风俗，将逝者官职的徽记打破，而如果他是自己家族中的最后一人，还要将他的家族纹章打碎。邻居、朋友、家人、仆役和士兵会表达他们最终的敬意，其方式多多少少有点戏剧化，而教堂的修士和修女会合唱挽歌并念诵祷文。1751年，统帅约瑟夫·波托茨基的葬礼办了两周，连续6天里，120门礼炮持续鸣炮致哀，总共用掉了4700米亚尔卡[②]的火药。10余名参议员，数百名亲友，以及他麾下一个个兵团在都聚集在斯坦尼瓦乌夫（今乌克兰伊万诺-弗兰科夫斯克）的教堂，向他致以最后的敬意，整个教堂被黑色的锦缎包围起来。巨大的灵柩台上面覆盖深红色的天鹅绒并装饰着黄金的流苏，灵堂里还布置着油灯、巨大的烛台、波托茨基的画像、战场缴获的旗帜、堆积如山的武器，以及其他用来象征死者职位和成就的东西。

波兰独特的萨尔马特式生活方式，是天主教巴洛克风格与奥

① 圣枝是用于棕枝主日（复活节前一个主日的星期日）的树枝，纪念耶稣进入耶路撒冷并纪念其牺牲。

② 米亚尔卡（Miarka）为波兰古代容积单位，1米亚尔卡为15.07升。

斯曼帝国文化杂交而得到的产物。所有的一切都是戏剧化的、夸张的、丰满的。这种生活方式和西欧已经开始流行的布尔乔亚式道德观：节俭、投资、自我提升、注重纪律等完全背道而驰。于是，这种价值观遭到了批评，批评者中甚至包括之后几个世纪的波兰人。萨尔马特主义最糟糕的地方，在于其荒唐且具有破坏性，这种思想鼓励粗暴的行为以及自欺欺人的态度。不过，萨尔马特主义确实可以让一群观点不同的人们在某种程度上和谐共存。正如扬三世的英国内科医生伯纳德·康纳评论的，“毫无疑问，如果我们英格兰人能够有他们1/3的自由权利，我们必会互相残杀”。

这也就帮助我们了解，为什么波兰–立陶宛联邦能够违背逻辑地、仿佛在平行世界一般继续运转下去。尽管波兰国家的法律体系已经崩溃，本应被其强大的邻国蚕食乃至征服，但是波兰这一政体仍然勉强维持下来，这种自欺欺人的状态也是重要原因。

1696年扬三世逝世，接下来的国王选举是一场彻底的失败。主要候选人包括：国王的儿子雅各布·索别斯基，法国的孔蒂亲王弗朗索瓦·路易·德·波旁，萨克森选侯弗里德里希·奥古斯特·韦廷。由于萨克森军队的干涉，雅各布·索别斯基很快首先出局。1697年6月27日，波兰贵族在选举场集会进行投票，孔蒂亲王获得了压倒性的优势，波兰首席大主教也宣布他为新的波兰国王。同一天夜里，一小部分心怀不满者将弗里德里希·奥古斯特选为国王，后者随即率领萨克森军队进入波兰。9月15日，当孔蒂亲王乘坐的船只还在波罗的海上，尚未抵达波兰的时候，弗里德里希·奥古斯特已经在克拉科夫由库亚维主教加冕为波兰国王（称奥古斯特二世）了。9月底，孔蒂亲王终于登陆以后，却发现自己已经被赶下了王位。他的支持者也不希望挑起一场内战。

结果，他重新上船又回到了法国。这是历史上第一次逝世的国王的儿子没有被选为国王继承王位；也是第一次，成功当选的候选人被军队赶下了王位；还是第一次有其他国家的统治者当选波兰国王兼立陶宛大公。

27岁的奥古斯特是一位非常神奇的人物。他的外号是“强力王”，他的臣属说他“一半是公牛，一半是雄鸡”。他可以一只手弄断马蹄铁；他是令人惊异的神枪手；他可以把一桌子人喝倒，自己却不醉；他的性能力也是首屈一指，和非常多的异性发生不正当关系，以至于要不是他留下了数量庞大的一群私生子，没人能相信他强到了这样的程度。他并非愚蠢的人，希望将联邦国家改造成中央集权的专制国家。他也和扬三世一样，将战争看成获得威望从而推行自己计划的不二法门。

1698年，之前被瑞典侵略者从自己老家赶出来的利沃尼亚贵族约翰·帕特库尔出现在了国王面前。他代表利沃尼亚贵族们，希望获得国王的援助支持。尽管贵族们希望重新加入联邦国家，但奥古斯特却希望利用这一机会将这一地区变为自己的私人领地。不久之后，他和从西欧取道波兰返回俄国的彼得一世沙皇（即彼得大帝）举行会晤。两位君王宴饮整夜，制订了联手进攻瑞典的战争计划。奥古斯特二世还建议他的叔父、丹麦国王克里斯蒂安五世加入他们的联盟，为此丹麦战后可以从瑞典手中获得不莱梅和韦登。1699年，彼得一世、丹麦新国王弗雷德里克四世（克里斯蒂安五世之子）、奥古斯特二世签署了盟约。不过，作为波兰国王的奥古斯特二世没有擅自签署盟约的权力。这一盟约其实是沙皇俄国、萨克森选侯国和丹麦三国签署的。这三个国家在次年对瑞典发起了战争。

然而，联盟犯了一个错误：他们认为自己可以轻易击败年仅18岁的瑞典国王卡尔十二世。这个初出茅庐的年轻人，浑身充满了非人类一般无限的精力、无尽的勇气，并且坚信自己命中注定刀枪不入——这不久也将在人们的传说中流传。他迅速击败了丹麦军队，随后打败了试图占领里加的萨克森军队，接下来转头对付俄国。在纳尔瓦战役中，他击败了俄军。于是奥古斯特决定向他求和。

卡尔十二世完全不屑一顾，他要求波兰人废黜奥古斯特二世，否则就会进攻波兰。理论上来说，波兰－立陶宛联邦此时并未和任何国家交战，而如何处理瑞典人要求的问题，由于国家内部的派系纷争而更显棘手。1702年，萨佩哈家族将立陶宛置于瑞典保护之下，同年4月，卡尔十二世进入了维尔诺。反对萨佩哈的立陶宛贵族随即向俄国沙皇求助，俄军于是进入立陶宛大公国进行支援。而此时卡尔十二世的军队已经开进波兰追击奥古斯特二世。联邦国家的贵族被这一入侵举动激怒，残余议员在卢布林集合起来，召开会议呼吁和瑞典开战。次年，这些忠于奥古斯特二世的贵族们投票决定和俄国结盟共同对付瑞典。而此时，卡尔十二世和波兹南督军斯坦尼斯瓦夫·莱什琴斯基举行了会晤。莱什琴斯基是一个27岁的年轻人，卡尔十二世对他颇为敬重。随后，卡尔十二世也集中了大约800名贵族召开议会，从而将莱什琴斯基推上了波兰王位。如今波兰有了两个国王，而他俩都没有太多支持者，也没有军队。他们各自被彼得一世和卡尔十二世的“双人舞”带着走，而这两位君王的“舞场”则是整个联邦国家，直到卡尔十二世挥军进攻萨克森为止。在萨克森，他最终成功地将奥古斯特拉下马来，废黜了他的波兰国王头衔。莱什琴斯基成为波兰国王（称斯坦尼斯瓦夫一世）。

现在，卡尔十二世决定腾出手来对付彼得一世。他和莱什琴斯基以及伊凡·马泽帕制订了计划。马泽帕原名扬·科沃京斯基，曾经是扬·卡齐米日国王的仆从，现在他是第聂伯河左岸哥萨克人的领袖，效忠于彼得一世。哥萨克人昔日的独立正在被俄国一点点侵蚀，他们希望重新将乌克兰统一起来。于是，以未来乌克兰获得独立并建立和波兰的同盟为基础，一个反对俄国的联盟成立了。但是1709年7月8日，卡尔十二世和马泽帕在波尔塔瓦被彼得一世击败。

战争结束了，奥古斯特二世也重新获得了波兰王位。如今的他比以往明智了一点，但却因过去10年发生的种种事件而变得虚弱不堪。1698年，当他和彼得一世夤夜筹划北方战争的时候，他是一个强有力的盟友。在10年的拙劣的表演之后，如今他不过是沙皇的一个代理人而已，一切都要依赖俄国的支持和保护。无论是国王本人还是联邦国家，都没有明确的方法摆脱目前的窘境。整个东欧地区的力量平衡在这10年里已经发生了翻天覆地的变化。

曾经是主要强国之一的瑞典，在波尔塔瓦战役大败后，其影响被彻底清除。奥斯曼帝国之前已经被彻底打败〔波兰统帅菲利克斯·波托茨基1697年在波德哈伊采（今乌克兰波德加伊齐）击败了奥斯曼帝国，这是两国最后一次大规模交手〕，1699年1月，通过两国签订的《卡尔洛维奇和约》，波兰夺回了卡缅涅茨和整个左岸乌克兰。而法国对其在东方的诸多盟友——奥斯曼土耳其、瑞典、波兰——感到失望，因而将自己和哈布斯堡王朝争夺的主战场转移到了西班牙和意大利。而哈布斯堡王朝则忙于西班牙王位继承战争，因此无暇顾及此时大北方战争的机会。

另一方面，普鲁士则充分利用了大北方战争的机会，强化了自己的军事实力和外交地位。1701年1月18日，勃兰登堡选侯兼普鲁士公爵弗里德里希三世，正式给自己加上了“在普鲁士的国王弗里德里希一世”的头衔。由于普鲁士不是王国，所以他不能自称“普鲁士国王”；而勃兰登堡仍然是神圣罗马帝国的一部分，因此他也不能自称“勃兰登堡国王”。这个奇怪的称呼使得他成了欧洲各国宫廷的一个笑谈。

利用类似的方式，1721年，俄国沙皇彼得一世自封为“全俄罗斯皇帝”。但是对他，就没人嘲笑了。之前的战争证明了，俄国不仅是一个日益强大的大国，同时在战略上也是难以征服的。彼得明确表示，他将在未来的欧洲舞台上扮演更加活跃的角色，第一步就是向西扩张自己的影响。而首当其冲的自然是波兰。

1712年，波兰议会在审议奥古斯特二世提出的改革方案的时候提出了反对，使得此事陷入僵局。于是，国王从萨克森带来了军队试图使用武力威慑。这激起了贵族议员们的反对，1715年他们建立了反抗国王的同盟。彼得一世提出居中斡旋。双方不情愿地接受了他的建议。于是，俄国外交官来到了华沙——后面还跟着1.8万人的用来维持秩序的军队。接下来的1717年议会就是著名的“无声议会”。举行会议的议院，周围都被俄军士兵所包围，代表们被禁止发言，俄国调解人强制通过了他的解决方案，相应的内容被列入了《华沙条约》中。

条约规定了诸多事项，其中特别规定，奥古斯特二世在波兰驻扎的萨克森卫兵人数不能超过1200人。波兰军队总数不得超过1.8万人，立陶宛军队不得超过6000人。考虑到俄国将成为波兰国家的保护者并且承诺在联邦国家驻扎军队，上述的兵力已经足够了。奥古斯特二世希望不惜一切代价把这些俄军送走，为此他秘密地向彼得一世提出，可以将部分边境省份交给俄国，换取俄军撤军。没那么雄才大略的人或许会接受这个建议，但是彼得一世拒绝了，反过来将奥古斯特的提议印刷出来公开散发，从而激起了那些自居为联邦国家领土完整的保护者的贵族们的怒火。

1733年2月1日，奥古斯特二世在华沙死于酒精中毒。弥留之际他说："我的整个一生都是一场无休止的罪孽。愿上帝宽恕我。"他曾经希望确保其子奥古斯特能够成功继承波兰王位，但这个愿望似乎不大可能实现，因为斯坦尼斯瓦夫·莱什琴斯基——法国国王路易十五的岳父——也会参加选举并且很有可能胜出。于是俄国、普鲁士、奥地利签署了协议，将他们的全部力量联合起来支持这个萨克森年轻人，后者已经承诺一旦当选就将利沃尼亚割让给俄国。

1.3万名前来参加选举的贵族一致推选莱什琴斯基为波兰新国王，而他也正在微服前往华沙的途中。在巴黎，伏尔泰为此谱写了一首欢乐的颂歌，但是俄国军队已经出动了。10月5日，两万俄军在华沙城外召集了1000名波兰贵族，强迫他们选举萨克森的奥古斯特为国王。5天后，法国对奥地利宣战，波兰王位继承战争由此爆发。斯坦尼斯瓦夫国王的支持者在全国各地组成了同盟，支持他的格但斯克城还组织了一支数量可观的军队。接下来的两年，零星战争时断时续，但是最终奥地利在意大利向法国做出了令后者满意的让步，使得战争得以结束。斯坦尼斯瓦夫·莱什琴斯基从自己女婿手里获得了洛林公爵的头衔聊作安慰，奥古斯特三世则如愿登上波兰王位。

自从1718年接受俄国强加的“保护”后，联邦国家就不再是一个独立国家，事实上也停止了政府机构的正常运转。大北方战争期间，波兰议会从1703到1710年一直没有开过会，这就意味着国家既没有通过任何法律，也没有征收过任何税款。在议会重新开会之后，效率也没有多大提高。奥古斯特二世共召集了18次会议，其中10次因被否决而无果而终。国王试图建立更强有力的政府，但是他的政策都没经过认真思考。他还有个不合适的想法，总觉得推动任何变革之前，都必须用强大的萨克森军队威慑一下贵族们，而这种做法往往会激起广泛的反对，甚至将支持他的人推到对立面。在他统治的最后几年，他确实成功获得了一批大贵族和中小贵族的支持，但是他们推动改革的努力随着1733年奥古斯特二世的死亡而中止。

他的儿子、波兰的新统治者奥古斯特三世是一个懒惰而臃肿的胖子：他愿意把整天的时间花在用剪刀剪碎纸片玩或者坐在窗边用手枪对着流浪狗随意开枪。他的酒量也极为惊人。奥古斯特三世在位30年，但他仅仅有24个月待在波兰。他觉得在萨克森要自在得多。然而，在波兰贵族们眼里，他并不像一些人认为的那样不受欢迎：他连最微小的限制贵族权力、增加国王权力的改革都不肯做。在他统治时期议会仅仅召集了一次会议，国家的军队缩减到了应有人数的一半，所有国家行政机器都逐渐从人们的视野中消失了。

大贵族们——或者说站在财富权力巅峰的那一小撮人——倒是乐意看到国家的这种状态。这些人已经从一方诸侯变成了近乎独立的统治者。其他国家不再向坐镇华沙或者德累斯顿的国王派出使节、送去贿赂，他们的目标变成了这些具备实际统治地位的大贵族家族。波托茨基、拉齐维尔等大家族的事务牵扯了半个欧洲的目光，凡尔赛、波茨坦、圣彼得堡或者卡塞塔都在关注着这些家族的动静。年轻的索菲亚·谢尼亚夫斯卡的婚姻就是一个很好的例子。

索菲亚·谢尼亚夫斯卡的父母分别是波兰统帅、克拉科夫领主米科瓦伊·谢尼亚夫斯基与埃尔日别塔·卢博米尔斯卡，她是这对夫妻的独生女，一位高不可攀的女贵族。1724年，她嫁给了波洛茨克总督斯坦尼斯瓦夫·多恩霍夫，这位身价不菲的贵族也是他的家族的最后一位传人。两人结婚4年后，丈夫离开了人世。于是，波兰所有的贵族家族都在努力追求这位年轻的孀妇，希望能够得到她的巨额财产。路易十五也很快意识到了其中的机遇，于是邀请这位孀妇来到凡尔赛，并安排她和夏洛莱伯爵——他也是波旁家族的一员，同时是王位的竞争者之一——结婚。奥古斯特二世也在试图监视她的所有追求者。荷尔斯泰因公爵希望她能嫁给自己，而哈布斯堡家族则支持葡萄牙的布拉干萨公爵，他们希望他能够继承葡萄牙王位。圣彼得堡也派出了使节并且进行贿赂，希望能影响她的选择。最终，1731年，索菲亚·谢尼亚夫斯卡选择了所有追求者中最不富裕的奥古斯特·恰尔托雷斯基。接下来的100年中，这个家族一跃成为波兰最有权力的家族之一。

这些大贵族家族的权力来自他们的财富，也来自他们对其他次要贵族的控制权。这也反映出贵族内部日益加剧的贫富分化。下面这些关于卢布林地区的数据，能够让我们了解在过去200年内土地所有权所发生的巨大的变化。在16世纪50年代，54%的贵族领地所有者是人均拥有土地面积不到1500公顷的中小地主，而到了18世纪50年代，这一比例下降到了10%；在16世纪50年代，只有大约16%的土地在人均拥有土地面积7500公顷的大庄园主手中，而到了18世纪50年代，这一比例增加到了50%以上。大地主的土地越来越多，中小地主的土地越来越少。土地兼并的结果就是到了18世纪中叶，少数十几个大贵族家庭的土地阡陌相连、面积巨大，中间是大约300个家族，他们拥有的土地面积和英格兰或者德意志最大的地主们大致相仿，最下面则是12万个完全没有土地的贵族家庭。剩下的是那些拥有小块土地的贵族，不过他们土地的出产也仅仅能供养自己和仆役不至于饿肚子。

战火的摧残，生产方式过时，农业缺少投资，以及农产品价格持续下跌，这些构成了一个恶性循环。从1500年到1800年，在英格兰和荷兰，农业的平均产量增加了两倍，法国增加了1倍，而波兰只增加了1/4。通过梳理这一时期的账目，我们可以发现，即使是大波兰这样秩序井然未经摧残的地区，同样陷入了一派衰退的景象，建筑物摇摇欲坠，工具老朽不堪，牲畜逐渐耗竭。

这一潜在的问题不仅仅局限于波兰，而是整个中欧地区的通病。在这一地区，地主和佃农之间的旧式经济关系已经变成了利润更大的资本主义生产方式难以逾越的障碍。要建立新的生产方式，有必要解放农民并剥夺他们的财产，这样就可以将农民变成定期的契约工人，和农场主建立新的经济关系。但是这一巨变对双方来说都是破坏巨大、无法承担的。最终结果是，地主们增加农业产量唯一的办法就是将农民压榨到极限，而在这个过程中，农民只能被动地再次变成农奴。

理论上来说，在联邦国家内其实并没有农奴这个阶层。没有农民是“属于”其他人的。他只是他的主人的臣属，他们之间的契约关系，程度不过是农民以劳动换取住房和（或）无须另付地租的土地。每个农民，无论多么卑贱，都是独立的个体，有权进行各种合法的经济活动。然而，由于相应的司法机构往往都是在贵族地主的控制之下，因此农民的权利只是理论上的。到17世纪末，地主们事实上对他们所辖的佃农享有近乎无限的权力。地主们平时能得到法律什么程度的倾斜或者他们将自己的权力滥用到什么程度，在不同地区并不完全相同，这更多取决于农民的受教育水平和决心，而不是主人的道德水准。波兰和德意志、匈牙利或者欧洲其他地方——俄国除外——很不一样，走出中世纪后几乎没有发生过农民起义，也没有追捕逃亡农民的组织。农民和地主们的对抗基本上都在法庭上，如同过去那样。但是到了18世纪，农民们陷入了贫苦的困境，以至于他们失去了一切争取自己权利——哪怕只是理论上的权利——的能力，而他们的子孙后代也只能继续沉沦于贫困。

整个社会陷入贫苦处境的人中，处境最糟糕的就是犹太人。他们刚刚经历了深切的创伤——1648年他们遭到叛乱的哥萨克人的屠杀，接下来17世纪50年代又被俄国人屠杀。犹太社区发现，在经济不景气的大环境下，他们很难在经济上东山再起，更不要说经济衰退还加剧了他们和基督教商人们的冲突，他们的经济机构也难以正常运转。在过去几十年的战争和动荡里，那些监管着自己统治区域内犹太人公社（Kahał）的经济情况的总督们只会偶尔去关注一下他们，结果就是关于犹太人的事务中，腐败和裙带关系成了典型的特征。当王室委员会最终真的去调查公社的经济情况的时候，他们发现由于大规模贪污侵占以及与耶稣会的不合常理的借贷行为，多数犹太社区都已经到了破产的边缘。结果就是，犹太人在联邦国家内“国中之国”的特殊地位，不得不在

1764年画上句号。

犹太人中的大多数人都处于赤贫地位，同时生活在愈发充满敌意的环境中，而这样的环境中产生了哈西德主义。这是一种神秘主义的教派，在祷告时会进入纵情狂喜状态。他们拒绝充满痛苦的现实生活，而是提供精神上的缓解和治愈，从而在联邦各地的犹太人聚居城镇（shtetl）里吸引了大量最贫苦的犹太人。这一教派是由以色列·本·埃里泽尔（1700—1760，也叫巴尔·谢姆·托夫）在波多利亚创立的，他是一位有魅力的人，宣称上帝无处不在，因此可以通过一切事物和一切行为表明对神的崇拜，甚至包括吃喝和舞蹈。他所鼓励的充满欢乐的礼拜仪式受到贫苦犹太人的欢迎，但是却招来了正统拉比们的怒火。正统的拉比们同时还得对付另外一位异端——沙别台·泽维，从17世纪60年代开始他就自称为“救世主弥赛亚”，并且聚拢了数量可观的追随者。而他的其中一位追随者的儿子引发了犹太社区最大规模的抗议活动。雅各布·弗兰克（1726—1791）随之效仿，声称自己是弥赛亚，并且宣称波兰正是犹太人的应许之地。他的追随者人数迅速增加。正统的拉比试图通过求助于国家法律来限制异端的传播，于是宗教议题变成了公共话题。利沃夫的主教举办了一场公开辩论，双方分别是传统犹太教的教士和弗兰克派的信徒，而耶稣会居中担任裁判。让耶稣会高兴的是，弗兰克成功压倒了他的反对者，接下来他还宣布他和他这一派教众皈依天主教。弗兰克于1759年受洗，国王亲自担任他的教父，而所有的皈依者都被封为贵族。

这种热情的爆发是源于犹太人心理上和现实中无法逃脱的“罪恶之城巴比伦”。无论是压抑的犹太人聚居城镇，还是大城市里散发着臭味的犹太贫民窟，都是外国旅行者们所看不惯的景观。

然而，它们只是这幅可怕的衰败与贫穷的图景上最黑暗的几个污点，而这种贫困在那些巨大的财富偶尔显露出来的一鳞半爪以及大量富丽堂皇的新建筑的对比下更显突兀。

新型的乡村豪宅开始出现。它们不再采用之前那种内敛的形式，而是更加张扬、更加宏伟。它们经常会模仿凡尔赛宫或者其他德意志地区邦国统治者的王宫。许多工匠，如巴黎的布勒（Boule）、梅松涅尔（Meissonier）、卡菲耶里（Caffiéri）、里耶桑纳尔（Riesener），来自波兰的订单接到手软。但是这种富丽堂皇和一掷千金并不意味着任何形式的艺术或者学术复兴。这些建筑并不是深度艺术和丰富想象的结果，只是附属的无用赘疣。比亚韦斯托克的布兰尼茨基宫中，建有一座400个座位的剧院，还有波兰和法国的戏班子各一套，以及一个芭蕾舞团。这座豪宅的马厩里有超过200匹马，但是图书馆的藏书却只有170本。布兰尼茨基统帅并没有知识和能力重建法律体系。

波兰的贵族们仍然全心全意地相信那些原则：个人的自由、议会代表、责任、司法独立等等，这些也是联邦国家的法律体系赖以建立的基础。他们知道法律体系运转不灵，但也相信这套体系需要某些修正，主要的问题都在于那些大贵族的错误，以及一代代国王粗暴的做法——这些暴君总是理所当然地想把联邦国家变成中央集权的君主专制国家。所有国王或者参议院委员会（Senatus Consulta）所提出的改革尝试都会包括一些强化中央集权的措施，这些提议无一例外地遭到了贵族们的拒绝。他们对于君主专制几乎形成了某种强迫症式的恐惧，随之而来的，就是贵族们时刻守着他们为之骄傲的特权不放，生怕遭到任何威胁。在17世纪90年代到18世纪头10年，他们曾经提出了举办“武装议会”的主意，意思是说，他们在华沙以全体动员的形式召开众议院会议，通过这一方法，在更加平等的位置上对参议院的大贵族进行挑战。但是这种想法难以实现。哪怕是面对对他们的权利和豁免权的最轻微威胁，他们都会用上撒手锏——自由否决权。

任何一名代表表达反对意见，都可以阻止议会形成决议。这一做法来自这样一个原则：所有法案要真正生效，必须所有代表形成一致意见。尽管和法治的精神相违背，但是用一个人的反对意见废止多数人形成的决议在实行上确实是合法的。自由否决权第一次付诸实施是在1652年，但17年以后才再次行使，而再下一次又过了10年。直到1696—1733年这一时期，自由否决权才成为波兰议会政治中独有的特色，而这也标志着波兰议会堕落到了一个新的程度。

那些行使自由否决权的代表，往往都是来自立陶宛或者乌克兰的无名之辈，他们这样做往往是出于本地大贵族或者外国势力的授意。这个机制对外国势力实在太有利了，以至于1667年，勃兰登堡和瑞典同意在必要的条件下“为保卫波兰的自由”可以对波兰开战（即可以用战争手段阻止波兰人废除自由否决权），而在接下来数百年中，波兰和所有邻国签订的条约中，都要重申实质上相同的内容。

尽管许多人哀叹自由否决权的滥用，但是他们仍旧支持同僚行使这种权力，正如在宗教改革期间，许多热忱的天主教徒曾经拒绝迫害那些被判处渎神罪的人。自由永远是最优先的，也是最重要的问题。自由否决权的现象一般被视为令人困惑的错误以及联邦国家政治上无力的最显著象征。但是这一权力也确实发挥了一个明确的功能，即避免波兰国家变为君主专制国家，而在17世纪末、18世纪初政治不稳定的战争时期，要实现这一转化并不困难。在贵族们看来，政府缺位要比专制政府好得多。许多人甚至进而认为政府是不必要的。

在17世纪50年代的大洪水时期，联邦国家同时遭到哥萨克人、鞑靼人、瑞典人、勃兰登堡人和俄国人的攻击，贵族们通过召集各地的地方议会开会，来处理本地区的重要问题。这种管理方式不仅效率更高，而且和中央政府相比更负责任、花费更少。结果就是，各地的地方议会——地区议会（sejmiki ziemskie），以及处理法律秩序方面的地方议会——法政议会（sejmiki boni ordinis），成为人们所偏爱的地方管理机构，他们有责任选出法官、法政官员和民兵指挥官，并收取税款、募集军队、提名其他公职人员。

既然没有全国议会的情况下日常生活还能继续，贵族们就更有理由宣称全国议会是没必要的了。人们开始认为，混乱的无政府主义——就是字面意义上的没有政府——国家在某种程度上就是理想状态，这样的政府不会成为国王和大贵族们实现限制贵族自由这一险恶目的的工具。在战争和动荡的时期，比如18世纪头10年，这样的政府的意义更加重大，因为在这种局势下召开的全国议会，可能会宣布国家进入紧急状态，从而通过对贵族有害的法律。

因此，联邦国家继续维持着这种停滞状态。除了那些依靠国王的私人收入运转的部门，国家没有什么中央行政机构；除了参议院委员会，也没有别的什么政府部门，而参议院委员会并没有权力下达令状。联邦国家的内部和外部事务，大部分由俄国决定，少部分则由普鲁士和奥地利做主。这三个国家越来越将联邦国家的领土看成是无主之地。俄国在联邦国家内随意调动其驻军，仿佛是在自己的训练场上；而普鲁士和奥地利则把联邦国家看成是本国军队调动的便捷通道，在战争时期，甚至会在合适的波兰城镇建立他们的仓库和兵营。

12

振兴之路

由于波兰国家已经不再是一个实际存在的政治实体，其历史也就变成了少数人的故事，这些人相信波兰仍是一个存在的国家，并且为复兴波兰国家而奋斗。他们不是用战争、和约或者法令的形式，而是以他们的智慧和对社会的组织动员进行奋斗。

进行法律改革的愿望从来没有被彻底扑灭，而其第一次付诸实践则是依靠斯坦尼斯瓦夫·科纳尔斯基（1700—1773）。这位神父来自宗教学校司铎修会，曾经在巴黎和都灵学习。在安杰伊·扎乌斯基主教的支持下，1732年他开始出版14世纪以来所有通过法律的纲要，并命名为《法律全书》（*Volumina Legum*）。他相信参政贵族首先要了解国家历史上的法律，然后才可能接受法律改革的观点。1740年，科纳尔斯基建立了贵族学校（Collegium Nobilium），这是一所公共学校，目的是让年轻的贵族们摆脱家族的影响，从而给他们灌输启蒙运动的思想。科纳尔斯基的下一步是改革联邦境内的20座本修会的学校。耶稣会察觉到他们对手的这一现代化改革可能削弱自己的学校的影响，于是他们也开始引进更好的教师、扩展课程范围，对自己的学校进行改革。

科纳尔斯基的朋友扎乌斯基是一个热心的藏书家，而他的兄弟约瑟夫·扎乌斯基也有同样的爱好。1747年，他们将自己的藏书合并，在华沙买了一座大房子，并将其捐献给国家，这座豪宅成了欧洲大陆上的第一座公共图书馆。波兰议会通过法令，要求所有出版商捐出其出版图书的第一本给图书馆，由此这座图书馆的馆藏日益丰富。到1795年图书馆被俄军劫掠（这些战利品成为后来俄罗斯帝国公共图书馆建立的基础）的时候，已经收藏了超过50万本书。

在政治方面，领导波兰国家振兴的是另一对兄弟：米哈乌和奥古斯特·恰尔托雷斯基，他们得到了他们的妹夫——斯坦尼斯瓦夫·波尼亚托夫斯基[①]——以及一帮亲戚们的帮助。他们是出于共同的迫切愿望——拯救联邦国家，而非出于个人的野心而团结起来，至少他们自己是这样认为的。他们组成了一个小团体，这个小团体逐渐被称为“家族”（Familia）。他们吸引了大量的追随者，在1733年的国王选举中，已经有呼声要将奥古斯特·恰尔托雷斯基推上王位。不过这一动议最终由于莱什琴斯基的出现而被阻止了，“家族”决定支持他登上王位。莱什琴斯基的支持者们继续在格但斯克艰苦战斗的时候，1743年，奥古斯特有了一个儿子，即亚当·卡齐米日。为了这位年轻贵族的降生，他的家族专门打造了一块金牌，以此昭告世界，这个新生的王子将被抚养成为王室的继承人——恰尔托雷斯基家族是瓦迪斯瓦夫·雅盖洛的兄弟的后裔，他们拥有雅盖隆王朝的高贵血统。

而在亚当·卡齐米日·恰尔托雷斯基出生前两年，“家族”中诞生了另一个孩子：斯坦尼斯瓦夫·安东尼·波尼亚托夫斯基。

① 这个斯坦尼斯瓦夫·波尼亚托夫斯基是后文提到的波兰末代国王斯坦尼斯瓦夫·波尼亚托夫斯基的父亲。

尽管他几乎享受不到王室光辉的护佑，但他的母亲康斯坦齐娅·恰尔托雷斯卡在他的成长上付出了巨大的努力。他很小的时候就被送到国外接受教育。他先后游历了维也纳、巴黎和伦敦，在20岁返回波兰的时候，已经通晓六门语言，成为一个博闻多识而兴趣广泛的青年。1755年，他和自己的亲密朋友、英国外交官查尔斯·汉伯里·威廉姆斯爵士一道前往俄国圣彼得堡。威廉姆斯爵士将他引见给了26岁的大公夫人叶卡捷琳娜·阿列克谢耶夫娜，这位大公夫人在结婚前名叫索菲亚·奥古斯塔·弗里德里克，出身于德意志的安哈尔特–采尔布斯特家族。这两个年轻人成了情人。这个事情以后会非常重要。

“家族”一直在考虑推翻奥古斯特三世，但是他们不得不面对两帮对手可能的反对：一方面是姆尼谢赫家族为首的亲萨克森一党，另一方面是那些政治思路混乱，但是却坚决维护联邦国家无政府状态的老派贵族，他们包括统帅扬·布兰尼茨基以及弗朗齐歇克·波托茨基、卡罗尔·拉齐维尔等。1762年，一场政变将已经成为俄国皇后的叶卡捷琳娜推上了皇帝宝座。于是，“家族”开始考虑依靠俄国的支持实施自己的计划。次年，奥古斯特三世逝世，于是再也没有什么力量能够阻止“家族”将他们的人推上国王宝座。但是亚当·卡齐米日·恰尔托雷斯基亲王更喜欢书籍而不喜欢政治。与此同时，叶卡捷琳娜女皇也表露了她的态度，她希望自己的前情夫波尼亚托夫斯基成为波兰国王。

于是，1764年9月7日，斯坦尼斯瓦夫·波尼亚托夫斯基不出意外地当选波兰国王，史称斯坦尼斯瓦夫二世·奥古斯特。这次选举揭开了波兰历史新的一页。随着亚当·卡齐米日·恰尔托雷斯基当选议长，政治风向即将有变的氛围在选举前的议会全体大会上已经有所表现。议会中多数议员已经结成同盟，这就意味着这种同盟议会可以按照多数票原则的方式通过立法，并且可以实现“家族”计划的诸多措施。多数票原则已经在地方议会得以实施，这是废除自由否决权的道路上小但重要的一步。此外议会建立了财经和军事方面的委员会。所有财经委员会提出的议案都必须得到议会的支持，但是议会没有否决权。全国范围内的海关关税税率确定了下来，一项市政改革的计划也开始列入计划。除此之外，国王还将若干自己个人的想法投入实施。1765年，他建立了一座“骑士学校”（Szkoła Rycerska），这是一座专门用来培训军事和行政人才的学院。

第二年，宰相安杰伊·扎莫伊斯基将他关于国家法律改革的议案提交给了议会。这份议案包括了废除自由否决权的内容。这立刻引起了圣彼得堡和柏林的警觉，俄国和普鲁士都威胁要求立即撤回这一议案并解散同盟议会，否则就兵戎相见。波兰没有办法，只能顺从。这一事件使得俄国叶卡捷琳娜女皇和普鲁士的弗里德里希二世国王（即腓特烈二世，也称腓特烈大王）对波兰的改革感到警觉，从而决定挑动波兰国内保守的无政府主义势力，将波兰政治这潭水彻底搅浑。他们注意到并利用了这样一个事实：在波兰（也包括其他任何一个欧洲国家，比如普鲁士和俄国自身），宗教上的少数派往往不能享有完整的民事权利。于是，俄国要求所有的东正教徒获得和天主教徒相同的担任政治职务的权利，而普鲁士则为路德宗教徒要求同样的权利。

给这些宗教上的少数派授予相同的权利也在国王和“家族”的计划之中。而反对的正是他们的保守派对手。然而，这个问题提出来的方式超过了问题本身，成了关键所在。驻波兰的俄军进行了调动，以支持在托伦的路德宗贵族同盟以及乌茨克（卢茨克）的东正教贵族同盟。俄国和普鲁士坚定地站在这一边，就使得许多爱国主义者——无论保守还是进步——跑到了他们的对立面。

于是乎，国王和他的支持者们失去了可供转圜的空间。1767年10月，波兰议会在俄军的包围与俄国大使（他本人坐在访客的旁听席上）的监视下召开会议。几名主教和统帅强烈反对赋予这些异端分子以相同的权利。然而他们在当天夜里就被人从睡榻上拖走，在俄军的押送之下，踏上了流放俄国的道路。议会对俄国的要求屈服了，他们接受了叶卡捷琳娜以波兰自由的名义庄严宣誓保卫的五条“永久不变”的原则。这些原则（国王由自由选举产生、贵族拥有自由否决权、贵族有权撤销对国王的效忠、担任公职和拥有土地为贵族独有特权、地主有权决定领地上农民生死）有效地限制了波兰国家未来的改革。

1768年2月29日，贵族们在乌克兰小城巴尔组成了贵族同盟，领导人是约瑟夫·普瓦斯基和卡齐米日·普瓦斯基兄弟，以及卡缅涅茨主教亚当·克拉辛斯基。这个同盟缺少严格而统一的领导，同盟的要求只是一堆关于信仰和国家自由的空话。俄国向斯坦尼斯瓦夫国王施压，要求他宣布反对巴尔同盟，但是国王搪塞了过去，他不希望助长反对派的气焰。在这一时刻，法国开始进行干涉，向巴尔同盟提供了资金，并且鼓励土耳其向俄国宣战。1768年10月，第五次俄土战争爆发。此时已经有若干个反对国王的大贵族宣布加入巴尔同盟，其中包括来自帕茨、萨佩哈、波托茨基等大贵族家庭的成员，还有卡罗尔·拉齐维尔统帅。1770年，

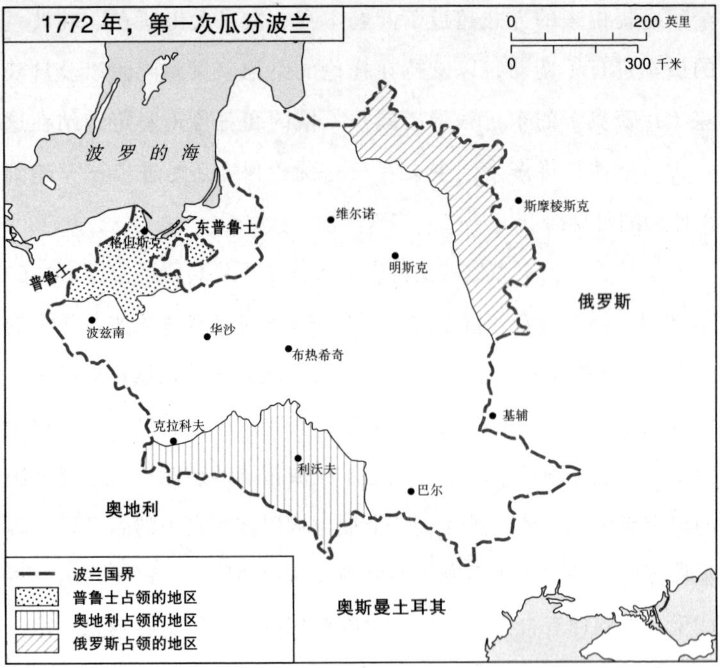

法国派遣迪穆里埃上校[①]担任同盟的军事顾问。同盟建立了临时政府，迪穆里埃建议他们的立场应该更明确一些。不过那些激进分子，如卡罗尔·拉齐维尔，并不需要太多的怂恿，1770年10月，巴尔同盟宣布废黜斯坦尼斯瓦夫·奥古斯特的王位。

支持国王的军队与俄国将领苏沃洛夫指挥的俄军并肩作战。俄军在兰茨科罗纳战役中击败了巴尔同盟。俄国的干涉为巴尔同盟赢得了广泛的同情，于是他们在波兰东南部地区广泛开展起了游击战。在1771年11月3日夜，一小股同盟成员在华沙市中心包

① 夏尔·弗朗索瓦·迪穆里埃（Charles François Dumouriez）后来在法国大革命期间，率领革命军队于1792年取得了著名的瓦尔密战役的胜利。

围了国王的马车，试图劫持国王。不过他们的计划千疮百孔，执行起来同样错误百出。这些绑架者居然迷路了，而他们之中有一个人又改变了主意，允许国王顺利逃走。第二天早上，斯坦尼斯瓦夫·奥古斯特国王平安回到了他的宫殿。不过他的权威遭到了严重的破坏。

巴尔同盟的军队被俄军逐步扫除，最后一支军队在琴斯托霍瓦坚守到1772年。[①]那些参加了巴尔同盟的大贵族们多数被迫流亡，但是超过5000名被俘的中小贵族被流放到了西伯利亚，给他们的事业平添了殉道者的光环。当时的哲学家——卢梭和马布利都对巴尔党人表示了支持，他们将巴尔党人的举动看作纯粹的爱国热情和公民精神的体现。

对联邦国家来说，巴尔同盟登场的时间实在是糟糕得不能再糟糕了。在法国国务大臣舒瓦瑟尔的努力下，法国努力建立一个法国–奥斯曼–奥地利–萨克森四方同盟，从而应对来自普鲁士–俄国联盟的压力。法国对巴尔同盟表示兴趣也是同样的原因。而俄国只需要波兰保持驯服就够了。但是普鲁士的腓特烈大王早就宣称他的目的是将波兰各个省份“像对付洋蓟一样，一片叶子接一片叶子地撕下来”，然后吃干抹净。1770年舒瓦瑟尔突然倒台，使得法国在这一地区的行动画上句号。腓特烈大王已经制订了一个计划，让奥地利和法国疏远并倒向自己和俄国，方案就是把奥地利也拉入对波兰的三家瓜分之中来。1771年，普鲁士和俄国就这一问题开始了商议，并于1772年2月签订了协议。随后普俄双

---

① 领导琴斯托霍瓦守军的就是前面提到的卡齐米日·普瓦斯基。起义失败后他流亡海外，后来前往美国加入大陆军、参加了美国独立战争，被誉为“美国骑兵之父”。1779年战死于萨凡纳。

方开始和奥地利接触。奥地利女大公玛利亚·特蕾莎最初并不情愿，但最终也点了头。于是，1772年8月5日，对波兰联邦的第一次瓜分确定下来。普鲁士获得了3.6万平方千米土地、58万人口；奥地利获得8.3万平方千米土地、265万人口；俄国获得9.2万平方千米土地、130万人口。三国之中，普鲁士所得的那一份是最有价值的：这一地区不仅是波兰开发程度最高的地区，普鲁士还由此将两部分国土连成了一个整体，并掌握了维斯瓦河——波兰通向外部世界的生命线——的控制权。这一地区的力量平衡被彻底打破，普鲁士的面积扩大了80%，而联邦国家则失去了其人口和国土的1/3。

对波兰的瓜分引起了许多人的警觉。这一事件也震惊了整个欧洲的舆论。波兰是俄国的盟国，而在制订瓜分的计划时，波兰和普奥两国也并没有处在战争状态。不仅如此，俄国还声称自己会保证波兰的独立、保护波兰领土完整。为了扭转欧洲各国的负面印象，叶卡捷琳娜和腓特烈两位君主在法国的启蒙运动哲学家们当中招募支持者，通过他们的笔，将波兰描绘成反对启蒙运动的一潭死水，声称波兰急需要他们这样的开明专制君主进行解放。他们还坚持，瓜分波兰的条约是经过波兰议会批准的。

一群心怀不满的人——在萨克森王朝时期兴旺发达的大贵族以及那些领地被划入俄国或者奥地利的中小贵族——被选出来，在俄普两国军队的监视下进入亚当·波宁斯基担任议长的同盟议会。尽管如此，一些代表仍然在议院里制造了巨大的混乱，阻止了条约的批准。国王和“家族”求助于拖延战术，他们希望通过外交手段，让一切可能合作的国家向这三方施加压力。英国对普鲁士通过瓜分波兰而在波罗的海上获取的巨大优势感到警惕，因此进行了强烈的抗议，但是他们的措施仅仅到此为止。而俄国和普鲁士还威胁要夺取更多的领土，于是波兰议会没有别的选择，只能在1773年9月30日宣布通过这些条约。普鲁士还借此机会，强加给波兰一项贸易协定，对波兰沿维斯瓦河运输的谷物规定了极为苛刻的税率。

俄国所推行的五条“永久原则”使得波兰国家不能进行一切法律改革，俄国和普鲁士也不允许他们在波兰的利益受到动摇。然而，接下来的20年中，联邦国家仍然在进行彻底的转型。从1775年开始，国家事实上处于新设的“常设委员会”（Rada Nieustająca）的管理之下，这个委员会进行了广泛的改革。联邦国家的军队人数虽然不得增加，但进行了近代化改造。国家财政体系逐渐走上正轨并平稳运行。出现了专门强制执行法律的警察部门，他们整顿了市政机关的管理秩序，并且成为一切城市事务——从道路交通到监狱——的管理者。

1776年，国王任命安杰伊·扎莫伊斯基编制法典。他所完成的法典草案，既回顾了波兰法律诞生的根源，同时也根据18世纪的社会现实进行了重新阐释。这部法典草案强调了王室的权威，要求所有官员对议会负责，要求神职人员和他们的财产接受国家监管，对城市和农民的权利给予了支持，而最有争议的是，剥夺了那些无地贵族的许多法律豁免权以及政治特权。这部法典于1779年公之于众后，愤怒的小贵族们磨刀霍霍，威胁使用武力，而神职人员们也群情激愤。在外省的一次地方议会开会时，扎莫伊斯基的朋友约瑟夫·维比茨基差点被大卸八块。由于反对情绪过于高涨，改革派暂时搁置了这部草案，直到1780年才提交给议会，但是结果仍然是遭到否决。尽管如此，这部法典草案仍然是一部重要的文件，被改革一派看作未来政治改革的基础纲领。

而在公共生活中，一场非同一般的复兴运动也在如火如荼地进行中。但是和文艺复兴运动不同，这一次并非自然而然的演变，而是通过出版印刷、口耳相传或者先行者的实践来不断传播理念的过程。这次复兴运动是改革派齐心协力的结果，他们虽然人数不多，但是旗帜鲜明地对蒙昧思想宣战。改革派的目的是通过对全社会再次教育，从社会和政治层面上让国家进行重生。1773年，在国王的建议下，议会建立了国民教育委员会（Komisja Edukacji Narodowej），实际上相当于教育部。这个部门中包括了许多开明的贵族——伊格纳齐·马萨尔斯基主教、约阿希姆·赫雷普托维奇、伊格纳齐·波托茨基、亚当·卡齐米日·恰尔托雷斯基、安杰伊·扎莫伊斯基等。而这个部门的首任秘书长是法国重农主义哲学家杜邦·德·内穆尔[①]。1773年教宗下令解散耶稣会，因此这个部门获得了部分原属于耶稣会的财产，并且控制了波兰的所有学校，无论这些学校原来属于何种教派。委员会制订课程表，编制并出版教材，并且对教学标准和教师进行监督。随着其权力范围和资源日益扩大，委员会有了足够的力量来着手对雅盖隆大学和维尔诺大学进行改革。

与此同时，文学领域也迎来了值得称道的复兴。绝大多数文学作品都有教育的作用。它们的灵感来自国外，其中包括诸多的学界泰斗：伏尔泰、卢梭、狄德罗、达朗贝尔，以及百科全书派学者，他们的政治和社会评论文章看起来和波兰现实中的困境关

① 皮埃尔·杜邦·德·内穆尔后来全家迁往美国，其子E.I.杜邦创立了著名的杜邦公司。

系特别密切。但是绝大多数小贵族们由于心怀对外国人的厌憎而对这些观点充满疑虑。两种观点之间的争辩越来越激烈：一部分人希望将整个国家纳入和欧洲其他国家相同的发展轨道，而另一部分人则认为外国的影响败坏了波兰民族与生俱来的纯洁性。这种争论在100多年后的俄国重演，争论的双方变成了“西方派”和“斯拉夫派”知识分子。尽管进步力量试图用逻辑和理性取胜，但军国主义和蒙昧无知也联合起来，以保卫那些传统的教条，比如波兰传统服装以及自由否决权。

1765年，斯坦尼斯瓦夫·奥古斯特创立了周报《监督者》（*Monitor*），这是仿效英国阿迪森创立的日报《旁观者》（*The Spectator*）。他接下来还创立了国家剧院（Teatr Narodowy）。《监督者》的编辑，弗朗齐歇克·波霍莫莱茨，在这一领域也发挥了先驱作用。他为学校和国家剧院中排演的戏剧撰写剧本，这些戏剧通常是通过嘲讽萨尔马特主义式的蒙昧无知或者对下层群体的压迫，从而在潜移默化中对观众进行道德教化。

第二次文艺复兴仅仅产生了一位著名的诗人：伊格纳齐·克拉西茨基，他是瓦尔米亚的采邑主教——也就是说，在他的领地上，他不仅是教会领袖，也是世俗的统治者。作为启蒙时代下成长的人物，克拉西茨基鄙视愚昧和无知，他写了很多诗歌和小说，用美丽而诙谐的笔触对愚昧无知的人进行嘲讽和捉弄。在他的时代，没有别的诗人能够和他匹敌，但是他的同侪之中仍然有很多才能出众之人，他们写出了最早的带有原始浪漫主义色彩的诗歌，其中充满了爱国主义感情。而这种感情同样体现在1774年开始撰写的《波兰人民史》（*Historia Narodu Polskiego*），作者亚当·纳鲁谢维奇是斯摩棱斯克主教，他受到国王的委托而创作了它。

贯穿于当时这些作者的著作之中的，是他们对波兰国家复兴的紧迫感。数量相当可观的一大批开明的大贵族将他们的财富和影响投入到这项事业中来，而那些地位略逊于他们的贵族——包括许多神职人员——同样在勤勉地推进这项事业。

国王本人站在改革的最前线。他骄傲自负，喜欢享乐，但是在慵懒轻浮的表面之下，他抱有强烈的使命感和对国家炽热的感情。他没什么个人财产，也没有显赫的祖先。许多人鄙夷地认为他是靠着和叶卡捷琳娜昔日的情人关系而登上了波兰王位，认为他更喜欢和女人们打交道，而不喜欢那些好酒的硬汉子们，并且认为他喜欢外国的服装和时尚，而不喜欢波兰传统的萨尔马特式生活方式。

一开始的时候，他是受到“家族”的支持的，但是到了18世纪70年代，“家族”成为大批反对国王者的主要支持力量。于是国王不得不更多地依赖俄国的支持。他唯一的财富就是个人魅力、智慧和耐心。他曾经6次当选参议院议员，因此对议会的工作方式十分熟悉，也很了解哪些表态能够在议会受到支持得到通过。他也明白，所有选举登基的国王都不是因为得到了王冠才具备了操控朝政的影响力和权力。国王有娴熟的外交手腕和技巧，他随时准备和对手达成妥协，在某一方面暂时偃旗息鼓，以便争取时间在另一方面取得进展。

他的这些做法与其说是政策，不如说是愿景。从他年轻的时候起，他就梦想着“重建辉煌的波兰世界”。按照他自己的说法，这种复兴一方面是让联邦国家恢复到理想状态，另一方面是将萨尔马特式的波兰贵族们转变成欧洲式贵族。他读了很多书，也游历了许多地方，这些经历，特别是在英格兰的游历让他认识到政府作为行政机构有巨大的价值。而在1772年，俄普联合干涉导致政治改革被迫搁浅后，他转而将注意力集中在计划的这一部分。

到了18世纪80年代，改革后的学校已经培养出了两代人，这些人都受到了启蒙思想的影响，一批18世纪独有的传统参政贵族涌现出来。更不用说还有无数的艺术家、行政官员和商人也被国王封为了贵族，从而获得了参政权。

1764年的议会全体会议是革命性的，不仅是因为其政治立场，更是因为波兰宰相的演讲中预示了非常多的政治改革措施，他在演讲中说的“出售原材料、购买制成品，只能赔钱；购买原材料、出售制成品，才能致富”也震动了代表们。18世纪30、40年代，一些大贵族已经开始在工业方面试水。拉齐维尔家族在自己的封地——涅斯维日和其他地方的庄园，共建立了一座玻璃厂、一座家具厂、一个铸炮厂，以及若干制造布匹、地毯和其他纺织品的作坊。然而他们的制造业跨度太大，缺乏专业细化，而这意味着他们的产品往往质量不佳。贵族路德维克·普拉特尔也遭遇了同样的问题：他在维捷布斯克附近建立了生产天鹅绒、锦缎、地毯、马车、刀剑和步枪的工厂。波托茨基家族在布罗迪和布恰奇的工厂则专注于高质量的欧洲式和土耳其式地毯、帐篷、帷幔、腰带和布匹。在同一时期，拥有大片地产的克拉科夫主教区也建立了若干新的铁厂。后来克拉科夫一带成为波兰工业的核心地区。

1775年，议会废除了之前禁止贵族从事商业活动的法律。在接下来20年中，波兰的大贵族和中小贵族们的商业和投资活动迎来了一个高速发展的时期。

从1764年到1768年，波兰王室铸币厂在华沙成立。波兰的货币由此开始逐步稳定，其重量和计量被标准化。国家邮政系统也建立了起来。1771年，连接维斯瓦河和瓦尔塔河的比得哥什运河被开凿出来。1775年，国王又上马了沟通布格河–普里皮亚季河的运河。1767年，米哈乌·奥金斯基公爵开凿沟通涅曼河–第聂伯河的运河。由此，从波罗的海直接泛舟到达黑海成为可能，这为波兰打开了新的出口市场。

许多工业活动和装饰艺术的复兴是密切相关的。1774年，国王成立了贝尔维德尔陶瓷工厂，生产高质量的花瓶和餐具；18世纪90年代，恰尔托雷斯基家族在科热茨（今乌克兰科列茨）开办的瓷器工厂雇佣了多达1000名工人。这家工厂在来自法国塞夫勒的专家监管下，生产质量高同时更加实用的瓷器。家具业的中心——科尔布绍瓦的情况也是如此。不过，纯粹的工业企业也是存在的。华沙城外建立了一座铸炮工厂，还建立了一座专门给部队供应军服的大型纺织厂。1767年，一家股份制羊毛纺织公司上市了。立陶宛的司库安东尼·蒂曾豪斯代表国王在格罗德诺发起了一项范围广泛的工业计划。最有商业头脑的大贵族还是安东尼·普罗塔齐·波托茨基。他在波兰的主要城市建立了银行，在许多地方开设了工厂，还在赫尔松建立了商行，在这里他经营着一支商船队，在黑海和地中海上往来贸易。

多数的制造业都是建立在小城镇或者大庄园中，把农民作为廉价的劳动力，所以城市的无产者数量并没有增加多少。华沙是唯一的例外，其人口数从1764年的3万人增长到1792年的12万人，并且越来越和同时期其他欧洲国家的首都城市相似，特别是在政治方面。这座城市拥有数量众多且喧嚣的手工业者阶层，而依靠商业发家的新贵影响力也与日俱增。后者的例子包括华沙市长扬·德凯尔特，银行家、企业家彼得·费尔古森·泰佩尔。这些新贵在18世纪末的波兰政坛上将发挥重要的作用。

波兰社会的变革并没有止步于此。1760年，宰相安杰伊·扎莫伊斯基免除了他领地上所有农民的劳役地租和应付税款，将所有的租佃关系变革为财务交易关系。其他的地主们仿效了他的例子，有些人甚至更进一步。希齐波尔·马尔霍夫斯基将他的领地变成了农民合作社，帕维乌·布若斯托夫斯基则在1769年建立了“帕夫乌夫（今立陶宛梅尔基内）农民共和国”（Rzeczpospolita Pawłowska），在这里实施村民自治，并且建立了学校、医院和民兵队。如同国王所愿，波兰确实正在变革中重生。

在这个过程中，国王最明显，同时也是个人色彩最浓厚的贡献，就是他对艺术的巨量赞助。具有讽刺意味的是，在他死后这件事一度被当作他的轻佻之举。最开始的时候，赞助按照惯例点到即止。国王在年轻的时候就十分崇拜法国的建筑艺术，并且对发掘意大利赫库兰尼姆古城[①]也充满兴趣。而在他于1764年登上王位后，斯坦尼斯瓦夫二世·奥古斯特决定大范围重建王室城堡，并且指派维克多·路易——后来他设计了著名的法国巴黎皇宫（Palais-Royal）——为首的一批工匠负责设计建筑、室内装潢和家具。到1767年，他深陷政治困境，很快财务问题也让他焦头烂额，于是这一工程暂时中止。而等他重新启动这一计划的时候，他放弃了法国式的风格，取而代之的是意大利式设计，同时混合了许多英国和法国的元素。这种风格成为斯坦尼斯瓦

① 赫库兰尼姆古城（Herculaneum）遗址在意大利那不勒斯附近。公元79年，该城和距其8000米的庞贝城被喷发的维苏威火山所掩埋。18世纪初被人发现。

夫二世在位期间独特的建筑特征。他不允许财务方面的顾虑影响这些建设。王室城堡变成了君主和议会地位极好的象征。而兵营和海关大楼等其他各种公共市政建筑，将华沙变成了一座现代的城市。

很大程度上，是国王的资助将华沙再一次变成了音乐的中心，而这将在19世纪初结出丰硕的果实。在复兴波兰的绘画艺术方面，国王也有所贡献。他虽然雇用了意大利的画师，但是也鼓励本国有才能的画家发展，他会将他们送出国外深造，或者让他们和那些外国画师共同工作，切磋学习。他将大量的财富花在艺术上，欠了许多国家大笔的外债，但他不仅仅是一个挥霍无度的唯美主义者。他相信艺术具有教化的作用，并希望那些看到这些艺术品的人们能够不断进步。他也希望让自己的想法流传后世，从而留下一份文化遗产。

从国王和他手下的艺术家们详细的通信中，我们可以看出，国王深入地参与到了艺术创作的过程中来。对他要求建造的每栋建筑、画的每一幅画的主旨，他都给出了大量详细的想法和意见，数量之多令人吃惊。在设计王室城堡的参议院大厅的时候，他希望将这里变成波兰光荣历史的殿堂，为此他花了数年的时间，决定这里要展示波兰历史上哪些重要人物的形象，以及其中哪些人的形象以油画展示、哪些人是大理石雕像、哪些人是青铜雕像，还有他们的形象互相之间按照何种关系进行布置。

正如他对亚当·纳鲁谢维奇所吐露的心声，他是在为未来而建造这些，他希望给子孙后代留下一份对波兰历史的总结陈词，从而能够激励一代又一代的后人。波兰国家在思想上得到重生并在物质上重整一新，所有这些都出自国王的宏大愿景。接下来在华沙，成立了新的大学、波兰博物馆、科学院、艺术学院。国王的计划之中，只有一小部分真正实现了，然而在联邦国家生命最后的时刻，斯坦尼斯瓦夫二世国王确实成功地将联邦国家历史上的贡献和成就进行了总结和陈述。而他的这种总结将更长久地保存下波兰国家的历史记忆。

13

温和的革命

在1787年春天，俄国女皇叶卡捷琳娜二世离开首都，开始巡视她新获得的南方领土。她在和宠臣波将金公爵沿着第聂伯河一路顺流而下的途中，受到了各地臣属们列队夹岸欢迎。与此同时，波兰国王斯坦尼斯瓦夫·奥古斯特也离开华沙，沿着第聂伯河的支流前去和女皇相会。5月6日，女皇的舰队停在卡纽夫（今乌克兰卡涅夫）的时候，国王登上了女皇的座舰。在官方的问候结束后，这两位已经将近30年没有见面的旧情人随即开始了私人的亲密谈话。

他们只进行了半个小时的谈话，就重新出现在众人面前，此时聚集在外面的宫廷大臣和外交官们就感觉到谈话并不顺利。女皇慷慨招待了波兰国王，但是拒绝上岸参加波兰国王所安排的向她致意的舞会。斯坦尼斯瓦夫国王感觉受到了羞辱——这种羞辱不只是个人感情上的。他来到卡纽夫是为了提议波兰与俄国联盟，在即将到来的战争中共同对抗奥斯曼帝国。联邦国家将出动大量军队，同时关注并提防普鲁士和瑞典可能的敌对行动。作为交换，战后波兰将获得摩尔达维亚，并在黑海获得港口。这一提议不仅可以让联邦国家招募一支军队并经历战火考验，也能缓和波兰国内的紧张局势，还能增强国王的力量。叶卡捷琳娜对这一计划的拒绝，使得斯坦尼斯瓦夫国王在这一紧要关头没有了应对的方案，并给了他的对手们一个机会。

尽管国王接受了1772年瓜分后俄国所强加给波兰的一切条件，但并非所有人都能够接受国家的现状以及国王对外国表面上的顺从。到了18世纪80年代末，越来越多的波兰人，特别是那些受到卢梭关于国家的原始浪漫主义理论影响的年轻人们，认为俄国所强加的诸多保护和限制阻拦了波兰一切改革和现代化的尝试，现在已经是时候抛弃这些保护和限制了。一部分大贵族，包括部分“家族”的成员：伊格纳齐·波托茨基、斯坦尼斯瓦夫·马瓦霍夫斯基、米哈乌·卡齐米日·奥金斯基、斯坦尼斯瓦夫·波托茨基等，以及一部分自称“爱国党人”的心怀不满者，如卡罗尔·拉齐维尔等，开始结成同盟，挑动活动反对国王的合作政策。

那些相信无政府的混乱才是国家理想状态的人们，国家被瓜分的现实已经教育了他们。而当他们环顾四周，身边的邻国——普鲁士和俄国都把全国收入的2/3花在军费上，而他们的国家政策也似乎越来越受军事胜利的影响，甚至君主都穿着军服。他们多数人认为，波兰唯一的希望，就在于放弃联邦国家曾经引以为豪的自由，并将联邦国家变成一个拥有适当规模军队的、有效率的现代国家。

普鲁士刚刚和英国、荷兰建立联盟关系，俄国的扩张是它主要的关注目标。普鲁士确信，如果波兰和俄国断绝联系，那么波兰可以仰赖联盟的武力支援。随着俄国卷入和奥斯曼帝国以及瑞典的战争，而普鲁士主动向波兰示好，并对俄国与奥地利采取敌对态度，看起来似乎联邦国家的这些强邻们又一次失去了一致的步调和态度。

1788年召开的议会，即后来所谓的大议会（Sejm Wielki）[①]，由斯坦尼斯瓦夫·马瓦霍夫斯基担任议长，爱国党人在其中占主导地位。议会迅速投票通过了扩充军队的法案，并且将军队置于议会的一个委员会的控制之下。而制定对外政策的权力则被交给了议会下属的另一个类似的委员会。1789年，议会宣布废除1775年以来一直在实际上统治国家的“常设委员会”，并无限期延长议会会期。3月，议会通过了决议，贵族土地收入的10%、教会土地收入的20%将作为税款交给国家，这也是联邦国家第一次直接对这两个阶层进行征税。

爱国党人没遇到什么反对意见。国王的支持者们仍然乱成一团。保守派和亲俄派被这一切改革所震惊。而在1789年夏天法国大革命爆发后，波兰这些改革措施更是被看成一个重要预兆。1789年11月25日，入夜以后的华沙仍然灯火通明，人们正在为斯坦尼斯瓦夫二世·奥古斯特国王加冕25周年举行庆典，而许多人担心庆祝活动会激起民变。尽管最终街道上的混乱被局限在了口头的谩骂攻讦上，但是在国家的其他地方，一场真正的革命正在酝酿。当年9月，议会成立了一个新的委员会，负责为联邦国家起草一部新宪法，这个委员会由伊格纳齐·波托茨基负责。

关于改革问题的争论逐步变得更加激进，而两个重要的政治思想家逐步成为这场争论的主导者，他们是斯坦尼斯瓦夫·斯塔希奇和胡戈·科翁塔伊。斯塔希奇（1755—1826）是一名神父，祖先是平民。他和约瑟夫·维比茨基是朋友，并得到了安杰伊·扎莫伊斯基的提拔。他曾经穿过德国前往法国巴黎，并在那里和法

① 也称四年议会（Sejm Czteroletni）。

国博物学家布丰成为朋友，还将后者的《自然史》翻译成波兰语并在波兰出版。接下来他又去了罗马，在这里他对宗教的信仰动摇了。返回波兰后，他主要从事政论文章的写作。后来，1800年，依靠他在商业活动中积累的财富，他建立了“科学之友协会”（Towarzystwo Przyjaciół Nauk）。1815年，他出版了一本影响深远的地理学专著，内容是关于喀尔巴阡山的形成。同时他还在致力于翻译古罗马史诗《伊利亚特》。

斯塔希奇是一名共和主义者，他相信应该由议会掌握国家权力。同时他也意识到，波兰的邻国都是专制暴君统治的国家，因此波兰也必须具有强有力的执行能力，因此，他主张实施世袭君主制。他认为，国家应该是包括了联邦国家内所有国民的一个“情感上的实体”，而这些国民包括了贵族和农民、市民和犹太人。他认为，为了更广泛的利益，国民应当适当放弃个人的利益主张。

胡戈·科翁塔伊（1750—1812）的道路，和斯塔希奇则大相径庭。他曾经在雅盖隆大学学习，后来又去意大利留学，并在那里成为一名神父，随后在国民教育委员会工作。他在1782年成为雅盖隆大学的校长，在对雅盖隆大学进行改革的过程中，他表现出了出色的组织才能。

随着大议会的召开，他召集建立了一个政治压力集团“熔炉”，其目标是对整个政治系统进行彻底的改革，或者如他本人所说，“温和的革命”。在《致斯坦尼斯瓦夫·马瓦霍夫斯基的若干匿名信》中，他对议会议长以及整个议会提问道：“那么，什么是波兰？”他嘲讽道：“波兰，是一台破烂的、无用的机器，一个人没法让它正常工作，所有人团结一心也没有办法让它运作起来。但是，只要一个人就能够让它彻底停工。”和斯塔希奇一样，他强烈要求稳固强力的君主世袭制度、议会具有至高无上的地位，以及更广泛的选举权。在1789年12月2日，141座城镇的代表效仿前一年法国巴黎三级会议议员们的做法，在扬·德凯尔特的领导下身着黑衣游行，并将请愿书递交给国王，而起草请愿书的正是科翁塔伊。议会设立了一个委员会，为议会中的城镇代表设计一个可行的体系制度，同时，数百名商人获得了贵族头衔。

斯坦尼斯瓦夫·奥古斯特国王一旦意识到爱国党人运动背后的巨大力量，就立即改换了立场，和爱国党人站在了一起。他邀请伊格纳齐·波托茨基、科翁塔伊和马瓦霍夫斯基与他共同起草新宪法。他们的工作是秘密进行的，国王的秘书希皮奥内·皮亚托利来记录和推敲草稿文字。在初稿成稿后，这份文本被送给了若干改革主义者，在略微扩大的范围内进行讨论征求意见。敲定最终的文字后，这份法案被公之于众。

这份法案中废除了非常多的贵族传统权利和特权，因此毫无疑问，它在议会中遭到了强烈的反对。于是，改革派开始准备在议会中发起政变。1791年4月18日，议会通过了一部国内法，宣布将在议会为国内22座主要城市留出代表席位，这一法律确保了华沙市民对议会的支持。同时，另一部剥夺了无地贵族选举权的法律也获得通过。

随后，改革派精心选择了一个日期，确保在这一天，议会众议院和参议院议员们在度过了复活节休会期后，多数来不及赶回华沙。最终，在1791年5月3日，仅有182名代表在议院中出席议会会议，而其中100人已经事先知情。在议院外面，被刻意召集起来的人群充满期待地聚集在王室城堡周围。在议会上发布的宪法草案得到了压倒性的多数支持通过，接下来国王被人们举过头顶，抬着前往圣约翰教堂，在那里人们唱起了《感恩曲》（*Te Deum*）。

1791年5月3日获得通过的这一部法律文件——著名的《五三宪法》——是一个实用主义的妥协产物，调和了波托茨基的共和主义思想、科翁塔伊的激进主义思想以及英格兰式的君主立宪制度。文件的开头部分内容刻意写得四平八稳、安抚人心。天主教被确立为国教，不过每一名公民都有权利信仰其他宗教而不受歧视。贵族被宣布为国家的支柱，而农民则被庄严承认为国家的血脉。所有皮亚斯特和雅盖隆王朝时期授予的贵族特权都没有受到损害。而在这错综复杂的文本之后，才是法律真正的实质内容。国王的选举范围将如同雅盖隆王朝那样，只限于国王的家族后代，由于斯坦尼斯瓦夫·奥古斯特本人没有合法的后裔，他的前任——萨克森的弗里德里希·奥古斯特（奥古斯特三世国王）将被指定为新的王朝的开创者。议会将成为联邦国家主要的立法机构和执行机构，而其投票将严格按照多数表决制进行。自由否决权和贵族结成同盟的权利都被废除。国家的行政权力被授予国王以及一个被称为“法律护卫委员会”（Straż Praw）的王室委员会。这个委员会应包括波兰首席大主教、5名大臣和两名秘书，他们都是由国王任命，任期两年。国王可以直接颁布政策，但至少要获得1名大臣的签字认可，并且他们的决定要直接对议会负责。

宪法本身并不是革命性的。真正革命性的是根据宪法所设立的，用来推动真正改革的各个委员会和其他机构。在“国王和人民在一起，人民和国王在一起”的口号下，再加上科翁塔伊和他的助手所推动的大规模宣传造势，国家的改革开始逐步推进。专门的商法典被制定出来，其覆盖范围包括财产关系、劳动保护、投资行为、设立国有银行、发行纸币等。科翁塔伊开始致力于制订计划，将农民的劳役地租改为货币地租。而国王和皮亚托利则开始与犹太长老们进行会商，考虑如何解放犹太社会的负担，并将其整合为波兰社会的一部分。

波兰的改革让整个世界瞩目。巴黎的政治俱乐部将斯坦尼斯瓦夫·奥古斯特国王推举为他们的名誉会员。孔多塞和托马斯·潘恩认为《五三宪法》是一项伟大的突破，而埃德蒙·伯克将其称为有史以来赠给人类的“最纯粹的”公共财富。①而出于同样的原因，这些改革也让波兰的邻居们感到了惊恐。普鲁士大臣冯·赫茨伯格伯爵坚信，“波兰通过了一部比英国好得多的宪法，给了普鲁士的君主制以致命一击”，他还警告说，波兰人迟早会夺回失去的土地——不仅仅是那些在瓜分中失去的土地，甚至还有整个普鲁士。

两年前巴黎的巴士底狱被革命群众占领，在圣彼得堡、波茨坦和维也纳的贵族们心中引发了巨大的恐惧，而华沙进行的改革，在这三个国家的统治者看来，就是照亮又一场革命的指路灯塔，使得他们不得不感到惊慌。在他们三国中间出现的这一革命力量，让他们感到受到了威胁。假如波兰彻底转向革命，三个国家追求自由的涓涓细流也将源源不断地汇入波兰这个革命的海洋。

在《五三宪法》通过的前一年，1790年的3月，波兰和普

① 尼古拉·德·孔多塞侯爵（Nicolas de Condorcet）是法国思想家、启蒙运动代表人物，有法国大革命“擎炬人”之誉。托马斯·潘恩（Thomas Paine）是美国思想家、作家、政治活动家，所著小册子《常识》极大地推动了美国独立战争的进程。埃德蒙·伯克（Edmund Burke）是爱尔兰政治家、作家、哲学家，被视为英美保守主义的奠基者。

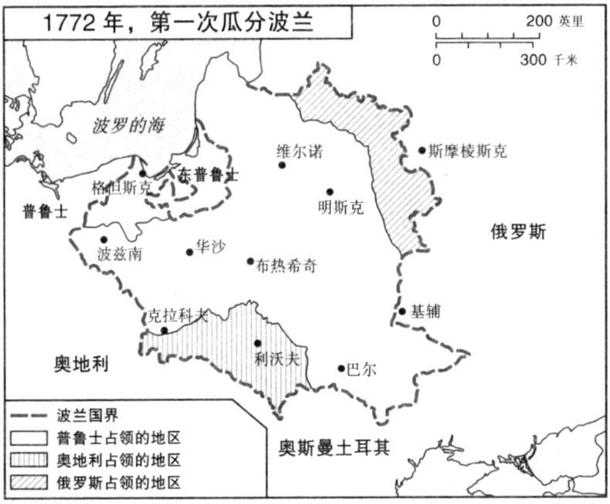
1772 年，第一次瓜分波兰
0
200 英里
0
300 千米
波罗的海
格但斯克
东普鲁士
维尔诺
斯摩棱斯克
普鲁士
明斯克
俄罗斯
波兹南
华沙
布热希奇
克拉科夫
基辅
利沃夫
巴尔
奥地利
波兰国界
普鲁士占领的地区
奥地利占领的地区
俄罗斯占领的地区
奥斯曼土耳其

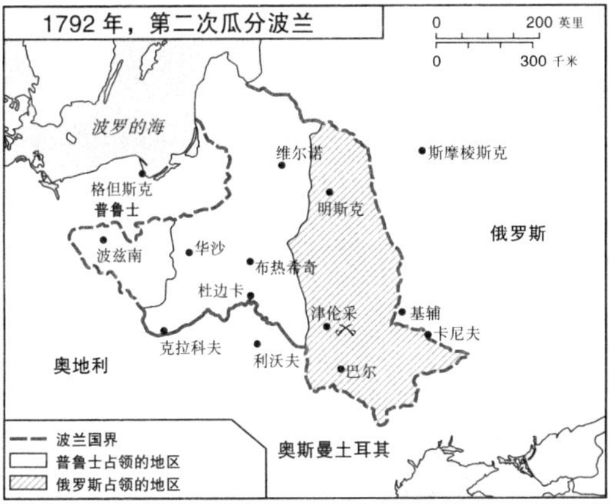
1792 年，第二次瓜分波兰
0
200 英里
0
300 千米
波罗的海
维尔诺
斯摩棱斯克
格但斯克
明斯克
普鲁士
俄罗斯
波兹南
华沙
布热希奇
杜边卡
津伦采
基辅
卡尼夫
克拉科夫
利沃夫
巴尔
奥地利
波兰国界
普鲁士占领的地区
俄罗斯占领的地区
奥斯曼土耳其

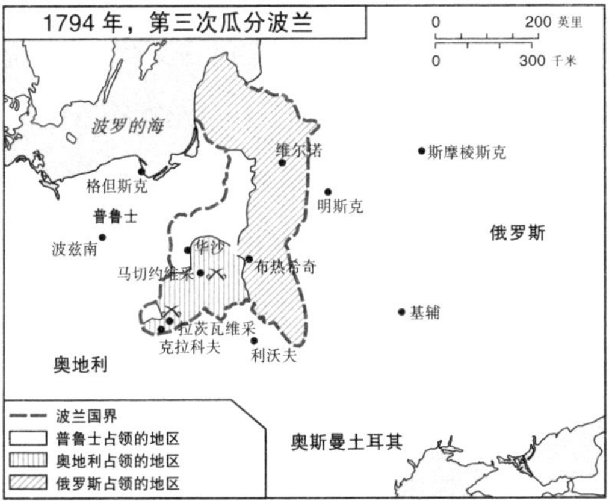
1794 年，第三次瓜分波兰
0
200 英里
0
300 千米
波罗的海
维尔诺
斯摩棱斯克
格但斯克
明斯克
普鲁士
俄罗斯
波兹南
华沙
布热希奇
马切约维采
基辅
拉茨瓦维采
克拉科夫
利沃夫
奥地利
波兰国界
普鲁士占领的地区
奥地利占领的地区
俄罗斯占领的地区
奥斯曼土耳其

鲁士签署了一份协议。此时，腓特烈二世已死，普鲁士国王已经是弗里德里希·威廉二世。双方商定将共同对抗奥地利，波兰希望由此重新占领加利西亚（这是奥地利对其占领的波兰地区的称呼），不过条约也规定，如果波兰受到其东方的俄国的攻击，普鲁士将保证提供军事支持。随后，普鲁士要求波兰放弃格但斯克。由于普鲁士在第一次瓜分时获得的“走廊”，格但斯克已经和波兰本土分割开来。作为交换，波兰在维斯瓦河的水上运输将被免收关税。而波兰-普鲁士联盟背后的是英国，按照计划，英国舰队应该在秋天出现在波罗的海上，从而帮助波兰通过这一和约。但是在波兰议会中存在反对意见。

1791年，利奥波德二世从其父约瑟夫二世手中继承神圣罗马帝国皇位。新皇帝对普鲁士采取了安抚政策，但对波兰来说，国际局势仍然比较乐观。利奥波德二世和他的首相冯·考尼茨-里特贝格都相信，波兰《五三宪法》的通过远远不是威胁，反而将很可能阻止欧洲的革命。

然而，《五三宪法》通过不满一年，国际局势就再次发生了翻天覆地的变化。1792年1月9日，俄国和奥斯曼帝国签署了《雅西和约》，开始从南方撤回部队。2月14日，在《五三宪法》通过后的第一次普选中，波兰各地的地方议会都以压倒性优势通过了宪法。这让那些被剥夺选举权的无地贵族以及仍在因失去特权而悲伤的保守派们感到颓唐，同时也让叶卡捷琳娜女皇感到愤怒。女皇刚刚用大笔金钱贿赂了波兰的贵族们，以期让他们拒绝这部宪法。3月，她开始向波兰调动军队。3月初，利奥波德二世突然死亡，弗朗茨二世即位。4月，革命的法国和普鲁士开战。几天后的4月27日，叶卡捷琳娜搜罗了一小撮波兰保守派贵族，比如塞韦尔林·热武斯基、菲利克斯·波托茨基、克萨韦里·布兰尼茨基等，他们在圣彼得堡组成了贵族同盟。直到5月14日，他们才在边境小镇塔尔戈维察宣布这一消息，并提出了口号，要保卫波兰贵族“光荣的自由”，反对“1791年5月3日的君主和民主革命”。4天后，同盟成员们跨过了边境——或者说，9.7万俄军将士带着他们一起跨过了边境。

俄军都是经过俄土战争的老兵，而联邦国家只有4.5万名缺乏经验的新兵。普鲁士的弗里德里希·威廉在1791年5月致斯坦尼斯瓦夫二世·奥古斯特的信中曾经声称其“迫不及待地”要“支持波兰的自由和独立”，然而却在1792年6月拒绝了波兰的求援。波兰军队只能孤军奋战。其中一支由国王的侄子斯坦尼斯瓦夫·波尼亚科夫斯基指挥的波军，在津伦采（今乌克兰泽连齐）取得了胜利，而另一支由塔德乌什·科希丘什科指挥的波军，作为后卫在杜边卡取得不错的战果。但要阻止俄军的前进仍然是没有指望的。

斯坦尼斯瓦夫·奥古斯特试图直接和叶卡捷琳娜进行磋商，并且提出波兰重新臣服于俄国的霸权之下，并将波兰王位交给女皇的孙子康斯坦丁。而女皇要求国王本人加入塔尔戈维察联盟。国王和他的顾问们感到灰心失望，无法找到其他能够保证联邦国家主权完整以及保证《五三宪法》保存下来的出路，最终决定屈服于女皇。

这种屈辱退让的行为并没有收到理想的效果。11月，法国革命军队在瓦尔密击败普鲁士干涉军后，普鲁士国王要求波兰割让领土，作为其干涉法国革命的补偿。于是，俄普两国达成了进行第二次瓜分的协议，1793年1月3日两国在圣彼得堡签署协议。

叶卡捷琳娜为俄国夺得了25万平方千米土地，弗里德里希·威廉为普鲁士夺得了5.8万平方千米。联邦现在的国土面积只剩下21.2万平方千米，人口只剩400万。波兰失去了大波兰和小波兰的大部分地区——波兰民族和历史上的心脏地带，只留下狭长的一条经济不发达的土地。而即使这样的国家，也只能成为一个缓冲地带，国王不过是傀儡而已，整个国土不如说是俄国的大兵营。

和第一次瓜分一样，叶卡捷琳娜要求这一次瓜分也应当获得波兰议会的认可。这次议会在立陶宛的格罗德诺——而非随时可能爆发反抗的华沙——召开。最初斯坦尼斯瓦夫·奥古斯特国王拒绝合作，但最终在威吓和胁迫之下他不得不前往格罗德诺参会。随着他离开华沙，国家所有心怀希望、愿意抵抗的人也随之抛弃了他。

俄国大使细心选择参与议会的议员名单，同时不惮使用一切手段——从金钱贿赂到人身伤害——确保议会通过这一决议。但是，议员们在格罗德诺召开会议以后，尽管俄国士兵就站在议院内，随时准备将那些拒不服从的代表们拖出会场暴打一顿，还是有很多人拒绝和俄国人合作。一段时间里，一队俄军炮兵甚至将他们的大炮对准了召开议会的大楼。在三个月的不合作之后，议会最终还是不可避免地向俄军屈膝服从，批准了相关的条约。

国王回到了华沙。但是真正管理国家的是驻扎在波兰的俄国军队，而他们只听命于俄国大使。爱国者们再也没有可能反败为胜，他们当中的许多人选择自愿流亡。他们的目的地包括维也纳、意大利、萨克森，还有许多人去了巴黎。科希丘什科准备模仿法国大革命对普鲁士和奥地利胜利的先例，为采取军事行动做好准备。科翁塔伊和伊格纳齐·波托茨基则在考虑进行全国范围内的大规模起义。

叶卡捷琳娜并没有觉察到，她的所作所为给革命提供了绝佳的土壤。她开始将波兰军队的规模限制在1.2万人，并下令遣散其余的部分。大约3万名身体强健的战士由此失去了生活来源，这些充满爱国热情的流浪者被吸引到了华沙，成为革命的拥护者。这些革命的乌合之众成为国家一切剧烈动荡的力量来源。事实上，波兰被瓜分的方式已经决定了其剩余部分根本无法自行维持。城市和其所依赖的农业地区被分割开来，商业贸易也陷入混乱。经济活动事实上陷入停滞，1793年，华沙最大的6家银行宣布破产。波兰国家不得不为多达4万名俄国军人提供补给，同时在普鲁士的压力下支付巨额关税。数千名无业游民将华沙弄得一塌糊涂。而军队是不满情绪的焦点。当1794年2月21日，俄国宣布进一步裁减波兰军队、逮捕那些从事破坏活动的嫌疑分子的时候，革命终于无可避免。

3月12日，马达林斯基将军命令他的部队起义，向克拉科夫前进。海外的流亡者们纷纷回国，3月23日，科希丘什科回到克拉科夫。次日，他在克拉科夫发表宣言，誓师起义。他自任最高指挥，全权指挥所有的起义部队，并号召整个国家起来反抗。同时他授权全国最高委员会（Rada Najwyższa Narodowa）作为紧急情况下的最高权力机构。在起义结束后，一切权力将被交还给议会。

科希丘什科从克拉科夫出发，向北前进。4月4日，在拉茨瓦维采，他率领4000名军人以及2000名装备着镰刀的起义农民击败了俄军。4月17日，华沙的鞋匠扬·基林斯基在首都揭竿而起。在24小时的激战后，俄国军队撤离华沙，在城里留下了4000具尸体。4月22日夜，在雅各布·雅辛斯基上校——一位狂热的雅各宾派——的领导下，维尔诺爆发起义，一些塔尔戈维察同盟的支持者被起义者绞死。尽管雅辛斯基向科希丘什科写信说他宁可"绞死一百人，从而拯救六百万人"，但是科希丘什科并不支持这一做法。在华沙也有一些人被绞死，但是科希丘什科一进入华沙就制止了这种行为。

在波兰人口密集地区，起义并没有激起什么乐观的情绪，起义的政治本质也仍然并不明确。尽管国王仍然待在自己的城堡里，并没有遭到民众的骚扰，其地位表面上还被起义者承认，但是，一些雅各宾派已经随时准备接管权力了。科翁塔伊已经接管了国库，并采取了一些革命措施。他引进了阶梯税率，并且在发行银币的同时开始发行纸币，信用背书来自起义者没收的教会财产。科希丘什科于5月7日在波瓦涅茨发表的宣言，宣布将授予所有参与保卫国家战斗的农民以人身自由以及土地所有权，而这无疑是对地主们的挑衅。

一些大贵族们宣布支持起义，国王也捐出了他所有的银制餐具。但是多数的贵族仍然小心持重，而他们当中绝大多数首先确保手下的农民们根本不会知道《波瓦涅茨宣言》的内容。只有在大城市中，才有大量民众参加起义，而在华沙，犹太人社团也组织并武装起来，建立了一个特别团。其团长是贝雷克·约瑟列维奇上校。这是自圣经时代以来，波兰第一支犹太人部队。

科希丘什科此时已经离开城市，正率军准备迎击普鲁士国王弗里德里希·威廉指挥的普鲁士军队。然而他的兵力远远少于敌方，5月6日，他在什切科齐内被击败。6月15日，普军进入克拉科夫。7月，一支4万人的俄普联军包围了华沙。但是科希丘什科凭借土木工事和炮兵成功击退了敌人。两个月后，围城的联军撤退了。8月中旬，俄军占领维尔诺，但一周以后，大波兰地区爆发了起义，一支起义军从华沙出发进行支援，指挥者为东布罗夫斯基将军。他在比得哥什附近击败了普鲁士军，并进入了普鲁士境内。

但是当奥地利宣布站在俄普两国一方参战的时候，局势还是变得毫无指望了。在获得了奥斯曼人保持中立的承诺后，叶卡捷琳娜命令苏沃洛夫率军从东南方进入波兰。科希丘什科率军出征，正面迎战敌人。但是他和后续支援部队脱节，于10月10日在马切约维采战斗中被击败。这次失败本身并非特别重大的打击，但糟糕的是，他在战斗中负伤被俘。和他一起被俘的还有其他几名将军。

科希丘什科本人的被俘导致了起义军在政治上陷入混乱。在选择科希丘什科之后的军队最高指挥时，各方分歧巨大，起义军不得不做出巨大让步和妥协，最终这一职务由托马什·瓦夫热茨基接任。本来计划在冬季营地休整过冬的俄军，这时却决定继续发起猛烈进攻。11月4日，苏沃洛夫进攻华沙。他不费力地夺取了维斯瓦河东岸的华沙郊区——普拉加区。1400名保卫者中，只有400人死里逃生，而整个城区的犹太人几乎被屠杀殆尽，作为对华沙的警告。这个警告确实起了作用，波兰军队撤离了华沙，将城市让给了俄军。11月16日，瓦夫热茨基被包围后投降，起义也由此结束。

俄国军队再次进入了华沙，不久后普鲁士军队也来支援俄军。与此同时，俄、普、奥三国再次决定，对已经落入他们手中的波兰剩余领土以及其首都进行瓜分。1795年，新的瓜分条约最终签订，波兰由此从地图上消失了。波兰国王被匆匆赶上一辆马车，送到了格罗德诺，并在这里被迫退位。各国派往波兰的外交使节得到命令要求离开。为抗议这种对一个欧洲国家粗鲁无礼的清算方式，教廷大使、英国大使，以及荷兰、瑞典和萨克森的代办拒绝了这一要求。这些国家的大使馆很快挤满了寻求庇护的逃亡者。俄、普、奥三国花了两年多时间，才将瓜分后的纷乱事项安排妥当，1797年1月，他们签署了清算波兰国王和联邦国家债务的最终协定。接下来，他们又签署了一份草案，三方同意将波兰这一名字从未来所有的国内文件中抹去，在一切外交事务中也不得提及这一名称，用一切方式让这个名字被彻底遗忘。

1797年，刚刚即位的俄国新皇帝保罗一世释放了科希丘什科和其他波兰囚犯——不过这主要是为了发泄他对自己母亲叶卡捷琳娜的不满。他还邀请重病缠身的前国王斯坦尼斯瓦夫·奥古斯特前往圣彼得堡。接下来的几个月，保罗一世一次次和斯坦尼斯瓦夫·奥古斯特就如何复兴波兰国家进行磋商。1798年2月12日这位前国王溘然长逝后，保罗一世为他举办了国葬，并亲自站在向他致哀的人群的前列。

然而，保罗的这些奇怪的做法并不能保证波兰的生存。斯坦尼斯瓦夫·斯塔希奇曾经写道："即使伟大的国家也终究会灭亡，但是只有那些可鄙的国家才会被摧毁。"波兰人并不认为自己是可鄙的。他们炫耀地挥舞着垂死的波兰贵族共和国的政治遗嘱——《五三宪法》，认为自己有权得到其他国家和民族的尊敬。对此，卡尔·马克思在几十年后总结如下：

"这个宪法虽然有不少缺点，但是面对野蛮的俄国、普鲁士、奥地利，仍不失为东欧曾经创造过的唯一的自由文献。宪法仅仅以特权阶级即小贵族为出发点。有史以来从未有过这类由贵族阶层领导的高贵之举。”[①]

① 马克思.《关于波兰问题的历史》[M]// 中共中央马克思恩格斯列宁斯大林著作编译局.北京：人民出版社，1979：29.

14

武装斗争

波兰联邦国家的解体，给波兰的历史学家们提出了一个进退两难的问题：接下来他们的工作，是应该同时记录那些其他民族——立陶宛人、乌克兰人、白俄罗斯人、犹太人、日耳曼人和其他少数民族——的历史进程呢，还是应该将注意力集中在波兰人身上？表面上看后者似乎更加合乎情理，但是接下来问题又来了：什么是波兰人？大概90%的波兰人是没有文化的农民，他们并没有什么民族认同，而波兰国家的“参政民族”——贵族阶层和新产生的、接受过教育的中产阶层，则包括了联邦国家所有的民族成分。

对多数农民来说，他们生活在哪个王国或者帝国，是一个无关紧要的问题。在周日的礼拜上，让他们从为波兰国王祈祷，改成为奥地利的皇帝祈祷，对他们来说并不是什么痛苦的事情。对犹太人来说情况也差不多，他们没有理由因为换了个新主人效忠而感到勉强。日耳曼人要变成其他君主——普鲁士国王、奥地利的皇帝，甚至俄国沙皇——的忠实臣民并没有困难。至于立陶宛人、白俄罗斯人和乌克兰人在俄国的统治之下则可能不会这么惬意，因为接下来俄国会大力对他们进行文化和宗教上的同化。尽管作为波兰文化圈一个部分，各民族之间的密切联系使得他们多少对波兰国家仍然有所怀念，但是接下来的必然结果是，各个民族需要设法建立自己的民族认同。

《五三宪法》以及许多其他遗留下的遗产，促进了人们恢复对复兴国家的信心，也昭示着波兰将以新的方式重生。这部宪法本来可以通过一系列共通的政治价值观，逐渐将多元文化的联邦国家整合为更加同质的、紧密联系的多民族国家。尽管宪法和国家都已不复存在，但是那些推行这部宪法的政治家们仍然对这一前景坚信不疑。他们为波兰国家复兴而进行的斗争，并不仅仅是依靠波兰民族，而是依靠整个联邦国家的所有民族。

这引发了不满，不仅仅在那些积极投身复兴大业的波兰人和其他民族，如立陶宛人、白俄罗斯人、乌克兰人之间存在冲突，这些民族内部同样矛盾重重。有些人选择了效忠新的君主，但是还有一些人努力寻求建立自己与波兰人和俄罗斯人相区别的、独立的民族认同。尽管这些矛盾本身也构成了波兰历史的一部分，但是，在没有独立的波兰国家的时候，波兰历史就应该是那些将自己看作联邦国家理想及其政治遗产——特别是1792年至1794年历次不懈斗争所留下的遗产保卫者的奋斗历程。

早在瓜分波兰的条约墨迹未干的时候，为波兰而战，反抗俄、普、奥三国的斗争就已经开始。在巴黎，约瑟夫·维比茨基计划利用法国进攻奥地利的机会在波兰发动起义。在克拉科夫，贵族们组成了秘密的同盟。1796年，德尼斯科上校在奥斯曼宫廷的暗中庇护之下，在摩尔达维亚组织了一支1000人的军队，参加了对奥地利的战争。1797年，在法国的支持下，一支波兰常备军成立了。

科希丘什科起义失败后，数以千计的波兰士兵前往革命的法国寻求避难，逐渐加入了法国军队。后来法国和奥地利在意大利交战时，发现他们俘虏的很多奥地利士兵其实是奥地利在加利西亚招募的波兰人。于是，拿破仑·波拿巴决定将这些波兰人集中起来组成独立的部队。1797年，法国在米兰组建了波兰军团，司令是扬·亨里克·东布罗夫斯基。军团士兵身着波兰军服，佩戴意大利肩章和法国帽章。他们唱着约瑟夫·维比茨基作词的军歌行进在街道上，而这首歌未来将成为20世纪波兰国家的国歌。1798年，第二个波兰军团在意大利组建，司令是扎容契克；1800年在多瑙河畔成立了第三个军团——维斯瓦军团，司令是克尼亚杰维奇将军。

在这几个军团中作战的波兰士兵相信，在他们将北意大利从奥地利人的手中解放出来后，他们将穿过匈牙利进入加利西亚，从这里开始，他们将在波兰全境掀起起义的浪潮。但是在《坎波福尔米奥和约》（1797）和《吕内维尔和约》（1801）之后，法国和奥地利以及反法联盟的其他国家建立了和平关系，于是波兰军团就成了一个烫手山芋。东布罗夫斯基的部队一度改编为新成立的意大利共和国的军队，还有一些波兰部队被解散，一些被打散的人员编入法国军队，另有一支6000多人的部队被送往加勒比海上的圣多明各，镇压那里的黑人起义。许多人对拿破仑感到失望，但这并不意味着波兰人从此不再将自己的梦想寄托在拿破仑身上。

波兰军团在远离祖国的地方为波兰的自由而战，尽管这种印象仍然让许多年轻人魂牵梦萦，但是波兰复兴运动中那些更加务实的人们已经开始投身外交事业。他们的代表是亚当·恰尔托雷斯基公爵，他是亚当·卡齐米日·恰尔托雷斯基的儿子。他参加了1794年起义，之后就被送到圣彼得堡，作为质子表示家族对沙皇的顺从。在圣彼得堡，他和他的同龄人亚历山大大公成了朋友，后者是个年轻人，对启蒙运动的思想极为热衷，并急于纠正他眼中瓜分波兰的这一错误。1801年，亚历山大即位为俄国皇帝，即亚历山大一世，随后他建立了“秘密委员会”（Негласный комитет），其中包括他的5名亲密顾问[①]，他们希望能将俄国变成一个现代的君主立宪国家。恰尔托雷斯基主要负责外交事务，并且管理原帝国境内波兰领土——西部地区八省（Gubernia/губрния）——的教育事业。

恰尔托雷斯基不断诱使亚历山大对普鲁士产生厌恶情绪，他希望或早或晚，俄国可以从普鲁士手中得到普鲁士占领的波兰土地，加上俄国占领的部分，重新建立一个波兰国家。这个波兰国家要和俄国建立一定程度上的松散联系。然而，到1806年，击败普鲁士的却是拿破仑。在耶拿会战中获胜后，拿破仑的军队进入了波兹南，在他们前面开路的是由东布罗夫斯基指挥的一支波兰军队。拿破仑允许东布罗夫斯基签署征兵命令，不过同时他嘲讽道：“我想看看波兰人配不配作为一个民族。”虽然很多人仍然态度谨慎，但是还是有大批志愿者前来参加军队。11月28日，缪拉元帅率军进入华沙，几周后，拿破仑本人也来到了这座波兰国家的首都。欣喜若狂的华沙人为他建立了凯旋门，以欢迎他的到来。

即使拿破仑不确信波兰人是否算得上一个民族，但是他可以确定，波兰人可以为他提供许多出色的士兵。波兰不过是他的计划表中的一个小插曲，他最紧急的事情是迫使俄国站在法国一边，一同反对英国。1807年，他和沙皇亚历山大一世在蒂尔西特的会

① 事实上这一委员会的成员只有4人：斯特罗甘诺夫、诺沃西利采夫、恰尔托雷斯基、柯楚别依。此外，斯佩兰斯基积极参加其活动，但并非委员会成员。

1809 年，拿破仑时代的欧洲

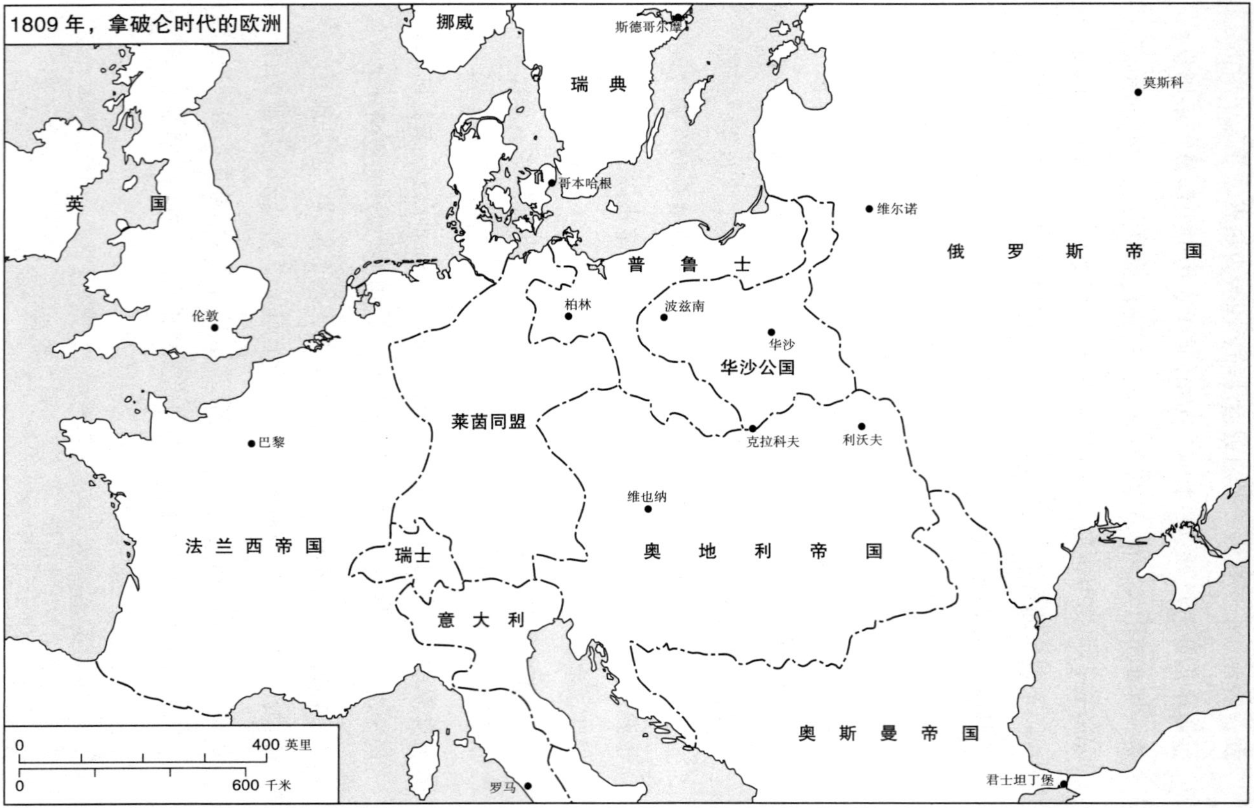

面中，他实现了这一目的。而接下来的事情就是在波兰问题上的妥协。普鲁士在第二次和第三次瓜分波兰中获得的土地，被重新组成了华沙公国，其统治者是萨克森的弗里德里希·奥古斯特，这是1791年《五三宪法》所选定的人选。

华沙公国绝不是一个独立的波兰国家，但是波兰的爱国者们将其看作未来发展的一个基础。迄今为止，他们当中的许多人仍然对拿破仑的本意心存疑虑，但仍然同意了在公国的政府中担任职务，其中包括马瓦霍夫斯基和斯坦尼斯瓦夫·波托茨基，此外还有末代国王的侄子约瑟夫·波尼亚托夫斯基，他担任了公国军队总司令和国防大臣。马瓦霍夫斯基希望召集一次和1792年一样的议会，但是拿破仑对此毫无兴趣。在离开华沙之前，他留下了一部宪法，其中引入了两院制议会，并且规定所有非贵族的选民都有投票权，但是这一规定事实上没有生效。他还将拿破仑法典引入了公国，据此取消了对农民所有民事行为能力的限制，使得所有人在法律面前能够平等。

拿破仑建立华沙公国是为了自己的目的，特别是财政上和军事上的目的。1792年普鲁士所没收的波兰财产和土地，现在被法国人以极高的价格卖回华沙公国。由于拿破仑的大陆封锁政策严格限制了谷物贸易，波兰经济几乎无法发展。而这种情况下，公国仍然需要供养一支人数多达6万人的常备军。除此之外，拿破仑提出的需求还包括用于西班牙战争的6个步兵团、两个骑兵团，还有在维斯瓦军团中的大约1万人，以及近卫军中的一个轻骑兵团。在公国即将破产的时候，法国借给公国大笔金钱，而波兰人炮灰就是他们的利息。

1809年，奥地利[1]进攻华沙公国。波尼亚托夫斯基成功进行了反击，并且夺取了克拉科夫和加利西亚。然而，在法国和奥地利在维也纳签署《美泉宫和约》后，波兰人不得不放弃他们所占领的多数土地。尽管如此，公国的扩大仍然给俄国敲响了警钟。俄国认为，华沙公国或早或晚，总会获得所有原属波兰的土地。到1812年，在拿破仑所谓的“第二次波兰战争”期间，时机成熟了。

拿破仑的本意并非征服俄国，而是希望通过恐吓亚历山大一世将其变为对自己唯命是从的盟友。拿破仑准备重建一个强大的波兰来威胁亚历山大一世，但是同时又给对方留了退路，以防万一亚历山大和他彻底决裂。因此，一方面拿破仑不断激发波兰人的希望，同时，他又绕过了华沙，免得见到聚集在这里的、来自原来波兰各省份的代表们。在维尔诺，他号召立陶宛人武装起来，同时又拒绝参与讨论立陶宛独立的相关问题。

对俄国的战争，成了华沙公国的一场大灾难。大约9.6万波兰人加入了入侵俄国的“大军”（Grande Armée），这是法国人之外人数最多的部队。此外，还有无数人在立陶宛以及原联邦国家的东部地区加入了法军。他们在对俄战争中发挥了重要作用。波兰枪骑兵最早渡过涅曼河，将法国的三色旗插在了俄国的土地上；乌敏斯基上校的龙骑兵是最早进入莫斯科的部队；波兰的轻骑兵将拿破仑从一群正在劫掠的哥萨克骑兵手中救了出来；维斯瓦军团在渡过别列津纳河的战斗中担任了后卫。至少7.2万人死在了战

---

① 18世纪后期，在哈布斯堡王朝统治下的神圣罗马帝国逐步陷入瓦解。1804年拿破仑称帝，同年，神圣罗马帝国皇帝弗朗茨二世宣布建立奥地利帝国，自称奥地利皇帝弗朗茨一世。1806年，在拿破仑的压力下，弗朗茨放弃神圣罗马帝国皇帝称号，神圣罗马帝国至此灭亡。

场上，接下来几个月中，又有很多人死于战伤或者伤寒。但是在灾难一般的大撤退中，他们是唯一一支没有丢失或者放弃一门火炮或者一面军旗的部队。

“大军”的残部继续向西撤退，拿破仑本人匆忙赶回巴黎，此时的华沙公国失去了自卫能力。东布罗夫斯基的部队随同法军撤入德国，而波尼亚托夫斯基带领1.6万人留在了克拉科夫。亚历山大并不准备进行报复，在1813年春季和夏季，他向波尼亚托夫斯基派出了在俄国一方作战的波兰人作为使者，试图说服后者放弃对拿破仑的效忠。

波尼亚托夫斯基拒绝了亚历山大的建议，并率领他的部队前往萨克森和拿破仑会合。10月19日，在“欧洲民族大会战”莱比锡会战的最后一天，这位身负重伤的公爵死在了战场上：他作为后卫掩护法军撤退，但是法国人提前炸毁了埃尔斯特河上唯一的桥梁，这位公爵试图游过埃尔斯特河，结果死在河里。尽管如此波兰人仍然跟随着拿破仑。在拿破仑被流放到厄尔巴岛的时候，他身边象征性的卫队中，有一半是波兰轻骑兵。

从一开始，拿破仑对波兰的态度就是自私自利的，而整个这一时期对波兰恢复独立也毫无益处。然而，拿破仑时代的历史对波兰人仍然非常重要。自从1683年维也纳战役以后，对波兰人来说军事上的胜利就只存在于历史书本里。从1797年到1815年，波兰人有能力在整个欧洲的战场上证明自己的勇气、忠诚和意志。他们在战斗中的英勇事迹，特别是波兰轻骑兵1808年11月30日在西班牙索莫谢拉山口的冲锋已经成为传奇。在索莫谢拉战斗中，一个枪骑兵中队的125人从山口中发起冲锋，清扫了据守堑壕的步兵以及4个炮兵阵地，他们在7分钟的战斗中，以83人战死的

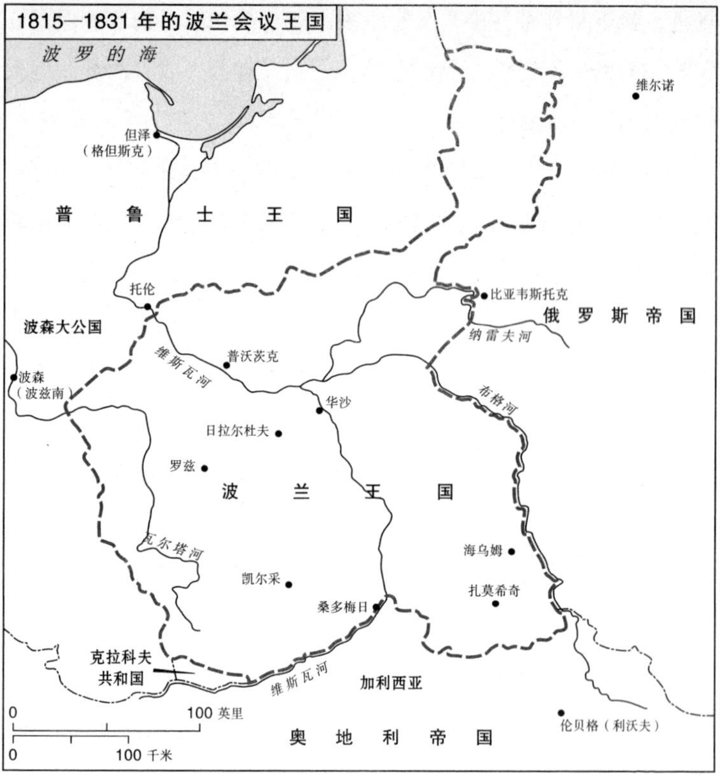

代价缴获了10面军旗和16门火炮。无数类似的壮举，为波兰人赢得了他们所有敌人的尊敬，从伊比利亚半岛到俄罗斯的腹地无一例外。西班牙的帕拉福斯将军以惊叹的口吻将维斯瓦军团的枪骑兵称为“地狱骑士”（infernales picadores），而在俄国作战时，指挥法军近卫军骑兵的科尔贝将军[①]曾经下令，所有法国部队在执

① 原文如此。这里提到的科尔贝（Colbert）将军，应该指的是奥古斯特－弗朗索瓦－马里·科尔贝·德·沙巴奈（Auguste François-Marie de Colbert-Chabanais），但是他于1809年在西班牙战死，并未参与进攻俄国，应为作者误写。

行警戒任务的时候，都要披挂上借来的波兰枪骑兵军帽和斗篷，从而迫使哥萨克人保持安全的距离。

这些英雄事迹，对一代又一代没有独立国家或者军队的波兰人来说，是令人快慰的神话，拿破仑的形象在波兰的艺术和文学作品中一次又一次出现，直到20世纪仍然是波兰人光荣梦想的焦点。拿破仑的垮台，一方面表明即使最伟大的人也会被联起手来的小人物们所击败，但同时对波兰人来说也是个安慰，波兰人认为，他们的独立事业同样是被见利忘义的阴谋所破坏掉的。这种“被缚的普罗米修斯”式的罗曼蒂克的观点，能够多少遮掩美化一系列令人不快的现实。

在退位的时候，拿破仑将他的波兰部队托付给了沙皇亚历山大一世，他寄希望于后者能大发慈悲。而亚历山大一世并不渴望复仇，同时也并非完全看不见波兰问题中的机遇。1814年，他在这一问题上可以说是拥有至高无上的决定权，这使得他可以考虑实现部分人的希望，即将原联邦国家的大部分领土重新联合起来，建立一个以他本人为君主的王国。他带着恰尔托雷斯基参加维也纳会议，作为他的顾问之一。但是沙皇的愿望遭到了奥地利、英国和法国的阻挠。这些国家不同意将德意志各地交给普鲁士，作为对其放弃波兰的补偿；同时他们也不同意建立一个俄国控制的波兰国家，这实际上意味着俄国的势力通过这个波兰国家大幅度向西扩张。英国和法国提出重新建立一个完全独立的波兰国家，但是这个建议从来没人认真对待。尽管亚历山大对波兰怀有善意，但他也无法将波兰独立的理念推广到俄国国内，否则他在波兰问题上的计划一定会激起怒火。

最终的结果是，在原三国获得的波兰领土的基础上，建立了一个12.7万平方千米、人口330万的波兰王国。此外，克拉科夫和周边的一小片地区变成了一个共和国。俄国皇帝同时也是波兰国王，三个瓜分波兰的国家则共同对克拉科夫共和国进行保护。残余的奥占波兰地区也被独立出来，成立了加利西亚和洛多梅里亚王国，并且建立了顺从的地方代表会议进行管理。而普占波兰大部分地区同样被单独划分出来，成立了波森（波兹南的德语名）大公国。这三个瓜分波兰的国家，在仁慈善待他们的波兰臣属、尊重他们的习俗等方面，都许下了可以说过于周到的誓言。

新的波兰王国，西方一般称为“会议王国”，是一个奇妙的存在。恰尔托雷斯基拟定的宪法是整个中欧最自由的。王国拥有一个两院制的议会。议会众议院共128名代表，其中波兰贵族们选出77人，非贵族的有产者选出51人。参议院中共有64名代表。这个议会并没有任何立法权力，其功能主要在行政、监管和司法方面。外交政策和警察机关则在俄国的控制之下，亚历山大一世的兄弟康斯坦丁·巴甫洛维奇大公[①]被派往华沙，统管波兰军队。从前波兰军团的组织者扎容契克将军代表亚历山大担任总督（Namiestnik）。尼古拉·诺沃西利采夫担任沙皇的全权代表，管理波兰王国。

波兰和俄国的这种高度紧密的联合总是有一些不和谐的因

---

① 19世纪先后有两位出身俄国皇室的“康斯坦丁大公”统治过波兰王国。一位是这里提到的康斯坦丁·巴甫洛维奇大公，他是保罗一世的次子，亚历山大一世之弟、尼古拉一世之兄，1815年起为波兰王国军队司令，是波兰实际上的统治者，直至1831年波兰爆发十一月起义后离开波兰；另一位是康斯坦丁·尼古拉耶维奇大公，他是尼古拉一世之子，1862—1863年担任波兰总督。很多国内外文献中将二人都简单地称作“康斯坦丁大公”，请读者注意区分。

素：俄国是巨大的君主专制国家，而波兰则是小小的君主立宪制国家。看起来两个国家的未来不可避免地只有两条道路：波兰成为俄国自由化浪潮的源头和基地，或者波兰作为一个卫星国逐步被俄国吞并消化。最初，似乎前一条道路的可能性更大。由于拿破仑战争，俄国社会中很多人了解了外国并受到了影响，俄国社会似乎已经准备开始变革。由于吞并了如此大的波兰领土，到1815年的时候，至少64%的俄国贵族都是具有波兰血统的，比起俄国人，这些人在文化上不如说是波兰人，他们当中能够读写波兰语的人比能够读写俄语的人要多。整个俄国的第三大城市维尔纳（维尔纽斯/维尔诺的俄语名）从本质上来说完全是波兰化的，而维尔纳大学也是整个俄国境内最好的大学。

在1818年波兰王国议会的开幕致辞中，亚历山大一世对波兰人施以丰厚的许诺。“请不要辜负你们的职责，”他对代表们说，“你们的工作将向我证明，我是否应遵从我的初心，进一步扩大授予你们的权利。”但是他对自由主义的热情逐渐淡了下去，而诺沃西利采夫也在想尽办法破坏波兰的自治。他既无暇关注波兰人的热情，也不喜欢恰尔托雷斯基。他利用了亚历山大一世和康斯坦丁大公之间最初的矛盾，以及他们二人和波兰政治家之间的矛盾，一步步地在俄国人的脑海里强化了“波兰人对他们获得的那些特权毫无感激之心”的看法。在1820年，由于亚历山大一世和他的官员违反波兰宪法，波兰王国议会就此问题进行公开辩论并准备着手护卫宪法的时候，亚历山大一世解散了波兰王国议会。到1825年议会再次召开的时候，亚历山大一世要求相关讨论只能秘密进行，而那些他认为是破坏分子的人被排除在外。

令人惊异的是，1792年到1815年在原联邦国家土地上的战争和种种破坏，以及接下来瓜分波兰土地的各国政府对波兰的统治，对波兰民族没有太大的影响。三国政府所划定的边界线，在多数波兰人眼里只是行政上的障碍，他们将这些边界线称作“奥地利的界线”或者“普鲁士的界线”。在19世纪20年代，一个人从华沙前往波森或者维尔纳，就意味着他出国进入了另一个国家，但在他或者当地的东道主看来，他仍然可以认为没有出国。

同样的，那些曾经在战争中各为其主刀兵相向的人们，现在可以在波兰王国的两院议会里和平相处。亚历山大在波兰王国的总督扎容契克曾经是个雅各宾派，1794年曾经参加科希丘什科起义，后来在拿破仑手下作战，在意大利指挥过波兰军团，还曾经参加过博罗季诺战役。而亚当·恰尔托雷斯基也曾经和科希丘什科并肩作战，他的父亲曾经主持管理拿破仑1812年在波兰所建立的临时政府，现在他是波兰王国的支柱人物。斯坦尼斯瓦夫·波托茨基曾经是18世纪80年代波兰爱国党人的领袖，也曾经在华沙公国担任高官，现在他是波兰王国的教育部部长。甚至连1819年被指派担任总检察长的约瑟夫·沙尼亚夫斯基，在1794年的时候也是一个雅各宾派。

在某种程度上，政治上的边界并不能彻底约束昔日的联邦国家，它仿佛仍然继续存在着，而其传统也仍然得到了精心的维护。在亚当·恰尔托雷斯基的指导下，维尔纳大学蓬勃发展，获得了学术中心的地位。新的教育机构，如塔德乌什·恰茨基创办的克热梅涅茨（今乌克兰克列梅涅茨）高级中学，将波兰的教育水平提高到了新的高度。扎乌斯基兄弟创办的图书馆已经被俄国人劫掠一空，但是在1811年，斯坦尼斯瓦夫·扎莫伊斯基在华沙将他数量可观的藏书对公众开放。普瓦维的恰尔托雷斯基历史博物馆记录了过去的荣耀，其中所藏档案对历史学家们颇有裨益。1817年，奥地利当局在伦贝格（利沃夫的德国名字）建立了一座德语大学，而同年约瑟夫·奥索林斯基在同一座城市建立了一个波兰图书档案馆——奥索林斯基图书馆（Ossolineum）。1829年，爱德华·拉琴斯基在波兹南也建立了一座图书馆，还有一座梅尔任斯基家族捐赠的博物馆。亚当·提图斯·齐亚文斯基成立了波兹南科学之友协会，并且在1828年开放了他在库尔尼克的藏书。19世纪40年代，他开始将这些藏书中的手稿整理出版。波兰的一切——从当年的硬币到民间的歌曲，都被收集起来、记录下来并进行研究。

18世纪晚期文学艺术的复兴中，新的一代诗人脱颖而出。而在音乐方面也是同样，天才的弗里德里克·肖邦诞生了。斯坦尼斯瓦夫·奥古斯特所培养的建筑师人才，也终于在19世纪初结出硕果，在接下来的30年中，他们所设计的新古典主义建筑不仅让华沙更加美丽，也装点了各地的许多乡村。于是，19世纪20年代的华沙成了一座美丽壮观而充满生机的城市，虽然昔日的联邦国家已经不复存在，但是对原联邦境内的波兰文化圈来说，华沙的首都地位仍然不可动摇。

但是拿破仑之后的一代人在情感上仍然难以适应这种妥协。在学生之中，特别是维尔纳大学的学生中，大家就各种问题热烈讨论，而秘密的社团就在其中萌芽。本来这种讨论并没什么害处，但是俄国的秘密警察从来没觉得有什么形式的讨论是无害的。1821年，瓦列里安·乌卡辛斯基少校在华沙建立“爱国者协会”（Towarzystwo Patriotyczne）的时候，俄国秘密警察的调查更加深入了。

1823年，维尔纳大学的教授约阿希姆·列列韦尔被免职，若干学生遭到逮捕。接下来还有许多人遭到逮捕，其中包括年轻的诗人亚当·密茨凯维奇。他曾经是维尔纳大学的学生，现在是科夫诺（今立陶宛考纳斯）的一名教师，他也是著名的《青春颂》的作者。审查机关虽然不明白这首诗中隐含的影射，但仍然不喜欢它。在教育部部长斯坦尼斯瓦夫·波托茨基被免职后，维尔纳大学也遭到了进一步的惩罚：校长亚当·恰尔托雷斯基也被免职。这些措施激怒了许多年轻人以及很多那些对迄今为止的状态感到还算满意的人们。私下讨论和阴谋串联在军队中也不断蔓延开来。在1825年，俄国十二月党人发动了起义，他们希望康斯坦丁·巴甫洛维奇大公登上帝国皇位，而起义失败后，俄国秘密警察的调查将线索引到了华沙。随着新沙皇尼古拉一世在俄国进一步限制自由思想，他在波兰的爪牙也开始热心地寻找猎物。

俄国秘密警察逮捕了若干地下小组的领导人，而在尼古拉一世的命令下，诺沃西利采夫下令，这些人的审判流程应该按照俄国审判刑事犯罪的流程执行。波兰政府根据宪法对此提出了抗议，这些人的案件被交给议会所指定的特别法庭进行了审判。由于按照波兰法律，这些人的做法并不构成刑事犯罪，因此1829年此案遭到驳回。盛怒之下，尼古拉一世下令撤销他们的裁决，并亲自强行对这些犯人进行了判决，然后逮捕了特别法庭的所有成员。

华沙的波兰王国政府终于发现，自己的地位难以维持，自身缺乏权威，还遭到保护者俄国的不断削弱，这给了革命者们可乘之机。到1830年的头几个月，矛盾的爆发已是山雨欲来。法国七月革命以及接下来比利时九月革命的消息传来，事态终于到了最紧要的关头。尼古拉一世宣布，他准备向比利时派遣一支远征军以镇压当地的革命，而这支军队中的大部分人将从波兰军队中抽调。1830年11月19日，他下达了动员令。

15

起　义

1830年11月29日夜，一队军校士官生冲进了贝尔维德尔宫，试图刺杀康斯坦丁·巴甫洛维奇大公，而另一队起义者袭击了附近的俄军骑兵兵营。一切都没有按计划进行。俄军及时得到了警报，大公本人也从刺客刀下逃脱。另一支起义者对兵工厂的进攻成功得多，但是后果也更加致命。武装起来的人们在街头四处游荡，将俄国人和他们的波兰合作者们处以绞刑。而由于失误，两名著名的波兰将领也枉死其中。

波兰王国政府迅速行动起来，试图控制局势，避免和俄国正面对抗。王国财政大臣弗朗齐歇克·克萨维里·德鲁茨基–卢贝茨基公爵带头倡议，将恰尔托雷斯基以及其他重要人物增补进全国最高委员会（Rada Najwyższa Narodowa）。为了保证军队团结并恢复秩序，深孚众望的赫沃皮茨基将军于12月5日宣布自任最高独裁者。他希望能够将所有的问题控制在波兰国内问题的范畴之内。他为康斯坦丁·巴甫洛维奇大公提供了离开华沙的安全保证，一同离开的还有他手下的侍从和军队，甚至警察间谍乃至他所关押的政治犯。他还派遣卢贝茨基前往圣彼得堡进行谈判。

但是沙皇拒绝接见卢贝茨基。1831年1月7日，沙皇寄给他一份备忘录，将无条件投降作为一切谈判的前提条件。这在波兰全境激起了爱国主义的怒火。任何讨论和解的说法都被贴上了失败主义的标签。而无路可投的赫沃皮茨基被迫辞职。王国议会宣布国家进入起义状态，并且在来自底层的压力下，于1831年1月25日宣布废黜尼古拉一世的波兰国王头衔，这彻底断掉了所有的退路。波兰建立了新政府，以恰尔托雷斯基为主席，米哈乌·拉齐维尔为军队统帅。波兰王国正式脱离俄国。

2月，一支11.5万人的俄军在迪比奇将军的指挥下进入波兰。波兰军队此时只有3万人，但在2月25日格罗胡夫战斗中，他们成功拦截了前进的俄军。3月底，扬·斯克日涅茨基将军主动出击，在瓦维尔、大登贝、伊甘涅三次战役中分别击败俄军，迫使迪比奇向东撤退。此时俄军处境危险，迪比奇本人陷于孤立，而前来增援的俄军近卫军也处在容易遭到阻击的位置。之前，德维尔尼茨基将军已被派往沃伦地区率领一支规模不大的部队举行起义，同时赫瓦波夫斯基和盖乌古德两位前往立陶宛的将军也身负同样的使命。波兰人准备充分，势在必得。他们动员了8万人的预备队，而如果将立陶宛人和其他民族的部队算上，他们能够动用的总兵力达到20万人。俄军在波兰的总兵力是25万人，但波兰的士兵更加积极，军官们更加有经验。起义也吸引了大量宝贵的国外志愿革命者。数百名当年在拿破仑麾下战斗的军人参加了波兰起义，其中包括生于意大利的拉莫里诺将军，还有让·拉纳元帅的儿子。格鲁希元帅本人本来想亲自前来，但是他要求的军衔太高了。规模紧随其后的是日耳曼人的部队，他们当中还包括100多名军医。此外还有来自匈牙利、意大利和英国的志愿者。

但是那些真正掌握起义方向的领导人中，却没有人支持起义，他们甚至不相信起义能够成功。恰尔托雷斯基坚信外交干涉是唯一的解决方法。他向伦敦、巴黎和维也纳分别派遣了代表团，希望能够获得外国支持和财政支援。他们准备将波兰王位授予奥地利哈布斯堡王朝的某一位大公，或者某位英国王室成员，从而换取支持。军队司令扬·斯克日涅茨基认为，在谈判前牺牲越小，结果会越好。因此他行动迟缓，没有成功阻击俄国近卫军。而当俄国近卫军和迪比奇的部队会合后，俄军向波军发起了主动进攻，5月26日，在奥斯特罗文卡将波军击败。随后，俄军中泛滥的霍乱夺取了迪比奇的性命，但斯克日涅茨基又没有主动利用这一机会扩大战果。帕斯克维奇将军继任俄军总司令，并且开始准备新的进攻。

在巴黎，法国国王路易·菲利普在他声情并茂的演讲中暗示会向波兰提供军事援助，此时看起来，恰尔托雷斯基的外交努力仿佛终于结出了果实。波兰的起义在世界范围内集聚了广泛的同情，并且引发了人们对革命的浪漫想象。在德国，波兰革命使得一种被称为“波兰歌曲”（Polenlieder）的革命歌曲流行开来。在美国，纳萨内尔·帕克·威利斯[①]为波兰谱写了诗篇，而在英国，年轻的丁尼生写下了一首“关于波兰的美丽诗篇，篇幅长达数百行”——然后手稿被他的女仆拿去生火了。在法国，德拉维涅、贝朗瑞、缪塞、维尼、拉马丁和雨果[②]纷纷用诗歌歌颂光荣的波兰起义者。1831年5月23日，纽约市议会发表声明，对波兰人表

---

① 纳萨内尔·帕克·威利斯（Nathaniel Parker Willis）是当时的美国作家、诗人。

② 热尔曼·德拉维涅（Germain Delavigne）、皮埃尔–让·德·贝朗瑞（Pierre-Jean de Béranger）、阿尔弗雷德·德·缪塞（Alfred de Musset）、阿尔弗雷德·德·维尼（Alfred de Vigny）、阿方斯·德·拉马丁（Alphonse de Lamartine）和维克多·雨果（Victor Hugo）都是当时的法国作家。

示强烈支持，而波士顿则为波兰军队各团制作了军旗。在巴黎，詹姆斯·费尼莫尔·库珀建立了波兰–美国委员会，为起义者筹集资金。

假以时日，这些支持波兰的感情很可能会造成实际影响。但是起义领导者们缺乏政治决心，这使得帕斯克维奇掌握了主动权。他率领军队向西进军，从北边绕过了华沙，然后扫清了周边，并从其防御最弱的西边向华沙发起了进攻。斯克日涅茨基从不同的方向派出了两个军团，试图让俄军分兵，而不是从侧翼向前进中的俄军发起进攻。1831年9月6日，帕斯克维奇开始进攻华沙。在两天坚决但损失惨重的战斗后，波兰军队的新统帅克鲁科维茨基投降，并撤出了他的残余部队。波兰仍然有大约7万人的军队，但他们分散在全国各地，继续抵抗似乎已无意义。10月5日，残余的波兰军队主力为避免被俄军俘虏，穿越边界进入了普鲁士境内，而其他部队则试图越过奥地利边界寻求庇护，起义者的大多数主要政治领导人紧随其后前往奥地利。

尼古拉一世废除了波兰王国的宪法，关闭了维尔纳大学和华沙大学，同样遭此厄运的还有华沙理工大学、克热梅涅茨高级中学、科学之友协会等其他文教机构。作为补偿，尼古拉一世捐钱给华沙修建了一座要塞，从而可以保证一旦发生动乱，俄军能够依靠这里将整个华沙炸成废墟。帕斯克维奇将军获得了华沙公爵的头衔，俄国的将军和官员们也各自被授予了从波兰家庭没收所得的田产。

以恰尔托雷斯基为首的10名起义领导者，被俄国缺席判处斩首，此外还有350人被判绞刑（他们当中多数已经逃亡国外）。尽管随后俄国人向世界宣布他们宽宏大量地大赦了这些人，但仍然有1万名波兰军官被送进了苦役营，或者被当作普通士兵送进了驻扎在高加索地区的俄军部队。超过800名波兰“孤儿”（他们的父亲在起义中被杀或被流放）被从他们的母亲身边带走，送往俄军各步兵团抚养。在波兰王国，无数的小贵族家庭失去了自己的贵族头衔，这些家庭共有3176处田产被没收充公。在波多利亚省[①]，5000个波兰小贵族家庭被剥夺了一切，降低到农民的地位，并且被送往高加索山区。几年后，立陶宛和沃伦地区的4万个小贵族家庭被送往了西伯利亚。罗曼·桑古什科公爵是留里克王朝的后裔，他可能因某些活动而获罪，被判处在西伯利亚服终生苦役，而且必须和一群罪犯锁在一起步行前往流放地。当他的母亲——她是皇后的朋友和从前的侍女——为儿子祈求宽恕的时候，她得到的回答是，她可以跟着一起去。

那些流亡者的命运虽然不如国内的战友们那么可怕，但是一点也不值得羡慕。大约8000名高级军官、政治领袖、作家和艺术家的生活从此变得前路渺茫。他们本是为了在战术上保留实力才流亡国外的。为了保持良好的状态，许多波兰军人加入了比利时军队，法国也希望让尽可能多的流亡者加入法国军队，为此还建立了著名的法国外籍军团。还有很多人流亡到了巴黎，这里很快变成了波兰人政治和文化生活的焦点。在这里，在流亡者的苦难和互相争吵之中，下一次重夺波兰的斗争计划逐渐在讨论中酝酿成形。

在流亡者中形成了两大团体：恰尔托雷斯基党和波兰民主协会。前者将波兰的希望寄托在外交干涉上。亚当·恰尔托雷斯

① 波多利亚省是第二次瓜分波兰时俄国获得的土地，不属于波兰王国。

基——即使他的对手们也将他称为事实上的波兰国王——不断游说英国和法国国会议员，或者撰写备忘录提交请愿，他还与罗马教廷和奥斯曼宫廷保持着非官方的外交关系。他建立了一套组织机构网络，在多个国家的首都建立了办公机构，而一旦革命的风暴迫近欧洲，这些波兰机构就会以极大的激情开始行动。

波兰民主协会的最高领导机构是中央委员会（Centralizacja），位于凡尔赛。他们致力于抓住一切可能的机会尽早在波兰发起大规模起义。他们还和其他国家的类似革命组织——比如朱塞佩·马志尼的青年意大利党——建立了密切的联系。和18世纪90年代的法国人一样，波兰人开始将自己看作全世界的自由战士，有义务在兄弟民族的斗争中伸出援手。数以千计的波兰人投入欧洲其他国家的革命者的地下工作，奋勇战斗，并最终献出了生命。

1837年，俄国发现了中央委员会在波兰和立陶宛精心组织的地下网络，然后将这些密谋者一网打尽。被捕者被枪决、绞死或者流放西伯利亚。随后，民主协会将他们的活动重点转移到了不那么危险的奥占和普占波兰，在整个19世纪40年代，他们在这些地区十分活跃。他们通常采取反对庄园制的立场，以此获得政治上相对保守的农民的支持。

1846年2月22日，波兰人计划在加利西亚地区和波兹南地区同时发动农民起义。但是起义者欠妥当的行动引起了奥地利当局的警觉。奥地利当局迅速而奸诈地展开了行动。他们向加利西亚的波兰农民进行宣传，声称波兰的地主们正在计划举行起义，而起义将把农民变成奴隶。奥地利当局还声明将用赏金犒劳那些把“密谋者”——不论死活——交给当局的人。于是，接下来发生了持续三天的暴乱，农民们成群结队地袭击了大约700处地主庄园，约1000人在暴乱中死亡，而其中只有极少数是真正的密谋者。3月4日，奥地利和俄国军队进入了克拉科夫，镇压了革命者之前在这里建立的“波兰共和国民族政府”，并且宣布废除克拉科夫自由市的独立地位，将其并入奥地利帝国。在波兹南地区，革命还没来得及爆发，普鲁士当局就逮捕了起义的所有领导。

被称为“民族之春”的1848年欧洲革命，再次唤起了波兰人的革命热情。在当年2月，巴黎推翻了路易–菲利普的统治；三个星期后，革命者们在维也纳和柏林建起了街垒；到夏天，几乎没有一个欧洲国家没有爆发武装起义。而波兰人参与了所有的起义活动，当然也包括在波兰本土爆发的起义。

克拉科夫和利沃夫爆发了起义，并且宣布建立临时革命委员会，其领导人来自凡尔赛的波兰民主协会中央委员会。他们列出了一份清单，其中包括所有关于自治和解放农民的要求。奥地利当局发现自己陷入了困境，最终他们别无选择，只能接受这一既成事实。

柏林的暴动者释放了所有于1846年被捕的波兰革命者，他们随后前往波兹南（波森），领导那里已经建立的民族委员会。柏林当局已经做好准备，同意做出几乎一切让步，甚至进而认可委员会以便让风暴平安过去。他们同意对波森大公国进行“民族改组”，推行波兰化。不过当时人们的注意力大多集中在了法兰克福，在泛欧洲自由主义情绪高涨的氛围下，法兰克福议会①正在

① 即全德制宪国民议会，于1848年5月在法兰克福召开。会议希望完成德意志的统一，但长期陷于空谈。至次年3月，议会通过帝国宪法，决定建立统一的德意志帝国，普鲁士国王为帝国皇帝，各邦有自主权。这一宪法遭到普鲁士、奥地利等邦国的拒绝。后迁至斯图加特，1849年7月被驱散。

这里召开会议，而与会代表全部是日耳曼人。对尼古拉一世可能派兵恢复中欧地区秩序的恐惧，使得人们纷纷议论是否要联合起来共同抗战，从俄国手中解放波兰，并且击退俄罗斯帝国的扩张。

来自欧洲各地的波兰人纷纷来到波兹南地区。甚至亚当·恰尔托雷斯基也从巴黎来到波兹南，在这里他受到了人们夹道热烈欢迎，仿佛他是未来的波兰国王一般。波兹南地区的民族委员会现在武装了两万人，并且一直在推动本地改革的方案。他们的指挥官是路德维克·米罗斯瓦夫斯基。

在初夏时节，德意志地区以及法兰克福议会逐渐不再倾向于国际自由主义革命热情，而波兹南地区、西里西亚地区和波莫瑞地区日耳曼人的代表们也开始鼓吹反对波兰人的主张。随着自由主义革命热情的消退，柏林政府也开始着手处理危机。普鲁士当局承诺将继续执行波兹南的“民族改组”计划，但同时坚持让波兰人解散武装民兵。民族委员会试图进行谈判，但当普鲁士军队进攻波兰民兵部队的时候，波兰人进行了反击。波兰人在米沃斯瓦夫和索科沃两地的激战中击败了普鲁士军队，但在普鲁士军队的炮兵重火力打击下最终还是不得不投降。关于改组和自治的会谈中断了，最终法兰克福议会投票通过决议，将波森大公国纳入德意志国家内，正如弗里德里希·恩格斯嘲讽的那样，“我们对波兰人的热情也就变成了榴霰弹和硝酸银”。[①]

11月，奥地利军队炮击了克拉科夫，接下来是利沃夫，两座城市都在炮火之下投降。对波兰爱国者们来说，“民族之春”变成

---

① 恩格斯.《法兰克福关于波兰问题的辩论》[M]// 中共中央马克思恩格斯列宁斯大林著作编译局.北京：人民出版社，2006：392.

了又一场刺骨的寒冬。他们不仅没有从革命之中获得任何利益，甚至还事实上导致克拉科夫共和国及波森大公国失去了之前所有的特权。

在维也纳和柏林的街垒里，波兰人站在起义者的最前列；他们还在德累斯顿和起义者并肩作战；一支由诗人亚当·密茨凯维奇在伦巴第组织的波兰军团在罗马、热那亚、米兰和佛罗伦萨投入了战斗；梅洛斯瓦夫斯基在西西里指挥了反抗波旁王朝的军队，他后来成了德意志的巴登革命者的领袖；赫扎诺夫斯基将军在诺瓦拉指挥皮埃蒙特军队。无论在哪里，只要有反抗俄国人、普鲁士人和奥地利人及其盟友的战斗，波兰人一定会出现在反抗的军队之中。他们贡献最大的当属在匈牙利革命中的奋斗。曾经于1831年在奥斯特罗文卡为波兰而战的贝姆将军，在1848年成为维也纳起义中革命军队的统帅，后来又前往特兰西瓦尼亚指挥科苏特·拉约什的匈牙利起义军。德姆宾斯基将军是匈牙利军队的最高指挥。他们和数以百计的波兰军官参加了起义军在泰梅什堡（今罗马尼亚蒂米什瓦拉）的最终血战。而与此同时，恰尔托雷斯基在国外向匈牙利人提供了外交和物质方面的支持。

所有这一切只会让欧洲人更加认为波兰问题和欧洲革命密切相关，而欧洲是害怕革命的。1853年爆发的克里米亚战争对波兰人来说本来应该是个好消息，这场战争将那些所有对波兰人怀有同情之心的国家团结起来对付俄国这个头号敌人。曾任英国外交大臣，后来担任首相的帕默斯顿勋爵认识恰尔托雷斯基，并且关于波兰问题经常发表声明，表达对波兰人的同情。拿破仑三世也继承了他家族传承的政治观点中对波兰人的同情，而他的外交大臣瓦莱夫斯基伯爵也有一半波兰血统——他被认为是拿破仑一世和波兰情妇的私生子[①]。波兰人开始梦想，法英两国会联合发起远征，在立陶宛进行登陆。但是帕默斯顿和拿破仑三世为了换取奥地利和普鲁士在战争中的中立地位，最终还是让波兰人的美梦成空。他们只允许以奥斯曼土耳其名义组建的波兰人部队，在高加索和克里米亚地区向他们共同的敌人——俄国发起进攻。

不过，1855年，俄国在克里米亚的失败，以及尼古拉一世的死亡，还是立竿见影地改变了波兰人的处境。新任沙皇亚历山大二世访问了华沙，并且表明他本人对改革建议持开放态度，不过同时他也警告人们不要有政治幻想："不要做梦了，先生们，不要做梦了！"这是徒劳无功的讽刺。正如未来几年所证明的，波兰人所提出的任何进行改革的尝试，在圣彼得堡都会被看作"做梦"。

怀着审慎而乐观的态度，华沙的银行家、实业家莱奥波德·克罗嫩贝格与农业协会的安杰伊·扎莫伊斯基开始讨论，什么样的改革是有可能实现的。其中，扎莫伊斯基所着手解决的问题——农民问题最为引人注目。到19世纪50年代末，农民所缴纳的地租中，货币地租的比例已经超过一半，这一改革主要是由地主方面自愿推动的。但是多数小庄园仍然按照过去的模式要求农民以劳役的形式支付地租。在1858年，俄国政府要求农业协会

---

① 亚历山大·瓦莱夫斯基伯爵是波兰女贵族玛丽·瓦莱夫斯卡之子，后者曾经是拿破仑一世的情妇，当时有"波兰夫人"之称。虽然瓦莱夫斯基夫妇承认亚历山大为他们的儿子，但是当时几乎所有人都公认亚历山大的生父应该是拿破仑一世（未被拿破仑承认）。2013年，经过比对瓦莱夫斯基男性后裔和波拿巴家族男性后裔的DNA样本，确认了拿破仑确实是亚历山大·瓦莱夫斯基的生父。

准备一份土地改革方案。由于此时俄国正在就农奴解放问题进行热烈讨论，波兰的农民问题也明显成了政治站队的问题。波兰的农民获得解放，到底是应该感谢沙皇陛下，还是他们的波兰领主？这成了一个重要问题。

农业协会最终选择的方案是，在保证的租赁期内，将所有劳役地租以货币地租的形式替代，并在此基础上，通过地主和佃农的谈判，将佃农租种的土地转化为农民享有永久产权的土地。国家按照方案讨论如何进行改革，到1860年，农业协会已经被看成事实上的波兰议会，甚至伦敦的《泰晤士报》也对协会的会议内容进行了报道。然而接下来，两方面不同的要求让农业协会又陷入困难之中：一边是来自圣彼得堡的责备，另一边则是华沙激进主义者日益激进的要求。这一次，圣彼得堡方面施加压力的并非俄国人，而是一名波兰人：亚历山大·维洛波尔斯基，是一名智力出众且彬彬有礼的贵族，曾经支持1830年的起义，但此后他认识到这种英雄主义的行为是没有意义的。

1860年，维洛波尔斯基提出了一个能够让沙皇接受的计划，这个计划的内容大体上来说，是谨慎地回到了19世纪20年代波兰会议王国时代的原则上。俄国将允许波兰王国进行一定程度的行政改革，并允许其建立顾问机构；对教育的压制将被缓解，而农民问题将由维洛波尔斯基解决，他在1862年时已经成为王国政府的首脑。根据之前的协议，亚历山大二世的弟弟康斯坦丁·尼古拉耶维奇大公被派往波兰担任总督。对他来说，维洛波尔斯基有责任维持秩序，并且控制好波兰人的政治野心。

这项任务并不容易。维洛波尔斯基的傲慢自大和他表面上对俄国的恭顺，使得他遭人厌恶。他的对手安杰伊·扎莫伊斯基可能没有那么聪明，但是却更受欢迎，并且在来自社会下层的压力下开始违抗上意。在被康斯坦丁·尼古拉耶维奇大公召见的时候，扎莫伊斯基拒绝和大公合作，而更乐意继续做反对派。自由化改革的承诺对更加激进的民众来说，就如同火上浇油一般。人们召开会议，激烈地讨论改革、解放和自治的各方面内容，并且不仅在口头讨论，也在出版物上相互争论。越来越多人开始同意，任何和俄国的妥协都是不可能的。警察监听和调查人们的一举一动。城堡监狱中的囚犯不断增加，从几百人增加到几千人。

1861年2月25日，一次纪念1830年起义的集会被军警驱散。两天后，一队宗教游行的队伍和警方发生冲突，警方开枪，导致5人死亡。4月8日，一次类似的抗议示威活动导致了超过100人死亡。华沙及其他城市动乱反复，气氛日趋紧张。随后当局宣布波兰全境进入紧急状态。10月15日，俄国警察闯入华沙多间教堂，将在其中寻求庇护的抗议者抓走。大约1500人被逮捕并被装车押往城堡监狱。全国所有的天主教堂和犹太会堂宣布关闭，以示抗议。结果，多名主教、神父和拉比遭到逮捕。

一群被称为“红党”的激进者于1862年在华沙成立了秘密的城市委员会（Komitet Miejski），并在全国范围内建立了临时政府，以对大规模起义的工作进行协调。俄国在克里米亚战争中的失败，证明了其军事上的衰弱，而此前不久意大利加里波第的成功，让波兰人认为自己也可能成功。自由主义者们将恰尔托雷斯基看成波兰的加富尔，而激进革命者们将梅洛斯瓦夫斯基看成波兰的加里波第。梅洛斯瓦夫斯基还是拿破仑三世——拿破仑一世的侄子——的旧交。城市委员会任命的军事领导人是雅罗斯瓦夫·东布罗夫斯基，他和俄国军队中的许多军官——不仅有波兰人，还有俄国人——密切串联，以便在起义爆发的时刻，让俄国军队陷入瘫痪难以及时反应。到1862年夏季，起义者已经提前做好了诸多安排，但此时俄国警察也得到了准备起义的风声，于是许多军官遭到逮捕，其中包括东布罗夫斯基。

与此同时，维洛波尔斯基仍然在试图推动他对农民问题的解决方案，而他的方案和扎莫伊斯基1859年的提议十分相似。而此时，扎莫伊斯基和农业协会的立场也发生了变化。为了从红党手中争夺领导权，他们开始推进更加激进的措施。扎莫伊斯基受召前往圣彼得堡，沙皇当面斥责了他，并把他判处流放。农业协会被禁止活动，克罗嫩贝格的城市代表团也被解散。现在轮到那些温和派——或者所谓的“白党”转入地下并开始进行暗中筹划。

波兰人从历史经验中获益良多，在从事地下颠覆活动方面他们也表现出了卓越的专业水平。此时，城市委员会已经改组为中央民族委员会，斯特凡·博布罗夫斯基担任主席。委员会中包括5个部。其中，外交部的成员使用伪造的证件在欧洲各地串联，广泛接触各色人等，从欧洲各国大臣们的宫廷到俄国海外侨民寓居的阁楼都有他们的活动。财政部负责收集整理同情者捐赠的财物，也从态度冷淡的人们手里收取“税款”，甚至还会在国际市场上发行债券。军需部的责任是购买武器和给养，并将其偷运到指定位置。内政部负责谋划解放农民以及犹太人的政策方案。最后是司法部，他们拥有自己的“秘密行动队”。波兰人的情报部门在俄国军队和政府的每个角落都安排了自己的眼线。波兰人在华沙秘密对起义者进行军事训练与演习，而这一切就发生在俄国军队——他们不仅驻扎在要塞中，还在广场和街道上四处游荡——

的眼皮子底下。在波兰王国担任总督的康斯坦丁·尼古拉耶维奇大公曾经命令俄国将军贝尔格调查波兰人的密谋活动，后者在几周的调查后汇报说，他只查实了“一件事情，就是我本人没有参与其中”。接着他又补了一句，“尊敬的殿下，您也没有”。[①]

维洛波尔斯基仍然在试图阻止起义。他提出了俄国军队年度征兵的方案，在方案中将地主和有地产的农民排除在征兵名单之外。他认为通过强制征兵，可以将超过3万名接受过教育的年轻人和市民征入军队，从而将起义的主要密谋者一网打尽，而那些刻意逃避的人们也会暴露自己的身份。在这种情况下，随着征兵日期的逼近，多数人选择偷偷离家出走。1863年1月22日，中央民族委员会正式宣布举行起义，当天夜里，起义者的小股部队开始在全国各地进攻俄军军营。

这次起义注定要走向失败。起义者的人数不超过两万人，装备简陋不说，而且分散在全国各地，每支部队的人数只有50人到500人。起义者的人数后来逐渐增加，在接下来的18个月里起义者总数增加到10万人，但是他们仍然无法抗衡俄军集结起来的30万大军。不过波兰人善于情报侦察，擅长把握时机，并且能够随时化整为零进入农村，依靠这些条件他们成功地对俄国军队进行骚扰，切断他们的补给线，有时还能成功击败正在行军中的俄军部队。但是波兰军队没有能力占领城镇，也无法在激烈的正面交战中彻底击败俄军大部队：因为波兰人没有炮兵。只有在桑多梅

① 这个故事的真实性存疑。贝尔格将军，即费奥多尔·冯·贝尔格伯爵（Фёдор Фёдорович фон Берг/Friedrich Wilhelm Rembert von Berg），是在波兰一月起义爆发后1863年3月接任波兰王国总督，然后才前往华沙。事实上他也是1863年波兰一月起义的主要镇压者。

日、波德拉谢和凯尔采等比较偏远的地方，规模超过2000人的波兰军队才能在开阔地带生存下来。波兰起义军的指挥官也在不断更换。路德维克·梅洛斯瓦夫斯基本来是最高指挥官，但是他在准备进军波兹南地区的时候被击败。马里安·兰盖维奇设法接管了最高军事指挥权，但是很快也被击败，并被迫退往加利西亚。

世界各国在感情上都强烈支持波兰人。在新闻报纸愤怒批判俄国人的不公的同时，大批年轻人纷纷前往波兰。他们来自爱尔兰、英格兰、法国、德意志各邦国，特别是意大利。加里波第的朋友弗朗切斯科·努洛，就以红衫军战士的身份在波兰参加战斗并牺牲在这里。值得一提的是，起义军中最大的非波兰人部队，是俄国人的部队。

但是外国政府就不那么热心帮助波兰人了。俾斯麦明确表态，如果俄国提出需求，他会向俄国伸出援手。奥地利只是对其边境上波兰人的种种活动视而不见，因此奥地利边境地区成了波兰起义者获得补给的唯一通道。1863年4月17日，英、法、奥三国在圣彼得堡联合向俄国递交照会，抗议俄国的做法破坏了1815年维也纳会议的决议安排。私下里，拿破仑三世和他手下的大臣们暗示，法国会向起义者输送武器，甚至派兵支持，他们要求波兰人坚持下去。白党和在巴黎的波兰人关系密切，很大程度上正是由于法国人的表态，白党才在2月正式决定参与起义，并争取起义运动的领导权。

在接下来的几个月里，领导权多次易手，到1863年10月，罗穆阿尔德·特劳古特成为最终的领导者。他是一名立陶宛地主，虔诚到近乎苦修。此时他35岁，有两个孩子，在俄军中已经官至上校，并且参加过克里米亚战争。他对中央民族委员会以及军事领导机构进行了改组。很大程度上正是依靠他的领导，起义在1863年的秋天恢复了元气，并且扩展到了更多的地方。

有人曾说，波兰要恢复独立的话，其边界将会是用起义者的鲜血划定的。不出意外，起义在乌克兰地区爆发的范围并不算大，只有小股的波兰贵族们响应。在白俄罗斯，起义爆发的范围基本上和原波兰–立陶宛联邦领土相一致，起义者中不仅有农民，一些生活在城镇（如平斯克）中的犹太人也参与了进来。在立陶宛，甚至利沃尼亚南部，起义爆发的范围和1772年的联邦国家国界也是一致的，参与者众多，包括了所有的社会阶层。这是对俄国在第一次瓜分波兰后在俄占波兰地区推行的俄国化政策的一记耳光。

1864年3月2日，为了平定起义，沙皇采取了釜底抽薪的一招：他发布了在波兰王国解放农民的诏书，宣布农民有权完全拥有自己的土地。4月，特劳古特被捕。零星的战斗又持续了6个月，但是大规模起义结束了。沙皇颁布诏书，将波兰王国改称"维斯瓦边区"。所有的波兰机构都被废除，残酷镇压的时代来临了。在俄国被称作"刽子手"的穆拉维约夫将军在俄国西部各省寻找那些心怀不满者的痕迹，并且进行了一场彻底的清洗。镇压的残酷程度是前所未有的，数以万计的年轻人戴着镣铐走上了前往西伯利亚流放地的道路，很多人从此再也没有返回。整个国家陷入了悲伤之中。

波兰人的悲伤，不仅仅是因为起义本身的失败，也是因为波兰人从此告别了武装起义这一争取独立的传统方式。1863年的起义是一件非同寻常的成就——10万名知识分子、贵族、工人和农民将整个欧洲最大的军事机器整整拖住了18个月，这是非常了不起的。这次起义也证明了波兰的贵族们并非孤军奋战，最后一次战斗中参战的就是由农民组成的部队。尽管如此，这次起义的结束仍然是波兰一段历史的终结。

16

波兰问题

整个19世纪，“波兰问题”都阴魂不散地萦绕在欧洲各国的外交界，这个问题无论对波兰的朋友还是敌人，都同样麻烦。英国站在同情波兰的立场上发出了许多照会；土耳其从不放弃任何一个机会表达其对瓜分波兰的反对意见；从1830年起，法国议会下议院每年开会时都严肃表示希望波兰能够恢复独立。然而每当这一问题开始危及欧洲的稳定时，他们就只能用一堆伪善的辞藻把这个问题在表面上掩盖过去。

尽管波兰问题的热度在各国内阁中退潮，但是在其他方面却出现了回潮。1841年在伦敦举行的一次波兰人纪念集会上，发表主旨演讲的是一名来自海地的黑人。如同恩格斯所说，19世纪所有工人阶级运动中，恢复波兰独立的主张，是工人阶级唯一努力争取的超越自身切身利益的诉求。1848年，巴黎民众高呼“波兰万岁！”的口号向市政会议大厅游行。他们的诉求也得到了英国的宪章派、柏林的工人（他们将梅洛斯瓦夫斯基扛在肩上抬出了柏林的莫阿比特监狱），还有从马志尼到加里波第的所有意大利政治家的响应。1831年，波兰起义者在他们的旗帜上写下的口号“为了我们和你们的自由”（Za naszą i waszą wolność）并不仅是说说而已。波兰民族一直战斗在反对俄、普、奥三国“神圣同盟”的人民前列，并与这些人民一同创立了第一国际。

在提交给第一国际中央委员会的决议案中，卡尔·马克思解释了为什么波兰人争取自由的斗争是各国工人阶级的共同利益。他说，没有独立的波兰，整个欧洲都会处在俄国独裁统治的威胁之下，而波兰的事态也会对其他国家的革命运动产生立竿见影且至关重要的影响。1792年，叶卡捷琳娜女皇本来想用来对付法国革命的军队，最后被派往了波兰。同样的事情在1830年再次上演。正如拉斐特对法国内阁所说的：“这场战争本来是准备针对我们的……波兰成了我们的前卫：吸引敌军主力的前卫。”如果波兰重新获得独立，无论是对希望确保控制意大利北部的奥地利、谋求在巴尔干地区拓展影响力的俄国，还是希望确立自身在德意志各邦国中优势的普鲁士来说，都会增加许多麻烦。与此同时，被三国瓜分的波兰使得这三个国家建立在长期同谋和利益交换基础之上的合作更加紧密，而它们的合作关系是欧洲局势任何变化的最大阻碍。

在国内波兰人被排除在公共社会生活之外的时候，波兰流亡者们在世界的其他地方留下了自己的足迹。波兰人的身影在革命或者战争中最为引人瞩目。他们参加了法国的殖民地战争，也参加了西班牙内战；他们和加里波第并肩作战，也为巴黎公社而战。他们在赤道南北、在大西洋两岸都参加了战斗。波斯沙阿（皇帝）的近卫军里有两个团是波兰人组成。在美国南北战争中，第一名牺牲的北方联邦军官就是1860年牺牲的布兰多夫斯基上尉。有4000名波兰人在北方联邦军队中参战，主要集中在克日扎诺夫斯基上校的第58纽约志愿步兵团中。此外还有1000人参加了南方邦联军队。奥斯曼帝国军队也成为许多波兰人的长期避难所。他们担任了奥斯曼军队的参谋、炮兵、工程师、地图测绘师，以及外科医生。波兰人可以升到很高的位置，只要他们皈依伊斯兰教即可——很多人也确实这样做了。

典型例子是安东尼·亚历山大·伊林斯基，他是一位富有的贵族，曾经参加1830年起义，后来流亡海外。他参加了约瑟夫·贝姆将军在葡萄牙组织的波兰军团，之后又参加了西班牙内战（业余时间还成了一个出色的斗牛士），接着从法国去了阿尔及利亚，并且获得了法国的荣誉军团勋章。接下来他先后在阿富汗、印度和中国作战。1848年，他回到贝姆将军麾下参加了匈牙利革命，失败后流亡奥斯曼土耳其。随后他皈依了伊斯兰教，并且改名伊斯坎德尔帕夏，还参加了克里米亚战争。后来他成为巴格达的总督，1861年死于伊斯坦布尔。

如此多的人流亡在世界各地，使得本土的波兰人有了消失的风险。更严重的问题是，波兰民族从来不是基于种族、领土、宗教和政治关系形成的。而在昔日的联邦国家灭亡后，人们认为构成这个国家的不同民族成分应该如同飞离原有轨道的卫星一样，会逐步和波兰脱离开来。然而，波兰民族没有分裂成不同的部分，而是幸存了下来，尽管其形式在某种程度上发生了改变，并且一直在变化。“波兰民族性”这个词成为波兰人定义自己的一个概念。

但是，考虑到联邦国家中90%的人没有政治权利，因此那些希望重新复兴波兰国家的人，就需要赢得相当比例其他阶层的支持。他们必须赋予波兰国家新的形式：在当时的时代，人们更加偏爱高效的中央集权的政府，而昔日的联邦国家则和刚刚解体的神圣罗马帝国一样，看起来不合时宜、漏洞百出。而联邦国家最大的成就——行政机构简单至极，多种文化共存的民主制度，在

19世纪人们的观念里则认为是不可持续的。如果波兰爱国者要动员那些消极者以及农民共同投入到这一事业中来，就必须制订一个更好的计划。

在这方面，占领者，特别是俄国的治理能力不足也反过来帮了大忙。人们一度认为，新的民族国家的形成过程并不一定需要经过武装斗争的锤炼。他们认为，一次又一次的起义，会打断民族形成中在思想上实现自我认同和自我发现的过程，而没有这些，民族认同都只能是无意义的废话。这一时期的人们不仅尝试了各种理论试验，也打破了种种幻想。

1794年瓜分波兰的历史告诉人们，农民阶层是没有什么国家民族意识的。1797—1815年拿破仑战争期间，参加军队的人数更多，至少达到25万人，其中既包括了贵族，也包括了一些农民。从这次战争开始，数量可观的底层民众开始热情投入到国家复兴事业中来。1830—1831年的起义显示了不同社会阶层的利益分歧，而1846年和1848年的革命则试图通过激进的革命主张来消除这些分歧。在这种情况下，这两次起义最终证明了缺少经验的革命者们要在没有足够武器装备，只有政治口号的条件下，向强大的帝国发起挑战，是没有太大现实意义的。1863年的起义，相比以往更加专业，更有战术，并且相当大范围内动员了农民、工人、立陶宛人、白俄罗斯人和犹太人参与了革命，但最后的结果还是表明，军事技术上的巨大差距不是那么容易弥补的。

历次的武装斗争，凸显了波兰问题中不同方面的困境，而对起义日益严酷的镇压，使得越来越多人开始参与到那些他们曾经认为没有价值甚至不负责任的活动中来。波兰的小贵族阶层在历史上曾经是最为保守的群体，但是现在也逐渐变成了激进的革命者。那些极少直接参与起义活动的地主们，往往也会被占领当局剥夺土地，最终使得这个最温顺的群体也走上暴力反抗的道路。由于对大贵族阶层的惩罚性措施，甚至连一些大贵族也走上了反抗之路。而那些在19世纪20年代坚持向圣彼得堡或者维也纳效忠以维护自身利益的大贵族家庭，桑古什科公爵戴着镣铐被流放到西伯利亚、1846年加利西亚地区大规模屠杀的经历也教育了他们。昔日贵族阶层团结起来共同享受特权的做法，最终让他们共同走上了错误的道路，而此后，作为反思，波兰人开始在国内各个阶层之间建立新的渠道开展对话，所有认同自己波兰人身份的人都可以参与其中。而这一对话只有两个主题：一是他们错在哪里，二是他们应该如何规划未来的复国大业。

恰尔托雷斯基一派是当年“家族”和大议会爱国党人政治上的继承者，他们坚持认为《五三宪法》能够在政治上挽救大厦将倾的联邦国家。他们相信，波兰的衰弱不是因为内部问题的失败，而是因为外交政策上一系列的决策失误导致的。1831年后，恰尔托雷斯基一派努力的方向就是游说欧洲各国的政治家，希望他们出于欧洲各势力之间的政治平衡的考虑，能够帮助波兰人恢复国家独立。

国外侨民中的社会党人受到了历史学家约阿希姆·列列韦尔的影响，他是当年爱国者协会（Towarzystwo Patriotyczne）的领导人，也是1831年起义政府的成员。列列韦尔的理论认为，前基督教时代的古斯拉夫人社会的社会和政治结构基础是农民公社。这是一种村社民主制度的观点，后来受到俄国历史学家的偏爱，并且对政治上的左派们特别有吸引力。根据列列韦尔的观点，《五三宪法》是西方自由主义思想的结果，和波兰传统社会的精神并不相容。

1836年，波兰民主协会在法国普瓦捷发表宣言，拒绝将土地分给农民，从而将他们变成小资本家的这一自由主义观点。宣言声明“财产权利问题是我们这个时代的问题”。他们坚信“土地和其上的产出应属所有人公有”。在此基础上，宣言得出结论，“私有财产必将被改造为公有财产”。民主协会的成员多数是已经一无所有的小贵族。他们在伦敦和巴黎看到当地的物质繁荣和享乐主义，由此感到挫败，因此他们不仅在精神上，也在政治上热切盼望着革命发生。

波兰民主协会的英国分部，于1834年在朴次茅斯成立，第二年他们就建立了波兰人民村社（Gromady Ludu Polskiego）。起草成立宣言的是斯坦尼斯瓦夫·沃尔采尔，他曾经是一名富裕的贵族，其父曾经是波兰议会的参议员。他在宣言中写道：“财产是万恶之源。”他们在朴次茅斯和泽西岛建立了居民点。在农业公社中，农民和贵族们共同进行劳动，后者希望通过用劳动进行忏悔，改过自新。虽然多数侨民并不这么极端，但他们在生活中确实恪守着某种理论和信仰——尽管他们可能是居住在伦敦潮湿的地下室，或者是巴黎冰冷的阁楼上，或者正戴着镣铐前往沙皇指定的流放地，或者被关押在奥地利的监狱里。

由于波兰人被三个帝国分隔开来并且散居海外，对他们来说，波兰语印刷品的意义就特别重大，事实上，这一时期是波兰文学的一个繁荣时期，这保证了那些生活在朴次茅斯和泽西岛波兰人公社里的居民，和他们生活在波兰本土经营自家地产的同胞们之间的联系不被切断。

波兰文学中最早的一批浪漫主义作品出现在18世纪90年代。

在祖国遭受奴役的时候，文学家们的思想也开始影响他们的作品：波兰文学家们浪漫主义的心脏，开始为可望而不可即的爱人而悸动，在当时的作者们笔下，已经消逝的联邦国家就是那个爱人。这些后世的文学家们歌颂联邦国家那些昔日的伟大，尽管这些丰功伟业已经灰飞烟灭化为陈迹，但是这一工作却给他们的人生带来了精神上的意义。

当时最伟大的诗人——亚当·密茨凯维奇（1798—1855）是一个最恰当的例子。在维尔纳大学就读期间，密茨凯维奇就开始创作抒情文学作品了。1822年，他出版了《歌谣与传奇》，这部作品备受好评。次年，他完成了《格拉席娜》和《先人祭》的部分章节。前者改编自民间歌谣，歌颂了自我牺牲与荣誉。而《先人祭》则是一部激动人心的巨著。这部长诗的背景和立陶宛古代的多神教风俗有关，人们在万灵节的前夜对逝者的灵魂进行祭祀，并召唤那些饱受折磨的灵魂来重述他们昔日的错误和痛苦。同一年，密茨凯维奇遭到逮捕，随后被流放至圣彼得堡，1825年又被送往敖德萨，在这里他完成了他的《克里米亚十四行诗》。在敖德萨期间，他和南俄罗斯警察总长共享同一个情妇，由此被警察总长送回到了莫斯科。在莫斯科，他和很多俄国作家——包括普希金——结下了友谊。在俄国期间，他更加深入地了解了俄罗斯国家的本质，并且愈发对俄国感到恐惧。在1828年，他出版了《康拉德·华伦罗德》，这是他出版的第一部公开谈论政治的诗歌。

《康拉德·华伦罗德》是一部历史故事，主要内容是一个立陶宛小男孩被条顿骑士团俘虏，并且被他们抚养成人，之后一步步成为骑士团大团长，然后率领骑士团大军，败在了自己的民族同胞手下。这一作品中讨论了通过和敌人合作的方式达到爱国主义目的的做法。在《先人祭》的第三部（1832年）中，密茨凯维奇触及了外国统治下失去自由的波兰人所遭遇的所有道德伦理问题，并且讨论了政治中的善恶问题。

1834年，他出版了《塔杜施先生》，这是一部模仿英雄史诗的作品，是对昔日立陶宛乡村生活的追忆。这部作品在巴黎完成的时候，密茨凯维奇已经在批判昔日联邦国家的价值观了，此时的他在政治立场上非常接近法国的波兰移民中的左翼。这部作品极有说服力。在他们寻求现实问题的答案的时候，他们不可能完全不去回顾历史。波兰的文学从16世纪就开始寻求纯洁无瑕的已逝理想国家，现在不可避免地和作家们对失去的祖国——或者更准确地说，寄托了理想但是已经毁灭的现实国家——的追寻相混合在一起。特别对于那些国外的侨民来说，理想中的乐土和波兰国家愈发不可区分。

与此同时，密茨凯维奇也将自己和所有苦难中的同胞的命运结合在一起。他始终关注着那些为他们共同的事业身陷囹圄或者正遭流放的同胞的困境，而此时整个世界都对他们的苦难漠不关心。在他的《波兰人民与波兰朝圣者之书》（*Księgi Narodu Polskiego i Pielgrzymstwa Polskiego*，1832年）中，他认为，波兰是为了正义而遭受苦难和牺牲。波兰遭受苦难是为了救赎整个世界政治上的罪恶，在未来必将获得重生。这种救世主式的形象给了人们希望。耶稣基督也曾经在十字架上呼号，并且无人回应。但是耶稣虽然殉难，最终却得以复活。波兰人通过他们的牺牲，最终也会战胜所遭受的迫害。

其实天真到拿这一神话当真的人并没多少，但是某种程度上存在于潜意识中的弥赛亚精神，的确抚慰了苦难之中的波兰人的灵魂。他们本能地抗拒这个无法让他们梦想成真的现实世界。在这方面他们也并非一枝独秀：意大利的马志尼以及法国的历史学家儒勒·米什莱等，都各自发展了自己的一套理论，认为自己国家所遭受的苦难考验是在救赎整个世界。这与其说是逃避问题，不如说是追求更深层次的真理。

哲学家布罗尼斯瓦夫·特伦托夫斯基（1808—1869）是黑格尔的学生，他发展出来一套行动的民族哲学理论，并且试图为波兰国家的"重生"找到一条可行的道路。和他立场相仿的是著名的约瑟夫·玛利亚·赫内–弗龙斯基（1776—1853）。令人困惑的是，在短短4年时间内，他就从科希丘什科的起义军中的战士，摇身一变成了苏沃洛夫的参谋，然后又参加了东布罗夫斯基的军团。后来他定居在法国，1804年，他基于"绝对性理论"的观点，出版了一大批著作，其中一些就是纯粹的数学专著，但是多数作品关注的主题是重建科学和生活之间的关系。他试图建立并阐述一套复杂的历史体系思想，而波兰的命运是其中影响深远的一部分。

1848年，密茨凯维奇前往罗马组织一个波兰军团，这个军团的特点是制服上有一个巨大的十字标志。波兰军团在伦巴第和奥地利人作战的时候，他回到巴黎，开始编辑国际社会党人的刊物《人民讲坛报》（*La Tribune des Peuples*）。总体来说密茨凯维奇对宗教是非常虔诚的，但有时也会离经叛道，他始终试图将社会主义和基督教思想结合起来，并且建立一套和历史进程相适应的行动纲领。

到19世纪40年代末，波兰的著名人物，比如密茨凯维奇以及他的同伴、诗人尤利乌什·斯沃瓦茨基(1809—1849)等人的思想陷入了逐渐缩小的圈子里，不能自拔，以致几乎有些病态。这是他们的思路和逻辑中所固有的问题，部分也是由于经济穷困和个人不幸。斯沃瓦斯基最终因肺结核死在巴黎，而一直穷困的密茨凯维奇则要养活7个孩子和神志不清的妻子，因此密茨凯维奇充满愤懑之情也就不足为奇了。

在恰尔托雷斯基一派周围聚集的人多数是波兰贵族，他们在巴黎豪华的朗贝尔旅馆过着某种程度上和昔日宫廷类似的生活。而那些艺术家，比如肖邦，则能够在欧洲各国的主流文化和社会生活中找到自己的一席之地，因此他们也往往可以不必受那些极端苦难的折磨，因此他们也能秉持相对平衡的立场。这方面的一个例子是当时三大浪漫主义诗人之一，齐格蒙特·克拉辛斯基（1812—1859）。在受洗的时候，他的父亲——拿破仑“大军”中的一名将军——给他起的名字是拿破仑·斯坦尼斯瓦夫·齐格蒙特，但是随着他的父亲进入波兰王国政府，并成为其中一名日趋反动的官员和俄国沙皇值得信赖的下属，他的名字中最前面的“拿破仑”就被拿掉了。克拉辛斯基早年求学的生活很不愉快，因为他的父亲非常不受欢迎。最终，他被送到日内瓦完成学业。在日内瓦，他经历了1830年革命的爆发。这场革命让他极为痛苦：一方面他希望和同伴们一同投入起义；另一方面，他在圣彼得堡的父亲禁止他参加起义，而他又不愿违抗父亲的命令。

在多数波兰人眼里，波兰正在遭到民族压迫，而社会主义者认为他们的斗争是革命与反动之间的斗争。但是克拉辛斯基对这些观点都不同意。对他来说，眼下的政治现状是具有欺骗性的，是对现实的颠倒，在道德上是站不住脚的。这种局势将俄国变成了正统的保卫者，并且让普鲁士在波兰的镇压行动成为“开化使命”。瓜分波兰的三个国家用障眼法将波兰问题变成了革命问题，而奥地利的梅特涅也试图让整个世界相信，波兰问题“不仅仅是在向三个瓜分波兰的国家宣战，更是在向整个现有的政治体系宣战。波兰人宣布，他们要摧毁支撑整个国际社会的共同基础”。

在克拉辛斯基眼里，俄国的政治体制，按照他在给教宗庇护九世的信中所写的，是“一台无情的巨型机器，它没日没夜地不停运转，每分钟都在吞噬着数以千计的人的心灵与思想……对所有独立的灵魂来说都是不可调和的死敌”。警察国家的官僚机构才是欧洲文明的真正敌人，那些伪装成欧洲文明捍卫者的人则更加危险，因为他们会刻意煽动并增强革命的力量，而这同样会导致文明的毁灭。他将波兰看作这双方唯一可能达成平衡的地方。“要让波兰成为一个自由的、宪政的、温和的国家，才是拯救波兰以及整个世界的办法，”他在一封给法国国王路易·菲利普的首相弗朗索瓦·基佐的信中这样写道，“这将一劳永逸地摧毁沙皇的疯狂野心，同时摧毁那些煽动分子的破坏图谋，后者的真正力量的来源是当今欧洲政治体制中长期积累且极其丑恶的诸多不公。”

最终，克拉辛斯基开始主张联邦国家反对强权政府的价值观。在他的著名剧作《非神曲》（*Nie-boska Komedia*）中，他预言说，当今把国家放在个人之上的观点，将导致更大规模的压迫，最终引发革命，而这场革命将产生无数煽惑人心的专制统治者。他的戏剧中所描述的专制统治者的形象，是对希特勒和斯大林这种人物的可怕预言。

或许克拉辛斯基的感觉比其他同时代的人更加敏锐，但是他缺乏密茨凯维奇毕生坚持的信念。而密茨凯维奇的一生最终也画上了悲惨的句号。1855年，他在伊斯坦布尔试图组织一支犹太人军队解放巴勒斯坦圣地的时候，他染上了霍乱并死在了那里。而克拉辛斯基的理想也没有实现的可能。他也进入了某种救世主式的超然状态。在给斯沃瓦茨基的信中他写道："经历了痛苦，才能有生命，才能有重生。"不过，这些诗人和哲学家们不得不承认，他们没有找到波兰问题的答案——政治上没有，精神上也没有。这仍然是一个有关信仰和希望的问题。波兰人唯一能做的，就是坚持他们的波兰民族性。无论是他们的爱国主义情怀还是对复兴波兰的政治希望，都无法改变现状，只能单纯在精神上保持波兰民族性。如同克拉辛斯基在他最后一部重要诗作《黎明之前》（*Przedświt*）中所说的，"你不再仅仅是我的祖国，不仅仅是一个地方、一方家园、一种生活方式，更不仅仅是一个国家的死亡或者诞生。你是我的信仰——我的律法！"

17

困局之中

1772年后，原联邦国家的几乎所有领土都曾经被不止一个邻国占领过，而首都华沙及其周边地区不仅同时处在三个邻国的影响下，还受到法国的影响。然而，尽管原联邦国家的领土不断地被“剪切”和“粘贴”，但是在瓜分时期，波兰国家虽然没有实体，却仍然在事实上存在着。在某种程度上，许多自认为波兰人的人仍然认同这个波兰国家，而不是向他们征收税款的那个政府。但是，这些波兰人仍然不得不去服从所在国的政府——事实上他们更多是自然而然地趋向顺从，因为在大多数时间里占据人们头脑的是诸如饮食、工作、养育后代等日常活动，而不是那些心灵上的问题。

三个瓜分波兰的国家没有能力提供让普通人舒心适意的生活，也不能容纳最低限度的文化理想，这让他们占领的波兰地区处在随时可能爆发的危险状态。一个世纪以来，英国、法国这样的国家有能力控制并开拓面积辽阔、人口众多的无数殖民地，而欧洲大陆这三个强大的国家却将远远超过前者的军队、资金以及庞大的行政机器，投入到治理波兰这个位于他们中间的面积小、人口少、易于进入的地区，最终却只得到了可悲的结果。波兰之所以难以被殖民，唯一的原因是昔日的联邦国家所留下的遗产之中没有一套波兰本土的行政或者警察机关。因此三国政府要实现社会控制，都必须将本土的一套社会控制系统移植过来，这就使得在波兰，他们的政府始终带有浓厚的外国色彩。

瓜分波兰的三国之中，实际获得利益最多的是普鲁士，它在消化自己所得的领土时也没有什么困难。普鲁士所得的领土面积并不很大，但被其本土三面包围，而且这些地区居住着很多日耳曼人后裔。第一次瓜分时普鲁士获得的波兰领土很快被并入了普鲁士王国，而大波兰以及波兹南市在1815年变成了波森大公国，

▲ 巴尔同盟起义中，卡齐米日·普瓦斯基在琴斯托霍瓦的战斗。巴尔同盟起义是波兰贵族的第一次大规模反俄起义，但由于领导不力、缺乏协调、民众基础不足等原因，最终还是被俄国挫败。琴斯托霍瓦的起义军是整场起义中坚持最久的部队，指挥官卡齐米日·普瓦斯基之后流亡美洲，参加了美国独立战争。旗帜上画着的就是光明山修道院的“黑圣母”像。油画，约瑟夫·海乌蒙斯基作品。

▼ 讽刺俄普奥三国第一次瓜分波兰的漫画。图中人物自左至右分别为俄国女皇叶卡捷琳娜二世、奥地利皇帝约瑟夫二世、普鲁士的弗里德里希大王。

▲ 1773 年 4 月 23 日，在波兰议会讨论并准备通过三国瓜分波兰的决议时，议员塔德乌什·雷伊坦袒胸躺在议会出口处，试图以此阻止决议通过。雷伊坦此后淡出政坛，郁郁而终，据称自杀而死。油画，扬·马泰伊科作品。

▲《五三宪法》获得批准。《五三宪法》是波兰第一部具有现代意义的宪法，是波兰国王斯坦尼斯瓦夫·奥古斯特的改革尝试之一。但后来国内部分保守派贵族组成塔尔戈维察党与俄国勾结，用暴力打断了波兰的改革运动。油画，扬·马泰伊科作品。

▲ 1794 年，华沙的民众将塔尔戈维察党人的画像处以绞刑，以此发泄对叛国者的愤恨。油画，扬·彼得·诺尔布林作品。

▲　扬·亨利克·东布罗夫斯基将军进入罗马。油画，亚努阿雷·苏霍多尔斯基作品。

拿破仑大军败退别列津纳河。
油画，亚努阿雷·苏霍多尔斯基作品。

▲ 1831 年起义中的艾米莉亚·普拉特尔和镰刀军。艾米莉亚·普拉特尔是波兰著名女英雄，在 1831 年十一月起义中她毅然从军，并获得上尉军衔。起义后期她因病逝世，年仅 25 岁。油画，扬·罗森作品。

▶ 雅罗斯瓦夫·东布罗夫斯基是 1863 年起义的军事领导人，后来流亡法国，成为巴黎公社军事领导人。

◀ 身着土耳其军装的伊斯坎德尔帕夏（安东尼·亚历山大·伊林斯基）。

▲ 1905 年的利沃夫（伦贝格）统帅大道（现名自由大道）。

▲ 德日马瓦的“房车”，1908 年摄于他的故乡大波兰地区格罗济斯克镇（德语称格雷茨）。

▲《工人报》编辑部旧址纪念牌，今罗兹市东方街 19 号。

▲ 1925年3月22日，约瑟夫·毕苏斯基（正中）在他隐居的苏莱尤维克别墅中与波军将领会面。

▲ 贝雷扎·卡图斯卡集中营——犹太人的“应许之地”。讽刺漫画，波洛（帕维乌·格林纽夫）作品，1936年。

▲ 1938 年 10 月 2 日，波军跨过捷克斯洛伐克边境，占领捷属切欣（特申）地区。

▲ 1939 年 9 月，苏联红军和德军在波兰会师。

▲ 1943年6月，瓦迪斯瓦夫·西科尔斯基（左二）在中东视察瓦迪斯瓦夫·安德尔斯（右二）指挥的波兰第二军。在这次视察结束后，西科尔斯基在返回英国的途中死于空难。

◄ 小起义者（*Mały Powstaniec*）雕塑，纪念1944年参加华沙起义的少年儿童战士们。这一雕塑设计于1946年，1983年正式建成揭幕。

▲ 1945 年，波兰人民军在奥得河畔树立新的波德国界界碑。

◀ 凯尔采屠杀纪念牌。1946 年 7 月，由于一名儿童谎称被犹太人绑架，导致凯尔采的波兰人对犹太居民进行屠杀，造成 42 名犹太人死亡。

▲ 重建后的华沙老城一角。

▲ 1981 年 3 月 20 日，莱赫·瓦文萨在比得哥什发表演说。在此前一天，当地的团结工会领导人扬·鲁莱夫斯基被民警打伤。

▲ 1990 年 12 月 22 日，瓦文萨在总统就职仪式上，从末任流亡共和国总统理夏德·卡乔罗夫斯基手中接过波兰第二共和国总统权力。

▲ 2006 年 7 月 10 日，波兰总统莱赫·卡钦斯基（左）任命其孪生哥哥雅罗斯瓦夫·卡钦斯基为波兰总理。

▲ 原波兰统一工人党中央大楼，1991—2000 年为华沙证券交易所所在地。

这是一个半自治的地区，并且（虽然更多是形式上）拥有其自己的代议机构以及一名总督安东尼·拉齐维尔。普鲁士的行政机器虽然冷酷严苛，但是总体来说，他们较好地安抚了当地的波兰精英群体。

这一情况一直持续到1830年才迎来改变。当时许多青年人穿过边界，进入俄占波兰王国参加起义（其中有约1000人来自普鲁士军队）。而当1831年波兰军人希望在普鲁士地区寻求庇护时，尽管日耳曼人和波兰人同样热情地欢迎了他们，但是普鲁士军队对这些卸下武装的军人态度并不友好，他们或是将起义者交还给俄国人，或是鼓励他们流亡到英国或者法国。波兰王国境内的起义惊动了普鲁士当局，波森大公国失去了部分自治权利以及总督，普鲁士对这一地区的方针政策从安抚变为了整合消化。但是在1840年弗里德里希·威廉四世即位后，这些压制的政策逐步得到了放松。

然而，1848年，波森大公国的日耳曼人又开始觉得波兰人的抱负威胁到了他们，他们充满恐惧地叫嚣着“保卫日耳曼人的土地”，而这刺耳的声音得到了刚刚萌芽的德意志民族主义者的响应。在法兰克福国民议会上，一名发言者将波兰人贴上了“低等文化民族”的标签，随后，普鲁士将这一地区的政策重点调整为推行日耳曼化政策（Germanisierung）。普占波兰地区所有残余的自治权利都被取消。尽管如此，在普鲁士议会中波兹南地区的30个席位中，波兰人仍然占到了多数。

1863年的起义，加深了普鲁士当局的印象，令他们认为波兰人是危险的麻烦制造者。而在1870年的普法战争中，这一观点被进一步证实。尽管数以万计的波兰人在普鲁士军队中参与了战争，但波兰人仍然举行了支持法国人的游行，并且没有庆祝普鲁士人的胜利。

随着德国走向统一、普鲁士国王于1871年加冕为德意志第二帝国皇帝，波兰人随之落入了微妙的艰难境地：他们本来是臣服于普鲁士国王的外国臣民，现在却突然变成了在日耳曼人占绝对统治地位的德意志国家中的少数民族。同时，将原波兰地区各省份整合进德意志帝国，意味着波兰代表要出现在帝国国会（Reichstag）之中。在国会里，波兰人占据了大约5%的席位，这使得波兰人在帝国国会的代表性甚至比在普鲁士议会中还要强。波兰问题曾经是国家边缘的殖民地问题，现在成了德意志帝国的内部问题。

随着俾斯麦宣布发起“文化战争”（Kulturkampf）——针对帝国内部天主教思想和各地地方主义倾向的战争，波兰议员们在巴伐利亚和威斯特伐利亚地区的天主教徒中寻到了盟友。德国政府将天主教思想等同于“外国特性”，促使生活在波兹南地区和波莫瑞地区，信仰天主教的日耳曼人在感情上和当地的波兰人产生共鸣。类似地，波莫瑞地区那些从来没有考虑过自己到底是日耳曼人还是波兰人，只知道自己是天主教徒的农民，现在开始宣称自己是波兰人——波兰人这个词逐渐和天主教徒成了同义词。

普鲁士人最初分析认为，一旦驯服波兰人的贵族和神职人员，那么让数量众多的农民效忠于德国人就绝非难事了。事实上，尽管教区神职人员和小地主多数是民族主义者，但教会高层和贵族大地主整体上已经逐步适应了普鲁士统治的现实，只有在日耳曼人的压力下他们才会改变自己的立场。波兹南和格涅兹诺的大主教梅奇斯瓦夫·莱杜霍夫斯基，就是特别典型的亲日耳曼分子，而他的立场使他在波兰爱国者和多数低级神职人员中很不受欢迎。1872年，俾斯麦将天主教教会学校置于德国国家监管之下时，他并没有表示特别强烈的反对。但是当那些拒绝遵守这一法令的神职人员们遭到迫害的时候，他就不得不明确自己的立场了。最终1874年他遭到逮捕，然后一夜之间就成了民族英雄。在此之后，波兰民族主义者和天主教会结成了统一战线。一旦德国当局试图逮捕那些不合作的神职人员，就会遭到大批愤怒的农民反抗。这些努力最终成功削弱了德国殖民政策的主力冲击，使得他们没有达到灭绝波兰语言的目标。

在普鲁士统治的初期，波兰语仍然是波兹南地区学校中的教学用语言。在19世纪70年代，波兰语的地位逐步被德语所取代，到1874年，波兰语的教材最终被禁用。1876年，德语成为国家行政机构的唯一语言，在司法或者邮政系统中均不得以任何形式使用其他任何语言。1887年，德国教育系统又禁止将波兰语作为第二语言学习。1900年，新的法律规定，在宗教教育领域也不得使用波兰语，必须改用德语，结果这条法律导致了大范围的罢课。德国警察冲进教堂，禁止学生们用波兰语祷告。这样的消息很快传遍世界，并且在多个方面起到了负面作用。在保存本民族语言的斗争中，教会低级神职人员起到了关键的作用，他们私下兴办地下学校，而这反过来也给他们增添了神圣的色彩。

神职人员们还在其他方面帮助农民，比如向他们提供各方面的建议与信息——从农业种植到缴纳税款都包括在内。正是他们在1871年将合作社运动引入了波兹南地区。1886年，俾斯麦在一次演讲中，宣布发起一项运动，买下波兰地主的全部土地。在演讲中他还建议，波兰地主们可以到蒙特卡洛的赌桌上逍遥，这要比在自家的庄园里辛苦经营快活得多。随后，为支持这一计划，德国成立了一个普鲁士殖民委员会（Preußische Ansiedlungskommission），其初始资本达到1亿马克。波兰地主们对此进行了回击，他们成立了土地银行（Bank Ziemski）以渡过难关。在波莫瑞地区，普鲁士的容克贵族们在占领土地的竞争中很快成功超过了波兰人，但是在波兹南地区，波兰人不仅成功保留了自己的土地，甚至还获得了新的土地。

这是很了不起的成就。在这一时期，这些地区的农业生产更加密集，更具竞争力。到1895年，超过40%的农场拥有农业机械。农业的发展，使得这一地区出现了农村人口（仍然占这一地区总人口的60%）过剩的现象，这引发了大规模的移民运动，特别是向美国的移民。早期的移民一般是大家结伴出发，往往有一名神父带队，然后每个移民小队分别建立自己的居民点，比如1854年波兰移民在得克萨斯州建立的小镇潘娜玛利亚（Panna Maria）①，以及后来同样在得州建立的琴斯托霍瓦、波洛尼亚和科希丘什科，还有内布拉斯加的新波森等等。此外波兰人在弗吉尼亚州和威斯康星州也建立了自己的居民点。这种移民最初只是减轻了波兰本土土地上的人口压力而已。但是从19世纪70年代开始，新一波移民浪潮中的移民带来了更加丰厚的利益。这些移民主要是为了寻求更好的工作机会而移居美国，而他们在宾夕法尼亚州、新泽西州、密歇根州和伊利诺伊州等地的工业和矿业中心城镇确实找到了好工作。这些移民的收入，除了留出一部分捐赠给波兰神职人员并建立自己的教堂，还可以有一部分定期寄回到

① 波兰语意为圣母玛利亚。

本土的家人手中。或者，没有土地的农民在芝加哥的罐头工厂工作20年后，也可以选择带着一笔丰厚的本钱回到自己的祖国，买下一小片不错的土地。

1890年，俾斯麦辞去首相职务，他的时代结束了。新的德国宰相列奥·冯·卡普里维向波兰人做出了一些让步，以换取他们在帝国国会中对自己的支持。但是这场交易并没持续多久。1894年，三名容克贵族成立了“东部边区德意志人协会”（Deutscher Ostmarkverein），这个组织的宗旨就是煽动德国人对东方的热情。他们利用德国人的恐惧心理，用伪科学理论鼓吹斯拉夫人是繁殖力强的“劣等民族”，并且得到了统治阶层的支持。当德国皇帝威廉二世访问马林堡的时候，他号召德国人重新捡起已经灭亡的条顿骑士团的精神，“共同反对波兰式放肆粗鲁与萨尔马特式的厚颜无耻”。

一整套文化上、经济上和政治上全面压制的政策，又一次降临到了波兰人的头上。国家投资以及各级官员大量涌入波兹南地区，这一地区获得了整个德意志帝国最多的投资以及德国官员。而那些选择退休后定居在这里的政府官员或者警察也能得到更高的退休金。殖民委员会买下大片土地，分给日耳曼定居者。各地的地名被从波兰语改为德语。1898年，一系列特别法律将波兰人变成了二等公民。

尽管压力越来越大，但是波兰人也学得愈发能干和别出心裁。当法律规定波兰人不得购买土地时，他们建立了合作社，并且在1897年建立了土地银行，由银行买下土地，然后出租给波兰人。1904年，一条法律禁止波兰人在自己的土地上建立房屋，然而这又让农民米哈乌·德日马瓦扬名世界：他把自己家建成了一栋马车拉着的房子。由于各个阶层的波兰人使用灵活而弹性的策略应对制裁，最终德国政府只好在1908年通过了一项严苛的强制征收法案，允许日耳曼人从波兰人手中强制购买地产。

波兹南地区的工业最初也是全部掌握在日耳曼人手中，但是到19世纪70年代，波兰人开始崭露头角。希波利特·采盖尔斯基建立了一家生产农用机械的工厂，后来又建设了糖厂，最终，他在波兹南建成了一个巨大的工业联合体。很多人也模仿他的榜样。为了帮助波兰农民解决问题，波兰人开始从事牲畜和谷物贸易，并且逐渐取代了日耳曼或者犹太中间人。日耳曼人与波兰人双方的竞争十分激烈，以至于在20世纪的头10年，他们逐渐开始互相集体抵制对方的生意与店铺。由于市场上主要是波兰人，日耳曼人最终出局。尽管严格的禁令仍在生效，但是这一地区的竞争中日耳曼人还是输了。

从1860年到1890年，波兹南说德语的人口比例从41%减少到了34%，而在格但斯克（当时叫但泽），这一比例也从75%减少到了72%。在农村地区，这一比例的降低更加显著。事实上，德国人的政策不仅没有成功压制波兰文化，反而强化了波兰文化，甚至还和其他因素一同丰富了它。德国人试图将卡舒布人（世代生活在波莫瑞地区的斯拉夫人小民族）以及马祖尔人（东普鲁士东南部地区的原住民）列入日耳曼人的计划最终彻底失败，到19世纪90年代这些地区在德国国会的代表席位都由波兰人获得。1903年，从14世纪后就从波兰国家分离出去的上西里西亚地区在帝国国会的代表中也有了一名波兰人：沃依切赫·科尔凡蒂。

那些先前生活在普占波兰，后来又成为德意志帝国臣民的犹太人则没有受到这些政策的妨碍，除那些已经融入波兰人的社会并且认同自己是波兰人者以外。许多人很轻松地将他们昔日对波兰人的忠诚转向了德国人。当然，在某些方面犹太人还是会遭遇歧视，比如在德国人的大城市中的小型犹太人定居区里遭受歧视，再比如在某些社交活动方面受到限制。但是到19世纪末，当犹太人开始尝试着在他们所生活的国家中发挥更重要的作用的时候，他们遭遇了一系列的阻碍，特别是在公共领域，其中最明显的障碍是，他们不得担任教职和军职。

普鲁士是一个宗教信仰以路德宗为主的军国主义集权制国家，很多人认为这个国家会将其统治下的波兰搞得一团糟。而奥地利作为瓜分波兰三国中唯一一个天主教国家，在吸纳其所统治的波兰人时应该不会遇到什么阻力。但是对波兰的瓜分和约瑟夫二世皇帝的改革恰好是同时进行的，而他的改革制定了大量规章制度，并且将一套僵硬死板的官僚体系引入国家生活的各个方面，这大大侵犯了已经习惯联邦国家小政府的波兰社会。另外，奥地利人还将税负提升到了荒唐的水平。

1817年，奥地利在利沃夫（此时已经改名伦贝格）建立了加利西亚议会（Stany Galicyjskie），但是在一大群奥地利高官的指手画脚下，这个议会举步维艰。这些高官还挑拨波兰人与犹太人、乌克兰人之间的关系。当时犹太人是这一地区的第二大民族，350万人口中约有一半是犹太人。在奥地利残酷的大规模征兵政策之下，被征入伍的犹太人生活非常艰难，他们被迫违背自己的教义，穿着羊毛和棉花混纺的军服，并且吃不到符合犹太教义的“洁食”（kosher）。在地主和农民关系方面的改革并没有提高农民的地位，而只是在双方之间建立了一套复杂的财务和法律义务体系，这只能让双方的关系持续恶化。

一群富有的地主在莱昂·萨佩哈的领导下，于1841年成立了加利西亚土地信贷协会（Towarzystwo Kredytowe Ziemskie w Galicji），1844年成立了一家加利西亚储蓄银行（Galicyjska Kasa Oszczędności）以及利沃夫理工学院，1845年又成立了加利西亚经济协会（Galicyjskie Towarzystwo Gospodarskie）。在莱昂·萨佩哈的鼓舞下，伦贝格的议会向维也纳申请准许他们对当地波兰地主和普通农民的关系进行改革，但最后却遭到了维也纳的否定。奥地利首相梅特涅并不赞成允许地主和农民合作的想法。1864年，奥地利政策中的狡猾之处终于显露出来。加利西亚地区的总督施塔迪翁伯爵开始煽动当地的农民反对他们的地主。同年，就连毫无威胁的伦贝格议会也被废除了。1848年，奥地利授予了普通农民人身自由和土地所有权，同时开始在东加利西亚地区的乌克兰人中煽动民族主义运动，以此削弱波兰人在当地的影响。

1848年革命后的军事戒严状态一直持续到了1854年。奥地利当局给这一地区指派了波兰人总督阿格诺尔·戈武霍夫斯基，这个做法不过是装点一下门面，因为忠心的总督本人深受维也纳信任。但在1859年，事情开始起变化了。奥地利在意大利的失败，标志着这个帝国的长期危机开始显露，这场危机将改变哈布斯堡王朝君主制度的体制结构。利用这一机会，波兰人开始进行他们自己的改革，到1864年，他们已迫使奥地利授予他们一定的自治权利，并且获准建立了自己的议会，奥地利还任命了一名波兰人总督作为奥地利皇帝的代表，并且授予波兰人向维也纳奥地利帝国议会（Reichsrat）派遣代表的权利——在帝国议院中波兰人的比例占到了15%。波兰语成为加利西亚地区的官方语言，而当地的教育也在伦贝格的加利西亚议会控制之中。克拉科夫共和国于1846年被废除后，也成为奥地利控制下的领土，这扩大了奥占波兰的面积，也丰富了它的文化。

接下来的50年里，加利西亚地区的波兰人获准进行自治。这些波兰人也为维也纳的帝国内阁提供了远远超过他们人口比例的各部大臣甚至帝国首相，其中包括阿尔弗雷德·波托茨基、卡齐米日·巴德尼、小阿格诺尔·戈武霍夫斯基（前述的阿格诺尔·戈武霍夫斯基之子）、尤利安·杜纳耶夫斯基等等。加利西亚富裕的波兰贵族们得到了有影响力的保守派知识分子支持，他们联合起来，保证这一地区的激进思想和力量处于控制之下。他们在约束的范围内进行活动，将他们的爱国行为集中在教育等领域之内。

在经济方面，加利西亚地区是原波兰各地区中最落后的地区。大庄园仍然在按照传统的方式运作，而小农场则无法支撑起农民的庞大家庭。这使得该地区局势不稳，并导致了1895年波兰农民党的诞生。1902年，波兰农民党鼓动农民进行了一次罢耕罢种运动。该地区落后的经济模式也引发了大规模移民美国的浪潮。移民浪潮有效改善了这一地区农村的经济情况——在20世纪最初几年，这些移民寄回家乡的侨汇每年都达到5000万美元。而总数巨大的犹太人口则格外脆弱，许多犹太人生活的犹太小镇都陷入了贫困。而这一地区的工业建设，在奥地利帝国境内发展更完善的波希米亚工业区的竞争下，发展也举步维艰。唯一的例外是煤炭业和采油业。1850年，博雷斯瓦夫（今乌克兰鲍里斯拉夫）的石油开始得到开采，到1910年，加利西亚成为世界上最大的石油产地，这里开采的石油占到世界市场的5%。但是这一切和俄占波兰的发展成就相比就不值一提了。

和瓜分波兰的另外两国相比，俄占波兰问题对占领国本国内部事务的影响更加广泛，也更加重大，问题的解决方案也更多。其中一个是立即将所有波兰的土地并入俄国。另一个是让这里成为一个半自治的地区，并且向波兰人许下诺言，在未来对普鲁士或奥地利开战后的某个合适时期，俄国将为波兰收复波兹南地区或加利西亚地区，以此保证波兰人的忠诚。

俄国在波兰是这两种方法轮流试用。俄国占领的原波兰国家的领土被分为两大块：立陶宛、白俄罗斯和乌克兰的大片领土被并入俄国，成为俄国的西部各省，而剩下的领土——波兰王国，则被当作一个单独的行政和政治实体。在1815年到1830年以及1855年到1863年间，俄国基本上是授权波兰人进行自治，不过后一时期的自治程度要差一些。而在其他时期，俄国会利用不同程度的严苛手段，直接对波兰进行统治。有的时候俄国的西部地区在行政上会逐步倾向于波兰王国；有的时候波兰王国本身也会被废除，被改为俄国的省份。这种缺乏持续性的治理方式难以保证俄国的利益。在经济方面，虽然俄国的政策本意上是对波兰发展不利的，但总体上来说波兰王国却从中获益丰厚。

试图改变波兰王国农业经济主导地位的改革从1815年就开始了。斯坦尼斯瓦夫·斯塔希奇于1816年被任命为波兰王国的工业部总监，他鼓励采矿业的发展，并且重启了凯尔采周围旧波兰工业区（Staropolski Okręg Przemysłowy）的钢铁生产。他建立了最早的镀锌车间和轧钢车间，并且组织了一支半军事化管理的采矿队，这支采矿队拥有完善的补助和退休金制度。铁、铜、锌的产量都有所增长。采煤业已经开始采用蒸汽机械进行抽水作业，其产量从1824年到1836年翻了一番。在19世纪30和40年代，尽管政治上风波不断，但是波兰王国的工业仍然得到了较好的发展，并且在栋布罗瓦盆地落成了新的冶炼工业区，这里的班科瓦（Huta Bankowa）钢厂是世界上最大的钢铁厂之一。

这些工业建设是在弗朗齐歇克·克萨维里·德鲁茨基–卢贝茨基的精心安排下实施的。1821年他担任财政大臣，并成为波兰王国工业的最大投资人。他希望以这种方式建设波兰经济，使之达到在工业上能够自给的程度。1830年的起义打断了他的努力，但他创办的一些机构，如1828年成立的波兰银行，仍然在继续实施他的计划。他将新的想法引入了波兰经济领域内，比如直接干预、信用贷款、贸易保护。1825年，他建立了土地信贷协会（Towarzystwo Kredytowe Ziemskie），由此可以让人们用私人地产清偿债务，改善经济状况，或进行新的方向的投资。这些新的投资方向包括牧羊、酿酒，以及用甜菜制糖。1826年俄占波兰的第一家糖厂投产，从而为农业产业的发展开辟了一条新的道路。

而卢贝茨基经济政策的成果中，最引人注目的是波兰的纺织工业。1821年，在王国政府帮助下，小村镇罗兹建成了一处纺织工业中心。到1830年，罗兹的人口已经超过4000人，并拥有一定数量的蒸汽纺织机。1823年到1829年，羊毛织品的产量增长了两倍，而1825年至1830年棉制品的产量则增长了4倍。罗兹的纺织品出口到了俄国甚至中国。到1845年，华沙到罗兹的铁路建成通车后，罗兹成为俄国市场的主要纺织品提供者。此时的罗兹人口已经达到两万，尽管它此时有了多个竞争者：比亚韦斯托克以及1833年开始建设的日拉尔杜夫等。不过从1865年到1879年，罗兹纺织机械的数量增长了20倍，所生产的棉织品的价值从1869年的500万卢布增长到了1889年的2500万卢布。到1900年，罗兹已经是拥有30万人口、1000多家工厂的城市。

俄占波兰的工业革命，按照西方的标准来说规模并不特别引人注目，但其速度却令人瞩目。1853年至1888年间，投入使用的蒸汽机数量增长了25倍。1864年至1885年间，工业总产值增长了6倍多。1860年后的20多年间，工业中心如罗兹、华沙（19世纪80年代华沙人口突破了50万）以及栋布罗瓦矿区的工人人数翻了一番，总人数达到约15万人。在经济繁荣发展的过程中，有的人依靠投机交易一夜暴富，也有人一夜破产。许多外国企业家来到波兰进行投资并定居于此，外国资本从法国、德国、英国、比利时、意大利等国蜂拥而入，在整个工业资本所占的比例达到了40%。新的社会阶层——波兰的大资产阶级诞生了，其中多数是生活在大城市中的犹太人。这些家族，如克罗嫩贝格家族、罗特万德家族、瓦维尔贝格家族、埃普什泰因家族等，积攒了大量的财富，并被吸纳进入波兰上流社会，和那些贵族世家建立了婚姻关系。

波兰王国的工业发展和俄国的政策是紧密联系的。从1819年到1822年，波兰和俄国在同一个海关关境之内。1831年，两国之间开始建立关税壁垒。两国多次强加或免除关税，而税率的变化往往是政治原因，这为波兰的工业发展制造了无数的麻烦。到19世纪70年代，俄国开始实行贸易保护主义政策，而波兰也被纳入了保护范围，这为波兰未来几十年的经济快速发展创造了条件。19世纪80年代，罗兹生产的棉织品中有3/4出口到了俄国。在19世纪的最后25年，华沙和旧波兰工业区的冶金工业产量增长超过30倍，而这很大程度上是俄国铁路网大规模扩张的结果。华沙的里尔波普铁路机车和轨道工厂是俄罗斯帝国境内最大的铁路机车和轨道生产厂，并且随着俄国铁路网的扩张而继续扩大。到19世纪90年代，波兰90%的对外贸易是和俄国进行的，这是一个巨大的垄断市场。

19世纪90年代后期，俄国也开始进行工业革命，这就意味着训练有素、经验丰富的波兰工程师和技术人员有了更大的舞台施展他们的技术。数以百计的波兰技术人员进入了俄国，从事的工作包括修建桥梁建筑、铺设轨道、经营矿场和工厂，他们的足迹从乌拉尔山一直到中国东北，其中有些人在这一过程中积攒下了大量的财富。阿尔方斯·科杰乌–波克列夫斯基就是一个例子，在完成了整个西伯利亚大铁路的隧道开凿工作后，他一步一步成了俄国最富有的人之一，他拥有金矿、钻石矿、铁矿、酒厂，还有一系列相关配套产业。即使那些因为参加革命活动而被流放到西伯利亚的波兰人，最后也在西伯利亚地区的托木斯克、伊尔库茨克等城市里挣了不少钱。在经济层面上，这种殖民关系整个翻转过来，波兰人从中获益远多于俄国人。

然而在农业领域，情况却并没有如此乐观。农业是波兰贵族的经济基础，因此更容易向政治因素屈服。农业同时牵扯到农民内部，以及农民和贵族之间的复杂关系，这直接关系到贵族们能否有能力将人民群众们动员起来投入到复兴波兰国家的工作中去。1864年对波兰农民的解放，几乎完全是因为考虑到这方面的因素。解放波兰农民的诏书中，充满了诸如“压迫你们的地主”这类词语，这企图让农民们认为，是沙皇将他们从压迫他们的波兰贵族的手中解放了出来。俄国希望由此在波兰贵族和农民之间打入一个楔子，并且彻底毁掉波兰社会各阶层中民族情绪最为浓厚的小贵族阶级。

这份诏书主要解决了5个问题：废除劳役地租；农民不再给

地主缴纳货币地租并获得自由支配的土地；给无地农民分配土地；农民有权在地主领地上放牧、采樵；最后，建立农民自治组织，并接受沙皇政府的管理，这意味着地主丧失了对农村事务的影响力。

然而接下来，人们很快就发现了问题。无地农民分到的土地太少，无法养活自己。给予地主的补偿不是像俄国一样以现金形式，而是以可转让的债券形式支付，但债券的价值很快一落千丈。数以千计的小地主们不得不卖掉自己的地产并搬进城镇。大庄园则几乎不受影响。大庄园主们早已改为征收货币地租，他们有足够的资本可以雇佣人手进行劳动或者贿赂本地的政府官员，而在争夺牧场和草场使用权时，他们也有足够的财力把官司打下来。

于是，富裕的农民往往会把无地农民分到的那些面积太小、不足以维持生活的土地买下来。尽管接下来25年里，农民手中的土地面积增长了将近10%，但是同一时期无地农民的数量却增长了400%。19世纪后半叶俄占波兰人口翻了一番，而这只使得土地匮乏的情况更加严重。

在经济上摧毁成千上万小贵族家庭的政策也没有收到预期的效果。他们当中的许多人仍然居住在原来的乡村，逐渐和富裕的自耕农融为一体，使得农村的反抗意识进一步加强。而那些迁徙到城镇中的小贵族们，也将自己的价值观和爱国主义情怀带到了那些他们与之联姻的城市中产阶级家庭。

俄国的宗教政策同样产生了事与愿违的后果。对波兰的瓜分导致波兰天主教会的各个教区变得支离破碎。6个主教区被划分到了奥地利，置于利沃夫的都主教管理之下。瓦尔米亚（德语称埃姆兰）和弗罗茨瓦夫（德语称布雷斯劳）两地直属于罗马教廷。

其他并入普鲁士领土的波兰天主教教区被置于普鲁士新教会的管理之下。俄国西部各省的各个波兰天主教区则从属于莫吉廖夫的都主教，而波兰王国的教区则由新建立的华沙大主教进行管理。1830年后，波兰教会甚至连一名名义上的首席大主教都没有。

此时罗马教宗致力于尽可能地保留其日益萎缩的世俗地位，小心地避免招惹瓜分波兰的三大强国。在1794年和1830年波兰爆发起义的时候，教宗甚至进行了谴责。在原联邦国家的土地上保存原来的波兰教会组织也是不可能的。18世纪后期，奥地利的约瑟夫二世推行的改革中，奥地利的教士被置于国家的管理之下，而在吞并了波兰后，加利西亚的教会也被纳入了这一管理体系。普鲁士在吞并波兰后的一个世纪中逐渐没收了教会的财产，并且将主教的任命权拿到了手。但是和俄国采取的政策相比，普鲁士人还是差了一点。

1801年，俄占波兰的天主教会被置于圣彼得堡的世俗行政机构管辖之下。1831年后，俄占波兰地区一半的修道院和女修道院被关闭。1864年，教会财产被国家没收，天主教修会也被全部解散。天主教神职人员不得和罗马教廷进行书信往来。教会学校和其他教会机构都要接受警务视察员的管理，神职人员进行布道也必须得到监察官的批准。1870年，俄国政府下诏要求天主教会的礼拜仪式上必须使用俄语。不肯服从的波兰教师们或是遭到鞭笞，或是被流放西伯利亚，而农民则遭到警察的恐吓。但是波兰人仍在不屈不挠地进行反抗，俄国政府不得不改为怀柔手段，于1882年和罗马教廷签署了一项协定，其中规定了天主教徒要保留其信仰需遵守的条件。但是这并不意味着俄国对波兰天主教基本态度的改变。1897年，年轻的尼古拉二世访问华沙的时候，下令在城内最大的广场上建立一座宏伟的东正教堂，以圣亚历山大·涅夫斯基命名。

俄国对合并派教会的政策更加苛刻。在第一次瓜分波兰后，1773年，叶卡捷琳娜二世派兵进入合并派教徒的村庄，强迫他们皈依东正教信仰。在她死后宗教迫害行为一度停止，但尼古拉一世在位时，东正教再一次向合并派教会发起了复仇的进攻。从1826年到1838年间，俄国对合并教会进行了残酷的打击，其程度可以和斯大林时代的大清洗媲美。合并教派的农民被强迫放弃其信仰，如果他们拒绝，他们的孩子就会在父母面前遭到酷刑，甚至被杀害。而当这一切都失败的时候，大规模的屠杀和流放就接踵而至。19世纪70年代，又一批迫害的浪潮来临了。这些教派战争并没有将合并教会彻底消灭，他们或是转入密林中秘密活动，或是穿越边境进入奥占加利西亚。俄国的政策并没有赢得他们对圣彼得堡的忠诚，反而让他们将波兰和奥地利看作宗教宽容的避难所，还为乌克兰民族主义的兴起提供了土壤。

不管是乌克兰人还是波兰人，这些农民在自我认同方面第一位且最重要的标准都是宗教和语言。因此他们始终忠于他们的教会组织，这并非仅仅是出于宗教原因。事实上，在整个19世纪，在农民反对压迫和不公的斗争中，农村的神职人员都是农民的顾问和支持者。对国家插手教育的政策，农民们同样感到愤怒，特别是当这种干涉波及语言方面的时候，他们更加愤恨不已。

俄国西部各省的教育系统从1831年起就已经完全俄国化了。1864年后，一系列新的法令禁止了一切波兰语出版物，即使是商铺的招牌和广告也不可以。书面波兰语也被禁止在任何公务信函中使用。在一段时间里，甚至给受洗的孩子起一个波兰式的天主教名字都是非法的。

在波兰王国立法没有这么严格。尽管如此，在1869年，华沙学院（Szkoła Główna Warszawska）仍然没有逃脱被关闭的命运。这座学校本来是1862年作为原华沙大学（于1831年被停办）的替代品建立的。而替代这座学校的，是一座俄国模式的华沙大学。1885年，俄语取代了波兰语，成为波兰王国的教学语言，甚至在小学中也必须使用俄语。孩子们在学校周围互相打招呼，也只能使用俄语而不能使用其他语言。

尽管沙皇政府严格禁止，波兰人仍然坚持组织地下的教学活动，给学生们讲授波兰语、波兰历史，以及天主教方面的课程。秘密活动的“飞行大学”为数以百计的学生们开办讲座并举行考试。根据俄国方面的资料，到1901年，整个波兰王国中有1/3的人都或多或少接受过波兰地下秘密教育。地下密谋、非法印刷和走私图书再次成为波兰社会日常生活的一部分。

纵观整个19世纪，波兰人的生活始终是在持续变迁的混乱状态中进行的。生活就这样继续，一代代孩子长大成人，有人赚钱，有人赔钱，这样的生活环境和同时期的英国、法国和德国人相比并没有太多差别。然而不同的是，波兰人的生活总会不时被外部的动乱打断：既有来自上层的暴虐侵犯，也有发自底层的暴乱。这样的动乱，大多数都是荒谬的飞来横祸。这使得波兰社会越来越有必要改变自己对未来的前景展望，并在考虑外部统治压力和内部社会结构的前提下重新对自己定位。随之而来的额外压力——精神上的、感情上的、心理上的——更加深刻地改变了波兰社会，也愈发使得波兰人民更加无法接受国家的这种状态，并且促使他们为重新掌握自身命运而持续更努力，同时更理智地奋斗。这些奋斗方式，不仅包括讲演、出版，更包括一切可行的行动。

18

建国大业

巴黎公社最后阶段的军事指挥官，是波兰人雅罗斯瓦夫·东布罗夫斯基，之前他曾经是波兰1863年起义的第一位军事指挥官。梯也尔政府的军队对公社步步紧逼时，他召集一批水手，领导他们发起了一次英勇但是注定失败的自杀式冲锋。在城市的另一个地方，另一位波兰侨民，弗洛里安·特拉文斯基偷偷倒空了卢浮宫各处盛满煤油的木桶，这些煤油是公社布置的，他们准备在失败的时候焚烧卢浮宫。东布罗夫斯基的遗体被隆重地存放在巴黎市政厅，随后以军礼下葬。直到今天，每个波兰城镇都有以他的名字命名的街道。特拉文斯基后来被任命为卢浮宫的馆长，并获得荣誉军团勋章，最终当上了法国博物馆联盟的秘书长（Secrétaire Général des Musées de France）。

这两种行为哪个更有价值？在当时的波兰几乎没有人会为解答这个问题感到犹豫。1848年革命，1863年起义，这些努力和武装斗争很明显都失败了，这为反对武装斗争的人们提供了有力的论据，到这个时候，已经有很多人对罗曼蒂克的革命姿态以及没有意义的牺牲产生了强烈的反感。

而这种思想又得到了知识分子们的理论支撑。从19世纪60年代中期开始，克拉科夫的雅盖隆大学中有一批历史学家提出一个观点，认为昔日联邦国家的覆灭，并非一个无罪国家的殉难，而是一个无法正常运转的国家的必然崩溃，因为这个国家的民众愚昧盲目、政治体制效率低下。他们对波兰的革命传统也持有相同的观点。因此他们认为，恢复国家独立的道路，不应是武装起义，而应该是社会自我改良和进步。

这并非新鲜的想法。1841年，曾经因政治原因流亡国外的卡罗尔·马尔钦科夫斯基在波兹南建立了科学支援协会（Towarzystwo Pomocy Naukowej），其目的是向年轻的波兰人提供资金支持，帮助他们前往德意志各邦国最好的大学学习。两年后，他还建立了“波兹南巴扎”（Bazar Poznański），这是一所经济管理方面的学校。他向各个阶层传播自我进步和教育的理念，强调每个人都可以改变自己的困境。

在马尔钦科夫斯基等人的影响及神职人员们的积极参与下，波兹南地区的波兰人投入到了所谓的“有机工作”之中，他们希望通过这一方式继续争取民族存续。他们对抗德国人的方式是让自己的房子更干净，照料牲畜和田地更细心，工作更努力，用心教育自己及孩子。但是直到19世纪后期，这些观点才上升到理论层面。

奥古斯特·孔德、约翰·斯图尔特·米尔、查尔斯·达尔文等人的作品中的观点，看起来和波兰的社会现实都有特别的相关性。在他们的影响下，波兰人对民族国家概念的浪漫认识逐步改变，民族逐步从精神上的概念变为现实中的有机组织。这一思潮后来被称为实证主义运动，其领导人是亚历山大·希文托霍夫斯基。与其说他是一名诗人，不如说他是一名报人。在整个19世纪80年代，他主编华沙的《真理》（*Prawda*）周报，这份报刊和当时其他杂志一起培养出了大批随笔作家和时事评论家，他们批评传统的思维习惯，质疑神圣的价值观，并不吝笔墨描绘日常生活中的实际事物。按照作家埃利扎·奥热什科娃的说法，组成这种新的文学的要素是“城市市民、银行家、工厂主、机械师、燕尾服和大礼帽、大型机械、手术工具、机车车头”。而展示这种新的生活面貌的，除了这些杂志之外，就是舞台。

密茨凯维奇、斯沃瓦茨基、克拉辛斯基等人的剧作并非为舞台表演所写：当时没有能够上演这些戏剧的戏院。而这些作品道德或政治色彩浓厚，并且高度依赖象征主义手法，因此它们通常采取空想的、脱离现实的形式，这在欧洲戏剧界是绝无仅有的。而19世纪60年代在波兹南、利沃夫、克拉科夫等地，以及稍后在华沙涌现出的剧院则鼓励剧作回归更加现实主义的传统，并着重描绘日常生活事务。

小说和短篇故事也紧随其后。埃利扎·奥热什科娃（1841—1910）打破了小说只关注浪漫主义历史主题的传统，将其变成社会调查和道德讨论的工具。她是一名来自立陶宛的精力充沛的女子，在踏上写作生涯以前，曾经参加过1863年的起义。她是一名热情的女性主义者，同时，她也关心那些社会上陷入贫困或偏见的人们——犹太人是其中最典型的例子——并努力打破约束他们的社会壁垒。而另一位女性，加布列拉·扎波尔斯卡（1857—1921）完成了多部小说和戏剧，她的作品更加细致地描绘了社会对女性的剥削。而这一时期最有才华的女性作家当属玛利亚·科诺普尼茨卡（1842—1910），她为全身心投身写作而和已结婚10年的丈夫分居。

波兰人家中的男子经常会遭到逮捕或者流放，这迫使女性承担起家庭支柱的责任来，而她们也参与了地下活动甚至游击战。

这使得女性与男性的地位日益趋于平等。结果就是，两性平等和自由的观点越来越流行，呼声越来越高涨。而同样的声音在英国或者法国要到下个世纪才能被听到。

这一时期对年轻人影响深远的所有作家之中，排在首位的当属诺贝尔文学奖得主亨里克·显克维奇。他表面上是一名实证主义者，致力于对社会问题进行诊断和医治，但同时也表现出一种与当时的主流思想不完全一致的浪漫主义民族主义。他将自己的感情倾注在了他的历史三部曲之中：《火与剑》《洪流》和《伏沃迪约夫斯基先生》，这三部历史小说内容囊括了17世纪中叶哥萨克叛乱、瑞典入侵和奥斯曼战争的波澜壮阔的历史，不仅给波兰人提供了情感的慰藉，也鼓舞了他们的斗志。这些作品获得了巨大的成功，并且深刻地影响了下一代波兰人对自身及民族命运的看法。

另一位更加典型的文学家，同时也是波兰19世纪最著名的小说家，则是亚历山大·格沃瓦茨基（1874—1912），他的笔名是博莱斯瓦夫·普鲁斯。他出身小贵族，但他的父亲是一个穷困潦倒的小公务员。由于贫困，普鲁斯本人被迫中断了学业。他参加了1863年起义，在起义中受伤，此后又被逮捕入狱并被关押了一段时间。在青年时期，他曾经迷恋数学和自然科学，在华沙学院学习期间也是学习这两方面的知识，但后来被迫去给报纸、杂志的幽默版块投稿以糊口。接下来他完成了两部小说作品，后来成为波兰文学的经典之作，在小说中他探讨了存在主义以及民族主义的主要问题。这些作品带着怀疑主义的色彩直面波兰社会，启发了人们的思考。

实证主义思想以及和这一思想联系密切的“有机工作”产生

了丰硕的成果。从卫生到教育，一切都受到了这一思想的影响。有思想的人们积极参与这些活动，努力实现那些具体的目标，而不再将时间浪费在谋划无希望的起义上。很大程度上要感谢这些人的做法，才使得波兰在欧洲思想界仍然留有一席之地，而不是和现实中的波兰国家一样失去了自己的领地。

和欧洲其他民族相比，19世纪波兰人在科学方面的贡献就相对乏善可陈了。不过，伊格纳齐·乌卡谢维奇在加利西亚地区成功实现了对原油的蒸馏，并在1853年造出了第一个煤油灯。雅盖隆大学的齐格蒙特·弗鲁布莱夫斯基和卡罗尔·奥尔谢夫斯基最早实现了氧气的液化；1898年，玛利亚·斯克沃多夫斯卡–居里发现了钋元素，并继续引领对放射物的研究；有机化学家雅库布·纳坦松、生物化学家马尔切利·嫩茨基等人在诸多学科领域为人类的知识宝库做出了贡献。科学是中立于政治之外的范畴。

而艺术则完全不同。这一时期的艺术完全服务于民族独立以及社会进步的浪潮，并被打上了明显的烙印。当昔日的联邦国家被灾难所吞没的时候，艺术家们开始不再表现眼前的生活，而是更愿意怀念昔日的辉煌，这种怀念往往是理想化的。这使得传统的爱国主义色彩的作品得以兴起，比如，站岗放哨的枪骑兵、正在冲锋的翼骑兵，或者其他能唤起人们对旧日辉煌的追忆的场景。在浪漫主义诗人退出文坛后，绘画艺术的作用就更加重要了。许多艺术家更是完全沉溺于对过往的追忆而放弃了描绘现实，比如阿图尔·格罗特盖（1837—1867），他的作品将对1863年起义的描绘隐蔽在一系列象征性的场景之中。类似的还有另一位大艺术家扬·马泰伊科（1838—1893），他特别擅长用油画描绘波兰历史上有重大意义的纪念性时刻，他的作品使得过去辉煌时代里那些神话和英雄们的故事一直保留下来。其他艺术家关注着不同的主题，比如农民或者犹太人，从而对各种社会和民族问题进行探讨。这样的艺术风格不仅让波兰艺术界远离了那些浪漫主义的历史主义者，也远离了此时欧洲的主流艺术界，远离了欧洲新的流行风格——比如印象派艺术等。

每一代人之中都会涌现出色的作家，其中一些人，比如小说家斯特凡·热罗姆斯基（1864—1925），热衷于政治争论，并且喜欢关注生活中的各种细节，还会评价一切他看到的东西：从过去的历史到社会组织、从慈善活动到合营企业等方方面面。而另一类作家，如瓦迪斯瓦夫·莱蒙特（1867—1925），则完全不同。他是一名乡村风琴手的儿子，在从事写作之前曾经先后从事过裁缝学徒、修士、职员等多种不同的职业，后来他获得了诺贝尔文学奖。他的作品《福地》（1899），是一部左拉式风格的小说，背景设定在快速发展的工业中心罗兹。这部小说中，他表现了对实证主义信仰的信心，相信可以通过物质进步实现复兴：

> “为了这块‘福地’，为了这个水螅，村庄荒芜了，森林被砍伐了，大地因为献出宝藏而贫瘠了，河水枯竭了，人也出生了。而它，则把一切都吞食了，用强而有力的牙齿把一切人和物、天和地都咬碎了，给屈指可数的一小撮人换来毫无裨益的百万金钱，给万千大众带来饥饿和困苦。”①

这些作家之后，一波又一波的作家们继续仿效他们的例子，

① 莱蒙特．福地 [M]．张振辉、杨德友译．桂林：漓江出版社，1984.

坚持着新的文学形式和体裁。但是无论他们从哪个角度出发，他们都持续为波兰民族国家的重建做出了自己的贡献。他们聚集起了一个勤于思索的读者群体，这个群体不仅横跨了俄国、德国和奥匈帝国，也囊括了西欧各国、美国以及南美各国。这些读者没有时间浪费在过去的光荣或者烦冗复杂的新潮流上，毕竟，真正急迫的问题是，波兰人要复兴一个什么样的波兰国家。

多数人所理解的“波兰”一词，是昔日的联邦国家领土以及领土上生活的各民族人民。波兰人付出了巨大的努力，希望将昔日联邦国家被抛弃的其他民族团结起来，共同参与到这项事业中来。并且正如1863年起义所证明的，他们也确实取得了一定的效果。但是，这些民族总体说来，还是各自走上了自己的道路，投身于自己新的民族主义运动。

立陶宛人就是一个典型例子。他们有自己的语言、自己的文化，以及自己漫长的历史，但是13世纪以来，他们的统治者们一步步扩大自己的领土，统治了白俄罗斯和乌克兰的大片领土，建立了立陶宛大公国，但立陶宛人却是这个国家的少数民族。随着立陶宛领主们先后接纳基辅罗斯以及波兰文化的影响，这些立陶宛人也逐渐消失。在哥伦布到达新世界那年，最后一位说立陶宛语的立陶宛大公[①]离开了人世。

而在19世纪上半叶，立陶宛民族开始复兴。尽管立陶宛民族主义者们一开始和波兰的爱国者们共同战斗，但是双方在本质上是存在冲突的。1863年起义的失败向立陶宛人证明了他们和波兰人的联盟不能带来什么好处，于是立陶宛人选择和波兰人分道扬

---

① 指的是1492年逝世的卡齐米日四世。

镳。在立陶宛人发现自身特性的过程中，立陶宛的民族主义思想也开始将自身和波兰国家及文化进行严格的区别，并且尤其反对将昔日联邦国家的文化一概而论。

同时，立陶宛人也倔强地要求恢复昔日整个立陶宛大公国的领土，而昔日大公国的土地上，多数人口是乌克兰人和白俄罗斯人，其精英阶层绝大部分是波兰人。这一要求不仅在立陶宛人和波兰居民之间引发了冲突，也引发了立陶宛和方兴未艾的白俄罗斯民族主义运动的冲突，后者也在要求整个立陶宛大公国的领土。此时俄国的维尔纳城——昔日联邦国家的维尔诺——是一个双方冲突的缩影：该城人口中波兰人占有绝对优势，仅有2%的人还在说立陶宛语。然而立陶宛人以及白俄罗斯人仍然基于历史原因，对该城提出要求。他们不仅忽略了波兰人的要求，也无视了该市人口中1/3是犹太人这一事实。

初生的乌克兰民族主义运动也遭到了同样问题的困扰。他们要同时与波兰和俄国的影响竞争，而这两者都对乌克兰的文化和宗教等方面产生了巨大的吸引力。乌克兰人声称自己是昔日基辅罗斯的继承者，但是这遭到了俄国民族主义者的挑战。俄国民族主义者认为，乌克兰语只是俄语的一个方言。而那些源自基辅罗斯时代并且延续到现在的贵族世家，绝大多数在几个世纪前就受到了波兰文化的强烈影响，这导致他们无法成为乌克兰民族主义运动的天然领导者。

现代乌克兰民族主义的诞生，同时也被打上了深刻的反犹主义烙印。这一思想的根源可以追溯到16世纪末，当时大批犹太人定居在这一地区，他们主要是波兰贵族领地的管家，或者旅店老板和商人。同时，19世纪的最后10年，在沙皇政府的操纵下，反犹主义被当作乌克兰人宣泄能量的一个渠道，从而引发了针对犹太人的屠杀行径，打击了犹太定居区。

犹太人是昔日联邦国家中的一个孤儿民族，他们没有建立自己国家的要求。俄国早年间不承认犹太人的存在，后来，俄国宣布，1772年瓜分波兰前的俄波国界为犹太人可以到达的最东部界线，犹太人不得越过这条界线定居，甚至不能越过这条界线旅行。尽管犹太人迅速改向俄国效忠，即使在1812年拿破仑入侵俄国后整个战争期间都忠心耿耿，但是，犹太人仍然遭到了严重的歧视。尼古拉一世增加了更多的限制措施，并且强迫犹太人服兵役，往往还会强迫他们改信东正教。而他的继承者亚历山大二世（1855—1881在位）减轻了很多限制，并且允许犹太人在整个俄国境内自由迁徙。但是在他遇刺之后，犹太人再次承受了巨大的压力，从俄国内政外交的一切失败，到绑架并杀害信仰基督教的儿童用以举行邪教仪式，都成了犹太人背上的黑锅。随后，犹太人遭到了官方许可下的屠杀。1882年，他们再一次被限制在隔离居住区内，并且遭到了更多严苛规定的约束。数以十万计最贫穷的犹太人无法进入那些城市中的犹太隔离区居住，只能向西迁徙到波兰。这些犹太人就是所谓的“立陶宛犹太人”（Litwak），他们都是身无分文的赤贫者。在波兰他们不仅不受波兰人欢迎，也没有受到他们的同胞、本地的波兰犹太人的欢迎。他们的到来还滋生了新一波的反犹主义潮流。

上述的一切，以及原联邦国家境内其他民族愈发将现代达尔文主义和民族主义相联系的趋势，使得波兰的爱国者们陷入了进退维谷的困境之中。他们所做的一切，不仅是在仿效昔日的联邦国家，同时也是希望建立一个以多元文化共存为基础的更先进的国家，但现实困境告诉他们，他们的努力终究是行不通的。最好的发展道路似乎就是仿效欧洲其他国家，将单一核心民族及其民族语言作为独立国家的基础。但是这就意味着放弃联邦国家一直以来的包容性和宽容，而转向某种排他性的民族优越感，这将不可避免地使国家走向不宽容，并且需要以某种方式清除掉国内那些非本民族的群体。这个难题将在未来塑造新生的波兰国家的政治组织结构。

现代波兰最早的政治党派源自农民的合作社和互助组，这些组织于19世纪70年代在加利西亚地区出现。最早的党派是1893年成立的联合农民党（Związek Stronnictwa Chłopskiego）和1895年的农民党（Stronnictwo Ludowe），后者在1903年改名为波兰农民党（Polskie Stronnictwo Ludowe）。而城市中的工人也开始组织起来，建立了工会。在1882年，第一个社会主义工人政党——无产阶级党成立，创立者是路德维克·瓦伦斯基。但1884年这一政党遭到了打击，俄国警察逮捕了该党的领导人。瓦伦斯基被判处16年苦役，而他的战友中4人被处以绞刑，其他人也遭到拘捕或者流放。无产阶级党的剩余力量在斯坦尼斯瓦夫·门德尔森的组织下，于1892年改组成为波兰社会党（PPS）。

次年，另一群社会主义者在罗莎·卢森堡和尤利安·马尔赫列夫斯基的领导下，成立了波兰王国社会民主党（SDKP），这个党派反对民族主义思想。该党很快开始分裂，但是1900年，在菲利克斯·捷尔任斯基的领导下，波兰王国社会民主党重新恢复了活力，并且在党的名称中增加了立陶宛（波兰王国和立陶宛社会民主党，SDKPiL）。尽管这个党规模扩张得很快，但是它更多是在俄国政治舞台上发挥作用，而非在波兰（捷尔任斯基后来获得了“钢铁般的菲利克斯”这个绰号，他成为苏俄的“契卡”——后来的内务人民委员部及克格勃的前身——第一位领导人）。而另一方面，波兰社会党在俄、普、奥三国占领的波兰领土上都产生了巨大的影响。

1894年起，波兰社会党开始出版其地下机关报《工人报》。这份报纸的编辑是约瑟夫·毕苏斯基（1867—1935），他是一名很有才华的地下活动家。他的早年经历恍若小说。他曾经因为帮助俄国革命者制造1887年刺杀沙皇亚历山大二世的炸弹而被判处流放西伯利亚5年，而他帮助的革命者正是列宁的哥哥亚历山大·乌里扬诺夫。在同志的帮助下，毕苏斯基两次从俄国的监狱里逃出。1900年，他依靠装疯被送进了圣彼得堡的一家监狱医院，并从这里再次成功越狱。接下来他从塔林跑到里加，然后逃到基辅（他还在这里设法编辑出版了一期《工人报》），又跑到利沃夫，再跑到伦敦。然后，他利用伪造的证件再次进入俄国。他很擅长将《工人报》的出版设备从一处秘密地点搬到另外一处，同时在他的努力下，这份报纸办得可读性强，颇受欢迎，到1899年这份地下报纸的发行量达到了10万份。由于毕苏斯基将这份报纸作为展示自己观点的平台，这份报纸也帮助他走上了波兰社会党的领导职务。

波兰的社会主义运动被深深地打上了民族的烙印。波兰社会党最早的宣言就声称其目标是要恢复波兰的独立并重新恢复1772年的边界，并且这个国家将是境内所有民族的祖国。这事实上是在号召恢复昔日的联邦国家，并且在这个国家中确立波兰人的统治地位。这个目标无视了昔日联邦国家中生活的许多立陶宛人、白俄罗斯人和乌克兰人的民族主义情绪。

这一目标同样无视了生活在波兰境内的500万犹太人。由于大量犹太人从俄国西部各省迁到波兰，现在波兰王国中的犹太人比例达到了14.6%。许多犹太人甚至不会说波兰语。他们没有任何理由为追求波兰独立而献身。他们当中的一些人加入了1897年在巴塞尔成立的犹太复国运动，而更多的人则选择加入了同样在1897年成立于维尔纳的立陶宛、波兰和俄罗斯犹太工人总联盟，也就是“崩得”（Бунд）。1898年，崩得与俄国社会民主工党结盟，从而站在了波兰社会党以及波兰独立事业的对立面。

此时没有足够的保守政治组织来平衡这些运动：那些保守主义者都默认了现状，并且克制自己，远离那些颠覆性的政治观点。社会主义和农民党派则在波兰的政治舞台上遭到了新的力量的挑战。1887年，波兰同盟在日内瓦成立，在1893年改名为民族同盟，并最终在1897年改组为国家民主党。这个党派既不保守也不革命，它拒绝一切对现状的消极默认，也严厉批评那些实证主义者，只相信现实的抵抗。党派成员包括资产阶级、失去头衔的贵族以及部分富裕农民。这个党派和波兰社会党相比，贵族色彩更淡，愿景也现实得多。其领导者是罗曼·德莫夫斯基（1864—1939），他的政治观点是讲求实际、追求逻辑、反对和解。

1903年，他出版了《一个现代波兰人的思考》（*Myśli nowoczesnego Polaka*），在这本书中他批评了传统的波兰价值观，反对多文化共存、宗教宽容等这些概念，并且支持以民族为基础的国家概念。他赞成一种“健康的民族利己主义”，同时欢迎那些准备好认同这一概念并且可以融入波兰民族的人。他认为，那些少数民族，无论是在宗教还是种族上有所不同，都应该被认为是国家内的外来者。

在民族同盟中，德莫夫斯基希望建立一个纯波兰人的压力集团，这个地下的政治机构可以将所有想法类似的人组织起来，形成一支有纪律、意识形态一致的力量。1899年，民族联盟成立了民族教育委员会，这个组织的影响力慢慢扩大到文化领域和其他政治组织，包括若干个农民政党和工人工会。在具体措施上，国家民主党也和毕苏斯基的社会党完全不同。

毕苏斯基本质上是一位民主主义者，他一向认为应当积极从事破坏活动。1904年，他建立了“波兰社会党战斗组织”，或者简称博尤夫基（Bojówki），这是一个准军事恐怖主义突击队，从事破坏和颠覆活动。同一年，日俄战争的爆发给毕苏斯基发出了信号。俄军所遭到的耻辱的惨败，让波兰人看到了希望，同时，数以千计被征召入俄军的波兰青年倒在了远东的战场上，也让他们感到焦虑。毕苏斯基秘密前往东京，向日本提出了一系列建议。他建议利用俄军中的波兰裔战俘组建一支波兰军团，并主动向日本人提出在波兰地区展开游击战，以牵制俄军的力量。作为回报，他要求日本在和谈时，提出建立一个独立的波兰国家的条件。但是日本人十分小心，不乐意牵涉过深。

1904年10月13日，波兰社会党在华沙组织了大规模的游行抗议示威活动。当警察向示威者开枪的时候，毕苏斯基手下的武装民兵小队进行了还击。随后波兰社会党的民兵小队对波兰的俄国官员进行了一场大规模袭击运动。在波兰王国的冲突不断升级的同时，俄国本身也在经历动乱的震荡。1905年新年伊始，圣彼得堡的和平示威演变成了一场大规模的灾难性的血腥街头冲突，波兰社会党随后宣布举行一场总罢工。这场罢工持续了两个月，整个波兰王国共有40万名工人参与其中。这场罢工也遭到了沙皇军队的强烈报复镇压。

1905年5月，俄国海军舰队在对马海战中惨败于日本海军，人们的不满达到了顶点。波将金号战舰的水兵们在黑海的敖德萨举行了起义。6月，罗兹的起义者筑起了街垒，起义的工人们面对俄国军队和警察的镇压坚持抵抗了三天。10月，沙皇发表了宣言，承诺将给波兰王国制定一部宪法，但是在示威者为庆祝这一事件而游行的时候，军队再次向人群开了枪。11月11日，国家进入紧急状态。12月，莫斯科爆发了革命，12月22日，波兰社会党号召波兰王国所有工人参加起义。

波兰的局势变化，交织着波兰社会党和国家民主党两派争夺主导权的斗争。在1905年6月的罗兹起义中，波兰社会党号召工人们行动起来的时候，国家民主党所控制的工人组织——民族工人联合会则采取了相反的立场。接下来两党的支持者之间矛盾激化，以至于发生了流血冲突。1905年，沙皇颁布诏令，宣布进行改革，俄国将成为一个君主立宪制国家，并宣布新建议会机构——杜马，在全国进行议员选举。国家民主党对此表示支持，并急切地试图取得优势，而波兰社会党则抵制选举，因为他们认为这意味着认可俄国在波兰的行政机构的合法性。

在杜马选举的最初阶段，国家民主党得到了55个波兰人代表议席（占整个议席数的约10%）中的34个。德莫夫斯基认为这一数字有足够的分量，但是他错了。在改革后接下来的12个月中，共有2010人遭到俄国军警杀害，而在此后三年的时间中，华沙的俄国总督格里高利·斯卡龙签署了超过1000份的“政治犯”的死刑判决。德莫夫斯基和沙皇当局讨价还价的尝试没有任何成果，而他在波兰的对手们则给他打上了叛徒的标签。尽管如此，德莫夫斯基仍继续尝试在俄国杜马中开辟出波兰人的一席之地。在他1908年出版的《德国、俄国和波兰问题》中，他认为相比俄国，德国才是对波兰更大的威胁，一旦二者爆发冲突，波兰必须要站在俄国一方。

1905年革命的喧嚣尘埃落定之后，波兰社会党发现自己陷入了困境。社会党没有成功发动武装起义，它所发起的抗议活动也遭到了冷遇。社会党内部发生了激烈的争吵，1907年，该党分裂成了两个阵营。毕苏斯基成功控制住了较大的一派，他的观点也获得了胜利。战争即将到来的前景也帮助他取得了胜利。而德莫夫斯基则完全站在他的对立面。

毕苏斯基在克拉科夫建立了军事训练学校，到1906年夏天，已经有约750名民兵在波兰王国的各地进行活动，他们以五人小组为单位行动。这一年，他们杀死杀伤了将近1000名沙皇政府的官员及军官，并且对监狱、税务所和邮政列车等目标进行了袭击破坏活动。最著名的一次行动，是1908年9月，他们在贝兹丹内（今立陶宛贝兹东尼斯）抢劫了一辆列车，而这列货车当时正将波兰王国的税款运往俄国。这一年，博尤夫基被武装斗争联盟所取代，这是一个对政治兴趣不大的纯军事组织，创始人是3名波兰社会党人：卡齐米日·索斯恩科夫斯基、马里安·库凯尔，以及瓦迪斯瓦夫·西科尔斯基。在奥地利政府非官方的支持之下，整个加利西亚地区涌现出大量的体育俱乐部，在利沃夫和克拉科夫还成立了“步枪射手同盟”。1912年，毕苏斯基对这些军事组织进行了重组，到1914年6月，他手中已经有了大约1.2万名随时可以参战的军事人员。第一次世界大战爆发后，他带领这些人拿起武器投入了为波兰独立而战的事业。1914年8月2日，他手下的一支骑兵小队进入了波兰王国，一个营的步兵于4天后随之跟进。他们以波兰的名义短暂占领了凯尔采，不过随后就在俄军的逼迫下撤出了这里。

8月27日，奥地利方面正式同意承认毕苏斯基的队伍，并且在其基础上整编为两个波兰军团，他们有自己的军服和军旗，指挥官是奥地利军队之中的波兰军官。波兰军团的人数很快增长到了两万人，在此后两年，波兰军团的战绩近乎成为一段传奇。军团的军官被称为“公民”，而“指挥官”这个称呼只属于深受敬畏和爱戴的毕苏斯基一个人。毕苏斯基审慎地强调，他们并不是奥地利的军队，甚至也不是同盟国的盟友。

总体来说，昔日瓜分波兰的三大强国此时都在努力向波兰人表现出同情和善意，特别是都在用尽全力确保他们统治下的波兰臣民仍然保持对自己的忠诚。从1914年到1918年，数以百万计的波兰人被强征进入俄、德、奥三国的军队，在战争中共有45万波兰人阵亡，90万人负伤。1914年8月15日，俄国的尼古拉·尼古拉耶维奇大公宣布，俄军占领的加利西亚和波莫瑞的部分地区将并入波兰王国，并且俄国将授予波兰王国自治的权利。不过，这份声明在细节上仍然含糊其词。德莫夫斯基竭力要求在俄国组织一支波兰军队，但是俄国官方对此仍然持保留态度。

到1915年8月，波兰王国全境都被同盟国占领，但他们还没决定如何设计波兰的未来。柏林和维也纳之间不断来来回回地交换着各种不同的计划安排，最终，1916年11月5日，德、奥两国皇帝发表了一项联合声明，承诺建立半自治的波兰王国，该国由两国所占领的俄国领土组成。德国人需要炮灰，而他们提出这个建立波兰王国的方案，主要就是为了在波兰人中大量征召士兵组成军队——所谓的波兰国防军（Polnische Wehrmacht）。很快，德国人就认识到，想要做到这件事，他们不可能离开毕苏斯基。

毕苏斯基已经完成了他之前着手去做的许多工作。他成功证明了波兰不仅拥有一支自己的武装力量，也拥有道义上的力量，并且，波兰人已经不愿意再为德国人的计划出力了。毕苏斯基加入了德奥控制下新的波兰王国的临时国务会议，并且担任军政部部长，但是他坚持要求得到明确保证，自己手下的波兰军队不会被德国人当作“殖民地部队”使用，并且绝不会被投入到对英法的战争中去。德国人并不准备接受他的要求，于是毕苏斯基宣布辞职。1917年7月，毕苏斯基遭到逮捕。而在已经组建的波兰军团之中，多数人（第一和第三旅）拒绝按照德奥当局的要求进行效忠宣誓，于是这些部队也被解散。这些人进一步增强了波兰军事组织（POW）的力量——这个地下军事组织是毕苏斯基在两年前建立的，其范围遍布整个原联邦国家，这是一支潜伏的军队，只待一声令下就可以开始行动。

1915年，德莫夫斯基离开了波兰，此后他一直在英国和法国进行恢复波兰独立的努力。他的很多同事很早以前就在进行这方面的工作，其中最著名的就是作家亨里克·显克维奇，直到1916年逝世他都在从事这一事业；另一位著名人物是曾在美国赢得盛誉的钢琴家、作曲家伊格纳齐·扬·帕德列夫斯基。1917年1月22日，美国总统伍德罗·威尔逊在给美国参议院的声明中提出：“所有政治家都同意，应当建立统一、独立和自主的波兰。”这一表态很大程度上是帕德列夫斯基鼓动的结果。

1917年6月，法国批准在本国领土上组建波兰军队和协约国并肩作战。[1]9月，法国宣布承认德莫夫斯基设在巴黎的波兰民族委员会作为未来波兰国家的临时政府。英国、意大利和美国紧随其后。于是，到1917年秋季，对西方各国来说，他们就有了一个波兰政府以及一支波兰军队，被承认为协约国的战时盟友——或者更进一步，成为正式的盟国。

他们能够做到这一步，是因为他们的盟国——俄国正在遭遇革命的冲击，1917年“二月革命”后成立的以亚历山大·克伦斯基为首的临时政府也同意了建立独立波兰国家的原则。“十月革命”后，布尔什维克党夺取了政权。整个俄国前线完全崩溃了，德国军队乘势占领了原联邦国家的全部领土。1918年3月，布尔什维克政权和德国签署了《布列斯特–利托夫斯克和约》，承认了这一现实。

作为对这一和约的抗议，哈勒将军指挥他的军团第二旅——此时最后一支仍然效忠于奥地利的波兰军队——穿过战线，与离开已经分崩离析的俄军的波兰军队会合。而接下来的两年中，这些部队在俄国内战的巨浪之中飘荡，他们在绝望之中仍然努力保存自己的潜力，等待着能够重新投入波兰独立事业的一天。这些波兰部队经常被击败或被解散，有的时候也会因为协约国的要求而被迫和白俄将军们并肩战斗。哈勒将军费尽周折辗转到达巴黎，并成为在巴黎组建的波兰军队的指挥官。

德国人建立的“波兰王国”并没有真正的国王，它是在一个由波兰人组成的摄政委员会的管理之下运作的。但是尽管革命的浪潮先后将奥匈帝国的哈布斯堡王朝以及德国的霍亨索伦王朝从

① 即后文的“蓝军”(Błękitna Armia)。

皇位上掀翻，德国人和奥地利人仍然打算将两个帝国的阴谋继续下去。之前，德国人已经在着手培育一个小的立陶宛民族国家，将其作为德国的卫星国。他们还鼓励白俄罗斯民族主义者们建立自己的国家。奥地利人则在考虑建立一个以哈布斯堡家族成员为国王的乌克兰王国。1918年11月1日，利沃夫的公共建筑上升起了乌克兰的旗帜，奥地利军队中几个由乌克兰人组成的团占领了这座城市。毕苏斯基的“波兰军事组织”部队和该市的波兰市民一起进行了还击，重新控制了这座城市，但是他们被围困在了狭小的区域里。而新建的立陶宛国家则宣布，原来属于立陶宛大公国的维尔纽斯及其周边地区为他们所有。不过这一声明使得他们和提出了同样要求的白俄罗斯民族主义者产生了冲突。

1918年11月7日，社会革命党人伊格纳齐·达申斯基在卢布林宣布成立临时波兰政府。11月10日，即德国投降，西线停战的前一天，毕苏斯基从德国人的监狱中获释并返回华沙。他在火车站受到了兹齐斯瓦夫·卢博米尔斯基以及亚历山大·卡科夫斯基大主教等人的欢迎。摄政委员会将全部权力交给了毕苏斯基。在全国范围内，波兰军事组织和原波兰军团的部队解除德国军队的武装并接管国土。毕苏斯基向全世界宣布：“遵从整个民族共同的愿望，波兰国家重新诞生了。”

协约国的巨头们对于这个现实并不开心。他们之前认定，只有他们才能赐予波兰国家独立的地位。他们已经在巴黎有了一个随时准备回国的临时政府，并且他们对毕苏斯基并不信任。但如果毕苏斯基成功掌握波兰，这个重生的国家的最终边界将在很大程度上由即将在巴黎召开的和会以及协约国巨头们所能为这个国家提供的支援决定。刚刚恢复独立的波兰国家百废待兴，从用来填饱肚子的食品到用来保卫自己的武器，都是波兰所急需的。于是各方迅速达成妥协，帕德列夫斯基抵达波兰，担任联合政府的总理，而毕苏斯基担任国家元首并兼任军队总司令。

1919年1月，新议会在前波兰王国以及加利西亚地区举行了选举。而原德占波兰地区由于波兰人和德国人的战争仍在继续，没有一同进行选举。原来德国帝国议会中的18名议员自动获得了波兰新议会的代表资格，当时的波兰议会共有340个席位。6个月后，原德占波兰地区和其他地区也一同举行了选举活动，使得波兰议会的总代表人数达到了432人。以选举工作为起点，波兰人开始了在整个国家内建立行政机构这个巨大而复杂的工程，而毕苏斯基和帕德列夫斯基则负责处理新生的波兰国家的边界问题，

毕竟此时波兰的边界还都没有确定。

波兰和德国的边界完全依靠协约国和德国之间的协议确定。协约国的对德和约要考虑方方面面的诸多问题，而波兰国家的理性需求并不在其中。只有在西里西亚地区是个例外，这里爆发了大规模的抗德起义活动，最终起义发挥了作用，使得波兰人成功打破了被协约国忽视的惯例。东普鲁士和波莫瑞地区被分给了德国，格但斯克（但泽）被确定为国际联盟监督的自由市，该市通过一条狭长的走廊和波兰相连，同时将德国分为了不相连的两部分。在西南方，新诞生的捷克斯洛伐克国家进攻了切欣（德语称特申）地区，这里埋藏了丰富的煤炭资源，并且波兰人的数量超过了捷克人的两倍。捷克人的行动还得到了法国的私下允许。另一方面，波兰和俄国的边境划定则并非依靠在巴黎的口舌之争，而是战场上的实力较量。

毕苏斯基相信，如果波兰国家的面积不够大、只有单一的波兰民族，那它将不可能在巨大的、拥有白俄罗斯和乌克兰的俄罗斯国家旁边长期幸存。他同样在思想上和感情上对昔日联邦国家的立国思想高度认同，并且试图将这些思想理论进一步发扬光大，建立一个波兰、立陶宛和乌克兰的联邦国家。

但是波兰和立陶宛人及乌克兰人的会谈都是在双方交战之后才开始的。事实证明，与对波兰疑心重重的立陶宛人无法达成协议。相比之下，波兰人和乌克兰人之间的共同立场多了不少，在利沃夫的战斗结束之后，双方就开始了会谈。但是如果不是为了应对俄国的干涉，波兰和乌克兰、白俄罗斯以及立陶宛之间的问题根本无法展开谈判。

1918年8月，布尔什维克党人发表声明，废除俄国一切瓜分条约。但这并不意味着俄国希望看到重生的波兰恢复其1772年的边界。整个1918至1919年期间，苏俄都在忙于抵抗俄国白卫军的进攻，没有余暇考虑和波兰的边界问题。而毕苏斯基也对白卫军的胜利忧心忡忡。白卫军司令邓尼金将军的立场很明确，这个世界上只能有一个巨大而不可分割的俄罗斯国家，其中没有独立波兰国家的空间。毕苏斯基当然不愿意看到白卫军在西方的支持下获得胜利，这样的话，不只是波兰的东部边界，甚至连整个波兰国家的主权能否存在都可能要靠莫斯科和巴黎之间的交易来决定。因此，毕苏斯基严格抑制了针对布尔什维克人的军事行动，因为任何这样的行动都相当于对白卫军的支援。毕苏斯基甚至和列宁达成了秘密和约，而不顾此时伦敦和巴黎正催促他对邓尼金的白卫军提供支援。

在白卫军最终被红军击败后，1919年冬，布尔什维克政权开始准备通过波兰向德国输出革命。毕苏斯基认为，此时是他启动自己计划的恰当时机。布尔什维克大举攻入乌克兰，将西蒙·彼得留拉和他统帅的乌克兰民族主义者赶出了基辅。彼得留拉被迫西撤，并寻求波兰的保护。毕苏斯基和他签订了盟约，并在1920年4月向乌克兰发起了进攻。5月7日，波兰和乌克兰军队重新占领了基辅。

毕苏斯基希望彼得留拉可以拉起一支乌克兰军队，以便守住这一地区，从而使波兰军队能够调往北方，对付那里集结的数量庞大、令人忧心的红军部队。但是集结军队的过程太慢了，在北线红军发起进攻的时候，彼得留拉的部队只增加到3万人多一点。北线的波兰军队最初成功控制住了别列津纳河一线，但是6月5日，布琼尼指挥的红军骑兵第一集团军成功突破了基辅南方的波军阵地，乌克兰和波兰军队不得不在混乱之中仓皇撤退。7月4日，北线的红军5个集团军发起了第二波进攻。在接下来的6周内，红军两个方面军在米哈伊尔·图哈切夫斯基和亚历山大·叶戈罗夫的指挥下，势如破竹地攻入了波兰。

布尔什维克党人宣布要推翻资产阶级的秩序，他们成功得到了整个欧洲工人阶级的支持，这些工人们阻止了西方国家向波兰运输物资的行动。西方各国政府也没提供太多帮助。英国首相劳合·乔治的态度是："波兰人一直在和自己的所有邻居争吵，他们是欧洲和平的威胁。"8月12日，红军到达华沙城外围，华沙的陷落迫在眉睫。但是8月15日，毕苏斯基冒着巨大的风险对红军的侧翼发起进攻，他成功击溃了图哈切夫斯基的部队。在涅曼河上，波兰军队再次取得了胜利，红军的战线崩溃了。波兰军队再次占领了白俄罗斯以及波多利亚、沃伦地区的大片领土，最终，波兰和苏俄于10月16日签署停战协议。

协约国给毕苏斯基施加了巨大的压力，而乌克兰民族主义运动过于弱小，这些现实使得毕苏斯基最终放弃了他的联邦国家梦想。在苏波战争后，波兰和苏俄在拉脱维亚首都里加举行的谈判就是农民党领袖扬·东布斯基和国家民族党人斯坦尼斯瓦夫·格拉布斯基所主持的，他们两人都对复兴昔日的联邦国家毫无兴趣。

东部边境的谈判最终以妥协而结束。新独立的波兰最终获得了38.86万平方千米的土地，其中居住着大量的白俄罗斯人、乌克兰人、日耳曼人和犹太人少数民族，但却有200多万波兰人生活在波兰国境之外。本来维尔诺也没有被划归波兰，但是毕苏斯基不能容忍这个事实，于是在他的批准之下，一名波兰将军在那里举行了一次所谓的军事叛乱行动，最终使这座城市并入了波兰。

波兰再次成为一个独立的国家，成了欧洲人口排名第六的国家。在自己的祖国重新出现在欧洲地图后，波兰裔的英国作家约瑟夫·康拉德认为，波兰在一个多世纪的外国统治下最伟大的成就是："波兰始终处在破坏性的巨大压力之下。这种压力是欧洲其他国家难以想象的，不仅在力量上是压倒性的，更是具有巨大腐蚀性的。但是在这种情况下，我们仍然保持了自己清醒的头脑。"

19

波兰共和国

波兰的政治生活中，对中央政府的怀疑是一直以来的传统。在被瓜分期间，这种怀疑在一定程度上活跃起来，并且在爱国主义激励下促使国民不服从占领政府并暗中破坏。而在1918年波兰国家重新独立之后，这个政府需要容纳所有波兰人生活中最神圣的部分，这种感情并非与生俱来的。很长时间以来，唱反调都是一种美德。这种印象仍然影响着许多方面，农民对他头上的警察的态度如此，将军对他头上的政府也是如此。

创立一套新的政府机构并不容易。100多年来，波兰人都是生活在三种截然不同的文化中的某一个或几个的影响之下，这给他们的思想和行为都打上了烙印。那些在普鲁士式的环境中成长起来的人，会发现很难适应那些哈布斯堡统治下奥占区人们文雅的工作习惯，更不要提那些在拜占庭式低效率的沙皇官僚机构熏陶下的俄占区的人们了。即使对于那些曾经参加过议会活动的政治家们，问题也是一样的：不管之前参加过俄国的杜马，还是德国的帝国议会，他们一般都是被阻止发声和反对的对象。这对新生波兰国家的政治生活来说不是什么好的兆头。

1919年2月10日，波兰临时的立宪议会召开了会议。这次会议中，右翼政党的主要领导人是沃依切赫·科尔凡蒂；中间派是农民党派，其中居于领导地位的是文岑蒂·维托斯的波兰农民党

“皮亚斯特”（PSL Piast）；左翼主要是三个社会主义党派。最大的政党也没有得到超过议会1/4的席位，而第一次议会会议更进一步导致了政党的分裂，但这并没有人们预计的那么危险，因为此时正处在战争期间，议会将大范围的执行权力授予了毕苏斯基。同时，这次议会的主要任务是为新的波兰国家制定宪法。

1921年3月17日，波兰共和国宪法正式通过，这部宪法是参照法国第三共和国的宪法制定的，它规定：波兰设置两院制议会，众议院（瑟姆）包括444名议员，根据性别平等、按比例原则进行普选产生，参议院共111席位，总统由两院议会共同选举产生，任期7年。

不管是总统还是参议院，都没有很大的权力，主要权力掌握在众议院手上。但是由于议会中各政党很难达成稳定多数或建立长期的联盟，因此议会的权力遭到了削弱。从一开始，波兰政坛的格局划分就不是由政治理念决定的，而是根据派系利益确定的：渴求获得土地的保守派农民的政治立场和保守派地主毫无共同之处；希望降低食物价格的左翼工人也不可能与抱有相反目标的左翼农民团结起来。比例制代表对少数民族党派以及只关注单一问题的政治集团有利，而波兰的人口特征也有助于以民族为基础并拥有特定议程的政党兴起。

宪法通过后的第一次选举于1922年11月举行，投票率达到68%，进入议会的党派数量多达31个。没有一个政党夺得超过20%的议席，多数主要政党只拿到了最多10%的席位。这些政党联合组成了俱乐部，但是在建立政党联盟的过程中却随时可能走向崩溃。由于大量的单一利益政党的存在，这些政党联盟甚至俱乐部很容易在某一个特定的问题上无法达成一致而解散。议会中犹太人政党有35个议席，乌克兰人政党有25个，日耳曼人政党有17个，白俄罗斯人有11个。他们的投票立场并不确定，但他们的人数使得他们在某些情况下可以发挥出超过其实际影响力的作用。

1922年12月16日，波兰的首任总统加布列尔·纳鲁托维奇在就职典礼仅仅两天后被一名精神病人刺杀身亡，这一事件进一步增强了波兰政坛上各党派的不稳定感。4天后，议会两院选出斯坦尼斯瓦夫·沃伊切霍夫斯基担任下一任总统。瓦迪斯瓦夫·西科尔斯基将军被任命为总理，他稳定了国内的局势。但是政局不稳的阴影仍然困扰着议会，先是政府预算案在议会中遭到否决，然后接下来的几年内，一届又一届的政府因为各种小问题而频频倒台——在7年的时间里政府内阁倒台了至少14次。

议会中无休止的争吵最终激起了广泛的不满，随着时间的流逝，人们要求“强势政府”的声音越来越响。而波兰只有一个人能够在这种情况下得到公众的支持，树立个人的权威，这个人就是约瑟夫·毕苏斯基。在20年代早期，心怀不满的毕苏斯基离开了政坛，回到他的个人领地苏莱尤维克开始了退休隐居的生活。在这里，他发挥着看似温和但无处不在的影响力。他的文章著作、他对不同问题的预言和看法，乃至他从政坛上淡出本身，都是他发挥影响力的手段。他在军队中拥有巨大的影响，并且在政坛的左翼和右翼都受到支持者的尊重，在从最沙文主义的波兰人到犹太人中都不乏支持者。

1926年5月10日，在多次政府更迭之后，文岑蒂·维托斯组成了新的一届波兰政府。这届政府仍然孱弱而难以有效管理国家。两天之后，毕苏斯基发动了政变。他亲自率领数个营的军队向华沙前进，要求解散政府。维托斯本来准备妥协，但是沃伊切霍夫斯基总统说服他应该强硬以对，并且调动了军队。一些部队磨磨蹭蹭不愿出力，还有一些人直接投向了毕苏斯基。左派政党也全都站在了毕苏斯基一方，于是铁路工人也拒绝运输忠于政府的军队。在三天的巷战之后，沃伊切霍夫斯基和维托斯宣布辞职。

议会准备选举毕苏斯基为总统，但是他拒绝了，转而提名伊格纳齐·莫希齐茨基担任总统。他是一名著名的科学家，曾经也是波兰社会党的成员。议会随即选举他担任了总统。随后波兰的议会规程进行了大规模的修改，结果使得参议院遭到了边缘化，而总统的权力被大大加强，并且有权任命内阁成员。毕苏斯基自己短暂担任了总理，随即又将这个位置交给了卡齐米日·巴尔泰尔，他是农民党中一名广受尊敬的政治家。

除了"收拾混乱的残局"，毕苏斯基在对付混乱的议会方面并没有什么别的政策，他对政府的日常事务也没有兴趣。但他对军队更感兴趣。他认为军队是波兰生存下来的关键，也是能够妥善维护自己骑士式的价值观的地方。他接受的唯一正式头衔就是波兰元帅。他的角色有时像是独裁者，有时又像是一名君王，总在二者之间摇摆。总的来说，他的身份并不明确，但他却拥有至高的权力。靠这样的方式，他保持着自己的高支持率：他既易于接近，又疏远冷淡；尽管他是整个政治体系能继续下去所依赖的关键人物，但同时他又不和任何具体工作或者政策关系过于密切，从而不会和他无党派的本质立场相冲突。即使他的态度和工作方式越来越不友好、越来越专横，从而受到越来越多人的非议，但是他的目的无可指摘。他是一名民族英雄，他的一生都是在为波兰的自由而奋斗的传奇，他的身上同时体现出反抗和权威两种精神。

1928年3月的下一次选举中，“同政府合作的无党派同盟”（BBWR）获得了将近30%的选票，这个同盟是毕苏斯基所创立的推行自己政治措施的工具。而毕苏斯基最大的敌人——国家民主党遭遇了惨败。但是毕苏斯基仍然感到失望，因为他的同盟没有得到更稳定的多数席位，他之前对议会所剩不多的一点尊敬也随之灰飞烟灭了。

早年间的地下秘密活动，使得毕苏斯基习惯任用那些他信任的人来执行他的计划，并且尽量避免依赖正规渠道行事。他在身边收拢了一群他信任的人，多数是早年间出身于波兰社会党、博尤夫基、波兰军团或者波兰军事组织的人。这些人中包括：瓦列里·斯瓦韦克，他的特点是正直、天真、富于献身精神、没有自己的政治观点、才能有限；爱德华·雷兹-希米格维，他是一名军人和爱国者，很适合担任“副统帅”。毕苏斯基通过他们发挥着自己的力量。他对那些国会政治家们越来越不屑一顾，并且试图用各种方式恐吓议会之中的反对派们，其中一次他让数百名军官进入并控制整个议会大厅。而当这一切没有效果的时候，他干脆无视了议会。

这种做法不像人们想象的那样不得人心：无论在波兰还是欧洲其他国家，许多曾经的坚定的民主主义者都发现他们缺乏议会活动的经验，并且得出结论，认为需要建立某种“强势政府”来处理当下那些尖锐的问题。还有一些人，他们是19世纪的民主主义者精神上的继承者，也发现议会政治实在过于平庸无能，因而也在逐步发生转变，他们怀着浪漫主义的感情，乐于看到某种政局发生巨变。

反对派的力量越来越激烈，1929年，183名中间派和左派议员组成了新的联盟，即所谓的“中左联盟”（Centrolew），要求进行改革，强化议会的权力。在次年克拉科夫举行的大会上，中左联盟的成员们呼吁保卫民主，用严厉的语言批评了总统和政府。莫希齐茨基总统的回应是解散议会，并且提名毕苏斯基担任总理，还逮捕了18名议员。1930年11月举行的新一次议会选举，是在恐吓、逮捕、没收传单和投票舞弊的背景下进行的。同政府合作的无党派同盟获得了46.8%的选票，而经过一番上下其手之后，他们夺得了议会中56%的议席。

在毕苏斯基和他的党羽支持下，国家的法律独裁主义色彩愈发浓厚。他们将军队式的“清理”的做法带进了政治生活，于是他们这一套政治制度被称为“萨纳齐”（Sanacja，本义是“健全”）。反对派领导人，如1930年被捕的维托斯等，纷纷被送上法庭，被指控从事阴谋活动。出版自由也逐步遭到各种限制。1935年5月12日，毕苏斯基逝世后，统治国家的一小拨人进一步收紧了对国家的控制。

1935年4月，波兰通过了新的宪法，不过这部宪法的通过是依靠玩弄政治手腕达到的：许多反对派议员由于种种原因缺席了投票。这部宪法规定，将参议院的人数减少到208人，以便更容易控制，这些议员由全国的104个选区选举产生。这一政策使得那些在比例制代表选举时发挥巨大作用的小党派的地位大大降低。议会的权力大大减少，总统的权力相应扩大，总统可以通过下达总统令的形式制定法律。但是国家的统治者并非总统莫希齐茨基。毕苏斯基当年安排的一干人等仍然在背后实际掌握着这个国家，而他们则处于雷兹－希米格维元帅的控制之下，他才是实际掌握一切的真正的“灰衣主教”。

1935年9月的议会选举遭到了多数反对派的抵制，最终的投票率跌到只有45.9%。但这对局势并没什么影响。1937年，政府成立了和自己合作的“民族统一阵营”（OZN），其中吸收了许多遭到挫败的原国家民主党人以及心怀不满的原各个小党派的成员。反对派剩下的武器只有罢工和示威，但是这些都遭到武力镇压而失败。

1936年，一小部分受到打击的宪政主义者，其中包括文岑蒂·维托斯、约瑟夫·哈勒将军、前总理瓦迪斯瓦夫·西科尔斯基将军，以及伊格纳齐·帕德列夫斯基等人，在瑞士莫尔日附近帕德列夫斯基的家中聚会，并成立了“莫尔日阵线”，试图建立一个声誉良好的中右立场的反对派。不过他们事实上做不了什么，因为国内的反对派在政府的恐吓和自身的故步自封之下，逐渐趋于瓦解。1938年的选举，投票率再次达到67%以上，而民族统一阵营拿到了80%的选票。

20世纪20到30年代的欧洲政治展示了一幅令人厌恶的画面，其中充斥着由阶级仇恨和种族主义引发的冲突以及黑帮活动和街头暴力，而宪政危机则最终会导致军事政变。波兰第二共和国成立的头20年里，在议会程序破产之后，恐吓成为国家统治的工具。但是波兰无论是公共生活还是政治生活，都没有沉沦到其多数邻国的程度，更不要说法国、西班牙和意大利了。波兰的制度或许不是民主制度，但是也并非独裁制度。尽管处在萨纳齐制度下，波兰人同样充满了各种分歧。

这在一定程度上缘自国家复杂的民族问题。1918年的“和平缔造者”们试图在中欧地区建立诸多民族国家，但是原联邦国家领土上的各个民族之间互相混杂交织的情况实在过于复杂，以至于仅仅依靠缩小新建的波兰国家的面积，并不能保证建立一个单一民族的波兰国家。波兰共和国的面积大约相当于1772年波兰-立陶宛联邦国家面积的一半，而在1920年，全国2700万人口中只有69%是波兰人。全国人口中17%是白俄罗斯人和乌克兰人，犹太人占将近10%，还有2.5%的日耳曼人。

在昔日的联邦国家，所谓的波兰“民族”是对所有的民族开放大门的，但是波兰于1918年作为一个民族国家复国之后，它也必须以主体族群的语言、文化和宗教作为基础。波兰国家并不积极制定歧视少数民族的政策，但少数民族的公民的确不容易在军队或者政府中获得高位。这有一部分原因是他们大多出身贫困或者来自落后的地区。而由于文化上的原因，日耳曼人或者犹太人会比乌克兰人更容易获得更高的地位。

生活在波兰东部和东南部的乌克兰人，在当地的政府和警察眼里是二等公民。而华沙的波兰政府对他们也是充满疑虑。1926年后，毕苏斯基开始推行地方文化自治运动，他希望由此获得当地人民对波兰国家的忠诚。但是这一运动遭到了苏联的破坏。

1929年，乌克兰的民族主义者们在维也纳成立了“乌克兰民族主义组织”（OУH），该组织由德国提供资金赞助，从1930年开始在国内进行恐怖主义破坏活动。这个组织的目的就是进一步推动极端化，它的主要活动包括杀害那些试图和波兰合作的乌克兰人以及同情乌克兰人独立事业的波兰人。对此，波兰政府在乌克兰人聚居区进行了10周的血腥镇压，军队对这一地区进行了扫荡，烧毁了许多不服从政府的村庄，并对那些或真或假的乌克兰恐怖主义者进行了公开处刑。1934年6月，一名乌克兰民族主义组织的成员在华沙刺杀了波兰内政部部长布罗尼斯瓦夫·皮耶拉茨基上校。政府对此的回应是，为了扫除所有可疑的破坏分子以及他们不喜欢的人，他们在布热希奇（译者注：即布列斯特－利托夫斯克，今白俄罗斯布列斯特）附近的贝雷扎·卡图斯卡（译者注：今白俄罗斯别廖扎）建立了集中营处理这些人。

同一年，波兰政府和主要的乌克兰人政党“乌克兰民族民主联盟”（УНДО）签署了协议，这一协议后乌克兰极端主义者的活动逐步减弱。与此同时，由于斯大林在苏维埃乌克兰造成的大饥荒，乌克兰人的主要敌人从波兰变成了苏联。波兰东部的村庄终于获得了平静——直到1939年战争爆发后，许多极端分子重新聚集起来，成为为德国人服务的“第五纵队”。而在这个时候，贝雷扎·卡图斯卡的集中营已经塞满了其他类型的“国家公敌”。

相比之下，波兰人和日耳曼人少数民族的关系更平和得体，但谈不上热情。波兰境内的“德意志裔人”（Volksdeutsche）对自己被抛弃在自己祖国之外感到愤怒，对波兰也谈不上什么忠诚。而随着纳粹德国的兴起，他们对《凡尔赛和约》强加在自己头上的约束爆发出越来越强烈的不满，他们要求整个波兹南地区的大部分以及但泽自由市重新并入德国。但是即使日耳曼人这样充满敌意的态度，也比不上犹太人的问题。

直到1772年，整个波兰－立陶宛联邦国家为世界上4/5的犹太人提供了避难所。这些犹太人也多多少少适应了联邦国家的政治、经济和文化框架。而在波兰被外国势力瓜分统治期间，这种共生关系逐步瓦解了，犹太人与那些穷困的波兰贵族、城市无产者，以及正在孕育的波兰中产阶级等社会阶层形成了直接的经济竞争关系。而在19世纪80、90年代的时候，俄国统治的西部地区约有80万犹太人涌入了波兰王国，使得这一竞争关系更加激烈。

这些来自俄国的犹太人被波兰人看作入侵者。

无数的犹太人个体逐步融入了波兰社会，但是犹太人作为一个群体并不认同波兰人的愿景。尽管许多犹太人成为波兰社会党的积极分子，或者在毕苏斯基的波兰军团中参战，但是绝大多数犹太人是崩得的支持者。许多犹太人对国家民主党充满敌意，因为该党公开鼓吹不愿被波兰化的族群应当被逐出国外，该党成员也经常肆无忌惮地表达他们的反犹情绪。

1918年11月，法律和秩序的崩溃也导致在波兰的农村地区以及利沃夫和平斯克等城市爆发了一波反犹暴乱浪潮。而在接下来的波苏战争中，产生了更多的暴力和报复事件：许多犹太社会主义者欢迎布尔什维克的到来，甚至积极加入红军。和当时欧洲各国社会的情况一样，许多神职人员对犹太人和布尔什维克不加区分，教区的教士们都在煽动反犹情绪。而美国和英国的犹太人压力集团在1919年巴黎和会上施加给波兰政府的压力，也在无意之中增加了波兰人对犹太人的敌意。由于英美犹太人的要求，包括波兰在内的各国都不得不签署了承担保护少数民族义务的条约，由此波兰对其境内犹太人等少数民族的待遇被置于国际监督之下。而在历史上长期奉行宽容政策的波兰，这一要求被看成对波兰的冒犯。

1931年的统计显示，波兰国内共有311.39万犹太人，占全国人口总数的9.8%。华沙市的犹太人口比例超过30%，这个比例基本能代表多数波兰大城市的犹太人分布情况，不过也存在一些例外，如比亚韦斯托克的犹太人达到了43%。在一些小城镇，这一比例往往会高得多，达到60%至70%，一些地方甚至超过90%。多数犹太人穿着黑色的长袍、鬓发编成辫子、留大胡子，并且更多说意第绪语而非波兰语，因此他们的特征非常明显。此外，犹太人在与其他民族的经济关系中地位十分突出。

1931年波兰人口普查中，对全国居民职业的调查显示，波兰全国从事农业的人口中，只有0.6%是犹太人。在贸易相关的领域中，犹太人所占的比例高达62%，而在平斯克市，这个比例甚至达到了95%。在经济情况变化无常的整个20至30年代，这些犹太人的财产状况也随之大起大落。每当有一个新的农民合作社成立，或者一个村庄里的村民们联合起来直接将农产品出售给买家，就意味着若干个犹太家庭失去了生计来源；到1936年，至少100万波兰犹太人失去了他们的生活来源；而到1939年，美国犹太人组织提供的援助成了100万以上波兰犹太人维持生存的唯一经济来源。

波兰在国际联盟中的代表急切地要求放宽波兰犹太人移民前往巴勒斯坦和美国的限制。波兰摆脱犹太人的愿望可能与犹太人的困境有关，但种族方面的原因显然不是全部：波兰的代表们还要求国际联盟提供帮助，将贫穷的波兰农民们大规模移民到国外。

尽管多数波兰犹太人深陷于贫困的泥淖，但周围人们对犹太民族整体的嫉妒情绪却从来没有消除。1931年，波兰46%的律师和将近50%的医生都是犹太人，同时犹太人进入大学的比例也高于其他民族。30年代中期，在利沃夫大学又兴起了一轮反犹运动，并在随后蔓延到了其他的大学和技术学院。结果导致此后一些学校开始按照各民族的人口比例招收录取新生。

国家民主党人由于长期远离政治舞台的中心，在很大程度上失去了他们的独立性，党员也越来越少。为了获得心怀不满的社会阶层的支持，他们也开始打起了反犹主义的牌。但是在这方面，他们仍然无法超过那些公开活动的法西斯主义小党派。这些法西斯主义党派中最臭名昭著的就是长枪党（全称：民族激进阵营“长枪”派，ONR-Falanga），这一组织会对犹太人的商店和犹太会堂实施袭击。这样的暴力活动并非罕见，但是总体来说，多数的公众骚乱活动是由于经济因素，种族仇恨并非主要的原因。法律和行政命令并不可靠，而考虑到全国的人口总数，波兰的警察（他们的总警监还是个犹太人）规模也不够强大，仅相当于英国或者法国的一半。

波兰人和犹太人之间的关系好坏程度差别非常大。这种关系往往比通常给公众展示出来的情况复杂得多，但绝大情况下并没有我们一般认为的那样坏。确实，在波兰社会中的某些角落里，仍然留存着不少层次不高但仍然深深根植在人们头脑中的反犹情绪。但是，无论是纳粹德国那种对犹太人大规模肉体消灭的反犹主义，还是法国德雷福斯案①这样能够让全国沸反盈天的仇视犹太人浪潮，都没能在波兰流行开来。而无论是政治、文化或者经济方面的问题，要解决起来，都必须在将全国所有人口作为一个整体的前提下考虑。

波兰共和国从之前的占领者们那里继承了4套法律系统、6套货币制度、3套铁路系统，以及3套行政和财政系统。各个地区之

① 德雷福斯案：1894年犹太裔法国陆军军官德雷福斯（Alfred Dreyfus）被控向德国泄露情报，在证据不足的情况下遭到革职和流放。但后续调查发现德雷福斯无罪。然而法国当局不仅宣布真正的罪犯无罪，坚持调查的官员也被远调海外，甚至在大量证据面前仍判决被告有罪。此案引起公众广泛关注，对此案的不同态度使得法国政坛乃至民间出现了大面积的分裂和不断的冲突。直到1906年德雷福斯才被正式宣判无罪并恢复名誉。

间的差异也很大，比如波兹南地区的农业高度发达，而马佐夫舍地区的乡村经济仍然相当原始，至于西里西亚地区则已经高度工业化。加利西亚地区之前是奥匈帝国的粮仓，原波兰王国之前是俄国的工业中心，现在它们都和各自的主要市场分离。而且波兰还经过了6年的战争。战争毁坏了450万公顷耕地和250万公顷林地，仅德国人抢走的牲畜就超过400万头。根据美国食品救济委员会向波兰提供援助的弗农·凯洛格统计，1919年有1/3波兰人口挣扎在饿死的边缘。

全国将近64%的人口以农业为生，但他们当中的大部分人几乎不能以此养家糊口。这个问题的政治解决方案是土地改革。土地改革从1925年开始，此后几年中每年有20万公顷的地主土地被分配给农民。但是这一措施反而加剧了农业产量不足的问题：土地改革形成了大量小块个人土地，不仅面积小，而且效率低。到1939年，波兰平均每8400公顷耕地才有一辆拖拉机，而单位面积产量也只有其邻国德国的一半。

这个问题应该依靠大规模工业化来解决，但是1918年德军撤退的时候，他们搞了一个“波兰去工业化”行动，这个名称古怪的行动破坏了波兰所剩不多的工厂、车站和桥梁，并且拆走或破坏了所有的机械。这使得波兰的工业化更加困难。波兰国家甫一诞生就背上了盟国的巨大债务包袱（协约国之前武装了“蓝军”，并且在1918至1920年为波兰提供武器装备），另外还有义务代表“一战”期间那些属于奥匈帝国或者德国的地区进行战争赔偿。波兰并非唯一一个要重建经济体系的国家，因此，波兰要和其他国家共同争夺西方的信用贷款。而外国资本仍然将这个新生的国家看成一个不确定的投资对象。

结果就是波兰经济的开局充满了颠簸起伏。1918年12月的时候，1美元能够兑换9.8波兰马克，而到了1923年12月这个数字变成了500万。此时，波兰总理瓦迪斯瓦夫·格拉布斯基成功平衡了预算，稳定了经济形势，并且发行了新的货币——兹罗提。尽管如此，外国资本仍然对波兰不放心，同时德国对波兰发起了关税战。直到1929年，波兰的产值才恢复到1914年之前的水平，而这一切又在1932年迎来了大萧条的冲击，跌至历史最低点。

尽管有这些日渐突出的困难，还有极端恶劣的环境，波兰共和国仍然实现了一定程度的经济复苏。经过为期20年的建设，在“二战”前波兰已经是世界第八大钢生产国、第九大生铁生产国。波兰可以出口超过1200万吨煤、150万吨原油、10万吨纺织品、14吨丝线，并且建立了一套世界水平的化学工业。波兰的人均收入达到了西班牙和葡萄牙的水平。

由于但泽自由市处于占绝对多数的日耳曼人的管理之下，并且一直希望能够并入德国，因此波兰开始建设自己的港口。1924年开始，波兰政府在原来只是一个渔村的格丁尼亚开始了新港口的疏浚建设工作。到1938年，格丁尼亚港已经成为波罗的海上最繁忙的港口，每年有1.29万艘次船舶在这里停靠。波兰还拥有了一支超过80艘船的商船队，以及一支规模不大但装备不错的海军。

但是，由于波兰需要从废墟中重建一整套上层建筑，经济的发展就遭到了阻碍。波兰需要重建的上层建筑包括行政机关、法庭、学校、博物馆、剧院等等，另外还必须维持一支军队。此外，在国家重获独立的幸福之中，所有的阶层对未来都充满了希望，并提出了更高的要求。1918年，在战争尚未结束的时候，第一届波兰政府就通过法令，在国家建立社会保障体系，并实施8小时工作制。1920年波兰政府开始逐步推行医疗保险，1924年又开始推行失业保险。20世纪30年代还为低收入者进行了大规模的住房建设，而到30年代中期，波兰已经成为世界上社会保险水平最高的国家之一。

在波兰共和国立国20年的时间里，国内文盲率差不多降低了一半。到1939年，克拉科夫、华沙、利沃夫、维尔诺、波兹南和卢布林6所大学共有4.8万名学生，其中将近1/3是女性。此外还有27所技术学校，为更多的人提供了受高等教育的机会。波兰教育系统在30年代所取得的成就和其他国家相比毫不逊色，特别在人文科学和纯科学领域成就更高。

现在回过头来看，重新获得民族独立之后，作为一个主权国家，波兰社会需要面对的首要问题应该是认同问题。在波兰国家，外交部部长可能出自萨佩哈家族，总统候选人可能会姓扎莫伊斯基，某个大使可能会姓波托茨基，在所有的群体中都会有昔日贵族出身的人，但是在波兰占主流地位的并不是他们的价值观。尽管如此，胜利者也不是19世纪知识界的看法。毕苏斯基和德莫夫斯基已经走下了历史舞台，接替他们位置的是他们自己所建立的政治组织。在政府中身居高位的官员多数是新一代的官员，他们出身各不相同，但是都在争取波兰的独立斗争中经过锤炼：或者参与过地下活动，或者经历过牢狱之灾，或者经历过其他形式的斗争。共同的经验和在军队中战斗的经历将他们团结起来，而这些经历在塑造新的国家认同方面发挥了举足轻重的作用。感到失落的并不只有乌克兰人和犹太人。许多地主，还有老一代知识分子，特别是艺术家，感到自己日益被边缘化。1936年，诗人康斯坦蒂·伊尔德丰斯·加乌琴斯基（1905—1953）在他怪诞的诗作《番茄酱中的鲱鱼》中，让13世纪为波兰重新统一而战斗的古代国王“矮子”瓦迪斯瓦夫一世死而复生，并且对他说：“好啊，你要你的波兰。现在这样就是啦！”这种情绪代表了相当多的人共同的看法。

20世纪20至30年代，波兰在文学和艺术方面实现了爆发性的发展，达到了相当高的水平。作家和艺术家们不再需要继续鼓吹民族独立，他们能够更自由地表达自己，但是总体上他们发现自己极难认同当权的萨纳齐派鼓吹的所谓时代精神。而当他们在华沙或者其他大城市中享受充满活力的艺术氛围时，许多人却发现他们很难让自己投入到这个新生波兰国家的现实社会中去。音乐家也发现，这片所谓的乐土对他们来说庸俗不堪，令人失望。

虽然1918年后波兰重新获得了期盼已久的独立，但是这个国家仍然处在威胁之下。根据《凡尔赛和约》，中欧地区形成了令所有国家都不安的复杂局势。德国对波兰产生了无法掩盖的厌恶，而波兰也自然而然地产生了四周举目皆敌的情绪——当然波兰的所有邻国对波兰也是抱有同样的敌意。那些帮助波兰重新获得独立的巨头们，事实上并不情愿任由波兰存在下去。这些大国于1919年为新的法德边界提供了担保，但是只有法国对新划定的德波边界提供了担保。洛迦诺会议证明，西方这些大国只会想尽一切办法避免将自己拖入另一场大战，于是中欧各国只能自谋生路。另一场战争似乎正在逼近。而除了那些最乐观的人和实在缺乏常识的人之外，所有人都能看出来，波兰要独立参战的话并没有什么胜算。

即使作为了解历史进程的后来者，我们也很难给当时的波兰设计出一套能够拯救自己的外交政策。从1932到1939年，波兰外交政策由外长约瑟夫·贝克上校所掌握，他很清楚地认识到，在外交舞台上，波兰实在没有什么本钱可以换得自己潜在盟友们的支持。1932年，他代表波兰和苏联签署了互不侵犯条约。这一举动立刻遭到了德国的激烈反应，后者随即对但泽自由市提出领土要求。1933年，希特勒上台后，毕苏斯基曾经考虑和法国联合，对德国进行先发制人的进攻。但是希特勒立刻对波兰进行了安抚，到1934年1月，波兰和德国签署了为期10年的互不侵犯条约。希特勒很希望能够会见毕苏斯基，和他讨论德国将波罗的海沿岸各国纳入势力范围的计划，作为交换，德国可以帮助波兰将势力范围扩展到黑海。但是这对波兰来说并不是一个切实可行的选择。

1938年春，德国和奥地利“合并”之后，波兰很明显地看到，西方各国不会给波兰提供实际的帮助。而贝克也不可能转向苏联要求提供军事援助：没有一个了解历史的波兰人会允许俄国军队踏上波兰的土地，哪怕是作为盟军，也不可以。唯一的希望，就是一方面安抚德国以延缓他们发起进攻的步伐，另一方面想办法让英、法做出对波兰提供军事援助的可信承诺。一直以来，英、法都对波兰可能被纳入德国势力范围而感到焦虑不安。

1938年10月，在德国占领捷克斯洛伐克苏台德地区之后，波兰也随之占领了扎奥尔杰——这是波兰人对1918年由捷克斯洛伐克占领的切欣（特申）地区的称呼。这一措施本来的目的，部分是为展示波兰军事力量的强大，部分是为了增强波兰南部边界的防御能力，更好地抵御德国进攻。而波兰向立陶宛发出最后通牒，要求其承认维尔诺属于波兰并同波兰建立外交关系，也是出于同样的目的。但这些措施没有什么实际效果，反而给人留下了极其恶劣的印象，让人认为波兰不比德、意强多少，都是欺凌弱小国家的恶霸。

1939年3月22日，德国政府向波兰提交了最后通牒，要求获得但泽市以及连接东普鲁士和德国本土的波兰领土，即所谓“波兰走廊”。这一最后通牒被拒绝了。3月31日，英国宣布对波兰的领土完整提供无条件担保，几周后，波兰和英国、法国分别签署了军事同盟条约。

接下来的三个月是在令人不安的平静中度过的。乐观的人认为局势已经得到了控制，和平也得到了保证。而事实上德国正在利用这段时间进行最后的准备工作。希特勒向罗马尼亚施加压力，要求其撤销和波兰的军事同盟关系，并且和苏联开始谈判。8月，两个国家的外交部部长——约阿希姆·冯·里宾特洛甫和维亚切斯拉夫·莫洛托夫签署了《苏德互不侵犯条约》，并在附加的秘密议定书中约定了对波兰的新一轮瓜分。

1939年8月31日夜，一队穿着波兰军服的德国罪犯被命令进攻上西里西亚地区格莱维茨（今波兰格利维采）的一座德国电台。次日清晨，当世界醒来的时候，人民听到了这条不同寻常的消息：由于波兰已经进攻了德国，为保卫受到威胁的祖国，德国国防军对波兰发起了进攻。两天后的9月3日，英国和法国对德国宣战。而到了两周后，局势已经十分明显，英、法并不会对波兰采取什么进一步的援助措施，于是苏联也于9月17日向波兰发起了进攻。

这场战争不是一场普通的战争。这场战争将长期持续下去，其目的不只是摧毁波兰政府，更是要摧毁波兰民族。尽管战场上的战争将在1945年画上句号，但是对波兰民族来说，这场战争要到1989年9月——也就是第二次世界大战爆发整整50年后才会真正结束。

20

战　争

希特勒对波兰发动的闪击战，掀开了战争史上新的篇章。9月 1日，大约150万德军从北部的东普鲁士、西部的德国本土，以及南部的斯洛伐克三个方向入侵了波兰。他们拥有2700辆坦克和1900架飞机的支援，并很快掌握了制空权。波兰只有大约300辆坦克，空军只有392架飞机，无法和德军抗衡。德军的8支先头部队很快冲破了波兰的防御体系。德国空军在空中不停地轰炸道路、铁路、桥梁和城镇，地面上的德国军队也毫不停顿地向前猛冲，从侧翼包抄了还在原地防守的波兰军队。

波兰的武装力量大约有100万人，但由于英、法扔抱有在最后一分钟达成和约的幻想，在他们的要求下，波兰推迟了全面动员，因此战争爆发时大量波兰军人并未到达前线，多数部队在只有2/3员额的情况下就投入了战斗。再加上波兰防御计划过于僵化，使得波兰陆海空三军的潜力都无法发挥出来。德军无休止的轰炸造成了战场的巨大混乱，而试图归队的士兵和德军“第五纵队”的活动又进一步恶化了情况。到9月6日，波兰统帅部已经失去了对局势的控制；到9月10日，德军已经占领波兰北部和西部的大部地区。9月14日，华沙遭到包围。

惊魂方定，波兰指挥官们立即开始以巨大的决心发起反击。塔德乌什·库切巴将军指挥的波兹南集团军及波莫瑞集团军残部

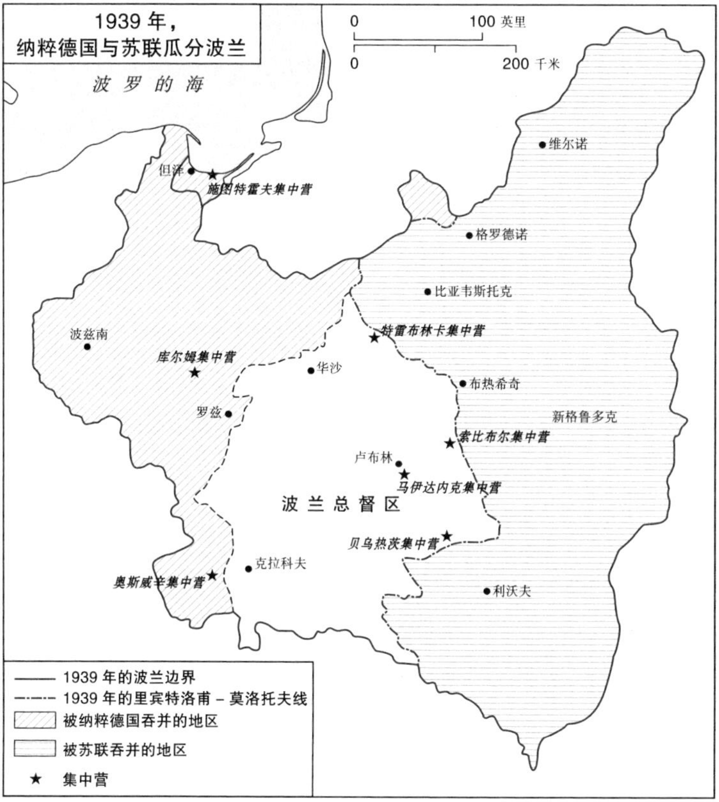

在库特诺激战两天，成功阻击了德军。随后他们撤退到维斯瓦河和布祖拉河一带，在这里依靠地形优势和其他部队的支援进行了一次反击，并成功击退了德军，从而为其他撤退的波军部队赢得了喘息的机会。为避免被合围，波军司令部不得不下令部队向利沃夫方向撤退，背靠波苏和波罗（罗马尼亚）边界设立新的防线。波军司令部认为苏联应当能保持中立，而罗马尼亚一直和波兰关系良好。在波兰东部农村环境居多的地区，坦克和重炮兵的价值相对较低，波兰军队将可以削弱德军优势，从而更好地迎战德军。但是9月17日，苏联红军攻入了波兰东部，而罗马尼亚方面也传来消息，在德国的压力下，罗方断绝和波兰的同盟关系。在剩下的一角国土继续抵抗是不可能的。波兰政府、波军总参谋部和附近的部队穿过了波罗边境，以便在境外坚持抵抗。他们同时带走了波兰的黄金储备。华沙自9月14日被包围后，坚持了两周最终投降；格但斯克附近的黑耳半岛上的波军坚持到了10月2日；克莱贝尔格将军的波列西耶独立战斗群经历了德苏双方的两面夹击一周后，于10月5日在科茨克投降。在全国各地，小规模部队的抵抗一直持续到1940年春季，此后残余的武装力量转入地下活动。

九月战役通常被描绘成英勇的失败，而枪骑兵对坦克冲锋的场景更是成为这场战役的典型剪影。这个形象让人们很难理解。在1939年9月，没有一支欧洲军队能抵御德军的进攻。此时的德军在战术和火力上都具有压倒性优势。英国和法国的参谋们都一致认为，在德军的进攻之下，波兰只要抵挡两周就足够了，这段时间足够法国将90个师、2500辆坦克、1400架飞机投送到事实上毫无防御的德国莱茵河防线之内。但是法国人什么都没做，而英国皇家空军的行动也仅限于飞到德国城市上空扔传单。最终结果是，波兰人将德国人拖住了三个多星期，而且要不是苏联从背后发起进攻（现在历史学家知道，如果法国进攻德国，苏联就不会进攻波兰），波兰人还能支撑更长时间。尽管有诸多不足，波兰军队仍然证明了自己的勇敢，并且让德国付出了比1940年西线英法联军更大的人员和装备的损失。德军伤亡总计为4.5万人，并损失了300架飞机、993辆坦克和装甲车辆。但波兰的代价是20万人伤亡。

上面的数字只是军人的伤亡，还不包括大约1万死于德国空军大规模轰炸或者巡航的德军战机为散播恐惧而随意扫射的波兰平民。这一数据也不包括波兰西部数以千计的地主、牧师、教士、医生、警察等等，以及他们的家人，死于向前推进的德军的屠杀。这成为后来德国在波兰西部地区（日后成为纳粹德国的瓦尔特大区）种族清洗的前奏。

10月，波兰被两个占领者瓜分。面积较大的苏联占领区被苏联正式合并，接下来几个月中，大约170万名居民被送往西伯利亚或者俄罗斯极北地区的劳动营。德国吞并了波莫瑞、西里西亚和波兹南地区，这些地方成了德国本土的一部分，而其他被征服的领土被划为波兰“总督辖区”（Generalgouvernement）。该辖区事实上就是殖民地，希特勒的律师朋友汉斯·弗兰克坐镇克拉科夫的王室城堡对这里进行统治。他宣布波兰这一概念将从人们的脑海中被抹除，而那些逃过灭绝命运的波兰人也只能在第三帝国的土地上给日耳曼人当奴隶。

这个过程很快开始了。同样在波兰总督辖区，神父、地主、教士、律师，所有接受过教育或者有影响的精英或者被枪决，或者被送往奥斯威辛的集中营——其所在地已按照德语被改名为“奥施维奇”。这一行动的目的是消灭波兰社会的上层，只留下无人领导、只能服从的普通劳动力。

德国人制订了一个巨大且逻辑令人费解的人口重新安置计划，许多人据此被扔进列车送往其他地方。在接下来的5年里，大约75万德国人被送入第三帝国吞并的原波兰领土，同时，40万名波兰人从这里被送往波兰总督辖区，另外还有33万人被处决。总的来说，大约200万波兰人从第三帝国本土被送往波兰总督辖区，同时，波兰总督辖区还输出了280万人作为奴工。被认为看起来像雅利安人的波兰儿童遭到绑架，并被当作日耳曼人抚养长大，这样的孩子总数达到20万人。纳粹德国在波兰的土地上建立了大约2000座各种类型的集中营，其中除了波兰人，还关押着来自欧洲各地的犯人。

波兰的犹太人单独遭到了特殊对待。在小镇和村庄，国防军或者跟在他们后边的特别行动队将犹太人集中起来进行枪决，有时将他们关进木造犹太会堂然后一把火烧死。在大城市中，犹太人被迫在衣服上戴上黄色的大卫星标识，并且被赶进特定的区域，即所谓犹太隔离区（Ghetto）集中居住。1940年5月，罗兹的犹太隔离区被彻底封闭，随后华沙等其他城市的犹太隔离区也如法炮制。从1942年起，被困在犹太隔离区的人们开始逐步被送到各地的灭绝营——特雷布林卡、马伊达内克、索比布尔、贝乌热茨、奥斯威辛–比克瑙等进行屠杀。共有270万有犹太血统的波兰公民遭到杀害。

正常的生活已经变得不可能。学校遭到关闭，剧院、出版和其他娱乐活动也被禁止。所有不能为德国战争机器做出贡献的研究机构统统被停办。人们生活的情况一言难尽。被占领的生活不仅是难以言说的残酷，也充满让人不安的混乱。无数德国军事、警察和民政部门各自独立运作，造成了一种混乱无常的气氛，使得人们处在长久的恐惧之中。这破坏了社会的气氛。就算普通平民没有通敌行为，德国人仍然能找到人充当间谍或揭发莫须有的罪名。然而，国家中的大多数人仍然坚持利用积极或消极的手段抵抗，似乎战败只是一个小小的挫折。

在穿越波罗边境后，波兰总统莫希齐茨基和他的政府中幸存的成员被罗马尼亚扣留。在1939年9月的最后几天，他任命原参议院议长瓦迪斯瓦夫·拉奇凯维奇作为他的继任者。9月30日，拉奇凯维奇在巴黎组建了新政府，总理由瓦迪斯瓦夫·西科尔斯基将军担任，后者同时兼任波兰武装力量总司令。同时建立了包括所有主要党派代表的人民委员会（Rada Narodowa Rzeczypospolitej Polskiej），帕德列夫斯基担任象征性的主席，实际负责人由波兰农民党领导人斯坦尼斯瓦夫·米科瓦伊奇克担任。流亡政府很快得到了盟国的承认，并利用从东欧逃出的波兰逃亡者以及在法国和美国招募的波兰裔志愿者，继续重新组建波兰军队。

到1940年6月，波兰流亡政府的军队扩展到了8.45万人，编成了4个步兵师、2个旅以及1个装甲旅，还有一支9000人的空军部队和1400人的海军部队。一个波兰旅参加了在挪威纳尔维克的登陆战，但不幸战败；2个师、2个旅、150名飞行员参加了1940年6月的法国战役。波兰陆军的3/4损失在了当年秋天的法国战役，但是剩下的人继续跟随流亡政府前往英国，并在这里进行整编。

在英国，另外一些从波兰战役中幸存的部队加入了流亡政府军队的行列，比如原波兰海军的三艘驱逐舰和两艘潜艇之前成功溜出了波罗的海，并来到英国加入皇家海军。数以千计的波兰人想尽办法，各显神通，通过不同路线前往英国。到1945年，和英国军队并肩作战的波兰军队人数大约有22万。波兰飞行员们在1940年夏季不列颠之战中击落的敌机数量达到了当时德国空军损失总数的7.5%，他们的兵力增长到10个战斗机中队、4个轰炸机中队，在美国陆军航空队加入欧洲战场之前，波兰轰炸机部队占盟军轰炸机部队总数的1/4。波兰空军共计出击102486架次，损失1973人，击落了745架飞机以及190枚V-1火箭。波兰海军仍然拥有各式舰艇约60艘，其中包括2艘巡洋舰、9艘驱逐舰及5艘潜艇，他们参与了665次海上行动。波兰陆军参与了不列颠的防御工作以及北非和意大利的战斗，还参加了阿纳姆战役以及解放法国和荷兰的战斗。波兰伞兵参加了阿纳姆战役的空降作战。

波兰对盟军做出的最大战争贡献可能是难以估量的。其中一项巨大贡献是无数情报员们提供的海量情报。由于遭遇战火、遭到驱逐或被掳为奴隶劳工，无数波兰人散布在欧洲各地，许多人由此进入了德国各地的关键位置。另一项是波兰从20世纪30年代就开始的工作：监控并破译德国使用的“恩尼格码”密码机。波兰人造出了“炸弹”（bomba）解码机，为破译德军密码奠定了基础。后来这台机器被交给英国人，并在布莱切利公园中得到进一步改进，从而使得盟军在1940年初有能力拦截并破译德军最高统帅部下达的命令。

波兰国内的斗争也在继续。9月28日华沙陷落的前一天，一群高级军官建立了一个抵抗组织总部，这一组织获权领导国内所有军事行动，并以“武装斗争联盟”（ZWZ）[①]的名称组建新的部队。在此之前，已经有超过150个抵抗小组在全国各地开始自发活动。武装斗争联盟后来改组为国家军（Armia Krajowa/AK），直属于伦敦的流亡政府最高司令部。到1944年，国家军人数超过30万人，这使得其成为德国占领下的欧洲最大同时也是最活跃的

---

① 原文如此，实际上9月27日建立的地下军事组织最初名为“为波兰的胜利服务”（SZP），1939年11月改称“武装斗争联盟”。

抵抗组织。在这4年的战斗中，共有10万人在战斗中牺牲。

公开抵抗以及对德国要员的刺杀行动会引发德国人对平民的大规模报复，因此这些做法被放弃了，国家军更倾向于隐蔽行动。除了颠覆列车、炸毁桥梁、切断通信，国家军的行动队还对德国的军用物资设备进行了大规模的破坏。坦克、火炮和飞机发动机、观瞄和导航设备在生产它们的工厂里就遭到了国家军的破坏。

国家在隐蔽之中继续运行。流亡政府设立了国内代表处（Delegatura），总部设在华沙，这一执行机构成立了自己的协商委员会，吸纳了各党派的代表。国内代表处在政治上领导国家军，并且控制着波兰的一切，从地下法庭到飞行大学和地下学校，就和1863年起义中的城市委员会所做的一样。

在6年的时间中，各个层次的教育都在秘密坚持进行。在德国人的鼻子底下，波兰人制造炸弹、上演戏剧、出版书籍。地下的印刷所让人们能够得到最新的消息。这些活动进行得既有效率又不乏智慧，以至于有的时候会让人们忘记这其实是冒着巨大的困难和风险做到的。一旦德国人对某人产生怀疑，等待着他的就是严刑拷打、集中营，以及死亡。数以千计的人为此付出了生命的代价。

不过德国人的恐怖统治在一个方面还是成功的，即便是破坏性的：他们成功将不同民族的波兰人，特别是具有犹太血统的人从社会中划分开来并孤立起来，为后面进行种族灭绝铺平了道路。这主要是依靠德国人制定的规章制度实现的，而这些制度没有在德国占领下的其他国家推广开来。

在波兰，任何被发现帮助或者庇护犹太人的人，不仅是本人，甚至他的全家都会自动被判处死刑。在此情况下，即使对犹太人最友好的波兰人，也不愿意以身涉险。同样的死刑处罚也适用于那些和被庇护的犹太人住在一起而没有向占领当局进行举报的其他所有人。这就意味着，如果一个人注意到他的公寓楼里面有其他人在庇护犹太人，那么为了把自己和全家从死刑的威胁中拯救出来，他会选择向占领当局报告，而不是冒着死刑的风险庇护犹太人，直到其他居民进行揭发。但是这不是唯一的原因，还有其他因素发挥了作用。

和犹太人相似的是，对于反复而无休止的失败和不幸，许多波兰人已经形成了一种自己独有的消极情绪，并将自己封闭起来，偏执地认为自己的苦难是独一无二的，同时也无法全面观察和思考周围的事件及变化，只能以高度个人化的眼光看待这一切。这使得他们对身边发生的犹太人的悲剧视而不见，或者虽然看到，但只是当作一场巨大悲剧中的一小部分，而这出悲剧的主角是他们波兰人。还有很多反犹主义者对德国人从波兰社会中消灭犹太人的行动冷眼旁观，甚至有些人会认为这是值得赞许的进步举动。

与此同时，仍然有无数的波兰人冒着生命危险将犹太人藏起来，并给他们提供假证件。天主教神职人员庇护了数千名犹太人，多数是儿童。他们将犹太孩子们安置在教堂或者女修道院办的学校或者孤儿院里。在1942年，国家军建立了一个特别的部门，代号“热戈塔”（Żegota），对犹太人进行协助，他们成功救出了大约1万名犹太人。

这些行动是在抵抗运动本身存在分裂和冲突的情况下，冒着困难和危险完成的。极右翼分子组建了民族武装军（NSZ），他们独立于国家军，并且在诸多政治问题上坚持自己独立的立场。而对于国家军和国内代表处来说，另一个更大的对手则是人民军

（Armia Ludowa/AL）[1]，他们隶属于刚刚成立的波兰工人党，后者背后则是莫斯科。

波兰共产党在波兰政治舞台上一直不是主要角色。在20世纪30年代中期，其领导人遭到镇压，大批共产党人前往苏联寻求避难。但是1938年斯大林清洗了波兰共产党的高层领导人，并将剩下的成员关押在古拉格监狱。只有那些被关押在波兰监狱中的波兰共产党领导人，如瓦迪斯瓦夫·哥穆尔卡、马尔采利·诺沃特科等逃脱了这一命运。

1941年春天，斯大林开始寻找幸存的波兰共产主义者。1941年11月，他指派诺沃特科重建新的波兰工人阶级政党，后者于1942年1月建立了波兰工人党，但不到一年后他遇刺身亡。1943年，此前一直在波兰东南部地区领导地下武装的哥穆尔卡成为波兰工人党领导人。在他的领导下，人民军建立了自己的组织，成为流亡政府领导的抵抗运动之外的另一支力量。而斯大林希望的就是用他们将流亡政府取而代之。

1940年6月法国沦陷后，波兰成为英国唯一实际发挥作用的盟友，波兰人帮助英国免遭德国入侵的威胁，并为海上运输保驾护航。但是他们输掉了在欧洲大陆的战争，因此将恢复波兰独立的希望寄托在英国人身上是毫无指望的。

1941年6月22日，希特勒发起了入侵苏联的“巴巴罗萨”行

---

① 原文如此，实际上波兰工人党最初建立的地下武装名为人民近卫军（Gwadia Ludowa，1942年3月成立）。1944年1月，人民近卫军等左翼武装力量被整编为人民军（AL）。而在苏联红军攻入波兰后，在苏联组建的波兰军队于1944年7月和人民军进行整编，建立波兰人民军（Ludowe Wojsko Polskie/LWP），即后来波兰人民共和国的武装力量。

动，苏联红军在德军进攻面前损失惨重，斯大林被迫站到了盟军阵营一边。他和英国会谈并建立了同盟关系，随后，苏联和波兰流亡政府也结为同盟，前提是释放所有在苏联关押的波兰公民，并在苏联组建一支波兰军队，和苏联红军并肩作战。

这一同盟关系之下隐藏着严重的危机：尽管苏联否认1939年的里宾特洛甫–莫洛托夫条约，但是他们拒绝承认战前的波苏边界。苏联人不情愿地释放了波兰囚犯，不过有些重又遭到关押。新的军队在乌兹别克斯坦建立①，由瓦迪斯瓦夫·安德尔斯将军指挥，但这支军队遭到了苏军的挑衅，他们还试图对这支军队进行渗透。随着时间流逝，安德尔斯对他的一些同事的命运感到愈发不安。他草拟了一份他所知道的1939年被苏联逮捕的波兰军官名录，但是只有极少数人出现，还有两万人仍然下落不明。西科尔斯基向斯大林提出了这个问题，后者只是用深入调查的承诺搪塞了他。同时，安德尔斯将军的部队仍然饱受各种困难，甚至食物配给都遭到克扣。在苏联监狱中度过的两年教育了他要做好最坏的打算，他违抗西科尔斯基让他们在东线投入战斗的意愿，决定将他的军队及跟随军队的大批无家可归者和难民——总共大约11万人带出苏联，前往伊朗支援英军。②

1943年4月11日，德国电台公布了在斯摩棱斯克附近的卡廷

---

① 此说法不准确。安德尔斯军最初的招募工作是在俄罗斯奥伦堡州的托茨科耶进行的，后来转移到布祖鲁克。到1942年年初，安德尔斯军的司令部才迁移到了乌兹别克斯坦首都塔什干附近，而其他部队则分散在中亚的哈萨克斯坦、吉尔吉斯斯坦各地。

② 这支军队会合已经在中东的波兰军队后，改编为波兰第二军。之前流亡政府在英国组建了波兰第一军。

森林发现大规模墓地的消息，其中埋葬了4231名波兰军官的尸体，他们都是双手被绑在背后、头部中枪而死。最初一批遇难者的身份经过核实（他们身着军装并带有身份证明文件）后，和安德尔斯1941年所提交的名单相吻合。这些军官是于1940年被苏联内务人民委员部所杀害的，但是苏联声称是德国人进行了屠杀。波兰流亡政府要求国际红十字会进行深入调查，于是，4月26日，苏联指控波兰流亡政府信用低下、和德国人合作，断绝了和波兰流亡政府的关系。

在华沙的居民们得知卡廷惨案的消息一周后，德国党卫队旅队长于尔根·施特罗普发起了对华沙犹太人隔离区剩余的犹太人进行最终屠杀的行动。彻底绝望的犹太人发动了武装起义。在随后的三周中，犹太人坚决对德国人的进攻进行抵抗，整个区域都被夷为平地。而直到1943年6月，国家军司令斯特凡·罗维茨基将军在华沙被盖世太保逮捕时，犹太人隔离区废墟中的火焰仍然没有熄灭。7月5日，西科尔斯基将军检阅了安德尔斯的波兰第二军，在从中东地区返回伦敦的途中，他的专机在直布罗陀起飞后不久坠毁，机上所有乘客全部遇难。这一系列的灾难凸显出波兰无助的境地。

直到希特勒入侵苏联，波兰一直是英国唯一实际起作用的盟友。1941年6月，苏联参战，波兰在盟国阵营中退居第三位，而在这一阶段，盟国阵营仍然是由英国主导。随着美国于1941年12月参战并逐渐获得盟国阵营的主导权，波兰在盟国中成为第四位。1943年2月，随着苏联取得斯大林格勒会战的胜利，斯大林在盟军阵营中的地位愈发不可动摇，同时他开始运用自己的地位，对波兰流亡政府进行破坏。他指责流亡政府是一小撮人的团体，在国内无人支持。同时，他开始从那些两年前没有获释的波兰人中招募人手，建立自己的波兰军队。

斯大林对1939年的波苏边境表示不满，声称边境应该向西移动，从而和波兰人占多数的地区相一致，并且提出了“寇松线”，这是1920年英国外交大臣提出的波兰和苏俄两国停火线。由于担心苏德单独媾和——不管可能性多微小，罗斯福和丘吉尔支持了斯大林的方案，并且试图说服波兰流亡政府接受这条边界。西科尔斯基死后，继任波兰流亡政府总理的是斯坦尼斯瓦夫·米科瓦伊奇克，继任军队总司令的是卡齐米日·索斯恩科夫斯基将军。

米科瓦伊奇克希望和苏联进行直接沟通，但是斯大林变得越来越推脱：1943年11月的德黑兰会议让他确信，他无须畏惧丘吉尔或者罗斯福。在一个他预计能够完全自由做主的问题上，他没有理由捆上自己的双手。时间在他这边，不在波兰人那边。1944年1月，在追击撤退的德军同时，苏联红军越过了1939年的波苏边界。很快斯大林的军队就会开进波兰，而流亡政府的军队仍然在英国本土和意大利。斯大林甚至已经有了一个8万人的波兰第一集团军，其指挥官是齐格蒙特·贝林格将军，他最初是波兰军团出身的军官，1939年后被苏联关押，并被说服留在了苏联。讽刺的是，波兰流亡政府在国内的剩余资产——国家军，最后却成了政治上的负担。国家军期待已久的力量展示，最后却变成了毫无意义的英雄主义插曲，而斯大林成了他们唯一的受益者。

国家军指挥官一直在准备发动起义，从而对盟军的行动进行呼应。在英国和美国穿过意大利，进入奥地利后，安德尔斯指挥的波兰第二军已经在准备一马当先从南方打回波兰，而在英国待命的波兰独立伞兵旅也做好准备，准备空降回国支援国内起义。

但是苏联红军的前进速度比盟军更快。在这种情况下，解放波兰的将是苏联红军，而安德尔斯的军队仍然在意大利苦战，从卡西诺山一直打到安科纳和博洛尼亚，波兰空降旅最终也被空降到荷兰阿纳姆，这是他们最后一次实际投入作战。

因此，波兰的地下政府不得不面对这样一个事实：即将解放他们的“盟友”不承认他们。在他们准备针对德国人进行军事行动的同时，他们也意识到接下来势必要站在与苏联对立的政治立场上。国家军制订了代号“暴风雨”的行动计划，准备在德军后方发起大规模行动以支援前进的苏联红军。国家军准备和红军指挥员建立联系，以便在未来联合行动。虽然双方在政治方面存在着巨大的鸿沟，但是波兰人试图在战场上建设一座沟通的桥梁。

1944年4月，国家军第27师的6000人帮助红军解放了利沃夫。7月，总计超过5000人的当地国家军部队同样帮助红军解放了维尔诺。在这两次战斗中，红军和国家军互相合作，但是庆祝的拥抱和握手之后仅仅两天，国家军的军官就被逮捕或者处决，其余士兵被强制编入贝林格的部队。尽管这些事例令人沮丧，但国家军仍然对苏联红军抱有希望，认为红军一旦打过寇松线，进入苏联官方认定的波兰领土，他们的做法就会立即改变。然而这些幻想再次破灭了，在7月底解放卢布林的战斗中，参战的国家军部队遭受了相同的命运。

在6月，斯大林告诉丘吉尔，只有在波兰流亡政府进行改组的前提下，他才会和流亡政府进行谈判。罗斯福建议斯大林直接和米科瓦伊奇克进行会谈。在盟国的强烈压力下，斯大林同意了。米科瓦伊奇克于7月26日飞往莫斯科，但是这次他的力量更加弱小了。斯大林已经聚集了一批他的波兰代理人组成了波兰爱国者联盟。7月20日，波兰民族解放委员会成立，前波兰社会党人爱德华·奥苏布卡–莫拉夫斯基担任主席。[①]一周后，他们发布了之前在莫斯科草拟的宣言，并开始在被解放地区行使波兰临时政府的权力。8月1日，波兰民族解放委员会迁往卢布林。

国家军已经几乎没有回旋余地。红军于7月20日渡过了布格河，而第二天，希特勒遭到炸弹袭击的消息传到了前线。7月23日，德国行政机构开始准备撤离华沙，而大批的德国移民、掉队士兵和随军平民已经将向西去的道路堵得水泄不通。7月27日，苏联红军在华沙以南强渡维斯瓦河成功，华沙已经能听到红军的炮声。7月29日，莫斯科电台播出了莫洛托夫对华沙市民的呼吁，号召他们起来反抗德国人，“一分一秒也不能耽搁”。国家军非常清楚这一切，他们已经处在进退维谷的境地。

在华沙发动起义的前景非常可怕。国家军将很可能被彻底消灭，大批平民将遭遇不幸。而如果不发动起义，苏联红军将给他们贴上纳粹同情者的标签。国家军同时明白，对于那些已经压抑了5年，终于等到可以公开向德军开火一刻的华沙人来说，要想压制住他们的愤怒是多么困难。亲苏联的人民军已经准备投入战斗，而这将激起一场全体市民参与的大混战，到时候没人能控制住局势。

国内代表处和他们在伦敦的上级进行了磋商。伦敦方面并不支持起义，他们警告说盟军将没有办法给予任何支援，但是他

---

① 原文如此，应为7月22日。这一天在波兰人民共和国时期被定为波兰复兴节（国庆节）。其发表的《告波兰人民书》（“七月宣言”）的发布日期也是7月22日。由于波兰民族解放委员会位于卢布林，因此也被西方称作卢布林委员会。

们将最终决定权留给了国内代表处。而国内代表处又将问题交给了国家军。在国家军的高级将领进行会商后，国家军司令塔德乌什・布尔–科莫罗夫斯基将军下定了决心。苏联红军的前锋部队距离华沙只有12千米，火炮的轰鸣已经震得窗户哗哗作响。在此情况下，他下达了发动起义的命令。

1944年8月1日下午5时，国家军部队开始投入战斗。他们最初的目的是将德军赶出华沙并缴获其武器。在7月底相对宽松的气氛下，这个目标或许还是可以实现的，然而在8月1日，德军强化了他们在城市各处的防御工事，并且将新锐的装甲师调往维斯瓦河西岸。

国家军部队没能占领他们的一些重要目标，也没能将德国人赶出至关重要的东西向交通干线，这条道路连接着华沙老城和市中心。在接下来几天，国家军控制的面积进一步扩大，但是仍然没能够占领机场、主要火车站，或者任何一座维斯瓦河上的桥梁。到8月6日，他们的攻势陷入停顿，只能转入防守。此后他们坚持抵抗了63天。

为了对付起义，德军调来了一支特殊的部队，其指挥官是冯・登・巴赫–齐列夫斯基将军[①]。这支部队包括党卫军“维京”装甲师、若干宪兵大队，以及一个来源复杂的旅：其中有德国刑事犯人、党卫军阿塞拜疆营，以及若干来自党卫军“俄罗斯民族解放军突击旅”（RONA）的部队，后者的兵员来自被俘的苏联红军。

---

① 特别具有讽刺意味的是，巴赫–齐列夫斯基并非日耳曼人，而是斯拉夫人：他的父母均为波兰北部的卡舒布人（可以算作波兰人的一支）。他本人也刻意将自己本来的姓氏——齐列夫斯基省去。

在接下来几周，巴赫-齐列夫斯基战斗群在逐屋巷战中成功击退了国家军，而他们所经之处的平民也惨遭屠戮。在占领了沃拉区后，他们沉溺于屠杀平民的行动中不能自拔，甚至指挥他们的德军军官也为他们的残忍而震惊。德国空军的俯冲式轰炸机轰炸了波兰人控制的地区，同时用远程火炮对其进行猛烈的炮击。战斗形势已经无法用语言描述。波兰人缺武器、缺医药、缺食物，甚至缺水。但是国家军士兵仍然用智慧和德军作战。（德军最高统帅部报告称，华沙的战斗和斯大林格勒一样艰难。国家军对武器弹药精打细算，他们让德军付出了1.7万人阵亡、9000人负伤的代价。）国家军还缴获了几辆坦克以及若干其他武器，但是他们仍然急需空投援助的武器、弹药、医药补给，而要重占上风，还需要苏联红军击败德军。

8月4日，盟军第一次尝试对华沙进行空投补给，但是代价巨大。盟军飞机从意大利北部的机场起飞，进行总距离2500千米的往返飞行。随后几天共有196架飞机执行这一任务，其中执行任务的有英国、波兰和南非飞行员，但只有42架到达了华沙。丘吉尔建议进行往返空投，并要求苏联开放机场以便皇家空军和美国陆军航空队的飞行员完成任务后可以直接降落。但是斯大林拒绝了。

在丘吉尔和罗斯福越来越强硬的要求下，斯大林最终同意进行一次往返空投。9月13日，红军空军在华沙空投补给。最终苏联红军占领了普拉加区——华沙在维斯瓦河东岸的郊区，9月16日，贝林格的波兰第一集团军开始试图渡过维斯瓦河。9月18日，美国陆军航空队的107架B-17“空中堡垒”轰炸机执行了第一次往返空投行动，但是此时波兰国家军占领的城区已经所剩不多，以至于多数空降物资落到了德国人的地盘上。

国家军还占领着北边的华沙老城、市中心，以及南部的大型居民点莫克图夫，此外还有若干小的被围困区域。这些区域之间通讯不畅，而之前集中在城外郊区的大批装备较为精良的国家军部队无法冲破德国人对华沙的包围，没办法援助他们城内的战友。

德国人首先开始清除西部郊区——沃拉和奥霍塔两个区的国家军，随后集中力量对付老城区的国家军据点。在这里的战斗是最激烈的，许多战斗都是近距离肉搏战。在大约4周的顽强抵抗后，保卫老城区的国家军部队指挥官决定撤退。9月1日夜间，老城区剩余的国家军战士们——超过4000人——爬进了城市的下水道，同时尽可能多地带走了伤员。他们沿着下水道，在齐腰深的污水中艰难前进，同时德国人开始从窨井向下水道投放毒气。但最终，大多数人撤退到了市中心。

抵抗还在继续，但是到9月底，城区各处零星的抵抗一个接一个被扑灭。看起来延长市民的苦难已经没有意义，于是10月2日，布尔-科莫罗夫斯基将军签署了投降书。丘吉尔和罗斯福要求德军按照盟军正规军战俘的待遇对待国家军士兵，德军也确实做到了这一点。然而大批市民被装进卡车，送往德国的集中营或者被迫进行强制劳动。

在他们身后，是沦为废墟的华沙城，以及躺在废墟中的25万名遇难者。而他们刚刚离开，希特勒的命令就下达了：专业的党卫军破坏部队——特别破坏队（Vernichtungskommando）——来到华沙，继续对所有剩下的建筑进行爆破毁灭。在1945年1月红军进入华沙的时候，他们除了大街上的流浪狗和地洞里的耗子，事实上已经没有什么可以解放的了。城市只留下大片的瓦砾，如同这座城市的纪念碑，诉说着这座战争中经历最惨痛的城市的故事。

在投降前的最后几个小时，数以万计的波兰人逃出了华沙，在乡下找到了暂时的避难所。其中包括数千名国家军战士，以及他们新的指挥官——莱奥波德·奥库利茨基将军，还有整个国内代表处。华沙的陷落不是国家军斗争的结束，他们在全国范围内仍然有许多部队。但是在政治舞台上，他们事实上已经谢幕了。

5年里，国家军谨慎谋划，在情报搜集领域足智多谋、勇气可嘉、硕果累累，让德军付出了大约15万人的代价。但无论是暴风雨行动，还是华沙起义，都没能给他们一个展示自己全部力量的机会。同时他们也在政治上一败涂地。华沙起义不仅没有增强米科瓦伊奇克讨价还价的实力，反而把他变成了一个低三下四的恳求者。

10月在莫斯科，米科瓦伊奇克和斯大林举行会谈，后者要求米科瓦伊奇克接受他所提出的波兰东部边界，同时作为补偿，波兰将得到奥得河以东原属德国的土地。他同时要求米科瓦伊奇克解散波兰流亡政府，回到波兰领导由卢布林委员会成员们组成的临时政府。在丘吉尔和罗斯福的压力下，为证明自己的善意，波兰流亡政府总理被迫违背自己更加理智的判断，接受了这一妥协方案。1945年1月，奥库利茨基解散了国家军，取消了国家军士兵们对伦敦政府效忠的誓言。

而斯大林并不满足于这一妥协。尽管在2月的雅尔塔会议和7月的波茨坦会议上受到丘吉尔和罗斯福及后来杜鲁门的强烈反对，他仍然坚持建立一个临时政府，其中包括21名部长，而16人来自卢布林委员会，奥苏布卡–莫拉夫斯基担任总理，米科瓦伊奇克担任副总理。盟军正式承认了这一临时政府，并撤回了对伦敦的流亡政府的支持。流亡政府的多数部长们都拒绝了米科瓦伊奇克所接受的妥协方案。他们抗议盟国粗暴的做法，并在伦敦继续运作，以示对该方案的抗议。流亡政府指挥下的多数士兵以及数十万生活在西方的波兰平民仍然坚持效忠流亡政府，拒绝返回波兰。他们的选择很快就被证明是明智的。

跟在红军后面的是斯大林的秘密警察——内务人民委员部的部队，在他们的帮助下波兰建立了新的安全部门——公安部（UB）。他们的主要任务是根除波兰社会各阶层中的对苏联不友好分子，而排在第一位的当然是原国家军的成员。

1945年3月，包括奥库利茨基和原国内代表处全体代表在内的16名波兰官员受到斯大林在波兰的全权代表——内务人民委员部将军伊万诺夫[①]——邀请，在华沙城外的普鲁什库夫进行会谈。然而，在这里他们全部被逮捕并装进飞机送往莫斯科，随后在莫斯科被送上法庭接受审判，罪名是和纳粹合作。他们都被判处了有期徒刑，最长达到10年。数万名原国家军战士、军官、政治工作者和地主遭到了调查和刑讯，其中许多人被杀害：遇害人数总数据推测多达1.6万人。

尽管国家军已经被解散，但是许多成员仍然坚持战斗，而右翼的民族武装军以及新成立的“自由与独立”（WiN）组织已经开始了自卫的战斗。到1946年，这些地下抵抗者的数量已经多达8万人。具有讽刺意味的是，由于先前苏德两国在全国境内的激烈

① 伊万诺夫的真实身份其实是苏联内务人民委员部副人民委员（副部长）、二级国家安全政委（相当于上将）伊万·亚历山德罗维奇·谢罗夫。后来他成为苏联部长会议国家安全委员会（克格勃）首任主席。

战斗，他们的装备比之前国家军要好得多。苏联内务人民委员部和波兰公安部加大了打击力度，这些自卫行动随之升级为游击战，在此后的两年战斗中，有3万名波兰人和1000名苏联军人付出了生命的代价。

1946年年中，新的民警（MO）部门成立，其人数达到战前波兰警察部门的两倍，此外还有人数与之相仿的内务部队。在苏联和波兰军队着手对付地下反抗民兵的时候，民警和内务部队将目标放在了剩下的居民中。尽管他们的主要目标是清除国内剩余的地主士绅和知识分子，但是没人敢确认自己能不起眼到不会吸引公安部门的注意力。公安部门不仅细致入微，而且残酷无情。刚刚清空的德国集中营重新被启用，并且很快塞满了人。

新的秩序冷酷地建立了起来。在位的政治家以及他们在警察部门的战友可以专断任性地做出决定。一切可以“国有化”的——不仅是庄园、工厂、自耕田、牲畜、绘画和其他有价值的东西，还包括最廉价的个人财物——都被国有化了。此外，苏联红军驻扎在波兰各地，他们不仅依靠波兰提供给养，还经常对平民进行抢掠。

这些事情都在一种混乱无常的气氛中发生。超过600万德意志人或者逃走，或者被驱逐，特别是在那些根据苏联和西方的协议，战后划归波兰的原德国领土上。很快大规模迁入的波兰人就占领了这些领土的每一个角落。其中包括220万从德国劳动营和集中营释放的奴隶劳工，还有150万是从苏联占领的原波兰领土上被驱逐的波兰人。

在经过了超过一年的精心准备后，波兰才在1947年1月举行了选举。最大的竞争者是米科瓦伊奇克的波兰农民党（PSL）。第

二大党是新成立的波兰社会党（PPS）。波兰社会党原有的领导地位无论在流亡政府还是地下活动中，都没有被动摇。现在波兰社会党的领导人是约瑟夫·西伦凯维兹，他是战前的政治活动家，奥斯威辛集中营的幸存者。斯大林所支持的党派，瓦迪斯瓦夫·哥穆尔卡领导的波兰工人党（PPR），在1945年12月只有6.5万名党员，只是波兰农民党人数的1/10。然而在这种情况下，波兰农民党只获得了选票的10.3%。

依靠官僚机构的小伎俩，超过100万人被宣布不具备投票资格。数以千计的人在前往投票站的路上遭到逮捕和殴打，而凶手多数是受到安全机构的指使。128名波兰农民党的活动家被杀害，

149名候选人被逮捕，174人被宣布不具备相应资格，只有28人当选，而其中又有14人后来被宣布不具备资格。担忧性命不保的米科瓦伊奇克逃往了西方。

1947年2月，波兰通过了临时宪法，并据此建立了国务委员会。这个委员会在立法和行政方面权力几乎不受限制，它实际处于波兰工人党的领导下。对地下反抗民兵残余力量的镇压愈加严厉，对教会的妨碍也越来越多。之前为安抚而进行的伪装，以及社会民主的门面包装统统都被扔掉了。

1948年8月，瓦迪斯瓦夫·哥穆尔卡，波兰工人党总书记兼波兰部长会议副主席，“波兰特色社会主义道路”的主要主张者，被指控犯有“民族主义错误”，并被解除职务，由博莱斯瓦夫·贝鲁特取而代之。1948年12月，波兰社会党剩下的代表被迫同意和波兰工人党进行合并，从而组成了新的波兰统一工人党（PZPR），成为波兰政治生活中处于绝对领导地位的党派。而剩下的波兰农民党代表被迫并入了统一农民党（ZSL），这个党派仅仅在名义上独立于统一工人党。

接下来，1950年，对波兰工人党和波兰社会党中的“外国势力”的清洗开始了，同时在军队中政治迫害也开始了。许多曾经在国外的波兰军队中服役、战后回到祖国希望为新政府效力的人被枪决。苏联元帅罗科索夫斯基成为波兰人民军总司令，而苏联派来的军官充斥了人民军的各级领导岗位。

清洗波及了工会、各地方组织，乃至每条街道。“外国特务”“敌对势力间谍”这种措辞充斥在国家的各个角落，从党内领导的争论到民警的治安报告（可能只是小偷小摸或者路边抢劫这种案子）随处可见。和前国家军成员的一段恋爱关系，就足够让一个姑娘遭受数年的调查、折磨和监禁。监狱人满为患，在梅冷钦和亚沃日诺成立了新的集中营，其中关押了大约3万名敢于罢工的工人。农民被迫加入苏联式的集体农庄。1951年，哥穆尔卡和其他失去支持的领导人遭到关押。

到此时，波兰事实上已经和外部世界隔绝开来——不仅仅是靠边境线上300千米的铁丝网和1200座瞭望塔。1947年2月，苏联控制下中欧各国的共产主义政党领导人举行集会，并以友好合作的名义宣布成立“共产党和工人党情报局”。[①]这个组织本来应该是推进各政党间党际合作的平台，但是实际上成了各国政府之间交流的平台，而本质上是斯大林向各国施加压力的工具。1948年2月，在捷克斯洛伐克首都布拉格爆发了二月事件，捷克斯洛伐克成为苏联的卫星国，同年年末类似的事情在布达佩斯再次上演。1948年6月爆发了柏林危机，次年，苏联占领的德国东部地区建立德意志民主共和国，这成为苏联的又一个卫星国，最终使得铁幕在欧洲降下。1952年，斯大林亲自修订的苏联式波兰新宪法正式颁布，由此国家改名为波兰人民共和国。

① 原文如此，实际上除了苏联解放的东欧各国，法国和意大利两个西欧国家的共产党也加入了这一组织。

21

胜利的代价

尽管身在胜利的盟军一方，但残酷而充满讽刺意味的是，波兰事实上是“二战”中最大的输家。战争的爆发正是为了保卫波兰的国土，但是战后波兰失去了实际上的独立地位以及一半的领土。根据波兰战争损失赔偿局（Biuro Odszkodowań Wojennych）的数据，波兰失去了38%的国家资产，这个数字和法国（1.5%）、英国（0.8%）相比都是惊人的巨大。这些资产包括大量的文化遗产——如博物馆、图书馆、宫殿和教堂——都毁于战火。但是真正的损失要远远不止于此，而其后果影响也持久得多。

接近600万波兰人死于战争，相当于全国人口的1/5。而那些受过良好教育的精英阶层损失更大：天主教神职人员和医生的损失比例接近1/3，律师超过了一半。另外还有50万波兰人因战争致残，100万人成为孤儿。而幸存的人口正遭受着严重营养不良的折磨，同时结核病和其他疾病也在大面积爆发。还有50万波兰人被迫在世界各地流亡，并再也没有返回。他们当中多数是知识分子，并且包括了多数政治和军事领袖以及许多最出色的作家和艺术家。一言以蔽之，战后波兰和1939年相比，人口少了30%。但和波兰社会所遭受的实际损害相比，这些数字只能苍白无力地描绘出一幅模糊的景象：第二次世界大战所毁灭的不仅仅是人口、建筑或者艺术品。战争彻底撕碎了波兰自古以来虽然脆弱但是仍然能够正常运行的多民族、多文化共存共生的状态，这是从波兰–立陶宛联邦时代流传下来的核心价值观。

在1939年前，波兰人和不同少数民族，特别是某些少数民族之间存在着尚可抑制的紧张关系。但特别值得一提的是，民族矛盾几乎没有导致剧烈的暴力行为，即使有，也只局限在各民族的边缘人群之中。互相包容是国家的准则，尽管很多时候并非情愿。一旦战争爆发，这些紧张矛盾就会不可避免地爆发出来。不仅德意志少数民族公开支持德国，反对波兰国家和他们的波兰邻人，波兰东南部的乌克兰民族主义者也热烈欢迎德国人或者苏联人，而在北方，许多立陶宛人、白俄罗斯人以及亲共产主义的犹太人都将苏联看作解放者。

在战争中，本地精英阶层遭到清除或者被迫离开，学校和其他社区机构遭到关闭，加上必然伴随战争而来的暴力行为、被占领下随处可见的盗窃行为，这些都使得民族之间的裂痕进一步扩大。而德、苏两国所推行的大规模驱逐人口行动，更进一步撕裂了波兰社会。

占领国决心要摧毁波兰社会，因此，他们将已经在本国总结出来的一整套民族、社会和政治方面的操纵手段引入了多民族、多文化的波兰土地上。正是这些伎俩加上战时现状，将被占领的波兰拖入了比其他国家情况更加恶劣的地狱里。

德国人的工作重点，首先是通过消灭所有政治领袖、知识分子、宗教领袖和社会活动家，对波兰社会进行“斩首”。其次是将波兰社会按种族成分进行割裂。所有具有日耳曼血统的波兰人都被划为日耳曼人，并且被授予相应的特权。至于那些名字听起来像德国人，并且看起来也像德国人的波兰人，德国当局鼓励他们宣称自己是“德意志裔人”（Volksdeutsch），从而享受与德国人同样的特权。犹太人被隔离开来，并遭到灭绝。乌克兰和白俄罗斯民族主义者则被鼓励公开自己的民族身份，和他们的波兰邻居们相对立。

1941年，德军攻入苏联占领下的原波兰东部地区后，他们使用了相同的方式进行种族清洗，由此释放出来的不仅是恐怖的狂欢，还有长期持续并不断升级的仇恨和暴力。归根到底，当地民众破坏性如此强烈，也是因为日耳曼人通常口碑不错，当地人大多认为他们和波兰人相比是更加进步和文明的民族，更不用说和俄罗斯人相比了。这使得德国人的一切行为对他们所役使的本地民众来说，在一定程度上都自动披上了文明的外套。

在波兰总督辖区，德国人通常将居民点中所有的犹太人清理出来，并送到专门的灭绝营中。在之前由苏联占领的波兰东部地区，德国人利用了当地农民中残留的反犹太情绪，让这些当地人替他们进行屠杀。耶德瓦布内事件留下了丰富的文件材料，给我们提供了一个有用的例子。耶德瓦布内是一个波兰的小城，1939年被苏联占领。苏联红军在这里受到了年轻的犹太共产主义青年们的热烈欢迎，其中的许多犹太人参与了在这里建立临时行政机构以及随后“苏维埃化”的进程。所有的波兰地主、神父、教师、医生、警察、邮政人员等政府公职人员，还有那些社区中不起眼但重要的人物或被苏联人杀死，或被流放。而德国人来后，他们鼓励剩下的波兰居民对所有的犹太居民实施复仇，于是波兰人将所有犹太人关进了谷仓，然后将他们活活烧死。

在波兰东南部地区，这幅场景甚至更加丑恶。苏联的占领彻底清除了社会的顶层，从而使得极端分子和罪犯更容易活动，结果使波兰人和乌克兰人的社群之间出现大量的低级别暴力事件。1941年德军攻入苏联占领的原波兰东部地区后，乌克兰民族主义者转入公开活动。德国人将他们武装起来，并且让他们承担灭绝所有犹太人的任务，而乌克兰人也热衷于此。从这些事情中，乌克兰人学到，要想对付他们当中那些令人不爽的家伙，最简单的办法就是将其彻底清除。于是他们将手中的武器对准了自己的波兰邻居。

曾经温和的“乌克兰民族民主联盟”已经被“乌克兰民族主义组织”所彻底取代，后者又于1942年建立了“乌克兰起义军”（УПА），随即开始在乌克兰人和波兰人长期混居的沃伦地区进行对波兰人的屠杀。在接下来一年中，乌克兰起义军屠杀了多达6万波兰人，多数是生活在偏僻农村中的农民。他们从犹太人身上积累了大量的屠杀经验。同时，他们也没有放过有共产主义倾向的或者同情波兰的乌克兰人。

那些逃得一命的波兰年轻人互相串联起来，组成了小规模的游击队并展开报复，一些甚至加入了德军的特别治安警察部队（Ordnungspolizei）以便获得武器。不久，这一地区乌克兰人和波兰人的冲突就升级到了内战的水平，而这种战争也是德国人所暗中鼓励的。德国人乐意看到这两个民族互相屠戮，而不是投入到反对自己的游击战中来。这场战争通常没有明确的战线。无论波兰人还是乌克兰人，都能毫无障碍地使用对方的语言，而双方的游击队又都经常冒充对方的队伍，以便剔除混入自己一方队伍的敌人，结果就是双方的部队都经常对自己的亲朋好友拔刀相向。在德国人输掉斯大林格勒战役后，他们开始改变政策，招募乌克兰人组成了党卫军“加利西亚”师，这支部队的首要任务是对付加利西亚地区的波兰游击队以及各种地方自卫武装。

在这一阶段，“乌克兰民族主义组织”继续做着建立独立乌克兰国家的黄粱美梦，但他们既不把势力已不如从前的德国人当成主要敌人，也不打击看起来已经精疲力竭的苏联红军，而是将波兰人作为他们的主要目标。乌克兰人和波兰人之间的战争持续了整个1943年。在1944年，战争的烈度又上了一个台阶——一大批党卫军“加利西亚”师的逃兵给乌克兰人带来了人手、武器和德军的战斗技能，而波兰国家军也在努力吸引波兰军队的散兵游勇来组建有组织的部队（不过效果有限）。

苏联越过新的波苏国界后，1944年9月，即展开了大规模的人口迁移行动：波兰东部新国界以东所有的波兰人和犹太人被迁出并安置在波兰；同时，新国界以西的所有乌克兰人也全部迁出，他们被安置在新国界线以东的苏维埃乌克兰。事实上，整个利沃夫城的全部人口被整体迁移到了在战争中已经成为一片废墟的原德国城市布雷斯劳（今弗罗茨瓦夫）。共有约78万波兰人和犹太人走上了迁移之路，而他们只能乘坐拉牲口的火车车厢度过这趟旅程，时间可能会持续数周，一路上列车不断给其他列车让行或者改道，最终把乘客们倾倒在某个荒无人烟的终点站。那些缺乏民族认同，只希望维持自己一直以来的生活方式，因而没有登记参与“遣返”的人们会受到内务人民委员部的不断骚扰，或者遭到乌克兰起义军的攻击。类似的人口交换安排同样发生在立陶宛和白俄罗斯，其人数和乌克兰大致相当。从这些地区迁出的人口，多数被安排定居在波莫瑞地区或者波兰西部刚从德国收复的领土。苏联占领的波兰领土相当于波兰战前领土的47%，但从这些地区迁出并重新安置在战后波兰的总人数只有150多万。这个数字和这一地区的波兰人的人口总数对不上。虽然这个事实其实并不令人吃惊，但这个数字意味着至少有相同数量的波兰人仍然留在了本地。

同样的事情发生在了乌克兰人和列姆科人（生活在喀尔巴阡山以东的一个鲁塞尼亚小民族[①]）身上，他们的故乡被划入了波兰，而根据斯大林的安排，他们应该被迁到苏维埃乌克兰。但是这些人拒绝离开，同时他们还得到了乌克兰起义军以及党卫军“加利西亚”师残部的支援，二者已经被迫离开苏维埃乌克兰，只能在波兰东南部活动。苏联方面试图用暴力手段完成人口迁移的计划，但最终于1945年末导致了一场在当地人和苏联内卫部队以及苏联控制下的波兰军队之间持续的战争，结果超过50万乌克兰人和列姆科人被迁走，大约4000人被杀死。但是这并不意味着军事行动的结束。在1947年，为了对付乌克兰起义军和剩下的列姆科人，波兰人民军发起了“维斯瓦河行动”。由于苏维埃乌克兰不再希望接收他们，大约15万人被一家一家地安排在了波兰的偏远地方。乌克兰起义军被击败，不得不撤回苏维埃乌克兰，转入地下活动。

大批人被强制迁徙和重新安置，他们在出发时遭到暴力胁迫，出发后往往受到各种各样匪帮的奸淫掳掠，而在旅途的终点又会遭受当地人的敌意。这场大规模的人口迁徙对参与其中的所有人都造成了深深的创伤。团结在一起的社区被彻底打散，从而失去了对自身的认同，只剩下了几个四面受敌各自为战的家庭。

① 虽然一般认为列姆科人属于乌克兰人的一支，但是他们拒绝使用乌克兰一词，而是认为自己属于鲁塞尼亚人（鲁塞尼亚一词来自罗斯）。

很多家庭被安置在农场或者房屋中，而这里的原主已经死亡或者也被驱逐，这种情况下到来的新主人对这片陌生的土地并没有什么感情，也没有实实在在拥有这一切的感觉，他们只会恐惧日后将迎来什么样的结果。由于本地居民没有任何形式的带头人（那些幸存的地主也不被允许靠近他们原有地产50千米的范围），并且不断受到警察、士兵或者犯罪分子无法无天的骚扰，他们并没有形成社区，而只是一大群充满恐惧的家庭和个人。

人们在内战和政治恐慌的大背景下，仍然试图重新建设他们的生活，但是他们在生活中始终被无处不在的无力感所压倒，因而酝酿出了不满，甚至憎恨“他人”的情绪，还有将自己在战争中遭受的苦难在“他人”身上进行复仇的欲望。在那段时间生活的任何人，都曾亲眼见证过战争末期人们犯下的可憎恶行。前国家军士兵将落入他们手中的间谍或者新政府的代表严刑拷打致死。国家军士兵们也遭到了波兰公安部门从苏联学到的审讯手段的折磨。在红军到达前向西逃亡的德意志裔家庭往往会被残忍地杀死，其中很多是被活活烧死，而杀死他们的是波兰农民以及从庇护所或德军的囚禁下逃出的犹太人。1946年7月4日的凯尔采事件，是所有事件中最丑陋也最有说服力的一个事例，它为我们揭示了人性可以堕落到何种地步。

大约30万名犹太人躲过了战火的摧残，而他们离开集中营、避难所或者苏联的流放地，返回家中的路途也是苦难重重。在被德国人赶走以后，他们原有的房子往往被穷人占据，其中不乏罪犯或者其他的社会底层人员。当这些犹太人返回家乡，往往会激起不满，甚至引发暴力冲突。这些犹太人和所有被迁徙的家庭一样，心中充满恐惧和怀疑，而在一些中小城市——比如凯尔采，面对犹太人，当地人的不满又会和一些地方流行的反犹太主义情绪混杂起来。

当时，一个9岁的小孩没有告诉他的父母，就去乡下他的亲戚那里玩了几天。7月3日，这个孩子“消失”后重新出现。为了避免父母的惩罚，他撒谎说自己被人绑架了，甚至还明确说出被绑架后关在了哪里。而那个房子正好住着几个犹太人家庭。孩子的父母将这一事情报告了民警，民警局派出了三个武装巡逻队前往调查。这些在房子外面的民警吸引来了一大批围观者，而“犹太人绑架了波兰小孩”的谣言也开始大范围传播。在民警进入房屋后，他们开始没收武器，并且由于不知名的原因，他们对几个人开了枪。随后民警清空了房屋，于是屋里的房客们被民警推到了大街上，而此时街上已经全都是愤怒的民众，吼叫着威胁要杀死这些人。数百名士兵被派来控制局势，但是他们和民警都只是冷眼旁观，看着波兰人攻击犹太人。犹太社区的领袖在试图去民警局求助的路上被一名士兵枪杀，而他被杀的地方距离民警局只有100米，当地军警官员以及他们的苏联上司却都视而不见。疯狂的谣言在整个城镇四处传播，越来越多的犹太人家庭遭到攻击。到这一天晚上，超过40名犹太人以及两名信基督教的波兰人被杀死。这一事件的消息以及其他多个地方发生的反犹事件导致许多幸存的波兰犹太人决定移民。

波兰人民共和国的创建者们喜欢强调说，这是一个纯粹的波兰国家，并且将其描绘成古代皮亚斯特王朝在现代的某种社会主义的重生。1952年的波兰和皮亚斯特王朝以后的任何时期相比，在民族和宗教方面确实是最“纯粹”的。但是在实现这一结果的过程中，新的波兰社会并没有建成，而只有无数的人受到伤害，许多人的生活退化到了每天在混乱蛮荒之中浑浑噩噩地过日子的地步。而那些身在高位的人们在建立正常的社会文化方面一无建树。

所有在战争中幸存下来的有活力的个人和社会组织，比如教会、其他社会组织，甚至包括那些右翼民族主义政党和昔日的旧贵族，都积极主动地参与到战后国家重建的工作中来。他们以虔诚的态度努力抢救文化遗产的碎片，谨小慎微地重建那些历史悠久的城市建筑，并且试图恢复战前的社会文化生活。但是不久后他们发现，那些当权的人物明显不乐意允许波兰重建原来的社会组织：新的社会秩序自上而下地建立了起来，这种秩序在统一工人党中央委员会的控制之下，并被党的干部以及党领导的各类组织强化，比如波兰青年联盟（ZMP）、工会（波兰工会联合会）、合作社等等。那些党组织控制范围以外的小组或者组织不仅遭到了妨碍和审查，更重要的是他们获取消息并进行出版的渠道也受到了严重限制。即使他们被允许出版报纸或者杂志，也只能得到数量很少的纸张份额。独立出版商也遭到了同样的限制，他们的业务逐渐萎缩，并在1947年最终消失。所有的消息以及传播消息的可能渠道逐步被统一工人党一手掌握。

波兰议会在理论上是人民意愿的代表，实际上也被统一工人党彻底掌握：统一工人党有权决定议会代表候选人的名单。于是，尽管表面上是议会提名国务委员会、部长会议、立法机关和所有主要岗位的人选，但事实上是统一工人党在决定这一切。为了装点门面，少数天主教教会代表获准参政并被选入政府，但是他们事实上只能参与日常辩论，并且只能扮演某种反面角色，其他情况下他们始终是被无视的。

许多年轻人加入统一工人党，希望能改变世界，而在1947年统一工人党确保了对国家权力的掌握后，更多的人踊跃加入统一工人党，因为只有入党，他们才可能出人头地。但是随着党组织消灭了所有的反对者，并且被其他社会主义国家在铁幕之后紧紧包围，波兰统一工人党于1948年年底开始对自身官员进行了一轮清洗——表面上是为了清除“民族主义分子”和“路线错误分子”。所谓“白领阶层”的职员们已经惯于低头表示顺从，而工人阶层的理想主义者反而容易掉到陷阱里去。结果，这一轮清洗中，大批党员中的“蓝领阶层”产业工人被清洗掉了。于是，到50年代初，党员的人数一直就没有超过130万人或全国人口的5%，并且，党内的绝大多数党员都是各种官僚。到1955年，只有1/5的工人是党员。

与此形成鲜明对比的是，90%的人口参加了天主教会。在整个战争期间，天主教会坚持毫不妥协的立场反对德国侵略者。数以千计的神父被送进集中营或者被枪毙，教会也没有和占领者进行合作，从而玷污自己的名誉。领导教会的是令人敬畏的枢机主教们，比如克拉科夫大主教亚当·斯特凡·萨佩哈、格涅兹诺大主教奥古斯丁·赫隆德，以及他的继任者斯特凡·维辛斯基，后者还担任了波兰首席大主教。

一俟手中的权力得到巩固，统一工人党立即着手破坏所有和国家的新秩序不相容的组织。1949年，教会的财产被国有化，其掌握的慈善机构也由国家接管。学校内的宗教课程被取消，监狱和医院中也不再有告解牧师的位置。1953年，一批神父被送上法庭接受审判，罪名是帮助美国刺探情报，他们被判处死刑或者徒刑。同年晚些时候，斯特凡·维辛斯基首席大主教本人也被投入监狱。

另一个不符合统一工人党理想社会模板的是农民阶层，他们仍然占人口总数的一半以上。1944年，他们的支持保证了没收地主土地的工作顺利进行：超过100万个家庭通过这一方式获得了自己的土地。但是在几年后，许多农民又被迫加入苏联式的集体农庄。1954年集体农庄的数量达到了1万个，绝大多数建立在1945年后波兰新获得的原德国领土之上。剩下的个体农民则承担了沉重的负担：他们必须完成强制性的农产品定量目标，并按照固定的价格向国家出售，而这个价格甚至低于他们的成本。为了从农民手中征收农产品份额以及新设立的土地税，政府甚至使用了武力，数以万计的农民被投入监狱。在这种情况下，农产品产量严重低下，农村变得越来越贫困。

为了对付小商人、个体工匠、私人企业和工厂等，政府也使用了同样的方法。他们需要背负极为沉重的赋税，难以得到生产所需的原料，最终被排挤出市场。这种政策是忘恩负义的，因为在战后极度艰难的经济环境下，这些企业曾经发挥了重要的作用。

1939年入侵的德国人造成了广泛的破坏，他们撤退的时候又炸掉了所有能破坏的东西。而在解放波兰的苏联军队后面的是负有特别任务的部队，他们把所有对苏联有用的设备拆卸运走，其中包括完整的电话交换系统以及电车轨道设备，结果导致波兰国家几乎剩不下什么有用的基础设施。

波兰的重建需要从零开始，这一现实促使波兰建成了社会主义中央计划的命令式经济体制。1947—1949年的三年计划之后，是1950—1955年的六年计划。国家经济计划委员会发布了严格的指示，但最后证明这些计划根本无法在实际工作中完成，制订计划的人完全无视了现实条件。经济计划委员会不鼓励工厂管理者发挥主动性，甚至不鼓励他们提出疑问，所以管理者们除了玩弄统计数据或者贿赂监管人员之外，也没有什么可以做的。众所周知的是，工厂管理者们有不为官方掌握的真正的原材料来源，以便避免背上完不成生产指标的黑锅，因此计划制订者们便开始无视管理者们交上来的报告，自己去估计可能的统计数据。因此，整个经济计划的过程——从投资到成本和价格——很大程度上都只是基于理论，甚至经常只是基于猜测。每个工厂的运行都要依赖其他十几个工厂的运作，并且关系到另外十几个工厂进一步的生产，而这几十个工厂中每个工厂的原料供给、生产能力和产量都是规定好的；这些规定又是根据那些和实际情况差距巨大的统计数据计算出来的，因此经济运行的结果经常是荒唐的。

许多计划违背常识。新的工厂建立的地方，往往距离现有工业中心、煤矿或者人口聚居地数百千米远。计划者们偏爱那些意义非凡的巨大项目，这些项目往往在几千米远处就能看到——也能闻到。而这些项目的建设往往伴随着意识形态方面的规定。比如斯大林式的新建钢铁工业城市新胡塔，被故意安排在天主教影响深厚、传统氛围浓厚且富有学术气息的古城克拉科夫旁边作为抗衡。

这一切的结果就是，工厂管理不善，生产率低下；集体和国有农场缺乏投资也没有劳动积极性，增加产量的尝试难以成功；特别是煤矿，国家不得不求助于军队进行强制劳动以提高产量。尽管如此，经济的增长仍然令人惊叹，很快摆脱了战争的阴影。但是经济增长的代价是由全体人民共同承担的：工资低、劳动时间长、劳动环境恶劣、一切消费品——从食品到服装鞋袜——的价格无一不高。

1955年结束的六年计划使得波兰的经济周期开始和苏联的五年经济计划周期相一致，这并非巧合。波兰的工业化模式是全程在苏联的主导下进行的，苏联希望这些卫星国的经济能和自己的经济像齿轮啮合一样完美地结合起来。1947年，苏联还迫使这些国家拒绝了美国的“马歇尔计划”。东方阵营各国都加入了经济互助委员会（经互会），并通过一系列严格的贸易协定，使得他们的经济彼此依赖，必须按照苏联指定的分工进行。除此之外，1946—1955年期间，波兰原属德国领土上大约价值50亿美元的煤被交给苏联作为战争赔偿，而这一时期煤是波兰唯一可以换取外汇的出口物资。

同样是根据苏联的要求，波兰的经济还不得不支持一支巨大的军队以及庞大的警察机器，同时还要承担驻波苏军的花费。经济被看作社会主义事业的诸多战线之一，一旦机器坏掉或者产量下降，责任人就会背上“帝国主义破坏分子”、伦敦流亡政府特务，或者“流氓恶棍”的黑锅。矿工、工人或者集体农庄庄员们要不停地接受国家意识形态宣传的轰炸，内容主要为社会主义阵营各国是热爱和平的兄弟国家，但是帝国主义战争贩子的煽动和侵略仍然存在。

按照常理来说，战后波兰所推行的这种工业化往往能够有效地将农民吸引到城镇中来，并且将其变成缺乏根基的无产阶级。但是在波兰，这一过程如此迅速、范围如此之大，以致结果反而出现了倒退。到1970年，全国蓝领工人中多达63%来自农村。在1968年，22.3%的产业工人、28%的建筑工人以及31.7%的交通业工人仍然住在农村，并且依赖通勤交通上班。同时，10%的产业工人和建筑工人以及15%的交通业工人同时也是兼职的农民。波兰社会的快速工业化没有培养出社会主义的城市无产阶级，而是将城市里的工人赶到了农村。这使得工人们继续处在教会的影响下，因为和城市——特别是那些没有教会的新建工业中心——相比，农村中教会势力要强得多。

为控制工人，新的工会成立了。工会组织一方面给工人们安排眼花缭乱的活动——五一劳动节大游行、旗帜招展的各种集会，以及重要产品交付的庆祝仪式；另一方面又对工人们进行无微不至的指导，内容包括工人的立场、友谊、个人缺陷和观点等诸多细节。所有工厂人事部门的负责人同时都是公安部的官员，而工人中的党员需要担负起向组织检举的职责。一些工人被指控有“犯罪”行为，又难以证明自己的清白，这些工人也会遭到勒索，被要求刺探他们的工友的动向。

除此之外，公安部门自己还有大批的线人——到1954年年底超过7万人——并向他们支付报酬。同一时期，被登记建档的“犯罪分子和可疑分子”总数已经差不多有600万人，达到成年人口的1/3。相比保证司法公正，国家司法系统更关心的是保证国家在社会、经济、政治方面的秩序。结果就是，到50年代中期，在押政治犯人数达到了3.5万名。这些人多数具有广阔的视野、受过良好的教育、拥有独立的思想和出色的领导能力，他们都被国家认为是潜在的威胁，应该予以清除。

要创造出国家所需要的新公民，削弱家庭对儿童的影响是必要的前提条件。因此，妇女们被要求离开家庭工作，而他们的孩子被放在托儿所哺育。国家的教化就从此开始。接下来是幼儿园、小学和中学。国家重新编制了新的课本，特别是历史课本，并在学生们的课程表中增加了新的课程——主要是和马克思主义以及俄国革命历史相关的科目。孩子们必须加入少先队或者童子军，接下来是波兰青年联盟（ZMP）。这些组织为孩子们安排丰富的课余生活，并且在假期组织夏令营或者参加冬季运动，以保证占满孩子们的课余时间。这些组织同时对孩子们展开大量的政治宣传，教育孩子们不要相信自己的父母，并向孩子们灌输社会主义原则和集体主义精神。离开学校也不意味着国家的教化就此结束。波兰科学院的社会科学学部里充斥着新的教师和专家，他们努力把所有领域的研究都置于马克思主义理论的领导之下。

审查制度无处不在。即使如密茨凯维奇、斯沃瓦茨基这样的大作家的经典著作，也不免遭禁。翻译“帝国主义国家语言”如英语图书的工作停顿了下来，图书市场完全被俄语社会主义文学占领。成年人必须去学习政治经济领域的课程，从而了解阶级斗争和马克思主义经济学理论。每个人都必须加入至少一个进步组织，比如“波兰妇女联盟”或者“波苏友谊协会”。

在这个过程中，文化也是重要的一方面。除了极个别用来展示的例子外，波兰所剩不多的文化遗产，特别是那些古建筑，遭到了刻意无视或者破坏，其中包括了数万座乡村宅邸。

1947年，统一工人党中央委员会发布了关于文化艺术创作中主题方向的指导方针，其中指责说，被错误理解的“艺术创作自由”是不符合时代的幻想。第二年，统一工人党就开始鼓励文学和艺术领域中的社会主义现实主义。作协会员们被组织参观工厂，作协所属周刊《新文化》利用马克思主义理论说服作家们。画家和雕塑家们也被鼓励创作现实主义题材——握着锤子的工人和拿着武器的士兵坚定地高昂着头向社会主义的黎明阔步前进，或者钢铁厂的工人们在午间休息的时候对朝鲜战争的局势进行讨论。音乐家们也没有逃掉。华沙爱乐乐团的指挥、作曲家安杰伊·帕努夫尼克曾经多次获得奖金，并两次被提名国家奖金，甚至因为其出色工作获得了一枚劳动旗帜勋章（Order Sztandaru Pracy）。但是他1952年的作品《英雄序曲》被打上了“形式主义”“颓废堕落”以及“和伟大的社会主义时代精神不协调”这类的标签。党的领导人要求他烧掉这部作品的乐谱，而他的作品在接下来的30年中一直遭禁。

22

试与错

斯大林逝世的消息于1953年3月5日发布，让一些人松了口气，但让更多的人感到震惊。斯大林式的体制在波兰扎根的深度，可以从这个事实管窥出来：许多波兰人真心为斯大林的逝世哭泣。卡托维兹迅速改名为斯大林诺格鲁德（Stalinogród），表示对逝者的纪念和服从，而统一工人党则在紧张地等待观察后续的风向变化。在几个月后，从莫斯科发出的信号表明“解冻”即将到来。于是，作家数年无法出版的作品得以面世，记者们开始谈论禁忌的话题，经济学家则开始质疑马克思–列宁主义的经典理论。

又过了几个月，波兰公安部第10局的副局长约瑟夫·希维亚特沃中校叛逃西方。他主管的工作是对统一工人党本身进行监视。他叛逃后，开始在西方广播电台中的一系列节目中亮相。即使波兰统一工人党的高层党员了解到莫斯科的指示在波兰社会各方面渗透的程度后，也感到诧异。哥穆尔卡等一些人被悄无声息地释放。公安部被撤销，安全部门也不得不保持低调。总书记贝鲁特承认犯下了“错误”，承认存在“安全部门活动范围过度扩大的趋势”，但他仍然在犹豫。

他的处境并不值得羡慕，他不得不一直琢磨莫斯科下一步将如何行动，因此一直在解冻和镇压之间摇摆不定，而他个人更倾向后者。在党内有许多和他类似的传统的斯大林主义者。对于希维亚特沃的叛逃，他们的反应不是自己的体制需要清理和纠错，而是要继续绷紧安全这根弦，保证类似的丑闻不再外泄。1955年5月14日，作为对前一年联邦德国加入北约的反应，华约组织成立，这使得所有的东欧国家更加紧密地团结在了莫斯科的周围，也使得这些传统的斯大林主义者更加安心。

1956年2月，尼基塔·赫鲁晓夫在苏共二十大的秘密报告中，对斯大林的做法进行了全面否定。出席会议的贝鲁特随后死亡，据称是心脏病突发。统一工人党陷入了混乱。赫鲁晓夫来到华沙，参加统一工人党中央委员会全体会议，这次会议准备选出党中央新一任第一书记。在会上，赫鲁晓夫提名爱德华·奥哈布，后者也成功当选。接下来奥哈布宣布将实施一系列自由化政策，赦免政治犯，并逮捕了总检察长以及公安部多名高级领导。他承认党应该改正最近工作中的“错误和偏差”。但是如同当年夏季那几个月所证明的，这项工作也颇为危险。

早在1955年12月，波兹南的斯大林机车工厂——原来的采盖尔斯基机车厂的工人们发现，由于管理者的官僚主义、腐化僵化，他们的工资收入被部分克扣。他们向厂方提出了抗议，将问题提交给地方党委，最后向华沙派出了代表，最终却一无所获。1956年6月28日，在波兹南国际博览会期间，工厂工人举行了游行。他们要求见到部长会议主席西伦凯维兹并谈判。被拒绝后，示威者攻击了警察局，夺取了武器，随后前去破坏无线电通信干扰站以及波兹南省公安局。官方对此的回应是派遣坦克进行镇压，最终暴乱在持续两天后结束。在这次事件中平民死亡约70人。

“帝国主义代理人”成了被谴责的对象，党内的保守势力也认为这一事件的爆发是纪律松懈不可避免的结果。在统一工人党继续推行经济分权和政治民主化的同时，一部分坚持斯大林主义的死硬派——所谓的纳托林派，召唤了他们在莫斯科的盟友。1956年10月19日，统一工人党一届八中全会召开的同时，以赫鲁晓夫为首的苏联代表团突然乘坐专机抵达华沙，同时驻扎在波兰的苏军也开始向华沙进发。在危机萌芽时候，波兰政府也开始调动部队，甚至向华沙附近热兰的华沙小汽车厂（FSO）的工人民兵分发了武器。波兰的事件也和国际局势有所关联。

尽管在伦敦的波兰流亡政府全力试图至少留下一个波兰军团的骨架，但从1946年起，在西方的波兰军队还是开始被逐步遣散，不过流亡政府仍然没有放弃这一要求。流亡政府得到了高度活跃的波兰侨民的支持，某种程度上他们组成了一个完整的流亡波兰国家。冷战爆发后，美国再一次对波兰事务表现出了兴趣。1952年，中央情报局成立了自由欧洲广播电台，向东方阵营各国连续不断播放新闻和文化节目。他们与在伦敦的波兰人展开了合作，还向波兰空降特工，和当地的人们进行联络。坚持战斗的地下游击队在1948年彻底失败，但许多前成员仍然没被抓住，武装斗争和更平常的反抗行动——比如污损宣传海报、刷写标语等——一直持续到1955年。

瓦迪斯瓦夫·哥穆尔卡成功说服了赫鲁晓夫，让他相信自己有能力控制局势。在苏军部队返回基地后，哥穆尔卡在10月24日的一次群众集会上说："统一工人党将团结工人阶级和整个国家，领导波兰走上新的社会主义道路。"这样的社会主义，将更加具有人道主义精神和波兰民族特色。枢机主教维辛斯基被释放，教会在发誓效忠于人民共和国政权的前提下，获准重新进行日常活动。罗科索夫斯基元帅和数百名苏联军官获准离开波兰。滞留苏联的25万波兰人也获准回归波兰。苏波两国对经贸协议进行了重新磋商，波兰方面获得了更有利的条件，而驻波苏军所需经费也改为苏联承担。但两国关系的基础条件没有改变。

10月30日，匈牙利总理纳吉·伊姆雷宣布将实施多党制，5天后，苏军“为保卫国家之间一律平等的列宁主义原则”出兵匈牙利。对波兰的警告也颇为明显。

哥穆尔卡发现，即使是他，也难以驾驭那些推举自己上台的变革力量。党的各级机关开始对斯大林主义进行清洗，西里西亚的工人们替换了他们的厂长，集体农庄也被农庄庄员们自发解散。1948年被禁止的协会和杂志重新恢复活动，从而开启了对所有领域问题的讨论。为帮助匈牙利起义者而进行的资金募捐和送药献血等活动让波兰政府颇为尴尬，因为波兰发现，在联合国关于匈牙利问题进行投票时，他们不得不和苏联站在一起。12月10日，苏联在什切青的领事馆被愤怒的工人袭击。

即使波兰统一工人党内的改革派也不得不承认，现在的重点变成了团结一致，保卫党的利益。几个月前，哥穆尔卡曾经赞扬波兹南的工人给党“上了痛苦的一课”，但他从来没有放弃独裁主义的看法。到1957年年中，罗兹的电车司机罢工就被贴上了传统的“破坏分子骚乱”的标签，而在卡托维采地区，1500名矿工被以“不守纪律”的理由开除。在1957年选举中，哥穆尔卡展示出了波兰救世主的姿态，而在选举后他就开始重新镇压党内改革派。梅奇斯瓦夫·莫恰尔，纳托林派的代表人物之一、著名的斯大林主义者、老“游击队”英雄，被任命为安全部门的负责人。

对教会的新一轮小规模迫害活动开始了。政府最初试图对教会进行压制，但却仅仅把神父们变成了受难的圣徒。政府也试图鼓励类似“爱国神父”的运动，通过调和马克思主义教育和宗教教育，对宗教进行颠覆破坏。但是类似的运动在最初小有成功之后，还是以彻底失败告终。从此以后，教会主要面临的问题是，日常活动中遭到的琐碎阻挠、司法上遇到的不公正，以及政府鼓励青年进行反对宗教的活动。信仰天主教并遵守教规的天主教徒被禁止在党内担任职务。安全部门也对教会进行渗透，侦查得知那些神父所犯下的琐碎错误后，就将其发展成为安全部门的卧底和线人。学校和医院中的十字架被拆除，国家还颁布了禁止新建教堂的禁令。

尽管如此，教会在国家社会生活中的地位仍然一步步加强。在现实生活中不得不面对不公正、谎言和单调乏味的各阶层群众，需要在教会中得到真实和美好，获得精神慰藉。由于农村地区的“精英”阶层已经被有步骤地清除，各地区的神父就成为人们乐于求助的有教养的人。在可怕的城市工业区里，工人们向神父们求助，希望获得安抚和指导。他们在希望建立教堂的地方竖起十字架，而在民警试图拆毁十字架的时候，他们甚至以武力进行阻拦。

卢布林的天主教大学是可以进行自由学习的地方之一。很长一段时间里，在克拉科夫出版的天主教的《路标》(*Znak*)杂志和《普世周刊》(*Tygodnik Powszechny*)，成为仅有的维持出版自由的出版物。他们吸引了神父和平信徒，组成了一个“天主教知识分子俱乐部”(KIK)，这个讨论小组很快成长为一个年轻的组织，成为除统一工人党支持的社会组织外，人们的另一个选择。

在1956年“解冻”之后，大学一度再次成为教育的中心，文化生活也得以复兴。贸易、旅行、文化交流和广播(比如自由欧洲电台)让波兰人对外部世界的了解日益增长，开阔了他们的视野，让他们燃起了与世界各国重新建立正常关系的希望。但是与外界的接触也带来了令人沮丧的一面：他们发现，世界其他国家经常用负面的眼光来看待波兰。

战后的波兰所需要面对的一个更苦涩的问题是，经历过世界大战之后，波兰不仅是战争中损失最大的国家之一，其名声也被严重玷污了。战前的波兰第二共和国一般被认为是落后而且独裁专制的。西方社会对共产主义以及苏联的青睐，也使得波兰成了一个合适的反面角色。战争中波兰所做的抗击努力，被一般人当作徒劳无功，而战争中波兰政府的领导在人们眼中更是笨拙。在西方知识分子中，天主教并不流行，波兰人所坚持的那些传统价值观同样不受西方的待见。此外，波兰国家还一直受到法国和美国犹太知识分子的指责，他们认为波兰的反犹太主义在某种程度上和德国相比也不逊色。甚至连纳粹德国建立在波兰领土上的灭绝营，也被当作波兰人支持对犹太人进行屠杀的证据——而事实上这只是因为纳粹准备消灭的人口有八成居住在这一地区，而且这一地区在英国空军的轰炸范围之外。

缺乏来自外部世界的同情，意味着波兰社会必须向自己所面对的困难进行一定程度的妥协，而这对文学和艺术的发展会产生巨大的影响。战争中大批30年代已经有所成就的作者死于战火，而活下来的人们则流亡在世界各处：伦敦、巴黎、纽约、布宜诺斯艾利斯，或者特拉维夫。他们的作品虽然只能依靠国外独立的侨民出版公司面世，但最终往往都能传播回波兰。同时，他们在文化大繁荣的时期发挥了重要的作用。这一时期的杰出人物包括：诗人塔德乌什·鲁热维奇、兹比格涅夫·赫尔伯特以及切斯瓦夫·米沃什，小说家耶日·安捷耶夫斯基、斯坦尼斯瓦夫·德加特、雅罗斯瓦夫·伊瓦什凯维奇以及塔德乌什·孔维茨基，剧作家斯瓦沃米尔·姆罗热克，作家斯特凡·基谢列夫斯基，哲学家莱谢克·科瓦科夫斯基。可以和他们百花齐放的成就媲美的是波兰的电影艺术，其代表人物是安杰伊·瓦伊达，他用微妙但极有洞察力的镜头艺术展示了波兰社会的真实一面。

美好的时光并不长久，1958年，镇压再次开始。一些图书遭禁，一些期刊被停刊。审查机构比以往更加无情，甚至连一本书印多少本、一部戏演多少场都由审查机关来决定。不合作的作者们陷入困境，甚至因此入狱。作家们开始退缩，比如改明示为暗示，或者用别的手法，甚至如斯坦尼斯瓦夫·莱姆一般，直接转进到科幻等领域。由于种种原因，国家对语言文学的控制达到了极端严苛的程度。

1965年，两个年轻的党内活动家，即亚采克·库龙和卡罗尔·莫泽莱夫斯基，发表了一封公开信，要求对政治机器进行完全的改革，并重返社会主义的基本价值观。他们立即被逮捕投入监狱，但其他人，特别是他们的同伴亚当·米赫尼克，在大学和青年团体中继续了这一讨论。而哥穆尔卡此时已经变得愈发保守，党内的一小部分人认为他变得软弱和不称职。已经改任内政部部长的莫恰尔将军正在蛰伏，等待合适的时机到来。

教会正在准备纪念1966年波兰皈依天主教1000年的纪念活动，作为准备工作的一部分。1965年11月，波兰的主教们向他们的德国同道写了一封公开信，希望两个国家能够互相宽容，捐弃前嫌。然而哥穆尔卡已经在筹备一个和千年纪念活动针锋相对的计划，预计发起一场纪念波兰国家1000周年诞辰的庆祝活动。只需要合适的借口，他就可以依靠警察和“工人活动家”对教会的庆祝活动进行破坏。于是，莫恰尔的小集团掌握了神父们的公开信后，就指责他们鼓励“德国复仇主义”，暗中对波兰国家进行破坏。

1967年，以色列和阿拉伯国家之间爆发的“六日战争”，使得政治局势进一步紧张。苏联及其控制的东欧各国支持阿拉伯国家，但多数波兰人倾向以色列，并乐于看到以色列人的胜利——部分原因仅仅是以色列人让苏联颜面扫地，另一部分原因是一些人对以色列人有一定的认同，因为许多以色列人都是从波兰移民过去的。在波兰议会中表决关于谴责以色列的决议时，包括议员康斯坦蒂·武宾斯基在内的两人投出了反对票。这是对战争中的以色列公开表示同情的众多事例之一。作为回应，哥穆尔卡宣布波兰人只能有一个祖国，所有同情以色列的人为“犹太复国主义分子”。

1968年1月，密茨凯维奇的《先人祭》在华沙上演时，大学生们对演员激烈的反俄台词报以热烈的欢呼。政府此时荒唐地禁止了这部剧的上演。随后，华沙大学的学生们发起了抗议示威。在民警以及民警志愿后备队（ORMO）[①]的暴力镇压下，游行的队伍被驱散。超过1000名学生被捕，还有1000多人被开除。一场声援这些学生的小规模游行示威激起了类似的过度反应。数百名民警志愿后备队的“社会政治积极分子”把这一切搞成了双方互相投掷石块的街头斗殴。议会中的天主教会代表对此提出了抗议，主教会议也发表声明进行谴责。学生们的抗议示威活动蔓延到国

① 民警志愿后备队（ORMO）属波兰群众性民防力量的一部分，属于准军事力量，成立于1956年，属公安部管理，为波兰人民军、内卫部队和民警提供辅助支援，也用于应对群众抗议活动。

家的其他地区以及其他行业。示威者公开提出要求，要求启动民主进程、获得出版自由等。而新闻媒体则多是关于大规模骚乱的耸人听闻的消息，这些基本是在治安部队的授意下发出的。3月11日，媒体还谴责他们是“犹太复国主义特务”，说他们接受了德国的授意。

在莫恰尔的“游击队派”看来，一个巨大的阴谋正在进行中，哥穆尔卡号召全党清洗“修正主义者、帝国主义的走狗、犹太复国主义者以及反动派”。如此庞大的打击范围，反映出这样的事实：尽管莫恰尔主要关心的是摆脱知识分子和改革派，但他在本质上和他的那些苏联同行一样恶毒地反对犹太人，并且把所有问题看作犹太人的阴谋。他指控很多学生领袖以及党内一些高级干部具有犹太血统。3月13日，一批高级官员由于“犹太复国主义”的嫌疑被解职。

由于在战争之后的最初几年，党和政府最好的职位有许多都落到了那些有犹太血统的官员手里，莫恰尔的“游击队派”就利用这一现实大做文章。另外，下层官员们一直对上级的权力颇为嫉妒，而一些人则对他们的同事和上司的犹太血统极为蔑视。于是又一轮清洗开始了。那些最为活跃、叫得最响的反犹主义者们，往往都是如西里西亚区卡托维采省委第一书记爱德华·盖莱克这样对权力充满渴望的政坛新秀。而在社会下层，心怀不满的工人和农民也乐意将他们对各种各样的知识分子们的不满发泄出来，他们给知识分子们贴上“吸血的犹太佬”的标签。这种联系很多都是捕风捉影，但是在此后，这种指责会不止一次地重新出现。数百名党内干部和其他高级官员因“犹太复国主义”的罪名丢掉了职位。

哥穆尔卡对很多事情失去了控制，只能寄希望于这种类似中世纪猎巫行动的互相检举能够抹平国人对他的领导的不满。他决定对那些希望离开波兰的“犹太复国主义分子”网开一面，给他们提供出境签证，在接下来几个月中，1.5万名波兰犹太人离开波兰，其中包括两三百名原来在内务部和秘密机构就职的人员。哥穆尔卡的犹太裔妻子以及一些身居高位并成功躲过危机的犹太裔高级官员并不在其中。前面提到的亚当·米赫尼克也不在其中，因为此时他正被关在牢里。

尽管如此，哥穆尔卡的位置仍然不够稳固。他不得不寻求苏联的支持。当年8月，2.6万名波兰军人参加了对捷克斯洛伐克的干涉，由此，哥穆尔卡获得了苏联的支持，但这并没有让他在党内和国内得到更多支持。9月8日，前国家军军官理夏德·西维茨当着哥穆尔卡和大量群众的面，在波兰最大的体育场中自焚身亡，作为对波兰参与侵略捷克斯洛伐克的抗议。

人们对哥穆尔卡的经济政策取得的收效也十分冷淡。哥穆尔卡试图下放更多经济自主权，但要结束集中计划经济的老传统绝非易事。在工资下降、工作条件恶化的同时，旷工和工作中的疏忽进一步降低了产量。农业中的私有领域严重缺乏投资。社会主义的教条认为这些私有领域应该最终走向淘汰，但事实上，私有领域贡献了波兰农业总产量的80%。由于担心背负巨额债务，波兰拒绝进口粮食，包括谷物和饲料用粮。结果使得波兰家畜存栏量大幅下跌，接下来1969和1970年两次歉收，导致波兰肉类严重短缺。

整个60年代里，生活成本一直在持续上升，而工资则远远赶不上生活花费的上涨。1970年12月13日，波兰部长会议突然宣布将大幅度提高食品价格，平均涨幅达到30%。这一决定的成效立竿见影：第二天格但斯克的列宁船厂的工人们就开始罢工并上街游行，他们向格但斯克省委前进。民警和内卫部队两天前就已经在这里严阵以待。民警和内卫部队向游行群众开枪，示威者则纵火焚烧了省委大楼。在附近的格丁尼亚和什切青也爆发了类似的冲突。次日，波兰军队出动了坦克以及2.7万名军人以平定局势。然而骚乱仍然蔓延到了埃尔布隆格等其他滨海城市。12月17日，整个地区遭到封锁。在骚乱的最初4天，就有41人死亡，超过1000人受伤，3200人被拘捕。

12月19日，统一工人党政治局召开紧急会议，哥穆尔卡因中风缺席，会议投票免去了他的职务，由爱德华·盖莱克接任。依靠表面上的友善，盖莱克成功给工人们留下了良好的印象，但直到他取消了涨价方案后，罢工才最终平息。盖莱克承认，之前的波折是“一段痛苦的经历，提醒我们，党永远不能丢掉和工人阶级、和民族的血肉联系”，许多人也相信他的诚意。但是接下来盖莱克主政的10年，这种“联系的缺乏”最终变成了无法逾越的鸿沟。哥穆尔卡一代枯燥无味的传统共产党人被新鲜的血液所取代。这些新一代的干部将自己看作现代化的经理人、社会主义工业的掌舵人，同时对身边的劳苦农民和工人往往抱有轻视的态度。

盖莱克乐观地制订了雄心勃勃的计划，希望实现经济大踏步发展。这一计划是建立在向西方大量借款的基础上的。这些贷款的偿还，依靠的是原材料生产和出口的大幅增加，以及借助这些外国资本建立的工厂所生产的出口产品。国际局势的缓和也帮助了他的计划，大量资金从西方的银行涌入波兰，银行家们争着向波兰贷款。菲亚特和可口可乐这样的公司迫不及待地签订协议，准备在波兰开办工厂。

最初的成就极为显著：各种产品产量直线上升，波兰经济增速一度达到世界前列，仅逊于日本。波兰修建了新的道路，铁路实现了现代化，现代化的住宅区如雨后春笋一般在城市中出现。生活水平上升了，生活开支下降了。私人汽车、洗碗机、出国旅游都成为普通市民可以承担的消费。盖莱克希望赢得支持，所以，农民农产品的义务交售被取消，国家公费医疗也覆盖了农村。为了赢得城市工人的支持，食品价格被冻结在1956年的水平。

但是，不久之后，盖莱克的经济结构就出现了不稳定的裂缝。新的工厂不能按计划投产，其产品在质量上也难以和西方产品竞争，无法在西方打开销路。外债不断增加。唯一的解决方案是大量提高煤炭等其他原材料的出口，并将本来准备投放在国内市场的消费品改作出口。这种做法的后果很快显现，主要产品纷纷出现了短缺。在盖莱克玩弄统计数据的时候，他已经忘记了历史的教训。1975年，他提高了“奢侈”消费品的价格。1976年6月24日，食品价格上涨60%。次日，拉多姆、华沙等多地爆发罢工。随后，食品涨价的计划被取消，但防暴警察[①]对抗议工人进行了镇压，抗议者被拘捕。数百人被解雇，一些抗议者被判刑，最重的被判处10年有期徒刑。

这一危机将盖莱克昙花一现的经济繁荣所掩盖的一系列问题统统暴露出来。盖莱克的计划的基础是，党的干部们在技术上能

---

① 原文是ZOMO，即民警机动预备队。ZOMO是波兰人民共和国的准军事部队，成立于1956年，最初是作为应对紧急情况的精锐民警部队创建的。后反恐（如反劫机）也成为其职责。由于反对派力量增长，其越来越多地被用于应对抗议示威，充当防暴警察的角色。

够胜任他们的岗位。但事实上，尽管党员人数大量增加，但质量并没有相应提高。新的党员和他们所替换的老一辈相比，缺乏为社会主义理想献身的精神，同时又没有在工作中表现出脚踏实地的态度或者管理经营的才干。他们并没有治愈社会主义计划经济所表现出的诸多病症，反而还制造了新的问题：除能力不足之外，腐败问题也接踵而至。腐败问题的范围巨大，并且明目张胆，涉及国民经济的每一个角落，影响极其恶劣。很快波兰形成了一个盗贼窃国的混乱体制，这引发了社会各阶层民众广泛的不满。

国际关系方面，盖莱克积极抓住一切机会和西方缓和关系、增强互信和加强合作，同时也和苏联继续保持合作，甚至更加驯服，从而平衡对两方的关系。波兰的资金和人员安排都和苏联的发展计划相适应，波兰利用美元投资生产出来货物，销售到苏联，换回没什么用的卢布。同时，为安哥拉以及其他第三世界国家的“解放运动”提供的“兄弟般的支援”快速增加。盖莱克成功对法国、联邦德国以及美国进行了官方访问，并在华沙迎接了这些国家领导人的回访。同时，盖莱克也访问了莫斯科，并在1975年接待了冷峻的苏联部长会议主席阿列克谢·柯西金。

苏联人希望得到切实的贡品和服从，这种服从体现在波兰宪法和法律中的一系列条文中。波兰法律规定，波兰必须遵守社会主义道路，坚持党的领导地位，并且最重要的，坚持和苏联的“兄弟般的同盟关系”。此外，同样由于苏联的影响，波兰的法律也有暗含的条款，使得民事权利建立在“履行公民义务”的前提下。不过这一点基本上被放弃：一方面是由于不断的抗议活动，另一方面是教会激烈的干预。

波兰社会各界反响强烈，盖莱克不得不屈服，这两个几乎总是交替出现的现象，从根本上改变了波兰政府和人民之间的关系。并不是政府变得温和了，或者忽视了对自己的防卫——内务部的预算仍然比文化、卫生和教育等部的预算总和还多，这只是因为社会上的群众更加自信，政治上更加成熟。

70年代初，波兰人出国去西欧或美国的人数有了指数式的增长，其中多数出国游客都是年轻人，他们主要是为了学习语言，顺便挣足够的钱，好在回国以后买车或者买房。至于战后离开波兰的侨民以及他们的后代，回访波兰的人数也在相应地快速增长。出国和归国的巨大人流，打破了几十年来将波兰和世界隔绝开来的藩篱，并打开了长期交流的通道。世界各地波兰人的共同努力汇成了一首交响曲，推动了波兰的思想和文化不断前进。海外的波兰侨民杂志和出版社也为传播思想文化贡献了自己的力量，其中最杰出的代表，是巴黎“文学研究社”（Instytut Literacki）及其出版的《文化》（*Kultura*）月刊。这些国际交往将在此后几年内发挥至关重要的作用。

1975年夏天，在赫尔辛基召开的欧洲安全和合作会议上，各方达成了一系列共识。这表面上是苏联外交的胜利。欧洲分裂为东西两大阵营的事实被双方各自心照不宣地接受，这似乎是西方国家对所有受苏联控制的国家的背叛。但是，最终决议的第三个部分，将人权的规定扩展到了所有35个签约国，并要求所有国家尊重人权。未来这一规定将推动苏联的解体。

1968年以来，东欧一直有很多持不同政见者活动，他们之中激烈的争论——包括个人争论，也包括走私进入波兰的地下出版物和侨民出版物——影响到了许多人。到70年代中叶，不同政见者的政治活动已经开始成形。但是直到赫尔辛基的会议之后，新的斗争方法才开始出现。

这种新的斗争方法的第一个标志，就是1976年9月成立的保卫工人委员会（KOR）。这个组织包括了前国家军军官、律师、作者，以及其他的青年不同政见者。这个组织给工人们提供法律咨询，向审判工人的法庭派遣观察员，并在他们的《消息公报》（*Biuletyn Informacyjny*）上公布这些工人所受到的遭遇。他们也收集捐款，帮助工人们缴纳罚款，或者帮助他们的家人。慢慢地，委员会的活动范围扩展到所有涉及侵犯人权的案件，同时毫不留情地在法律层面上批判当局的错误。这个组织是完全开放的，在活动时会坚持援引赫尔辛基会议决议的条款，政府难以简单地用拘捕其成员、禁止其活动的方式让他们沉默。不过，政府仍然没有放弃骚扰委员会积极分子们，其手段包括：搜查住宅、没收财产、免除公职或开除学籍、因为“技术原因”短期拘留、让受害人被所谓的街头流氓暴打一顿，以及某些情况下被杀害。但是这些违反赫尔辛基决议的行为都被细致地监视和记录下来，并送往国外。1977年3月，保卫人权和公民权利运动（ROPCiO）加入了保卫工人委员会；5月，克拉科夫的学生团结委员会（SKS）也加入其中。这些组织的加入，能够帮助委员会更好地核查那些不利于波兰政府及其行为的证据。

各种各样的杂志和地下出版物开始汇成文字的洪流。同一年，“飞行大学”在华沙开始活动，各种讨论会开始萌芽。民警拘捕了一些人，并且突袭了他们的集会场所，收缴了材料，但这些高度组织起来的不同政见者们得到了公众的同情和帮助。教会也心照不宣地给予不同政见者支持和帮助。事实上，教会在保卫人权和帮助被解雇工人上也发挥了积极作用。

盖莱克无法承受镇压的代价。1976年，他不得不和波兰首席大主教、枢机主教维辛斯基举行会晤。1977年他访问了法国、意大利和印度。而在华沙，他先后迎接过来访的美国总统吉米·卡特、两位联邦德国总理——维利·勃兰特和赫尔穆特·施密特、比利时国王博杜安一世，以及伊朗国王巴列维。他需要表现出外交家的风度，以躲避经济方面不可避免的危机。世界经济衰退的阴影，已经越来越逼近过度投资、管理不当的波兰。波兰的工业已经陷入一片混乱，波兰的农业则糟糕透顶，即将爆发危机。1978年10月16日，克拉科夫的枢机主教卡罗尔·沃伊蒂瓦被选为教宗，这意味着最终的危机终于来到，再也无法避免。

23

教宗的力量

罗马教宗约翰·保罗二世登基，不仅是波兰人在苦难中的安慰，更是整个国家的巨大荣耀，同时，也是对1945年后将波兰和西方隔离的铁幕的最后一击。1979年6月，教宗访问了他的祖国，这不仅重新让波兰人强化了他们的精神信仰和文化价值观，也为此后开始并一直持续到1989年的民主运动提供了催化剂。

教宗在全国范围内进行巡回露天弥撒，参加人数每次都达到数十万人，有一次甚至突破百万人。参加集会的人们意识到了他们巨大的人数所潜藏的力量，他们互相交谈，并重新找到了自信和团结的感觉。而维持秩序的民警在一旁羞怯地看着这一切。教宗在布道中，强调要尊重每个人的天赋尊严。尽管这些思想是用宗教语言表述出来的，但无论是聆听布道的大众还是波兰政府，都没有忽视这些思想和波兰现实生活的联系。在克拉科夫，他告诉数量庞大的听众："永远不要丧失希望，永远不要丧失勇气，永远不要放弃。"

一些听众仔细聆听了教宗的教导，开始把自己当作一个集体的成员，并思考如何为这个集体的未来承担起责任。与此同时，盖莱克正深陷在经济泥沼中难以脱身。1980年7月，他又一次试图通过大幅上涨食品价格平衡财政收支。又一波罢工浪潮随即爆发，但这一次他们的主旨和策略都完全改头换面了。

1980年8月14日黎明时分，一名之前被开除的电工翻墙进入格但斯克的列宁造船厂，领导工人为他们的工友安娜·瓦伦蒂诺维奇被非法开除一事举行罢工。他的名字叫莱赫·瓦文萨。他曾参加过1970年的罢工，从这次罢工中，他学到了一条经验：抗议的工人在室外开阔地带是无法抵挡坦克的。此后几年，通过和保卫工人委员会以及地下的工人小组讨论，他形成了新的战术，并有了明确的目标。和以前到大街上抗议不同，他占领了船厂，要求政府代表听取罢工工人的要求。

8月28日的统一工人党中央全会上，盖莱克向政治局承认他没有解决问题的办法，并递交了辞呈。随后波兰当局向格但斯克和同样爆发抗议的什切青派出了代表，希望能够分化工人群体。但是保卫工人委员会、天主教知识分子俱乐部、保卫人权和公民权利运动等组织的领导人以及数十名著名的不同政见者，如米赫尼克、库龙、历史学家布罗尼斯瓦夫·盖雷梅克、记者塔德乌什·马佐维耶茨基等，已经在格但斯克安营扎寨，给在工厂内的罢工委员会提供指导。委员会的目的是为了对国内各地不同地区的罢工进行协调。

政府已经别无选择，最终于8月31日和工人签署协议。这一协议所解决的，不仅仅是提高工资收入或者改善工作条件的问题。这是一揽子的解决方案，工人获得了建立工会的自由，获得了言论出版自由，有权使用媒体，并获得了其他民事权利。

9月17日，300万会员选出的代表们在格但斯克召开会议，讨论确定新工会的组织形式。按照律师扬·奥尔谢夫斯基和历史学家卡罗尔·莫泽莱夫斯基的建议——建立小规模的本地组织容易遭到政府的渗透和破坏，他们成立了一个全国范围内的工会组织——独立自治团结工会。瓦文萨获选成为全国委员会主席。对多数会员和活动家来说，他们的愿望仅仅是改善工作条件，回归更纯粹、更正统的社会主义制度。但是华沙和莫斯科并不那么看。

在格但斯克协议签署5天后，盖莱克突发心脏病，他的位置被斯坦尼斯瓦夫·卡尼亚取代。卡尼亚承诺要和“反社会主义势力”继续斗争，并且加强和苏联的关系。两天后，苏共中央政治局就指示波兰方面准备提防“敌对势力反攻”，并建立特别“危机指挥部”对波兰局势进行指导，成员包括外交部原部长安德烈·葛罗米柯和克格勃主席尤里·安德罗波夫。他们要求卡尼亚和他的国防部部长沃依切赫·雅鲁泽尔斯基尽快着手处理波兰局势，10月22日，后者下达命令，准备实施戒严管制。克里姆林宫表示，他可以依赖苏联、民主德国和捷克斯洛伐克军队。美国的注意力此时正被伊朗人质危机所吸引，加上吉米·卡特的任期即将结束，美国也缺乏手段进行干涉。尽管如此，卡特还是得到了当前波兰局势的警报，并于12月3日向勃列日涅夫发出了一份措辞强硬的电报。

从后来局势发展看，这份电报不太可能会对苏联政府产生足够影响，苏联进行军事干涉的可能性始终存在。波德和波捷边境被关闭，苏联塔斯社宣布驻波苏军将在波兰领土上进行军事演习。[①]12月5日，波兰统一工人党第一书记、国防部部长、内务部部长飞往莫斯科参加华约国家莫斯科首脑会议。

团结工会则进一步壮大，新的工会不断加入其中。记者、出

① 苏联所说的军事演习（代号“联盟–81”）不仅涉及驻波苏军，还包括多国武装。该演习方案是，以苏军为主的华约国家军队从北、东、南三个方向进入波兰，第一批部队共18个师(含捷军两个师、民主德国军1个师)。

版业者、教师、学生、农民和其他各行各业的人纷纷成为团结工会的会员。到当年年底，团结工会已经有了900万成员，代表了当时成年人口的30%。这不可避免地使团结工会的形象与行动纲领发生了转变。

在民众的力量面前，统一工人党明显无能为力，这又鼓励了社会各阶层的人们。各阶层开始思考之前不可想象的事情，甚至着手去做。独立出版物如雨后春笋一般疯狂面世，内容从政治局势到生态环境无所不包，所有方面的知识和消息都在飞速扩散。人们开始公开讨论和争论那些被禁止的话题，教师们开始告诉学生第二次世界大战以及华沙起义或卡廷屠杀的真相。作家们把那些压在抽屉最底下从来没想过能够面世的作品拿出来发表。电影人开始着手拍摄他们一直以来只能留在梦里的题材。一些移民开始回国，其中一些人，如诺贝尔文学奖获得者切斯瓦夫·米沃什，获得了凯旋般的欢迎。欣喜若狂的社会氛围成为主流，特别是在年轻人中。尽管此时政治局势仍然前途未卜，经济形势依然一塌糊涂。

盖莱克的经济政策最终结出了苦果。波兰背负了巨量的外债，而用外债购买的机械或者已被拆散无法使用，或者因缺少备件陷于停工。盖莱克曾在70年代尝试发展起来的许多项目因经济形势恶化而被迫削减开支，结果导致许多工程在最后关头草草收场，而一系列规模庞大到远超其他欧洲国家的污染事件又加重了波兰人的苦难。到1979年，波兰出口收入的75%都被用来偿还外债。此时，严格冻结一切使用外汇对外采购的命令，摧毁了最后一点把问题应付过去的可能性，同时也沉重打击了卫生系统。到1981年夏天，全国广泛出现了药品短缺的现象，连注射器也严重不足。营养不良以及卫生条件不足和贫困导致的疾病发病比例，已经和传染病的发病比例相当。

在1981年上半年，波兰的日常生活花销上涨了15%，许多日常用品只能在黑市上搞到，或者去政府的外汇商店才能买到。甚至工厂也不得不用以物易物的手段，才能得到必要的材料和物资。数以万计的人们移民国外，许多人在西方找到了工作机会，但也有很多无助的人挤在奥地利和联邦德国的难民营中勉强度日。波兰的局势已经变成全球关注的危机，西方世界正在观望，正在阿富汗战争的泥沼中挣扎的苏联是否有胆量再次使出常用的招数，对不服从自己的盟友再次发动军事侵略。

波兰政府对于团结工会一方面继续采取拖延政策，另一方面继续试图对其活动进行破坏。抗议集会经常受到防暴警（ZOMO）的暴力攻击，后者用一切可能的手段挑起暴力冲突，希望能够将政治问题变为刑事和治安问题。政府不断拖延通过允许工会合法运行的法律，从而使得格但斯克协议成为空文。团结工会于3月27日和30日两次举行全国范围的大罢工，要求尽快表态，波兰电视台则播出了苏联军队进行军事演习的内容。两个月前入主白宫的美国总统罗纳德·里根对莫斯科发出警告，要求不要对波兰进行干涉，而此时波兰的紧张局势进一步升级。

波兰的政治局势开始走向极端。2月，团结工会发布了其纲领，明确表示经济的改善不可能离开政治气氛的进步，并要求“国家的完全复兴”。同一个月，雅鲁泽尔斯基大将担任部长会议主席。3月，他授权批准了进入战时状态的行动计划方案。

苏联共产党致信波兰统一工人党，指责其对反革命势力退让，克里姆林宫也要求波兰方面抓紧行动。但是统一工人党没有能力发挥主导作用。1981年7月14日，波兰统一工人党召开第九次非常任代表大会，这次会议暴露了强硬派和改革派之间的巨大裂痕。会议充满了恐惧和犹豫的氛围，大批统一工人党党员宣布退党。

波兰统一工人党的大会的氛围和1981年9月在格但斯克附近的奥利瓦体育场召开的团结工会第一次代表大会相比，不啻天壤之别。团结工会第一次代表大会是战前的议会选举之后第一次全国范围内的民主选举活动，这增加了团结工会的严肃性。尽管瓦文萨和温和派试图将讨论范围限制在工会本身以及格但斯克协议相关内容，但是许多因政府失信而被阻挠、被激怒的代表们提出的原则性问题远远超出了这些限制。

波兰国内民众开始呼吁建立代表工人声音和支持自由选举的政党。在苏联波罗的海舰队举行“二战”后最大规模军事演习的同时，9月8日，团结工会一大通过一项动议，对东欧阵营各国所有受苏联不公平对待的民族表示同情和支持，并鼓励他们建立自由自主的工会。塔斯社将这次大会称为“反社会主义和反苏的狂欢”，波兰统一工人党政治局也指责团结工会破坏了格但斯克协议。

事态已经接近苏联方面的容忍极限。然而，由于在阿富汗的军事行动，苏联在外交上受到了各国的孤立，同时，苏联在经济方面也高度依赖西方国家。波兰群众运动的巨大规模、其领导者在世界范围内的超高声望、波兰裔教宗明确的立场，再加上英国首相玛格丽特·撒切尔夫人和美国总统罗纳德·里根坚决的态度，意味着苏联的军事介入最终必然会遭受惨败。

对莫斯科来说幸运的是，雅鲁泽尔斯基做好准备，不惜一切手段也要避免灾难发生。在卡尼亚于10月辞职后，他集党政军领导于一体，开始着手准备实施戒严。1981年12月12日夜，波兰进入战时状态。从夜间11点30分开始，整个电话通信系统被切断，接下来广播电视系统也被关闭。强力部门以极高的效率实施了联合行动，几乎整个团结工会的领导层都被一网打尽。数以千计的人被从被窝里拖出来，扔到了监狱或者集中营里，坦克的履带碾过了覆盖着积雪的街道，防暴警被部署在了可能发生冲突的地方。军队进驻并接管了工厂、矿井和铁路系统。夜间实施宵禁，长途旅行全部禁止。在12月13日早晨6点，电视中播出了波兰国歌，随后雅鲁泽尔斯基宣布，国家已经处于深渊的边缘，因此全国进入战时状态。

工人们对此毫无准备，尽管从12月14日起开始了新一轮罢工和静坐示威，但他们在军队进入的时候并没有抵抗。西里西亚的武耶克煤矿也是静坐示威的地点之一。12月16日，进入工厂的防暴警对投降的煤矿工人开枪，导致9人死亡。他们在皮亚斯特煤矿的工友坚持的时间更长一些，但是12月28日，参与示威的最后900名矿工被镇压。尽管少数团结工会的领导人躲过了搜捕，并领导了地下的反抗活动，但他们的举动在明面上很快就被镇压了。共计大约5000名团结工会成员被拘捕，还有15万人被拉到警察局进行了“预防和警告性谈话”。

12月22日，雅鲁泽尔斯基向统一工人党政治局报告说，他们已经获得了第一场战斗的胜利，但是整个战役尚未结束，而要赢得整场战争的最终胜利还需要10年的时间。他关于第一场战斗的结论并没有错。国内只有一些规模较小的抗议活动，比如在街头书写标语、散发传单等等。许多作家和演员对国有媒体进行了抵制。1982年5月3日（波兰第二共和国国庆日、《五三宪法》颁布纪念日）爆发了一轮罢工和示威的浪潮，但随即被粗暴而有效地镇压了。不服从的人们丢掉了工作，最终还是屈服在了这样或者那样的压力之下。在格但斯克协议签署一周年的纪念日，全国60个城镇爆发了示威，但是很快都被驱散。在镇压示威过程中，全国超过5000人被逮捕，至少3人死亡，数百人受伤。这一切证明抗议行动是无意义的。1982年12月，战时状态施行一周年后得到了一定的放松，并在6个月后最终解除。在此之前，一些特殊势力的加入，使得战时状态不再必要。

雅鲁泽尔斯基试图将局势正常化的措施并不那么成功。为了获得对政府的支持，他主持成立了波兰民族复兴爱国运动以及官方的工会组织——全波工会协议会（要求工人强制加入）。但是这些组织都缺乏公信力。

美国对波兰实施了严厉的贸易制裁，其他西方国家也随之跟进。这打击了雅鲁泽尔斯基试图恢复经济的努力。波兰公布了一系列计划和改革方案，但并没有收效。兹罗提在1983和1985年贬值了两次，通货膨胀率则上升了约70%。

那些在1981年12月13日躲过了大搜捕的团结工会领导人很快组成了地下的领导集团，随后这些不同政见者的生活慢慢回到了他们早年间的地下工作老路上。地下电台开始播放团结工会的无线电广播，全国各地的地下印刷所先后开始活动。在1982—1985年间，这些地下印刷所出版了1700份不同的报纸和杂志，还有大约1800本书，其中许多都是大批出版。文学和艺术活动重新兴旺起来，这些活动往往是在教会的庇护下进行的，教会提供了场地、设施、通信工具，甚至资金支持。教会还提供了和国外流亡者及组织的重要联系，后者提供了各种各样的帮助和物质方面的支持，比如印刷用的纸张、油墨和机器。

多数被拘捕的人，包括瓦文萨，在1983年初就被释放了，在当年7月政府又颁布了大赦令。那些被指控试图颠覆政权的人，比如亚采克·库龙和亚当·米赫尼克等，并未遭到审判。但是这并不意味着官方立场的改变。被释放后，瓦文萨又被指控欺骗和逃税，不断受到警察的骚扰。当年他获得诺贝尔和平奖后，被禁止出境领奖，波兰政府还向挪威送去了抗议照会。

安全部门进行了大规模的扩张，到1983年其人员比斯大林时期还要多。1985年11月，在对教育系统的清洗中，上百所高等学校被解散。平民被欺压、被殴打甚至谋害。安全部门合作者的数量也大大增加，那些犯过小错，甚至仅仅是有前科的人，安全部门也要对他们施加压力，逼迫他们偷偷监控并举报别人。

对许多人来说这样的生活无法忍受，越来越多的人逃往西方国家，他们用偷来的飞机、用小艇或者以其他各种各样的方式逃亡。自杀率也上升了近40%。

1983年，教宗再次访问他的祖国。他公开批评了雅鲁泽尔斯基。在卡托维采城外的一场露天弥撒上，他告诉超过100万到会群众，组织工会是基本人权之一。作为回应，安全部门针对教会发起了一系列小规模的骚扰活动。耶稣受难像被从公共场合取下，神父遭到了粗暴对待。有几人遭到杀害。其中只有一起谋杀事件牵连到了安全部门：1984年12月27日，三名民警因杀害神父耶日·波比耶乌什科而受到审判。

波兰局势走到这一步，也反映了波兰外部的局势变化。雅鲁泽尔斯基用尽全力将国家重新置于莫斯科的掌控之下，并努力将国内局势正常化，他希望1985年10月的波兰议会选举以及次年释放所有政治犯的政策，能为这一过程画上句号。然而此时，苏联的局势却在向人们意想不到的方式发展。

之前支持雅鲁泽尔斯基的镇压行动的苏联领导人列昂尼德·勃列日涅夫于1982年11月逝世。他的继任者是原克格勃主席尤里·安德罗波夫，他在位时间不长，又被立场强硬的康斯坦丁·契尔年科接替。但是1985年3月，克里姆林宫的权柄落入了米哈伊尔·戈尔巴乔夫的手中，他面前是经济形势的崩溃、军备竞赛的失败，以及里根领导下强有力的反苏联盟，因此，戈尔巴乔夫推行了两大政策：公开化和改革。

简而言之，雅鲁泽尔斯基的幕后老板立场软化了，这就破坏了他在波兰的地位。之前他总是用“两害相较取其轻”的借口施行自己的政策，他的政策避免了苏联的武装干涉和大规模的流血牺牲。但是随着苏联改革的进行，雅鲁泽尔斯基的理论失去了基础，他的举措也失去了唯一的支柱。

如今雅鲁泽尔斯基已经成为国家的最高领导人，他不仅掌握着军队，也通过内政部部长基什恰克将军控制着安全部门。1981年他将党组织推到一边，以便推动自己的战时状态政策，并成立救国军事委员会（WRON）处理国家事务，而统一工人党则在着手清理内部的不可靠分子和修正主义分子，并且重新确立自己的权威。但是统一工人党已经彻底丧失了信心，根本不可能承担起其“领导角色”，即使雅鲁泽尔斯基支持也没办法。

1985年，波兰组成了新政府，经济学家兹比格涅夫·梅斯内尔担任部长会议主席，他身上的统一工人党色彩不浓。但他给国家经济问题开出的药方毫无效果。1987年，国家的外债总额达到了376亿美元，失望的情绪席卷全国。除了数量庞大的政治难民，又有75万人因经济原因移民国外。国民的健康状况跌到了警戒线，人口增长率在1980—1989年期间降低了一半。很多人依靠黑市贸易和小额交易才勉强活下来，这两种交易的规模巨大。讽刺的是，近乎崩溃的经济刺激了小型私人企业的发展，到80年代末，GDP中超过20%都来自这些私人企业。

尽管仍然被宣布为非法，但团结工会继续作为一股力量存在。其原先的领导集体聚集到了一起，并且在温和派如库龙、米赫尼克等人的影响下，一次又一次发出呼吁，要求进行对话，这一呼吁得到了教会和外国政府的支持。但有时，团结工会也会展示强硬的一面。当1986年政府再次宣布物价上涨的时候，团结工会威胁要在全国范围内举行罢工，于是涨价计划就被取消了。雅鲁泽尔斯基试图无视团结工会的运动，这一做法开始显得愚蠢。所有的外国政要，包括美国副总统乔治·布什，访问波兰的时候都会前往瓦文萨的家中做客，和他商量制裁政策是否需要适当放松。

1987年6月，教宗对波兰进行了第三次访问，这一次几乎和他第一次访问的重要程度相当，而政治色彩则要浓厚得多。参加教宗露天弥撒的人们在头顶挥舞着团结工会的标语，数量多得如同海洋一般，现场民警根本没有办法阻拦。这一场景被电视台拍下，整个国家都看到了这一幕。教宗和瓦文萨举行了会谈，还和殷勤招待的雅鲁泽尔斯基进行了几次讨论。但是雅鲁泽尔斯基仍然犹豫不决，不愿与瓦文萨展开会面。取而代之的是，雅鲁泽尔斯基试图用他自己的方式与波兰社会展开交流，他发起了一场关于波兰经济政策计划改革的全民公投，但却遭到失败；他还在

欧洲，2000 年
0
400 英里
0
600 千米
挪威
奥斯陆
瑞典
斯德哥尔摩
赫尔辛基
塔林
爱沙尼亚
拉脱维亚
里加
立陶宛
维尔纽斯
俄罗斯
莫斯科
俄罗斯
明斯克
白俄罗斯
爱尔兰
都柏林
英国
伦敦
丹麦
哥本哈根
阿姆斯特丹
荷兰
比利时
布鲁塞尔
卢森堡
德国
柏林
波兰
华沙
乌克兰
基辅
巴黎
法国
布拉格
捷克共和国
斯洛伐克共和国
布拉迪斯拉发
维也纳
奥地利
布达佩斯
匈牙利
摩尔多瓦
罗马尼亚
布加勒斯特
瑞士
意大利
斯洛文尼亚
卢布尔雅那
萨格勒布
克罗地亚
波斯尼亚和黑塞哥维那
萨拉热窝
贝尔格莱德
塞尔维亚
保加利亚
索非亚
黑山
波德戈里察
圣马力诺
摩纳哥
梵蒂冈
罗马
地拉那
阿尔巴尼亚
斯科普里
马其顿
希腊
土耳其
安卡拉
马德里
西班牙

1987年10月宣布建立新的协商委员会。

瓦文萨则抢先一步，于1987年9月建立了自己的临时委员会，他们和各地区委员会一起制定新的共同意见。布罗尼斯瓦夫·盖莱梅克则建议和统一工人党内具有改革思维的党员举行对话。

公开抗议的声音越来越大，团结工会内部新一代的活动家们要求采取更坚决的行动。1988年2月开始的经济紧缩政策再次激起了广泛的抗议罢工，罢工活动随后遭到了武力镇压。作为回应，团结工会在9月1日举行大罢工，对雅鲁泽尔斯基进行威胁。

8月26日，基什恰克将军宣布获得授权，和反对派力量进行磋商。5天后，他和瓦文萨、东布罗夫斯基主教举行了会谈，并共同决定将在10月举行圆桌会谈。瓦文萨取消了罢工。米奇斯瓦夫·拉科夫斯基领导成立了新政府，其中包括几名独立派人士，和反对派的预备会议也开始了。

尽管在预定的日期之前会议准备都已完成，但是会谈并未如期举行。各方对于谁参加会谈、会谈谈到什么范围还没有达成一致。瓦文萨和教会的代表希望会谈不局限于经济话题，同时也应包括宪法方面的问题。新的日期先确定，又取消，双方在会议流程和主题方面激烈争论，情况一度十分紧张，但是到1989年2月6日，圆桌会谈终于召开了。57名代表在巨大的圆桌周围就座，会议由基什恰克主持。多个专门小组委员会的会议同步举行，以处理经济、农业、政治改革等各领域之内的问题。在开幕式上，基什恰克宣布会议的最终目标是进行“非对抗性的选举”，这带来了许多问题。有人听到他私下抱怨，他和他的同志们是在将脑袋伸进绞索里头去。

统一工人党已经陷入了混乱无序的状态，但是其200万党员包括了安全部门和军队的绝大多数人员，其中还有很多人准备继续战斗下去。尽管戈尔巴乔夫发表了自由化的演说，但没几个人能确定他对波兰发生的根本性变化会如何反应，毕竟波兰在苏联军事体系中仍然是基础和支柱。因此，反对派的会议代表们谨言慎行，同意给予波兰党政官僚们一些宽容的条款。

会谈于4月5日在出人意料的和谐气氛中结束，各方达成一致意见。团结工会和教会重新获得了合法地位，结社自由、言论自由和司法独立得到保障。而最重要的是宪法上的改变：重新设立总统职位并重新建立两院制议会。议会选举定于6月举行。

作为向统一工人党的让步，统一工人党及其领导的执政联盟直接获得了65%的下议院（众议院）席位，而剩下35%的席位由反对派进行争夺。新的上议院（参议院）的选举将不受限制。预定于1993年举行的下一次选举将是完全自由的。基什恰克将军宣布这一协议“结束了我们国家历史的旧的章节，翻开了新的一页”。

选举分两轮举行。第一轮选举于6月4日举行，其结果对于统一工人党来说是一场巨大失败。团结工会在参议院100个席位中获得了99个，剩下1个则由无党派商人获得。在众议院中，团结工会获得了为其他党派预留的几乎所有席位，只有一个例外；而统一工人党的席位中，有33名获得提名的候选人在选举中出现了票数达不到最低标准的情况，其中包括基什恰克将军和部长会议主席拉科夫斯基。受到投票结果羞辱的雅鲁泽尔斯基不得不询问瓦文萨，他是否同意修改投票规则，以便这些席位可以进行第二次投票。瓦文萨宽宏地表示同意。

统一工人党的领导阶层对这一新的局势束手无策，而这一次莫斯科也没有人手把手“指导”他们了。有人推断雅鲁泽尔斯基将成为总统，但是总统应该由议会两院共同选举产生，而议会两院中反对他的力量占了多数，因此谁当总统这个问题仍然悬而未决。

尽管获得了轰动性的胜利，反对派仍然犹豫不决。反对派领导了一场轰轰烈烈的战斗，他们得到了不同年龄、不同阶层人们的广泛支持，但是最终投票率也不过62%。这种对选举漠不关心的态度，来自国家之前10年充满挫折的道路，来自“一切都不会有变化”的宿命论看法，也是长久以来的诸多困难——生活条件恶劣、压力巨大、食物短缺、健康状况不佳——折磨下心理疲惫的必然结果。这是谨慎和克制的结果。

在幕后的会谈中，雅鲁泽尔斯基提出以基什恰克为首建立联合政府，而瓦文萨提出的人选是塔德乌什·马佐维耶茨基。米赫尼克建议双方以“你们的总统，我们的总理”作为基础达成妥协，这一提议得到了美国总统乔治·布什的同意。按照早先的计划，布什对波兰进行了访问，并在7月10日向波兰议会两院发表了演讲。亚采克·库龙在电视上对雅鲁泽尔斯基担任总统一事的必要性进行了解释，他指出这是为了向苏联明确保证波兰将继续留在华约体系之内，从而安抚苏联方面。7月19日，雅鲁泽尔斯基在选举中以一票的优势成功当选总统。9月12日，马佐维耶茨基组建了他的内阁，其中5名部长是统一工人党代表，包括内务部部长基什恰克、国防部部长西维茨基等。波兰试图以此让克里姆林宫放心，让他们认为军队和安全部门仍然是安全的。

24

第三共和国

波兰的剧变是具有历史意义的，尽管波兰恢复独立之后，产生了许多的问题，而其中大多数问题是那些之前为恢复波兰独立而奋斗的人们没有预见到，甚至从来没有想到可能存在的。对波兰来说，由于之前半个世纪波兰国家和人民遭受了大规模的暴力摧残，这些不同寻常的问题更加严重，而最严重的是几十年的谎言和道德伪装所造成的心理创伤。

塔德乌什·马佐维耶茨基领导的政府通常被称为契约式政府，这一届政府怀有异常坚定的决心，致力于解决国家当下所面对的最紧迫的问题。财政部部长莱谢克·巴尔采罗维奇采取了休克疗法，试图通过可控制的通货膨胀并推行一揽子改革方案来建立自由市场经济。劳动和社会政策部部长亚采克·库龙积极解决之前10年里在社会成本方面的问题。外交部部长克日什托夫·斯库比谢夫斯基着手重新确定波兰的定位以及和各个邻国之间的关系，并且开始准备加入欧洲理事会。波兰政府也没有忽视纯粹的政治问题，在1989年12月重新修订了宪法。此外，之前的民警部门被改组为警察部队，并且成立了独立的地方政府机构。但是这些事情很快就被新的剧变打破了。

11月9日，柏林墙倒塌。民主德国政府的倒台，又引发了捷克斯洛伐克的“天鹅绒革命”以及匈牙利、保加利亚和罗马尼亚类似的剧变，从而摧毁了苏联在东欧地区自1945年以来一直占据的霸权地位。似乎是对这一场剧变的承认，在1990年1月底，波兰统一工人党也解体了。

然而，尽管波兰是最早打破苏联式体制的国家，但是马佐维耶茨基的契约式政府仍然坚持上台之前所做出的承诺，内阁中仍然包括了来自前统一工人党的部长，如内务部部长基什恰克将军；议会参议院中统一工人党也占绝大多数，而总统则仍然是雅鲁泽尔斯基大将。不仅如此，波兰的政治剧变并非像民主德国、捷克斯洛伐克或罗马尼亚那样，彻底推翻了之前存在的政治体制，其原有的安全部门仍然继续存在着。因此，马佐维耶茨基和他的政府谨慎地步步为营，担心突破之前自己给自己划定的限制。他们继续进行经济改革，但为了维护稳定而小心避开了激进的政治改革。

这种担心并非毫无根据。尽管波兰统一工人党已经自动解体，但是该党的主要部分改组成了波兰共和国社会民主党（SdRP），这是一支不容轻视的力量——即使仅考虑该党所掌握的巨大财力，也必须如此。波兰统一工人党曾经在国有资产之外掌握着36家企业，此外，还有大量在国外的国有资产（当时在党和政府之间没有严格的界限划分）。波兰统一工人党还控制着财政系统，在1989年前他们负责处理波兰偿还外债的事宜。这些都被移交给了社会民主党。此外，波兰新建的警察队伍中多数也是原来的民警，并且指挥他们的也仍然是那些出身于统一工人党的官员。军队、媒体和立法机关的情况也是如此。民警志愿后备队（ORMO）虽然解散，但是它改组成了一个协会，并且仍然是一个令人不悦的存在。

由于深感自己缺乏权力，马佐维耶茨基的恐惧被进一步放大了。事实上，整个原来的官僚机构仍然保留下来并继续运作，这对马佐维耶茨基的政府造成了妨碍。他的部长们需要得到自己部下的支持才能够正常工作。而国防部和内务部仍然在统一工人党人的掌握之中，因此在这两个部门中一直在大规模焚烧、销毁或篡改之前的秘密文件，从而对之前的历史进行模糊或者彻底改写。

马佐维耶茨基以及以亚当·米赫尼克和独立媒体《选举日报》（*Gazeta Wyborcza*）为首的原异议分子坚持原来圆桌会谈的精神，希望通过宽宏大量达到和解的目的，并且明确表示，将在现在和过去之间画出“一条粗线”。这告诉了之前统一工人党时期的官员们，他们没什么可以害怕的，也告诉了那些街头的抗议者们，政府已经在将自己纳入社会主义阵营——考虑到政府之中大多数成员都是从旧的国家机器转投而来，这一怀疑也是有理由的。在他们还在争论政府应保持稳定、应该进行渐进式改革的时候，不再抱有幻想的选民们已经在大声要求和过去彻底划清界限，并要求获得社会公正。而在马佐维耶茨基仍然将自己和他领导的政府树立为唯一合法反对前政权的力量的时候，许多人已经开始挑战他们，并号召进行自由选举。

领导这场反对者的大合唱的是独立波兰联盟（KPN），这个组织早在1979年就已经成立，领导人是莱谢克·莫楚尔斯基；另一个组织是基督教民族联盟（ZChN），该党的创立者维斯瓦夫·赫扎诺夫斯基是一名老反共分子，曾经作为政治犯被投入监狱。但是1990年5月，他们的呼吁被一对双胞胎兄弟——雅罗斯瓦夫·卡钦斯基和莱赫·卡钦斯基的呼喊所盖过，后者是国家安全局的实际负责人。莱赫和雅罗斯瓦夫要求在莱赫·瓦文萨的领导下“加速”改革并“去共产主义化”，并要求立即举行自由选举，至少先进行总统选举。

接下来几个月中，之前还为推翻统一工人党政权而团结在一起的政治家们迅速分崩离析，伴随而来的就是相互之间的攻讦和指责。新的党派和团体不断涌现，但这些政治组织的组成不是基于政治理想或特定计划，而是基于个人恩怨。雅鲁泽尔斯基同意辞去总统职务后，马佐维耶茨基决定和瓦文萨角逐总统，这一决定至少部分是由于感情上的原因。右翼政治家及其支持者之间的内乱引发了广泛的厌恶情绪，以至于在1990年11月25日举行的总统选举第一轮投票中，投票率只有60.6%，马佐维耶茨基更意外出局，斯坦·蒂明斯基拿到了第二多的选票，仅次于瓦文萨。然而蒂明斯基完全是波兰政坛的局外人，他早年移民加拿大，最近才刚回国，他声称自己是富有的商人，他的竞选口号是让每一名波兰人都成为百万富翁。这一结果使得马佐维耶茨基的支持者极不情愿地在第二轮投票中将票投给瓦文萨。最终，瓦文萨虽然以74%的得票率当选总统，但投票率却比第一轮还要低。

这场选举战将波兰政治中最糟糕的一面展示了出来。双方的争吵是由于个人恩怨，而非政治理念差异，所有的政治力量都求助于民粹主义和排外主义。政坛如同1968年的荒诞重演，人们互相给对方打上“世界主义者”或者“犹太人”的标签，这些标签和种族出身无关，而是暗示其缺乏爱国热情、是旧政府余孽。

1990年12月22日，瓦文萨宣誓就职。他接过了“二战”前波兰第二共和国政府的总统徽章以及波兰共和国印章，这些信物之前一直由伦敦的波兰流亡政府所保管和传承，流亡政府的末任总统卡乔罗夫斯基专门从伦敦返回，并在瓦文萨就职仪式上将它们移交给这位首次自由选举出的总统，以象征对第二共和国法统的合法继承。但是这种合法性的承认和继承并没有带来政坛的和谐。瓦文萨任命扬·别莱茨基担任总理，他是一位无党派的自由派人士，他主要关心的是经济问题以及议会选举的准备工作。他任命巴尔采罗维奇继续担任财政部部长，斯库比谢夫斯基继续担任外交部部长，从而保证了这些关键领域的政策连续性。但是对技术细节无休止的争论，还是导致议会选举拖延到了1991年的秋季。而因为这一拖延，导致了波兰议会中脱胎自原统一工人党的左派力量和瓦文萨一派之间的冲突。由于瓦文萨的总统办公厅主任雅罗斯瓦夫·卡钦斯基在中间煽风点火，议会冲突更加激烈了。

在准备议会选举的过程中，之前支离破碎的各个政治派别和组织逐渐整合起来形成新的党派。而此时的国际形势也更加复杂不确定：1990年，立陶宛、拉脱维亚、爱沙尼亚、乌克兰宣布脱离苏联独立，1991年夏季在莫斯科发生了“八一九”事件，其中政变一派的努力失败，经互会于1991年6月宣布解体，接下来华约组织也正式解散。但是，仍然有大量苏联军队驻扎在波兰。与此同时，第一次议会选举对所有政党来说是一次完全自由竞争的混战：共有超过100个政党参与了角逐。

1991年10月27日，波兰正式进行议会选举，结果不出意料：得票率最多的政党是马佐维耶茨基领导的民主联盟（UD），其得票率仅仅为12.3%；共有29个党派在参议院获得了席位，但只有7个党派的席位数超过了5个。一个不祥的兆头是，由统一工人党改组来的波兰共和国社会民主党和其他政党组成了民主左翼联盟

（SLD），在此次选举中居于次席，获得了12%的选票。

此后，中右各派政党联盟花了差不多两个月时间才组成了联合政府，总理由扬·奥尔谢夫斯基担任。尽管这一届政府成功组阁，但是他们很快发现，来自原统一工人党的官员仍然遍布政府和国家事务部门的各个领域，给新一届政府的施政造成了阻碍；而政府缺少清算过去犯罪事实的行动，加上左翼政党在选举中的胜利，事实上进一步鼓励了这些官员。同时，政府也遭到了来自各方的激烈攻击：不仅来自左翼政党控制的媒体，也来自米赫尼克的《选举日报》等右翼媒体，他们现在将自己尖刻的评论倾泻在了昔日的战友头上。

一个迫在眉睫的问题是，那些在波兰人民共和国时期对波兰人民犯下罪行的人，是否应该受到清算。民众要求对这些人进行清算，他们知道，很多人犯下罪行其实只是为了自己飞黄腾达，而那些原来为安全机构工作的人，即使退休或离职之后，也能够拿到比普通人更高的津贴。但是许多原团结工会阵营的政治家并不同意旧事重提，他们认为这样做会割裂国家。而这个问题很快也变成了政客人身攻击的工具。人们的注意力被吸引到某个现在活跃的政治人物可能曾是为原国家安全机构工作的告密者这类更引人注目的话题上，而那些杀害原国家军成员或犯下其他严重罪行的人反而不受关注了。那些能够接触到秘密文件的政客们不时泄露出一鳞半爪未经证实的所谓"秘密文件"用来打击对手，甚至莱赫·瓦文萨都被指控曾是一名告密者。这些争论最终导致奥尔谢夫斯基政府在一团混乱的互相指控和指责声中垮台。经过漫长的谈判，由汉娜·苏霍茨卡担任总理的新一届的中右联合政府成立了，这是波兰政府第一次由女性担任总理。

苏霍茨卡政府刚一上台，就遭到了世界范围内经济衰退的冲击，某些领域的失业率上升到了20%，这不仅导致了大规模罢工，也导致1993年新的农民政党——安杰伊·莱佩尔的波兰自卫党（Samoobrona）——的诞生。在政府仍然忙于处理经济困难的时候，在议会内外的讨论话题却是围绕着教会在政治生活中应发挥什么作用，还有人民共和国时期犯罪和告密行为是否应进行清算这个遗留问题。此时的总统瓦文萨已经在政治上迷失了方向，行事愈发专横而多变——今天支持政府，明天就能反对。他口无遮拦的即兴讲话也挥霍了自己大量的政治影响力。公众的怨气逐渐积累，1993年5月底，苏霍茨卡政府也宣布倒台。

随后，瓦文萨宣布解散议会，并在9月举行议会选举。作为对毕苏斯基的效仿，他也创立了自己的政治派别“支持改革无党派联盟”，但是仅仅获得了5.4%的选票。得票最多的是左翼的民主左翼联盟，获得了20.4%的选票，紧随其后的是波兰农民党（PSL）。曾经遭到鄙视的人民共和国时期的政府发言人耶日·乌尔班重新在电视上出现，他拿起了一瓶香槟，在观众面前——在所有的原团结工会阵营的支持者面前吐出舌头，做了个鬼脸。

接下来的4年是左翼政党主政的4年，最初是波兰农民党领导人瓦尔德玛尔·帕夫拉克担任总理，时间不长，接下来是民主左翼联盟的约瑟夫·奥莱克西，再接下来是沃齐米日·齐莫谢维奇。左翼政治家们受到了高得票率的鼓励，仍然充斥在政府机关和国有企业内的原人民共和国时期的官员们开始了一轮腐败的狂欢，而这一时期对国有经济部门进行的深入私有化改革帮助他们的腐败更上一层楼。之前的私有化以及公私企业合作，就已经为原来的官僚们提供了发财的好机会，而1994年开始的新一轮全面私有化则给他们提供了更丰厚的利益。政治家将他们的朋友或代理人安排进入私有化后的企业以谋取利益，而其他一些企业则直接被以远远低于其价值的价格卖给了他们。对那些足够靠近政治家和大企业负责人的人们来说，内幕交易也是私有化过程中一个赚钱的好方法。在当时的社会氛围下，有组织犯罪也越来越严重，一些政治家也卷入其中。

如此严重的腐败震惊了选民，而1995年12月一条泄露的消息——总理奥莱克西曾经是一名苏联间谍，而且现在仍然在为俄罗斯情报部门工作并接受他们的资助——同样震惊了公众。但和出身团结工会、此时内部仍在争吵不断的中右翼政治家相比，出身原统一工人党的左翼政治家们能干得多，他们很快平息了事件。瓦文萨总统试图号召他的支持者们发起反击，但是这些反击往往没有认真组织，最后往往引起冲突并以瓦文萨自己一派的失败告终，这又进一步削弱了瓦文萨的权威地位。

在1995年举行的新一届总统选举中，瓦文萨获得了48.3%的选票，输给了来自民主左翼联盟的候选人亚历山大·克瓦希涅夫斯基，后者获得了51.7%的选票。20世纪80年代，克瓦希涅夫斯基曾经是统一工人党中一颗冉冉升起的希望之星。但是他并非依靠这段历史当选总统。两人中，克瓦希涅夫斯基的外表更年轻，着装得体，是爱打网球的大都市新派人物，而且他有一名对媒体友好且应对自如的夫人；相比之下，瓦文萨就显得话多嘴碎、有点粗鲁，还有点乡下味道。显然是前者更容易获得那些习惯了肥皂剧的中产阶级选民的欢迎。

克瓦希涅夫斯基同样是一名政治老手，他善于达到自己的目的。同时，他为自己塑造的政治家形象使得他可以和那些越来越严重的腐败行为保持距离（虽然他也曾深深涉身其中）。1997年5月，他推动通过了新的宪法，这是一次各派政治势力的妥协，对政治舞台上的各派势力都稍微起到了鼓舞的作用。同时，他还大力推动波兰加入欧盟和北约的进程。

原团结工会各党派在1993年议会选举的失败，很大程度上是因为他们没有团结起来用一个声音发声。为了避免重蹈覆辙，这些党派组成了团结选举行动（AWS），以应对1997年的议会选举。他们如愿获得了胜利，获得了33.8%的选票，并且成功组阁，总理是耶日·布泽克。后来布泽克成为唯一干满一届议会任期的政府总理。

布泽克的团结选举行动不过是一个不稳定的联盟，并且还不得不和自由同盟（UW）联合组建政府，而后者很快被证明是一个不可靠的盟友。布泽克所面对的最大挑战是，为了加入欧盟，需要把整个国家按照欧盟的标准进行改革并达到其要求，为此需要在诸多领域进行一系列改革，包括医疗、教育、养老、行政机关以及地方政府。这些改革触动了许多人的利益，因此遇到了不少困难。罢工和抗议示威困扰着这一届政府，而富有讽刺意味的是，组织这些活动的正是将他们选上台的工会组织。尽管布泽克政府确实进行了一系列切实的改革，但这届政府仍然不受欢迎。唯一获得一些群众欢迎的就是司法部部长莱赫·卡钦斯基，他对犯罪行为的强硬打击确实产生了效果。

2000年10月的总统选举，是左翼政治家的另一次大胜。克瓦希涅夫斯基在第一轮中就获得了将近54%的选票，而瓦文萨的得票率还未达到一个百分点。随着下一次议会选举越来越近，分崩离析的团结选举行动联盟进一步瓦解。中间立场的自由同盟被公民纲领党（PO）所取代。右翼则产生了一个新的党派：波兰家庭联盟（LPR），它是若干传统天主教和民族主义政治团体整合形成的政党，而中右翼的政党是法律与公正党（PiS）。但是这些政党都没能阻止左翼党派的胜利，他们在2001年9月的议会选举中获得了超过40%的选票。而另一个令人警觉的变化是，莱佩尔领导的煽动民意的自卫党获得了超过10%的选票，波兰家庭联盟也得到了近8%的选票。

新一届政府由莱谢克·米莱尔负责组建。他被指在之前几届左翼政府执政时期和一系列暗中交易行为有所牵连。不过暂时而言，或许他仍然是一个合适的前台人物：一项全国范围内的民意调查结果显示，全国居民中对自己生活满意的只有28%，而对国家满意的则只有9%。犯罪情况恶化到了前所未有的程度，有报告的犯罪行为数量从1990年以来已经翻了一番，而其中有组织犯罪行为的比例也大幅度提高。米莱尔自己就被卷入了两起腐败丑闻，一件和媒体有关，另一件和一家石油公司有关。2004年5月他被迫下台。之后接任总理的是马雷克·贝尔卡，他在位的时期是左翼政党主政的最后一段时间，这段时间以腐败和犯罪行为而臭名昭著。这届政府的统治，将一个老问题重新拉回了热点：人们呼吁严格制裁那些对波兰人民犯下罪行的人。这也意味着下一届选举战将是在道德和思想的角斗场上展开战斗。

2005年议会选举意味着左翼的后统一工人党人主政时代的结束，左翼民主联盟只获得了刚超过11%的选票，波兰农民党的得票率不到7%。在选举中胜出的是卡钦斯基兄弟的法律与公正党，紧随其后的是公民纲领党。由于两个党在选举中票源差别不大，并在选举之后都对对方表示支持，这就意味着两个党共获得了超过50%的选票，也意味着波兰可能会迎来4年稳定的中右翼联合政府。

这两个党派随即开始就组成联合政府进行会谈，但新一届总统选举的到来，也令两个党派之间关系紧张。最终，莱赫·卡钦斯基以54%的得票率击败了公民纲领党的领导人唐纳德·图斯克，后者获得了45%的选票。图斯克对这一结果不加掩饰地表现出失望情绪，卡钦斯基则大肆炫耀，这扩大了两党在许多细小问题上的分歧。最终，卡钦斯基的政党组成了以卡齐米日·马尔钦凯维奇为首的新一届政府，为此他们获得了民粹主义的自卫党的支持，后者在议会选举中获得了15%的选票。接下来几个月，法律与公正党和莱佩尔的自卫党以及波兰家庭联盟组成了联合政府，不仅孤立了公民纲领党，也让后者受到了冒犯。于是公民纲领党将这一届政府作为政治对手来对付。联合这两个政党的举动同样让法律与公正党中的部分党员感到被疏远，结果导致外长斯特凡·梅莱尔辞去职务抗议，从而进一步破坏了党内的凝聚力。

同时，由于这两个党的加入，法律与公正党所建立的执政联盟在和农业以及地方政府相关的问题上，其政策也被扭曲成了左翼民粹的立场，而在家庭、教育和其他社会生活方面，其政策更被扭曲到了极端的传统天主教立场上。这种大杂烩的施政不仅导致这一届政府施政能力降低，也导致马尔钦凯维奇最终遭到排挤，并在2006年7月将总理的位置让给雅罗斯瓦夫·卡钦斯基。于是波兰政界出现了一个奇特的现象：一对双胞胎兄弟掌握了波兰最有权力的两个位置。

尽管法律与公正党政府确实在惩治犯罪和腐败方面获得了一系列的成就，但在许多问题上仍然没有成功，他们将过多的精力投入到和反对派在不必要的问题上纠缠争论，并且造成了一种狂热的社会氛围，迫使人们越来越倾向于极端的立场。对之前的犯罪进行追责的问题，或者更准确地说，关于人民共和国时期和当政者合作的指控，再次成为打击政治对手的有力武器。上层政客们永无休止的内斗，在国内引发了普遍的强烈不满情绪，促使年轻人离开自己的国家去国外寻找工作，从而逃离这一切。尽管国内并不缺乏工作岗位，但这一时期的经济移民数量超过了100万。

卡钦斯基兄弟的政府给人这样一种印象：他们在和各种现实或者虚幻的敌人进行战斗，在四面树敌中愈陷愈深，并且始终处在一种神经质的猜疑情绪中，总是认为自己的队伍里存在叛徒。许多政府中很有能力的官员，比如国防部部长拉多斯瓦夫·西科尔斯基等人先后被迫辞职。这一届联合执政的各党派最终无法继续合作，导致政府于8月倒台，10月进行了新一届议会选举。

在选举的准备阶段，一种危机感在人们心中油然而生。自从1989年后，波兰第一次出现了大量年轻选民参与投票的情况。结果，唐纳德·图斯克的公民纲领党获得了完全的胜利，他们获得了超过41%的选票，而法律与公正党居于次席，获得了超过32%的选票，这个比例也超过了他们上一次的得票率。而左翼与民主者联盟只获得了刚超过13%的选票，波兰农民党得票率不到9%。莱佩尔的自卫党以及波兰家庭联盟都只得到了1%多一点的选票，未能进入议会。

从一定程度上说，这次选举在波兰第三共和国的历史上具有分水岭的性质。1991年100多个参与议会角逐的政党，此时只剩下了7个；而进入议会的政党数量，也从两位数减少到了4个。那些蛊惑民心的、只关注特定议题的政客，以及那些曾经靠利用经验不足的选民而一时得意的“后共产党人”，都在选举中成了局外人。在民主进程的任何一个阶段，这一体制都没有受到质疑，即使是最极端偏激者也不例外。尽管民主代议制度没能在20世纪20年代成功建立，但此时终于稳稳扎根于波兰政治生活之中。不过，在波兰民主制度运行之中，我们仍能够发现严重的缺陷，其中多数问题在波兰民主起源时代就已见端倪。

波兰的民主制度并不是凭空建立在这个国家的，它来自人们一次一次的抗议和努力：1947年的反对派、1956年波兹南的罢工工人、1968年抗议示威的学生、1970年的船厂工人、1976年的拉多姆工人，以及天主教知识分子俱乐部、保卫工人委员会、保卫人权和公民权利运动等一系列反对派组织，当然还有团结工会。一言以蔽之——来自在国内和国外不断斗争努力摆脱苏联控制的所有人。这些人中有坚持天主教传统的左翼工人，有支持民粹主义和平民主义的右翼农民，还有政治倾向各异的知识分子，以及传统的中产阶级保守主义者。他们当中多数都是在苏联式的统治下成长起来的，并且已经习惯了当时对民主制度基础权利——如个人财产权、法治精神、个人责任等——的否定。而这种成长背景培养了他们对国家政府及对所有权力机关的不合作态度。

尽管1989年后得意扬扬走上前台的政治家们代表了政治光谱上广泛的立场和信仰，但是他们始终认为自己应该属于“右翼”，因为他们曾经是苏联式体制的反对者，并且他们应该团结起来，因为他们曾经肩并肩战斗在一起。1991年的第一次议会自由选举中，随着上百个政党共同加入选战，这种虚幻的政治团结的意识被彻底打破。这些政党不是基于一致的政治信仰，而仅仅是思想相近的人们因为个人恩怨或者某个特定议题而组成的政治组织。

后团结工会阵营各党派的政治思维和策略是在抗议和破坏中形成的，他们曾经用道德方面的理由来支持这种方法。然而，当他们所反对的体制被推翻，一个新的波兰国家已经开始重新建设的时候，这些理由就站不住脚了，而他们并没有准备好其他妥善的理由。在他们努力让自己适应新的现实的时候，许多政治领导人仍然局限在辩论“要重建一个什么样的波兰”的议题上，而这种争论往往围绕着道德问题展开，甚至经常会措辞极端。最终，他们的辩论以及他们以往搞破坏的技巧在政坛上失去了效果。

和他们相对，后共产主义者们更加实用主义，而且更有效率。他们不是共产主义者，甚至也不信仰社会主义。他们当年为了在事业上获得更多的机会而加入统一工人党，并被培养为国家管理者。然而在他们准备继承权力的时候，20世纪80年代末，这个权力的大厦倒塌了，他们因此进退两难。不过，他们接受过管理方面良好的训练，还有一定的掌权经验，使得他们自然而然地变成了统治阶级；而他们的纪律性、互相之间密切的联系以及所掌握的财力，使他们得以重组一支成功的政治力量。

所有这一切都引起了误解和矛盾。本来应该是右翼的政府，却在推行社会民主主义的政策，不仅导致了自己昔日盟友的疏远，也让自己的支持者不满。而由于没有真正的左翼政党出现，那些本来应该支持社会民主主义的左翼选民们也感到迷惑和混乱，他们经常发现自己支持的党派在推动资本主义的政策。脱胎自统一工人党的民主左翼联盟支持自由市场的政策，得到了保守的中产阶级的支持，后者希望获得秩序和稳定。而表面上极右的法律与公正党则得到了穷人的支持：他们被法律与公正党的民族主义、平民主义和社会主义口号所迷惑。

在笔者写下这段文字的时候，统领波兰议会的两个政党表面上都是右翼党派，他们之间的政策上的差别还不如他们口号和各种说辞上的差别大。同时，这两个党派都是由许多更早的小党派和散碎的政治组织组合而成的，因此它们都难以对自己的政策基础进行适当的表述，至于在党内建立民主机制来规范领导人选举、党内纪律、施政构想等诸多方面，就更不用说了。它们最终都是依靠自己的领导人来确定自己的特点，因此这些党派如今的名字在5年后是否还能存在，是个值得怀疑和玩味的问题。

虽然1989年后波兰国家的政治发展轨道并不那么光彩夺目，但令人惊讶的是，波兰的外交却一直保持着理智和连续性。外交政策对于波兰国家的重建也是一个至关重要的因素：一方面，波兰要处理好和它东边昔日附庸的关系；另一方面，1945年后的波兰和它的西部邻居德国之间并没有解决遗留问题。更不用说苏联解体后波兰还需要和俄罗斯建立新型的外交关系。

如果回顾一下过去5个世纪以来俄国和波兰的关系，就会发现，一个独立的波兰国家的出现，在俄国眼中只能是对自己的挑战，别无他想。独立的波兰国家会带来许多问题，让摇摇欲坠的苏联面临更麻烦的局面。特别是在此前几十年中，波兰的政治思维已经有了根本上的进步——至少在这一方面如此。

波兰人应该如何看待那些曾经属于昔日波兰–立陶宛联邦，但并不属于波兰国家的其他民族？这个问题从1795年开始就一直困扰着波兰人。但是1918—1921年的诸多事件以及第二次世界大战的恐怖回忆，使得这个问题在那些勤于思索的波兰人眼中变成了道德上的问题。波兰展开了一场大范围的讨论，考虑波兰未来将如何处理和俄罗斯、立陶宛、白俄罗斯、乌克兰之间的关系。这场讨论是在20世纪70、80年代进行的，有书面的文章，也有口头的争论；有的讨论在烟雾缭绕的房间里进行，有的讨论通过无线电台进行——参与讨论的不仅有波兰国内的人，也有流亡海外的特别是居住在伦敦和巴黎的侨民。耶日·盖德罗伊茨在巴黎主编的《文化》(*Kultura*)杂志领导了这场讨论。20世纪50、60年代时，许多曾经的殖民大国也被迫经历了这样的讨论和反思。而波兰思考的结果主要是三点。首先，波兰人必须接受领土争议的客观事实并进行讨论，并且在讨论中先将那些历史悲剧——比如1943年沃伦地区的种族清洗行为——放到一边。其次，波兰人要逐渐学会对其他国家平等相待并且认可他们各自的愿景的合理性。最后，波兰人认为，未来唯一可以接受的道路就是互相合作——无论付出何种代价。

1989年9月，在契约式政府建立后几周之内，当时的外交部部长克日什托夫·斯库比谢夫斯基就在立陶宛、白俄罗斯和乌克兰开始进行外交活动——仿佛这几个苏联的加盟共和国已经是独立国家了。一年的时间内，波兰就和乌克兰签署了双边协议，协议双方在国内都遭到了激烈的抗议：乌克兰人要求波兰人就“维斯瓦河行动”中对乌克兰人的迫害道歉，而波兰人要求乌克兰就“二战”中在沃伦地区对波兰人的屠杀道歉。不过这些抗议都被无视了。波兰和白俄罗斯的关系，由于白俄罗斯和俄罗斯的密切关系而受到限制。而波兰和立陶宛之间的关系，则因为在立陶宛存在的数量不多但影响很大的波兰少数民族而进一步复杂起来。这些立陶宛的波兰少数民族要求变更国界，或者至少承认他们的少数民族特殊身份。对此，斯库比谢夫斯基回应道，波兰永远不寻求更改波兰和立陶宛之间的边界，而对于立陶宛国内的波兰族居民，波兰政府只承认他们的立陶宛公民身份，除此之外没有任何特殊考虑。波兰这一针对境外的本国主体民族的态度，和这一地区其他国家盛行的“领土收复”思潮截然不同，后者在匈牙利、斯洛伐克和塞尔维亚身上特别明显。但是波兰和立陶宛之间的关系仍然紧张，这部分是因为立陶宛民族主义从诞生之日起就将自己定位为波兰的敌对者，另一部分原因是俄罗斯并不愿意放弃在这一地区的主导权。

波兰和苏联之间的关系一直是紧张的。波兰境内一直驻扎着大批的苏联军队（直到1993年秋季俄军才完全撤出），而苏联也希望一直将波兰保持在自身的影响范围之内。双方都在小心翼翼地互相试探：波兰暂时没有提出驻波苏军的问题，而苏联也正式承认了卡廷惨案是当时由内务人民委员部一手制造的，这个姿态得到了波兰的高度赞赏。

1991年苏联解体成为一个转折点。波兰是第一个承认乌克兰独立的国家，也是第二个承认立陶宛独立的国家。白俄罗斯的问题更加复杂，因为白俄罗斯不仅对俄罗斯高度认同，而且白俄罗斯的民族主义者对原立陶宛大公国的大片土地提出了要求。

在此之前，1990年的2月，瓦文萨在布达佩斯的维谢格拉德城堡会见了捷克斯洛伐克总统瓦茨拉夫·哈维尔和匈牙利总理安托尔·约瑟夫。三国达成框架协议，就互相合作和区域安全问题建立一套合作机制，维谢格拉德集团开始形成。波兰提出他们希望三国共同加入欧盟，但是这一议题被捷克斯洛伐克拒绝：捷克斯洛伐克经济发展较好，因此希望独自提前加入。波兰同时希望维谢格拉德集团能够作为西欧和立陶宛等国联系的桥梁，这一建议也被拒绝了。

尽管过程并不一帆风顺，尽管政府多次更迭，20世纪90年代的波兰外交政策依然称得上表现卓越、技巧高超、延续性强，而波兰外交的成果在很大程度上帮助了正被种种棘手问题所困扰的东欧地区各国在和平中完成转型。而这种转型如果处理不好的话，就很可能会沦为巴尔干地区那种战火不断的灾难性局势。

波兰需要面对的另一个来自历史的幽灵，就是20世纪以来波兰人和犹太人的关系问题。1991年5月，瓦文萨在访问以色列时，代表所有曾经伤害过犹太人的波兰人进行了公开道歉。更重要的是，波兰历史学家们开始对这个敏感问题进行客观的讨论，这推动了整个社会重新去回顾这段历史。这其中一个重要的因素，是历史学家们将波兰人对犹太人的暴力行为和犹太人对波兰人的伤害分离开来。这有效地结束了一直以来双方在争吵中针锋相对、互相指责，同时为自己辩护的现象。与此同时，波兰社会也重新对犹太文化及其在波兰历史中的地位产生了兴趣。

而波兰重建对德关系的问题就复杂得多了。1945年，在斯大林的指示和西方的默许下，波兰从原来的德国获得了一大片领土，并将这里的德意志居民全部驱逐。被驱逐的德意志人和德国的民族主义者一直在要求波兰归还这片领土。1990年，联邦德国总理赫尔穆特·科尔表示不愿意承认现在的波德边界，而波兰也没有被邀请参加为探讨德国统一而举行的“2+4”会谈（东西两个德国，以及“二战”四大国——美、英、法、苏）。这给华沙敲响了警钟。波兰要求德国对其现有的西部边界进行正式确认，同时提醒相关各方，波兰在和立陶宛、白俄罗斯、乌克兰签署双边协议的时候，曾经承诺无条件承认现有边界，并拒不支持在上述各国内或被上述各国迁离的所有波兰裔少数民族的任何要求。这在道义上给了德国巨大的压力，并且波兰还得到了美国的支持，被美国看作未来战略中的盟友。最终，现有的波德边界得到了确认。

波兰于1994年向欧盟提交了入盟申请，最终于2004年5月1日正式加入欧盟。而对波兰人来说，1999年3月12日或许是个更重要的日期，这一天波兰和匈牙利、捷克共和国一同加入了北约。这意味着“二战”后的雅尔塔体系彻底结束，波兰彻底摆脱了来自苏联（俄罗斯）的控制和影响。

波兰对于加入北约一事十分认真，并且在北约的每次作战行动中都派出了较大规模的部队，其中最重要的是伊拉克战争。在这场战争中，波兰的特种部队“雷队”（GROM）发挥了重要作用，他们在一次进攻行动中占领了伊拉克巴士拉的油品码头。这一举动赢得了美国的认可。2003年1月，美国总统乔治·布什在华盛顿对波兰总统亚历山大·克瓦希涅夫斯基表示，波兰是美国在欧洲最好的朋友。不过波兰的做法并不受法国的欢迎，法国总统希拉克在巴黎称波兰的做法是“幼稚的”。

在此之后，波兰与自己两大邻国的关系走向恶化，而那些不光彩的过去也在这一地区再次被人响应。2004年，德国政界再次有人提出，要求波兰对那些1945年被从西部新收复领土上驱逐的德国人进行赔偿。而波兰人的反击是重提德国人之前在波兰的暴行。两个国家公众的意见很快压制了理性和共识。尽管外交关系仍然热诚友好，但两国的政治家却无法完全免受公众影响。2005年9月，德国总理格哈特·施罗德和俄罗斯签署了一项协议，由俄罗斯向德国输送天然气的管道将更换线路，这条天然气管道将绕过波兰，经过波罗的海直接到达德国。波兰一些人直接将波罗的海天然气管道项目和里宾特洛甫–莫洛托夫条约相提并论。

天然气成了俄罗斯的新武器，而且俄罗斯并不惮于用它来提醒各国自己的大国地位以及对这一地区的兴趣，比如2004年2月，俄罗斯切断了对乌克兰的天然气供应。波兰始终对乌克兰抱有特别热切的兴趣，尽管在乌克兰也出现了针对波兰的民族主义运动。在2004年11月乌克兰的总统选举中，在俄罗斯干涉下，候选人亚努科维奇用欺骗手段窃取了维克多·尤先科的胜利果实的时候，乌克兰爆发了所谓的“橙色革命”，数以千计的波兰人——其中包括瓦文萨和其他一些政治领袖——前往基辅表示对“橙色革命”的支持。而在解决危机和谈判磋商的过程中，波兰总统亚历山大·克瓦希涅夫斯基也发挥了决定性的作用。

这些做法对波俄关系产生了立竿见影的效果。之前，俄罗斯公开了许多秘密文件，承认了在斯大林时期苏联对波兰人民犯下的许多罪行。但此时，许多俄罗斯的机构开始开倒车，并且在一些问题，如苏联红军在华沙起义中的作用等上面，又重弹起了斯大林时期的老调子。2005年秋，俄罗斯宣布将11月4日——1612年俄国军队将波兰军队从克里姆林中逐出的日子——定为新的全国性节日“人民团结日”；次日又宣布，由于检疫方面的原因，禁止从波兰进口肉类。由于波兰是欧盟成员国，波俄贸易也牵扯到了其他欧盟国家。2006年，波兰总理马尔钦凯维奇曾经建议欧洲签署统一能源安全公约，以此应对重新强大起来的俄罗斯继续以石油天然气为武器施加政治压力的可能性。

此时，波兰已经和美国建立了密切的关系。美国将波兰和捷克看成其全球安全体系中重要的一部分。波兰支持乌克兰和格鲁吉亚加入北约，并且和摩尔多瓦及阿塞拜疆建立了密切的联系，由此波兰成为北约在东欧地区的外交枢纽。这同时也使得波兰成了美国和俄罗斯角逐的前线。颇有讽刺意味的是，这可能让俄罗斯政局更稳定了。俄罗斯仍然执着于恢复旧式的辉煌，而自信且独立的波兰国家无论是否与美国结盟，都意味着对俄罗斯大国辉煌的冒犯。

波兰社会显然并不缺乏爱国主义精神，他们也希望能够提高自己的国际地位。但同时，波兰和其他欧洲国家一样，更加关注经济发展。在这方面，波兰也取得了令人瞩目的成就。

从以行政命令为主的苏联式计划经济模式向自由市场经济的转型注定是缓慢而痛苦的，而1989年波兰经济的恶劣情况使得这一过程更加艰难。新的政府继承了巨额的债务，还有花费巨大难以维持又难以适应人民需求的福利体系。通货膨胀率达到了586%。人民共和国时期被视为标杆的工业领域，如钢铁工业和造船业等，不仅不能帮助国家度过经济危机，甚至还成为吞噬大量资金的无底洞。

巴尔采罗维奇政府上台后头几个月就采取了坚决的措施，从而让各国相信，波兰在这一问题上是认真的。1990年，国际货币基金组织为波兰提供了7亿美元的贷款，世界银行也提供了15亿美元的贷款。许多国有企业被私有化，1991年年初在华沙建立了证券交易所（其所在地就是原统一工人党中央所在地）。同年3月，波兰被免除了将近一半的外债。次年，所有的国营农场被出售。在这些改革之下，波兰经济在全球经济衰退的背景下仍然出现了明显的发展。1992年工业总产值增加了4%，农业总产值增加了12%。1993年，波兰的GDP增长了3.8%，其中一半的增长来自私营企业。通货膨胀降低到了35%，波兰人也渐渐习惯了缴纳个人所得税和增值税。

1995年，波兰进行了货币改革，旧的1万兹罗提兑换新的1兹罗提，并宣布汇率浮动。当年波兰的GDP增速达到了7%。对大型国有企业的破产重组和私有化改革也已经开始。尽管复杂的监督和税务系统对外国投资者并不友好，但外资仍然开始进入波兰，在接下来5年，波兰获得了330亿美元的外国投资。20世纪90年代末，俄罗斯的经济危机也拖累了波兰的经济。波兰的失业率始终在15%至20%之间徘徊，成了一个沉重的负担。此外，波兰经济缺乏明确的方向，脆弱的联合政府在投票通过预算方案的时候也往往困难重重。然而到20世纪结束的时候，通货膨胀率还是降低到了10%，而兹罗提兑换美元以及欧元的汇率也在持续上升。此时私营经济对GDP的贡献已经超过了3/4。到2002年，波兰的通货膨胀率降低到了3%，此时可以说波兰的经济已经走出了困境。

波兰经济中仍然存在着结构上的问题，过去沿袭下来的政府过度调控和其他匪夷所思的做法导致经济依然僵化，而这些旧的习惯混合上新引进的欧盟的商业规则，结果形成了一套成本高又耗费时间的商业环境。尽管人均实际收入从1995年到2000年增加了22%，但是全国大部分人口，特别是老年人和农村居民，并没有从这些变化中获得太多利益，仍然继续生活在相对贫困的生活中。不过，和其他转型的东欧国家相比，波兰经济的基础还是要全面得多。数量庞大的中产阶级也开始出现。

然而，这个过程仍然受到严重心理问题和社会问题的困扰。波兰社会中绝大多数人都是在1989年剧变之前成长起来的，他们很难理解，资本主义不是某种新的教条，而只是对人的自由和财产权利的一系列自然延伸。这就将纯粹的经济问题变成了政治问题。而这也就是为什么没有一届政府愿意或者强硬到同意将人民共和国时期没收的财产发还原主，或者对原主进行补偿。这种举措不仅在道德上是暧昧的，也使得华沙市中心的大片土地得不到开发，大批投资也被阻止。更重要的是，这种无法把握现实的无力感，显示出苏联体制对人们的思想统一塑造的程度之深，以致人们失去了逻辑思考和付诸行动的能力。这影响了在政治和社会生活方面的讨论：对问题的讨论经常转向道德层面的讨论，而道德层面的讨论又往往回到意识形态上的讨论。

同时，波兰社会也受到了西方消费主义文化媒体的冲击，并且面临着比以往广泛得多的选择，这使得以往人们由于同样的精神或物质产品匮乏而形成的旧团体逐步解体。社会上一些人醉心于追逐金钱、追求西方式的生活品质，另一些人则回到了愤怒的民族主义者阵营，还有人沉溺于天主教的主日学校之中，他们的缩影就是偏执而排外的玛利亚电台（Radio Maryja）。

文化和教育领域昔日处在公认的大师和榜样主导之下，但是现在，学者们的自由竞争取代了他们的领导地位。新的私立学校和大学不断涌现，与那些历史悠久的学府，如雅盖隆大学等互相竞争。电视节目中小有名气的明星比那些功成名就的作家和艺术家能够吸引人们更多的兴趣。诺贝尔文学奖得主维斯瓦娃·辛波丝卡，获得奥斯卡终身成就奖的电影导演安杰伊·瓦依达等，仍然受到广泛的关注和尊敬，但是很大程度上，高雅文化的发展被华而不实的外来文化阻塞了。

因此，要以权威的口吻讲述1989年后20多年里波兰社会和文化的发展并不容易。在1945年解散国家军的命令中，奥库利茨基将军曾经明确宣称，战争并没有结束。他写道："你们一刻也不能怀疑，这场战争只会在唯一的一种情况下结束，就是善良战胜邪恶、自由战胜奴役的时候。"这场战争确实是在1989年以他所说的胜利结束了。但是波兰社会所受到的创伤太深了，这些伤害形式太多而且极其复杂，以至于波兰人很难从中恢复。

这些创伤中最难以恢复的，是20世纪70—80年代留下的创伤，当时的政府要求数十万的波兰人互相监视并且向官方举报。1999年，波兰建立了国家记忆研究院（IPN），将所有人民共和国时期安全部门的档案交给其保管研究。不过他们还未能就如何处理这些材料制定条理分明的政策。研究者们获得的材料，大部分是通过一对一方式从个人手中获得，结果导致有些材料虽然被曝光，却没有起什么作用。尽管一些无足轻重的告密者出于政治原因被谴责和追捕，但是那些原安全机构中犯下更严重罪行的人却往往事业有成，并且跻身于国家顶级富豪之列。这给社会内部造成了严重的损害，日后这种损害或许会进一步恶化。

教宗约翰·保罗二世在1989年后5次访问波兰，并且在访问中就波兰社会上的问题发表了自己的意见。他被看成波兰社会最伟大的榜样。这并不令人惊奇：根据2001年波兰人口普查的结果，全国3860万人中有3460万人是天主教徒。但是那些非信徒也尊敬他，乐于倾听他的意见。他于2005年4月2日逝世，不仅波兰社会失去了他们最伟大的榜样，波兰教会也失去了他们的导师。

波兰天主教教会曾经长期是与人民共和国政府做斗争的中心力量，并且在剧变之中发挥了重要的政治作用。而在剧变之后，波兰教会努力重新确定自己的使命，努力在波兰社会中找到新的位置。即使教会的成员们并没有尝到权力的滋味，而且他们一直在思想上寻求答案，来应对这个快速变化的世界带来的各种挑战，但这对他们来说也不是容易的事情。教会被卷入了波兰所有政治议题的辩论之中，从堕胎到加入欧盟，结果不仅教会的内部分歧显露出来，其自身的权威性也遭到了破坏。

从1939年到1956年，纳粹德国和苏联一直在努力摧毁波兰的知识阶层和精英阶层。接下来一直到1989年，波兰的知识分子和精英阶层都处在“被阉割”的境地中。因此，教会成为传统价值观唯一得以保存和托付的地方。教会担负着将这种价值观保存下来并传承下去的使命，这使他们获得了巨大的道德权威性。但在1989年后这种权威性大部分已经流失了。

在整个这一时期，人们一直盼望着年轻一代能够出现新的榜样和领袖人物，但是最终并没有能够得到更广泛多数人认可的新的精英出现。考虑到波兰的教育制度只关心各年级学生的考试成绩，因此我们可以想象出现这样的人物有多么困难。同样，考虑到波兰议会中攻讦和丑闻不断，媒体和警察萦绕着腐败的气息，最重要的是，司法系统充斥着腐败、低效和无能，我们也可以想见，人们很难对这些国家机关产生敬意。

作为一个国家，波兰所面临的地缘政治挑战，和它在四五个世纪前所面对的挑战非常相似。而波兰社会则和当代其他所有国家一样，正面临着全球化影响下的自身身份认同与内部凝聚力遭受挑战的事实。无论是最发达、教育程度最高的国家，还是亚马孙雨林里刚刚和其他人类社会开始接触的原始部落，都要面对这一挑战，概莫能外。尽管仍然存在社会和体制上的诸多问题，要预言波兰社会将如何处理这些问题，以及能否像它几个世纪以来克服历史上的种种艰险一样，成功克服这些困难，实在为时尚早。然而毫无疑问，绝大多数问题的答案都蕴藏在历史之中。

出版后记

长期以来，在许多中国读者眼中，波兰是一个充满了失败与苦难的国家。这个国家在历史上历经战乱与亡国，迫害与屠杀，似乎总是笼罩着一层悲情色彩。但要认为波兰的历史只有苦难的话，显然就陷入了固有的偏见之中。看待一个国家的历史，不仅仅要关注它在特殊阶段的特殊表象，同时也要关注它的整体发展。从整体上看，波兰的发展道路尽管曲折艰难，但却走出了自己独特之路。从这个国家1000多年的历史中，一代代波兰人民拥有坚持抗争的勇气、不屈不挠的精神，也有着善于变通、灵活谋略的智慧，保证了波兰独特的文化与国家观念在一次又一次极大的危机之中得以保存和发扬，也确保了波兰的经济与政治得以向前发展，并且为世界文明做出了自己的一份贡献。正如作者亚当·扎莫伊斯基先生所说的那样，本书讲述的并不是一个破产企业的悲惨故事，而是一个历经波折最终东山再起的成功企业的发家史。希望通过此书，各位读者能够尽量消除偏见，从更广的维度，更加全面地认识波兰的过去与现在。

衷心感谢波兰共和国外交部部长亚采克·恰普托维奇亲自为本书的中文版撰写序言，并且感谢北京外国语大学欧洲语言文化学院院长赵刚教授将波兰文序言翻译成中文。

服务热线：133-6631-2326　188-1142-1266

读者信息：reader@hinabook.com

后浪

2018年8月

图书在版编目（CIP）数据

波兰史 /（英）亚当·扎莫伊斯基著；郭大成译
. -- 北京：中国友谊出版公司，2019.9（2022.12 重印）
书名原文：Poland：A History
ISBN 978-7-5057-4740-1

Ⅰ.①波… Ⅱ.①亚… ②郭… Ⅲ.①波兰－历史
Ⅳ.① K513.0

中国版本图书馆 CIP 数据核字 (2019) 第 108307 号

著作权合同登记号　图字：01-2019-3499

地图审图号：GS (2018) 5230 号

书名　波兰史
作者　［英］亚当·扎莫伊斯基
译者　郭大成
出版　中国友谊出版公司
发行　中国友谊出版公司
经销　新华书店
印刷　北京盛通印刷股份有限公司
规格　889×1194 毫米　32 开
　　　14.5 印张　325 千字
版次　2019 年 9 月第 1 版
印次　2022 年 12 月第 4 次印刷
书号　ISBN 978-7-5057-4740-1
定价　88.00 元
地址　北京市朝阳区西坝河南里 17 号楼
邮编　100028
电话　（010）64678009